ACÓRDÃOS DIDÁTICOS

Jurisprudência em Recurso de Revista no TST

*Dedico este livro à minha esposa Maria dos Reis, aos meus filhos Fernando, Aline e Elthon,
às minhas netas Maria Luísa, Manuela e Rafaela,
à minha nora Danielly e ao meu genro Felipe,
pelo que são a razão maior da minha vida
na luta pelo Direito e a Justiça*

WALMIR OLIVEIRA DA COSTA
Ministro do Tribunal Superior do Trabalho.

ACÓRDÃOS DIDÁTICOS

Jurisprudência em Recurso de Revista no TST

EDITORA LTDA.
© Todos os direitos reservados

Rua Jaguaribe, 571
CEP 01224-001
São Paulo, SP – Brasil
Fone (11) 2167-1101
www.ltr.com.br

Produção Gráfica e Editoração Eletrônica: LINOTEC
Projeto de Capa: FÁBIO GIGLIO
Impressão: ORGRAFIC

LTr 5028.3
Março, 2014

Dados Internacionais de Catalogação na Publicação (CIP)
(Câmara Brasileira do Livro, SP, Brasil)

Costa, Walmir Oliveira da
　　Acórdãos didáticos: Jurisprudência em recurso de revista no TST / Walmir Oliveira da Costa. -- São Paulo : LTr, 2014.

　　Bibliografia.
　　ISBN 978-85-361-2861-0

　　1. Brasil. Tribunal Superior do Trabalho - Jurisprudência I. Título.

14-01588　　　　　　　　　　　　CDU-347.998:331(81)(094.9)

Índice para catálogo sistemático:
1. Brasil : Tribunal Superior do Trabalho : Jurisprudência
347.998:331(81)(094.9)

SUMÁRIO

PREFÁCIO 7

INTRODUÇÃO 11

AÇÃO CIVIL PÚBLICA. MINISTÉRIO PÚBLICO DO TRABALHO. LEGITIMIDADE ATIVA
(Processo n. TST-RR-1.764-2002-026-03-40.3 — Ac. 1ª Turma) 13

ADMINISTRAÇÃO PÚBLICA. CONTRATO DE TRABALHO. AUSÊNCIA DE CONCURSO PÚBLICO
(Processo n. TST-RR-68.200-02-2004-5-02-0402 — Ac. 1ª Turma) 16

ADMINISTRAÇÃO PÚBLICA. RESPONSABILIDADE OBJETIVA
(Processo n. TST-RR-761-58-2011-5-11-0052 — Ac. 1ª Turma) 19

ADMINISTRAÇÃO PÚBLICA. RESPONSABILIDADE OBJETIVA. CONSTITUIÇÃO FEDERAL (ART. 37, § 6º). IMPOSSIBILIDADE
(Processo n. TST-RR-151.500-05-2011-5-21-0007 — Ac. 1ª Turma) 21

BEM DE FAMÍLIA. IMPENHORABILIDADE
(Processo n. TST-RR-11.900-57-2006-5-08-0119 — Ac. 1ª Turma) 25

CARGO DE CONFIANÇA. GERENTE. ENQUADRAMENTO
(Processo n. TST-RR-71.400-64-2007-5-04-0011 — Ac. 1ª Turma) 29

COMPETÊNCIA DA JUSTIÇA DO TRABALHO. EXECUÇÃO DE CONTRIBUIÇÃO PREVIDENCIÁRIA DESTINADA A TERCEIROS
(Processo n. TST-RR-32.500-39-2009-5-09-0096 — Ac. 1ª Turma) 44

CONTRIBUIÇÃO PREVIDENCIÁRIA. AVISO PRÉVIO INDENIZADO
(Processo n. TST-RR-2.230-2004-122-15-00-9 — Ac. 1ª Turma) 53

CONVENÇÃO COLETIVA *VERSUS* ACORDO COLETIVO. PREVALÊNCIA
(Processo n. TST-RR-73.200-61-2007-5-18-0004 — Ac. 1ª Turma) 55

CONVERSÃO DE PRECATÓRIO EM REQUISIÇÃO DE PEQUENO VALOR
(Processo n. TST-RR-13.340-16-1996-5-04-0551 — Ac. 1ª Turma) 58

DANO MORAL. CONFIGURAÇÃO
(Processo n. TST-RR-166.940-10-2003-5-09-0022 — Ac. 1ª Turma) 62

DANO MORAL. INDENIZAÇÃO. NÃO VINCULAÇÃO AO SALÁRIO-MÍNIMO
(Processo n. TST-RR-25.400-37-2006-5-04-0303 — Ac. 1ª Turma) 65

DISPENSA DISCRIMINATÓRIA. PORTADOR DE DEFICIÊNCIA VISUAL APROVADO EM CONCURSO PÚBLICO
(Processo n. TST-RR-8.840-07-2006-5-23-0007 — Ac. 1ª Turma) 70

EQUIPARAÇÃO SALARIAL. IDENTIDADE DE FUNÇÕES. ÔNUS DA PROVA
(Processo n. TST-RR-37.000-51-2008-5-04-0702 — Ac. 1ª Turma) 75

EXECUÇÃO. BEM DE FAMÍLIA. RENÚNCIA À IMPENHORABILIDADE
(Processo n. TST-RR-126.040-15-1999-5-10-0016 — Ac. 1ª Turma) 79

EXECUÇÃO. PENHORA. PROTEÇÃO DO SALÁRIO
(Processo n. TST-RR-272-11-2010-5-22-0000 Ac. 1ª Turma) 81

FÉRIAS. PAGAMENTO FORA DO PRAZO
(Processo n. TST-RR-60.200-71-2011-5-21-0003 — Ac. 1ª Turma) 84

GESTANTE. ESTABILIDADE PROVISÓRIA
(Processo n. TST-RR-137.200-80-2007-5-02-0371 — Ac. 1ª Turma).. 86

GORJETAS RETIDAS. EFEITO DEVOLUTIVO DO RECURSO ORDINÁRIO
(Processo n. TST-RR-82.900-33-2006-5-01-0016 — Ac. 1ª Turma).. 87

HONORÁRIOS ADVOCATÍCIOS. AUSÊNCIA DE ASSISTÊNCIA SOCIAL
(Processo n. TST-RR-15.100-36-2007-5-04-0382 — Ac. 1ª Turma).. 90

HORAS EXTRAS. FLEXIBILIZAÇÃO. IMPOSSIBILIDADE
(Processo n. TST-RR-175.700-24-2006-5-04-0331 — Ac. 1ª Turma).. 96

HORAS EXTRAS. GRATIFICAÇÃO DE FUNÇÃO. ALTERAÇÃO DA JORNADA DE TRABALHO
(Processo n. TST-RR-194.140-72-2004-5-07-0002 — Ac. 1ª Turma).. 98

HORAS EXTRAS. REFLEXOS. FÉRIAS. PACTUAÇÃO. DESCONTOS FISCAIS E PREVIDENCIÁRIOS. RESPONSABILIDADE PELO PAGAMENTO
(Processo n. TST-RR-6.848-2002-900-02-00-5 — Ac. 1ª Turma).. 102

IMUNIDADE DE JURISDIÇÃO. ORGANISMO INTERNACIONAL
(Processo n. TST-RR-4.940-14-2008-5-10-0005 — Ac. 1ª Turma).. 105

INDENIZAÇÃO POR DUMPING SOCIAL. JULGAMENTO EXTRA PETITA
(Processo n. TST-RR-11.900-32-2009-5-04-0291 — Ac. 1ª Turma).. 109

INTERVALO INTRAJORNADA. CONCESSÃO IRREGULAR. APOSENTADORIA POR INVALIDEZ. SUSPENSÃO DO CONTRATO. PRESCRIÇÃO BIENAL
(Processo n. TST-RR-41.600-06-2005-5-09-0016 — Ac. 1ª Turma).. 112

JULGAMENTO *EXTRA PETITA*. HONORÁRIOS ADVOCATÍCIOS
(Processo n. TST-RR-192.400-97-2009-5-03-0040 — Ac. 1ª Turma)... 124

JUROS DE MORA. FAZENDA PÚBLICA
(Processo n. TST-RR-12.840-45-2005-5-20-0920 — Ac. 1ª Turma).. 130

MULTA. VINCULAÇÃO AO PAGAMENTO EFETIVO. HOMOLOGAÇÃO DA RESCISÃO
(Processo n. TST-RR-141.200-63-2009-5-03-0036 — Ac. 1ª Turma)... 134

MULTA PREVISTA NO CÓDIGO DE PROCESSO CIVIL (ART. 475-J). INAPLICABILIDADE NO DIREITO PROCESSUAL DO TRABALHO
(Processo n. TST-RR-158.400-05-2007-5-03-0020 — Ac. 1ª Turma)... 136

NULIDADE. PRESTAÇÃO JURISDICIONAL. SUCESSÃO TRABALHISTA. RESPONSABILIDADE SUBSIDIÁRIA. COMPENSAÇÃO DE JORNADA DE TRABALHO. ACORDO TÁCITO
(Processo n. TST-RR-622.559-2000-5 — Ac. 5ª Turma)... 142

PRESCRIÇÃO. AUSÊNCIA DE PREQUESTIONAMENTO. ACUMULAÇÃO DE CARGO PÚBLICO. IMPOSSIBILIDADE
(Processo n. TST-RR-749.243-2001-7 — Ac. 1ª Turma)... 148

PRESCRIÇÃO. INTERRUPÇÃO
(Processo n. TST-RR-170.800-75-2007-5-15-0001 — Ac. 1ª Turma)... 151

RESPONSABILIDADE SUBSIDIÁRIA. ADMINISTRAÇÃO PÚBLICA
(Processo n. TST-RR-119.300-03-2006-5-21-0012 — Ac. 1ª Turma)... 153

TERCEIRIZAÇÃO ILÍCITA. CONTRATAÇÃO DE ASSOCIADOS DE COOPERATIVA
(Processo n. TST-RR-48.740-49-2006-5-03-0008 — Ac. 1ª Turma).. 155

PREFÁCIO

É corrente a distinção que se faz entre os sistemas jurídicos que pertencem à família romano-germânica (*civil law*) e os que se vinculam à família anglo-americana (*common law*). A distinção leva em conta, particularmente, o diferente peso das variadas fontes normativas em cada um deles.

Nos sistemas da família romano-germânica a primazia cabe à lei. Ao juiz reserva-se, segundo se afirma, papel secundário, como ficou indelevelmente marcado na afirmação de Montesquieu: "*les juges de la nation ne sont...que la bouche qui prononce les paroles de la loi; des êtres inanimés qui n'en peuvent modérer ni la force ni la rigueur*"[1]. A proposição, que Savigny, de certo modo, repetiu[2], deita raízes em Cícero, no seguinte tópico de seu tratado sobre as leis: "O magistrado é a lei falando, como a lei é o magistrado em silêncio"[3].

Já nos sistemas da *common law* a jurisprudência – e, portanto, os juízes – ganha considerável importância. O direito é formado, segundo se diz, muito mais a partir dos pronunciamentos judiciais, dos quais se extraem as regras para reger a relação entre as pessoas, com a formação das *rules of precedents*[4]. Daí afirmar-se que a *common law* é "*diritto giurisprudenziale, costituito fondamentalmente dall'insieme delle sentenze, collegate fra loro in sistema grazie all'istituto del precedent*"[5]. E René David sintetiza a diferença entre os dois sistemas jurídicos, nos termos a seguir: "*la place attribuée aux décisions judiciaires, parmi les sources du droit, oppose les droits de la famille romano-germanique à la common law*"[6].

Se a distinção apontada entre *civil law* e *common law* no passado fazia todo sentido, nos dias de hoje tem cada vez menos razão de ser. Há uma progressiva interpenetração dos modelos, fazendo com que os contornos do quadro percam nitidez e desapareçam. Em texto da década de 60, Cappelletti já referia o movimento de confluência dos sistemas da *common law* e da *civil law*[7]. Pouco tempo depois, em outro texto, afirmou ser clara a tendência de "uma atenuação progressiva, recíproca e convergente, da contraposição" entre *civil law* e *common law*[8]. É fácil confirmar o acerto da proposição.

Nos Estados Unidos da América, o papel do direito legislado cresce muito. Rápida consulta ao *United States Code*, que espelha apenas uma parte do direito legislado federal, mostra como é atualmente impossível falar em um direito baseado nos precedentes judiciais. Um autor pôde mesmo escrever, a propósito: "*la rapidité des changements économiques, politiques et sociaux fit que le rôle du législateur s'accrut et se diversifica au point que l'on peut dire aujourd'hui que la loi est la source première du droit...*"[9]. O Reino Unido, primeiro e último bastião da *common law*, passa a contar cada vez mais com normas jurídicas de origem legislativa, por conta, entre outros fatores, de sua integração à União Europeia, cujo sistema jurídico supranacional vincula-se francamente à família romano-germânica, influenciando os ordenamentos de todos os países membros.

Nos sistemas vinculados à família romano-germânica, por sua vez, o movimento processa-se no sentido contrário. O papel e a relevância da jurisprudência têm crescido de maneira exponencial. Para ficar no exemplo brasileiro, enquanto a antiga Lei de Introdução ao Código Civil nem sequer menciona a jurisprudência como fonte de integração do ordenamento

---

[1] *De l'esprit des lois*, Paris, Garnier Frères, 1949, tome premier, livre XI, chapitre VI, p. 171.
[2] "...a lei foi estabelecida para excluir toda arbitrariedade e a única tarefa do juiz é uma interpretação puramente lógica" (Metodologia jurídica, Buenos Aires, Depalma, 1994, p. 8).
[3] Das Leis, liv. III, n. 1 in *De la république - Des lois*, Paris, Garnier-Flammarion, 1965, p. 183.
[4] Vicente Ráo, O direito e a vida dos direitos, São Paulo, RT, 1997, vol. 1, n. 71, p. 127.
[5] Lucio Pegoraro e Antonio Reposo, *Le fonti del diritto negli ordinamenti contemporanei*, Bologna, Monduzzi, 1993, p. 65.
[6] *Les grands systèmes de droit contemporains*, Paris, Dalloz, 2002, n. 99, p. 106.
[7] *El proceso civil italiano en el cuadro de la contraposicion civil law – common law* em Proceso, Ideologias, Sociedad, Buenos Aires, EJEA, 1974, p. 358.
[8] *El significado del control judicial de constitucionalidad de las leyes en el mundo contemporaneo* em Proceso, Ideologias, Sociedad cit., p. 466.
[9] Alain A. Lavasseur, *Droit des États-Unis*, Paris, Dalloz, 1994, n. 23, p. 17.

jurídico[10], o cenário agora é oposto. No processo do trabalho, a Lei n. 9.957, aprovada em 2000, ao disciplinar o procedimento sumaríssimo, admitiu, no § 6º, introduzido no art. 896, da CLT, a interposição de recurso de revista para o Tribunal Superior do Trabalho apenas em caso de "contrariedade a súmula de jurisprudência uniforme do Tribunal Superior do Trabalho e violação direta da Constituição da República". É sintomática a referência à jurisprudência antes da própria Constituição e sem que se tenha considerado a lei. Quer dizer, se a decisão viola a lei, mas não a jurisprudência uniforme, não é recorrível. Se contrasta com a jurisprudência, não importa o que está na lei; o recurso é cabível. Os precedentes cristalizados adquirem mais peso do que a própria lei. E o seu número não para de crescer. Apenas no âmbito do Tribunal Superior do Trabalho, há mais de 1.100 verbetes, entre súmulas, orientações jurisprudenciais e precedentes normativos. A CLT conta com menos artigos. Com a Emenda Constitucional n. 45, a jurisprudência sumulada do Supremo Tribunal Federal passou a poder ter força vinculante, de modo que a sua violação permite oferecimento diretamente de reclamação, para cassar "a decisão judicial reclamada"[11], sem necessidade de interposição dos recursos usualmente cabíveis, algo que nem mesmo quando se ofende diretamente a Constituição é possível fazer. Nesse *crescendo* de valorização dos precedentes, chegou-se recentemente ao ponto – que bem se pode qualificar de extremo – de se admitir a rescisão de julgado em desacordo com a jurisprudência[12].

Enfim, é impossível pretender conhecer o direito positivo do trabalho no Brasil sem levar em conta os pronunciamentos dos tribunais, especialmente os do Tribunal Superior do Trabalho, órgão incumbido da função de unificar a jurisprudência trabalhista. Aliás, talvez se possa mesmo dizer que, em termos práticos, mais do que conhecer o direito legislado, importa é conhecer o direito tal como aplicado pelos tribunais ou, em outras palavras, o direito dos tribunais. De que vale invocar o art. 461, da CLT, se o pedido de equiparação a ser deduzido em um caso concreto encontra obstáculo na orientação posta pela Súmula 6, do Tribunal Superior do Trabalho? Pedido que eventualmente venha a ser deduzido dificilmente há de frutificar. Ajuizar ação rescisória contra o teor da Súmula 100, do Tribunal Superior do Trabalho, por mais que se possa argumentar com a regra do art. 495, do CPC, no tocante ao não esgotamento do prazo, pouco sentido faz.

Mas conhecer a jurisprudência, sobretudo aquela ainda não consolidada em verbetes, não é fácil. É preciso, em primeiro lugar, saber consultá-la ou saber como procurar o que se pretende encontrar. São tantos os julgamentos, contatos às centenas de milhares[13], que, a despeito dos meios informatizados de busca, a tarefa nada tem de simples. Ademais, algumas vezes, os acórdãos, pelo elevado grau técnico do problema resolvido, apresentam-se de modo menos claro, não deixando entrever com facilidade a tese enunciada. Fica o intérprete, assim, na incerteza, sem parâmetros seguros para orientar-se.

Pois bem, com a publicação de "Acórdãos didáticos – jurisprudência em Recurso de Revista no TST", oferece o Min. Walmir Oliveira da Costa notável e incomum contribuição para tornar tudo mais fácil e para dar a conhecer, a advogados, magistrados, procuradores do trabalho e inclusive estudantes, a jurisprudência do Tribunal Superior do Trabalho. Com a autoridade de quem judica no próprio Tribunal Superior do Trabalho há mais de uma década, incluído largo período de convocação, o Min. Walmir Oliveira da Costa alia a experiência acumulada ao longo de quase vinte e cinco anos de marcante exercício da difícil arte de julgar – que não passe sem registro o fato de sempre haver sido na carreira da magistratura promovido por merecimento – com o cabedal decorrente de sólida formação acadêmica, que inclui o título de mestre em Direito Público, obtido na Universidade Federal do Pará, e o exercício do magistério superior por quase uma década, em cursos de graduação e pós-graduação. Soube ele escolher, com muita felicidade, precedentes sobre temas relevantes e intrincados. A gama de arestos é deveras abrangente. Há pronunciamentos sobre direito individual do trabalho, direito tutelar do trabalho, processo do trabalho e mesmo direito coletivo do trabalho, como, por exemplo, o interessante acórdão que enfrenta o difícil problema do conflito entre convenção coletiva e acordo coletivo de trabalho (RR n. 73.200-61-2007-5-18-0004). Não faltam nem mesmo julgados sobre direito previdenciário, entre os quais se destaca o que afasta a incidência de contribuição previdenciária sobre aviso prévio indenizado (RR n. 2.230-2004-122-15-00-9).

Em cada um dos acórdãos há sempre indicação de precedentes outros do Tribunal Superior do Trabalho, tanto das Turmas como das Secções, e também, quando o caso, do Supremo Tribunal Federal ou do Superior Tribunal de Justiça, de modo que fica o leitor com o cenário completo de como está a jurisprudência, nos mais elevados graus de jurisdição. A nota pessoal do autor, no entanto, não falta para que, nos casos mais difíceis, a solução não somente se harmonize com a jurisprudência,

---

(10) O seu art. 4º, refere-se apenas a analogia, costumes e princípios gerais de direito.
(11) Art. 103-A, § 3º.
(12) STJ – 4ª T., REsp. n. 1.163.267, Rel. Min. Luis Felipe Salomão, julg. em 19.09.2013.
(13) Apenas em 2012 o Tribunal Superior do Trabalho julgou quase 240.000 processos, conforme informação disponível em http://www.tst.jus.br/documents/10157/51096247-f601-47cd-afc8-4a0d1e4d28c7, p. 15; acesso em 29.09.2013

como retrate a perfeita aplicação das regras incidentes. No processo sobre discriminação de carteiro com deficiência visual (RR n. 8.840-07-2006-5-23-0007), há perfeita utilização da doutrina do impacto desigual para condenar-se a exigência de cumprimento de metas iguais por parte de quem se encontra em posição singular, *verbis*: "se o autor foi aprovado em concurso público para a função de carteiro I, sendo submetido a critérios classificatórios diferenciados, exatamente em razão de sua deficiência visual, não há dúvidas de que deveria exercer as suas atribuições e ter cobradas as suas metas em conformidade com a limitação física de que resta acometido e da qual a reclamada já tinha ciência à época da sua seleção e posterior contratação". Se o *justice* Oliver Holmes afirmou em *Northern Securities Co. v. U.S.* que "*great cases, like hard cases, make bad law*"[1], foi por não ter sob os olhos o pronunciamento do Min. Walmir Oliveira da Costa, em que justamente o *hard case* permitiu enunciar *the best law*.

Enfim, cada acórdão reproduzido permitiria um comentário específico, tal a riqueza das questões tratadas, a solidez da argumentação, o equilíbrio do raciocínio, a clareza da exposição e a propriedade do resultado. Mas é algo que certamente não cabe em um prefácio, que não deve ir além da sumária apresentação da obra e de seu autor. Aliás, no presente caso, nem a tanto é preciso chegar. O autor dispensa apresentação e a obra, quem a consulta identifica o seu valor logo no início da leitura. Que ela não tarde, pois, para não privar o leitor por mais tempo do proveito e do prazer que terá pela frente.

São Paulo, outubro de 2013.

Estêvão Mallet
Professor de Direito do Trabalho da
Faculdade de Direito da Universidade de São Paulo

---

[1] 193 U.S. 197; a passagem transcrita encontra-se a p. 364, da decisão.

INTRODUÇÃO

A expressão *acórdão didático* era a maneira gentil como o Desembargador Dr. José Pedro Camargo Rodrigues de Souza, dileto amigo, referia-se a determinados acórdãos de minha lavra, à época em que atuamos como Juízes Convocados no Tribunal Superior do Trabalho.

Explicava-me que o adjetivo "didático" se devia ao modo claro e objetivo como, na decisão, eram formuladas as expressões jurídico-legais, em termos explicativos de fácil compreensão, e, por isso, sugeriu a publicação de um livro com a reprodução desses julgados.

Passados mais de cinco anos como Ministro do TST, depois de refletir sobre o tema, lancei-me a braços na tarefa de reunir acórdãos que denotariam o didatismo anotado pelo caríssimo colega. Moveu-me o desejo de homenagear minha amada, e saudosa, mãe, professora por vocação, de quem herdei o gosto pelo magistério, embora o amor pela magistratura tenha prevalecido.

Apresento, pois, esta coletânea de *Acórdãos Didáticos. Jurisprudência em Recurso de Revista no TST*, sem a vaidade de que sejam destinados a instruir ou ensinar, mas, sim, como fonte de pesquisa à disposição da comunidade jurídica (advogados, procuradores, membros do Ministério Público, estudantes de Direito etc.), auxiliando na árdua tarefa de elaborar o recurso de revista, tendo em conta sua complexidade, e, também, como repertório jurisprudencial.

Na metodologia utilizada, observou-se a ordem alfabética das matérias julgadas (capítulos do acórdão), de modo a facilitar a consulta. Considerada a finalidade da obra, necessário se faz explicitar o conceito, os pressupostos especiais e a finalidade do recurso de revista.

Sendo pacífica a sua inserção na classe dos recursos extraordinários, como traço distintivo do recurso ordinário (neste se almeja a justiça do caso concreto), o recurso de revista tem por escopo a uniformização da jurisprudência trabalhista, a partir de rigoroso exame, por Turma do TST, da legalidade e constitucionalidade (incidental) das decisões colegiadas proferidas pelos Tribunais Regionais do Trabalho nas ações individuais, aplicando, à espécie, o Direito do Trabalho, nos planos material e processual, na fase de conhecimento (ritos ordinário e sumaríssimo) e de execução da sentença trabalhista ou na execução fiscal da dívida ativa.

Estêvão Mallet, em obra pioneira sobre o recurso de revista, preleciona que "é fora de dúvida inserir-se o (recurso) de revista na categoria dos recursos extraordinários, como reconhecido tranquilamente, aliás, tanto pela doutrina como pela jurisprudência".[2]

Kátia Arruda, em precioso livro, afirma que "O recurso de revista visa a uniformizar a jurisprudência trabalhista em nível nacional, quer dizer, está voltado precipuamente para a proteção do direito objetivo. Por meio dele, o TST, a partir dos fatos e provas registrados no acórdão recorrido (cuja veracidade e valoração não podem ser rediscutidas), decide qual enquadramento jurídico deve prevalecer na solução da lide, pacificando a interpretação da legislação federal e constitucional".[3]

As condições especiais de admissibilidade do recurso de revista são reguladas pelo art. 896 da Consolidação das Leis do Trabalho, sendo interposto para Turma do Tribunal Superior do Trabalho das decisões (colegiadas) proferidas, em grau de recurso ordinário ou agravo de petição, em dissídio individual (simples ou plúrimo), pelos Tribunais Regionais do Trabalho.[4]

---

(2) MALLET, Estêvão. *Do recurso de revista no processo do trabalho*. São Paulo: LTr, 1995, p. 17.
(3) ARRUDA, Kátia Magalhães. *A jurisdição extraordinária no TST na admissibilidade do recurso de revista*. São Paulo: LTr, 2012, p. 24.
(4) Art. 896 — Cabe Recurso de Revista para Turma do Tribunal Superior do Trabalho das decisões proferidas em grau de recurso ordinário, em dissídio individual, pelos Tribunais Regionais do Trabalho, quando: a) derem ao mesmo dispositivo de lei federal interpretação diversa da que lhe houver dado outro Tribunal Regional, no seu Pleno ou Turma, ou a Seção de Dissídios Individuais do Tribunal Superior do Trabalho, ou a Súmula de Jurisprudência Uniforme dessa Corte; b) derem ao mesmo dispositivo de lei estadual, Convenção Coletiva de Trabalho, Acordo Coletivo, sentença normativa ou regulamento empresarial de observância obrigatória em área territorial que exceda a jurisdição do Tribunal Regional prolator da decisão recorrida, interpretação divergente, na forma da alínea "a"; c) proferidas com violação literal de disposição de lei federal ou afronta direta e literal à Constituição Federal. § 1º O Recurso de Revista, dotado de efeito apenas devolutivo, será apresentado ao Presidente do Tribunal recorrido, que poderá recebê-lo ou denegá-lo, fundamentando, em qualquer caso, a decisão. § 2º Das decisões proferidas pelos Tribunais Regionais do Trabalho ou por suas Turmas, em execução de sentença, inclusive em processo incidente de embargos de terceiro, não caberá Recurso de Revista, salvo na hipótese de ofensa direta e literal de norma da Constituição Federal. (...) § 4º A divergência

A divergência jurisprudencial na aplicação da legislação federal por distintos Tribunais Regionais do Trabalho — a par do cumprimento dos requisitos formais estabelecidos na Súmula n. 337 do TST — somente será admitida quando existente a especificidade dos fatos a cotejar. O instituto da especificidade se caracteriza quando existe, concomitante, a igualdade de fatos e a desigualdade de teses na interpretação de um mesmo dispositivo de lei ou da Constituição da República. De modo que, sem o atendimento cumulativo desses requisitos, não se viabiliza o dissenso pretoriano.[5]

Quanto ao pressuposto específico da violação da lei federal (ordinária ou constitucional), há de ser inequívoca, estridente, literal e direta, no sentido de que, em locução singela, o preceito legal devia ser aplicado, e não foi, ou *não* devia ser aplicado, e foi.

No entanto, exige-se o prequestionamento da questão federal suscitada, e se diz prequestionada a matéria ou questão quando na decisão impugnada haja sido adotada, explicitamente, tese a respeito, isto é, debate e decisão prévios acerca da matéria, e não sobre o preceito aplicado à solução da lide.[6]

No caso de demanda submetida ao rito sumaríssimo, o recurso de revista somente será admitido se a parte demonstrar contrariedade a súmula da jurisprudência uniforme do TST ou violação direta da Constituição da República.

Na fase de execução da sentença trabalhista, ou nas ações incidentais no processo de execução (embargos de terceiro, ação anulatória de atos da execução, etc.), *não* cabe recurso de revista por violação de lei federal, conflito com súmula ou orientação jurisprudencial nem por dissenso pretoriano; sua admissibilidade restringe-se à hipótese de "ofensa direta e literal de norma da Constituição Federal".[7]

É crucial registrar que em recurso de revista não se admite o reexame de fatos e provas, mas apenas a qualificação jurídica dos fatos litigiosos revelados no acórdão recorrido.[8] A questão de direito envolve o enquadramento jurídico dos fatos delineados no acórdão proferido pelo Tribunal Regional; dito de outro modo, tem a ver com a qualificação jurídica dos fatos incontroversos, quais sejam, os alegados na petição inicial ou na contestação e não infirmados pelas partes ou pelo TRT; portanto, são os fatos não impugnados e declinados no acórdão recorrido, os quais autorizam o TST a proceder à complexa tarefa de aplicar o preceito normativo à situação fática delineada, abrindo oportunidade ao conhecimento do recurso de revista, por ser caracteristicamente de direito a operação judicial pertinente à qualificação jurídica dos fatos apurados.

Por sua vez, os fatos controvertidos não podem ser objeto de reexame em grau recursal de natureza extraordinária, não sendo admitido o recurso de revista amparado em pressuposto fático diverso do revelado nas instâncias ordinárias, cuja constatação dependa do reexame do conjunto fático-probatório produzido.

Finalmente, conhecido o recurso de revista, o TST aplicará o direito à espécie, de modo a uniformizar a jurisprudência trabalhista nacional, e, assim, trazer maior segurança jurídica às relações trabalhistas, pacificando a sociedade.

Com a coletânea de acórdãos selecionados nesta obra espero contribuir para que a comunidade, não apenas a jurídica, possa ter mais presente a forma como o Tribunal Superior do Trabalho procura harmonizar as decisões proferidas pelos 24 Tribunais Regionais do Trabalho, pelo menos na visão deste magistrado.

Brasília, DF, primavera de 2013.

WALMIR OLIVEIRA DA COSTA

---

apta a ensejar o Recurso de Revista deve ser atual, não se considerando como tal a ultrapassada por súmula, ou superada por iterativa e notória jurisprudência do Tribunal Superior do Trabalho. (...) § 6º Nas causas sujeitas ao procedimento sumaríssimo, somente será admitido recurso de revista por contrariedade a súmula de jurisprudência uniforme do Tribunal Superior do Trabalho e violação direta da Constituição da República.

(5) Súmula n. 296 do TST.
(6) Súmula n. 297 do TST.
(7) Súmula n. 266 do TST
(8) Súmula n. 126 do TST.

AÇÃO CIVIL PÚBLICA. MINISTÉRIO PÚBLICO DO TRABALHO. LEGITIMIDADE ATIVA

RECURSO DE REVISTA. AÇÃO CIVIL PÚBLICA. MINISTÉRIO PÚBLICO DO TRABALHO. LEGITIMIDADE ATIVA. DIREITOS INDIVIDUAIS HOMOGÊNEOS. INTERESSE SOCIAL RELEVANTE. INSALUBRIDADE NO AMBIENTE E NAS CONDIÇÕES DE TRABALHO. UTILIZAÇÃO DE MAQUINÁRIO OBSOLETO. ACIDENTES DE TRABALHO, INCLUSIVE CAUSADORES DE DEFORMIDADES FÍSICAS. PRESERVAÇÃO DA SAÚDE E DA SEGURANÇA DOS TRABALHADORES.

A Constituição da República de 1988, em seus arts. 127 e 129, confere legitimação ativa ao Ministério Público do Trabalho para, mediante ação civil pública ajuizada na Justiça do Trabalho, promover a defesa dos interesses sociais e individuais indisponíveis (subespécie de interesse coletivo).

De acordo com a jurisprudência do Plenário do Supremo Tribunal Federal, "Certos direitos individuais homogêneos podem ser classificados como interesses ou direitos coletivos, ou identificar-se com interesses sociais e individuais indisponíveis. Nesses casos, a ação civil pública presta-se a defesa dos mesmos, legitimado o Ministério Público para a causa. Constituição Federal, art. 127, caput, e art. 129, III" (RE-195056/PR — PARANÁ, DJ 14.11.2003).

O interesse de agir do Ministério Público do Trabalho, ao ajuizar ação civil pública trabalhista, radica no binômio necessidade-utilidade da tutela solicitada no processo, com a finalidade de que a ordem jurídica e social dita violada pelo réu seja restabelecida, hipótese de medida de proteção à higidez física e mental dos trabalhadores envolvidos no conflito.

A circunstância de a demanda coletiva envolver discussão acerca de direitos que variem conforme situações específicas, individualmente consideradas, como entendeu o Tribunal Regional, não é suficiente, por si só, para impor limites à atuação do Ministério Público do Trabalho na defesa de interesses sociais, sob pena de negar-se vigência ao art. 129, III, da Constituição Federal, que credencia o "Parquet" a propor ação civil pública relacionada à defesa do interesse coletivo amplo, consubstanciado, na espécie, em exigir a observância das normas trabalhistas, de ordem pública e imperativa, as quais disciplinam a saúde e segurança dos trabalhadores, em relação aos empregados da ré e constituindo a origem comum do direito reivindicado na ACP.

5. Na ação coletiva, a sentença será, necessariamente, genérica, fazendo juízo de certeza sobre a relação jurídica controvertida, e a individualização do direito far-se-á por meio de ação de cumprimento pelo titular do direito subjetivo reconhecido como violado na demanda cognitiva.

Recurso de revista conhecido e provido.

(Processo n. TST-RR-1.764-2002-026-03-40.3 — Ac. 1ª Turma)

Vistos, relatados e discutidos estes autos de Recurso de Revista n. TST-RR-1764/2002-026-03-40.3 (Convertido de Agravo de Instrumento de mesmo número), em que é recorrente Ministério Público do Trabalho da 3ª Região e recorrido Resil Minas Indústria e Comércio Ltda.

A Presidência do TRT da 3ª Região, mediante a decisão à fl. 1.397, negou seguimento ao recurso de revista interposto pelo Ministério Público do Trabalho, por entender não restar configurada a violação dos dispositivos de lei federal e da Constituição Federal, bem como divergência jurisprudencial específica, daí decorrendo o ajuizamento de agravo de instrumento, pretendendo o processamento do apelo trancado (fls. 34).

A ré apresentou, em peça única, a contraminuta ao agravo de instrumento e as contrarrazões ao recurso de revista, às fls. 1.399-1.404.

Desnecessário o parecer do Ministério Público do Trabalho, em face da sua condição de recorrente no feito.

É o relatório.

VOTO

AGRAVO DE INSTRUMENTO

CONHECIMENTO

Presentes os pressupostos genéricos de admissibilidade, CONHEÇO do agravo de instrumento.

MÉRITO

AÇÃO CIVIL PÚBLICA. MINISTÉRIO PÚBLICO DO TRABALHO. LEGITIMIDADE ATIVA. DIREITOS INDIVIDUAIS HOMOGÊNEOS. INTERESSE SOCIAL RELEVANTE. INSALUBRIDADE NO AMBIENTE E NAS CONDIÇÕES DE TRABALHO. UTILIZAÇÃO DE MAQUINÁRIO OBSOLETO. ACIDENTES DE TRABALHO, INCLUSIVE CAUSADORES DE DEFORMIDADES FÍSICAS. PRESERVAÇÃO DA SAÚDE E DA SEGURANÇA DOS TRABALHADORES

Discute-se, nos presentes autos, se o Ministério Público do Trabalho, recorrente e agravante, possui interesse de agir em ação civil pública postulando o cumprimento, pela empresa ré, de normas de segurança no trabalho (art. 7º, XXII, 170 e 225 da Constituição da República, OS 608/INSS, NR's 7, 9 e 12/MTE) e a substituição de maquinário obsoleto, proibido pela ABNT — Associação Brasileira de Normas Técnicas, visando à proteção da integridade física dos trabalhadores, resguardando-os dos riscos presentes no ambiente de trabalho e de acidentes decorrentes da utilização de prensas obsoletas e/ou inadequadas.

A Corte Regional negou provimento ao recurso ordinário interposto pelo órgão do Ministério Público do Trabalho da 3ª Região, mantendo a sentença que extinguira o processo, sem resolução de mérito, ante a carência da ação, à falta da condição da ação relativa ao interesse de agir.

Nas razões de agravo de instrumento, o Ministério Público do Trabalho sustenta a admissibilidade do recurso de revista, ante a demonstração de ofensa aos arts. 127, *caput*, 129, III, IX, § 1º, 200, VIII, da Constituição Federal; 1º, 3º, 5º, da Lei n. 7.347/85, 5º, I, II, "d", III, "d" e "e", 6º, VII, "a", "b", "d", 83, I, II, da Lei Complementar n. 75/93, 81 e 82 da Lei n. 8.078/90 (Código de Defesa do Consumidor), além de divergência jurisprudencial.

A jurisprudência em formação na Subseção I Especializada em Dissídios Individuais desta Corte Superior vem admitindo, como na hipótese em exame, o interesse de agir do Ministério Público do Trabalho ao ajuizar ação civil pública contendo pedido de tutela inibitória visando ao cumprimento da legislação federal pertinente à saúde e segurança no trabalho.

Do exposto, com a finalidade de prevenir violação de dispositivos de lei federal e constitucional, dá-se provimento ao agravo de instrumento para julgamento do recurso de revista, observado o procedimento estabelecido na Resolução Administrativa n. 928/2003 do Tribunal Superior do Trabalho.

RECURSO DE REVISTA

CONHECIMENTO

Presentes os pressupostos extrínsecos de admissibilidade, analiso os específicos de cabimento do recurso de revista.

AÇÃO CIVIL PÚBLICA. MINISTÉRIO PÚBLICO DO TRABALHO. LEGITIMIDADE ATIVA. DIREITOS INDIVIDUAIS HOMOGÊNEOS. INTERESSE SOCIAL RELEVANTE. INSALUBRIDADE NO AMBIENTE E NAS CONDIÇÕES DE TRABALHO. UTILIZAÇÃO DE MAQUINÁRIO OBSOLETO. ACIDENTES DE TRABALHO, INCLUSIVE CAUSADORES DE DEFORMIDADES FÍSICAS. PRESERVAÇÃO DA SAÚDE E DA SEGURANÇA DOS TRABALHADORES

O TRT da 3ª Região, mediante o acórdão às fls. 1.334-1.337, complementado pela decisão às fls. 1.349-1.352, negou provimento ao recurso ordinário interposto pelo Ministério Público do Trabalho, mantendo a sentença em que acolheu a preliminar de carência da ação e extinguiu o processo, sem resolução de mérito. A ementa do acórdão do Tribunal Regional bem resume o entendimento adotado no julgamento da ação civil pública, à fl. 1.334, *verbis*:

"AÇÃO CIVIL PÚBLICA — A ação civil pública não se destina à defesa de direitos individuais divisíveis, ainda que plúrimos. O e. Professor Carlos Barbosa Moreira preleciona que a indivisibilidade a que a lei se refere implica uma espécie de 'comunhão inseparável', em que é impossível discernir entre os cotitulares onde encera o interesse de um, para começar o do outro. A satisfação, ou lesão de um, necessariamente, produziria idêntico efeito em outro."

Nas razões do recurso de revista, o *parquet* sustenta, em suma, que o interesse tutelado na presente Ação Civil Pública (ACP), além de outros, refere-se aos direitos insertos nas disposições legais que disciplinam a segurança, saúde e medicina do trabalho (art. 7º, XXII, 170 e 225 da Constituição da República, OS 608/INSS, NR's 7, 9 e 12/MTE), na medida em que a causa de pedir é justamente os malefícios causados pelo excesso de ruído no ambiente de trabalho (NR 9/MTE), ausência de PCA — Programa de Conservação Auditiva — eficaz, na forma da OS 608/INSS, e de PCMSO — Programa de Controle Médico e Saúde Ocupacional, na forma da NR 07/MTE, bem como da utilização de maquinário obsoleto, proibido pela NBR 13930 da ABNT — Associação Brasileira de Normas Técnica, causadores de acidentes com mutilações. As obrigações de fazer e não fazer, exigidas na ACP, são as próprias condutas tipificadas pelas normas trabalhistas, formadoras do arcabouço jurídico de observação obrigatória. A recorrida, conquanto obrigada, furtou-se à observância da legislação que cuida da saúde e segurança no trabalho, o que redundou na lesão aos direitos que o MPT visou a salvaguardar com a presente ACP. Nesse contexto, afirma que o acórdão do Tribunal Regional violou frontalmente os arts. 127, *caput*, 129, III, IX, § 1º, 200, VIII, da Constituição Federal; 1º, 3º, 5º, da Lei n. 7.347/85, 5º, I, II, "d", III, "d" e "e", 6º, VII, "a", "b", "d", 83, I, II, da Lei Complementar n. 75/93, 81 e 82 da Lei n. 8.078/90 (Código de Defesa do Consumidor), além, além de dissentir dos julgados colacionados ao cotejo de teses.

À análise.

Discute-se, nos presentes autos, se o Ministério Público do Trabalho, recorrente, possui interesse de agir em ação civil pública objetivando o cumprimento, pela empresa ré, da legislação que cuida da saúde e segurança no trabalho.

Nos termos dos arts. 1º e 3º da Lei n. 7.347/85 (LACP), a ação civil pública é destinada a conferir tutela efetiva aos direitos difusos e coletivos, tendo por objeto a condenação em dinheiro ou o cumprimento de obrigação de fazer ou não fazer.

No presente caso, o Ministério Público do Trabalho postulou tutelas inibitória e condenatória, a fim de que o réu observe a legislação que cuida da saúde e segurança no trabalho, como forma de preservar a higidez física e mental dos trabalhadores, bem como o pagamento de indenização por dano coletivo.

Trata-se, portanto, de um lado, de tutela preventiva, que visa a prevenir o ilícito, e, de outro, de tutela reparatória (indenização pelo dano coletivo).

A tutela inibitória funciona, nas palavras de Guilherme Marinoni, basicamente, por meio de uma decisão ou sentença que impõe um não fazer ou um fazer, conforme a conduta ilícita temida seja de natureza comissiva ou omissiva, e é caracterizada por ser voltada para o futuro, independentemente de estar sendo dirigida a impedir a prática, a continuação ou a repetição do ilícito. Este fazer ou não fazer deve ser imposto sob pena de multa, o que permite identificar o fundamento normativo-processual desta tutela nos arts. 461 do CPC e 84 do Código de Defesa do Consumidor.

Os arts. 461 do CPC e 84 do CDC enalteceram, sobretudo, a viabilidade da ação civil pública inibitória, cuja função preventiva a coloca entre os mais importantes instrumentos de tutela jurisdicional de direitos coletivos em sentido amplo.

Sendo a inibitória uma tutela voltada para o futuro e genuinamente preventiva, o dano não lhe diz respeito, pois este é requisito indispensável para o surgimento da obrigação de ressarcir, mas não para a constituição do ilícito.

No entanto, na ACP é possível a cumulação de pedidos de tutela preventiva e ressarcitória.

Posto isso, forçoso reconhecer que, no caso concreto, a decisão do Tribunal Regional vulnerou dispositivos de índole legal e constitucional, viabilizando a pretensão recursal.

A Constituição da República de 1988, em seu arts. 127 e 129, confere legitimação ativa ao Ministério Público do Trabalho para, mediante ação civil pública ajuizada na Justiça do Trabalho, promover a defesa dos interesses sociais e individuais indisponíveis (subespécie de interesse coletivo).

Nesse sentido, a decisão proferida pelo STF no AG.RG. RE. 554.088-0, Santa Catarina, Relator Ministro Eros Grau (DJ Dje 19.06.2008).

Ainda de acordo com a jurisprudência do Plenário do Supremo Tribunal Federal: "Certos direitos individuais homogêneos podem ser classificados como interesses ou direitos coletivos, ou identificar-se com interesses sociais e individuais indisponíveis. Nesses casos, a ação civil pública presta-se a defesa dos mesmos, legitimado o Ministério Público para a causa. CF, art. 127, *caput*, e art. 129, III." (RE-195056/PR — PARANÁ, DJ de 14.11.2003).

O interesse de agir do Ministério Público do Trabalho, ao ajuizar ação civil pública trabalhista, radica no binômio necessidade-utilidade da tutela solicitada no processo, com a finalidade de que a ordem jurídica e social dita violada pelo réu seja restabelecida, como no caso de observância de normas de proteção à saúde e à segurança no trabalho.

A circunstância de a demanda coletiva envolver discussão acerca de direitos que variem conforme situações específicas, individualmente consideradas, como entendeu o Tribunal Regional, não é suficiente, por si só, para impor limites à atuação do Ministério Público do Trabalho na defesa de interesses sociais, sob pena de negar-se vigência ao art. 129, III, da Constituição Federal, que credencia o *Parquet* a propor ação civil pública relacionada à defesa do interesse coletivo amplo, consubstanciado, na espécie, na exigência de observância das normas trabalhistas, de ordem pública e imperativa, as quais disciplinam a saúde e segurança dos trabalhadores, e que constituem a origem comum do direito reivindicado na ACP.

Na ação coletiva, a sentença será, necessariamente, genérica, fazendo juízo de certeza sobre a relação jurídica controvertida, e a individualização do direito se fará por meio de ação de cumprimento pelo titular do direito subjetivo reconhecido como violado na demanda cognitiva.

A jurisprudência em formação no âmbito da SBDI-1 desta Corte Superior, no tocante à matéria em debate no processo, tem se firmado no sentido de que o Ministério Público do Trabalho detém legitimação e interesse de agir em hipótese como a dos autos, de que é exemplo o julgado abaixo transcrito:

"JORNADA DE TRABALHO. ÓBICE CRIADO PELO EMPREGADOR. A Constituição Federal, ao tratar dos direitos individuais e coletivos (Título II, Capítulo I), considerou os interesses coletivos em sentido amplo, como o fez no tocante aos direitos sociais. Por sua vez, a Lei Complementar n. 75, de 25.05.1993, embora não seja ordenatória da ação civil pública no processo trabalhista, estabelece condições e atribuições ao Ministério Público do Trabalho para sua promoção. Como consequência, as disposições por ela traçadas hão de ser interpretadas à luz daquele mandamento maior e de outras normas legalmente previstas no ordenamento jurídico como é o caso do Código de Defesa do Consumidor, o que implica a constatação de que, entre suas atribuições constitucionais de natureza institucional, insere-se a defesa dos interesses sociais. Emerge daí a legitimação do órgão ministerial para a defesa de direitos individuais homogêneos de acordo com o regramento previsto na aludida lei complementar. Na hipótese, mesmo admitindo-se, hipoteticamente, como individuais os interesses em debate, é indiscutível, por outro lado, sua homogeneidade, porquanto têm origem comum, motivo pelo qual resta patenteada a legitimidade do *parquet*, a teor do art. 6º, XII, da Lei Complementar n. 75/93, notadamente se considerarmos que os direitos tutelados constituem direitos sociais constitucionalmente garantidos." (Recurso de revista conhecido e provido. Processo: RR — 1738/1998-092-15-40.8 Data de Julgamento: 16.04.2008, Relatora Ministra: Dora Maria da Costa, 8ª Turma, Data de Publicação: DJ 18.04.2008)

A decisão da Turma, acima transcrita, teve confirmação em decisão unânime da SBDI-1 desta Corte Superior no julgamento do Proc. EEDRR 1738/1998-092-15-40.8 — Min. Horácio R. de Senna Pires, em sessão de 17.09.2009 (acórdão pendente de publicação).

Com base nesses fundamentos, CONHEÇO do recurso de revista por violação dos arts. 127, *caput*, e 129, III e IX, da Constituição Federal, 83, III, e 84, da Lei Complementar n. 75/83 e os arts. 3º e 5º, da Lei n. 7.347/85.

MÉRITO

AÇÃO CIVIL PÚBLICA. MINISTÉRIO PÚBLICO DO TRABALHO. LEGITIMIDADE ATIVA. DIREITOS INDIVIDUAIS HOMOGÊNEOS. INTERESSE SOCIAL RELEVANTE. INSALUBRIDADE NO AMBIENTE E NAS CONDIÇÕES DE TRABALHO. UTILIZAÇÃO DE MAQUINÁRIO OBSOLETO. ACIDENTES DE TRABALHO, INCLUSIVE CAUSADORES DE DEFORMIDADES FÍSICAS. PRESERVAÇÃO DA SAÚDE E DA SEGURANÇA DOS TRABALHADORES

Conhecido o recurso de revista por violação dos arts. 127, *caput*, e 129, III e IX, da CF, 83, III, e 84, da Lei Complementar n. 75/83 e os arts. 3º e 5º, da Lei n. 7.347/85, DOU-LHE PROVIMENTO para, reformando o acórdão recorrido, reconhecer configuradas as condições da ação relativas à legitimidade e ao interesse de agir do Ministério Público do Trabalho ao ajuizar a presente ação civil pública trabalhista, determinando o retorno dos autos à Vara do Trabalho de origem para que julgue o mérito da demanda, como entender de direito, afastada a carência da ação.

Isto posto,

Acordam os Ministros da Primeira Turma do Tribunal Superior do Trabalho, por unanimidade, conhecer do agravo de instrumento e, no mérito, dar-lhe provimento para determinar o julgamento do recurso de revista. Acordam, ainda, julgando o recurso de revista, na forma do art. 897, § 7º, da CLT, dele conhecer por violação dos arts. 127, *caput*, e 129, III e IX, da Constituição Federal, 83, III, e 84 da Lei Complementar n. 75/83 e 3º e 5º da Lei n. 7.347/85, e, no mérito, dar-lhe provimento para, reformando o acórdão recorrido, reconhecer configuradas as condições da ação relativas à legitimidade e ao interesse de agir do Ministério Público do Trabalho ao ajuizar a presente ação civil pública trabalhista, determinando o retorno dos autos à Vara do Trabalho de origem para que julgue o mérito da demanda, como entender de direito, afastada a carência da ação. Custas pela ré, em reversão.

Brasília, 16 de dezembro de 2009. *Walmir Oliveira da Costa*, relator.

ADMINISTRAÇÃO PÚBLICA. CONTRATO DE TRABALHO. AUSÊNCIA DE CONCURSO PÚBLICO

RECURSOS DE REVISTA DO MINISTÉRIO PÚBLICO DO TRABALHO E DO MUNICÍPIO RECLAMADO. MATÉRIA COMUM. ANÁLISE CONJUNTA. ADMINISTRAÇÃO PÚBLICA. CONTRATO MANTIDO SEM A OBSERVÂNCIA DO REQUISITO DO CONCURSO PÚBLICO. EFEITOS. INCIDÊNCIA DA SÚMULA N. 363 DO TST.

Conforme a diretriz fixada na Súmula n. 363 do TST, a contratação de servidor público, após a Constituição Federal de 1988, sem prévia aprovação em concurso público, encontra óbice no respectivo art. 37, II e § 2º, somente lhe conferindo direito ao pagamento da contraprestação pactuada em relação ao número de horas trabalhadas, respeitado o valor da hora do salário-mínimo e dos valores referentes aos depósitos do FGTS. A Corte Regional, ao manter o reconhecimento do vínculo de emprego com o ente público reclamado, sem observância de prévia aprovação da reclamante em concurso público, bem como a condenação ao pagamento de verbas rescisórias inerentes a contrato de trabalho válido, divergiu do supramencionado Verbete Sumular. Impõe-se, pois, o provimento do apelo para se adequar a decisão recorrida à jurisprudência desta Corte, afastando da condenação as parcelas não previstas na Súmula n. 363 do TST.

Recursos de revista parcialmente conhecidos e providos.

(Processo n. TST-RR-68.200-02-2004-5-02-0402 — Ac. 1ª Turma)

Vistos, relatados e discutidos estes autos de Recurso de Revista n. TST-RR-68200-02.2004.5.02.0402, em que são recorrentes Ministério Público do Trabalho da 2ª Região e município da Estância Balneária de Praia Grande (SP) e são recorridos os mesmos e Maria Júlia Silva Lima.

O Tribunal Regional de Trabalho da 2ª Região, mediante o acórdão prolatado às fls. 247-253, complementado pela decisão às fls. 285-287, proferida em sede de embargos de declaração, não conheceu da remessa *ex officio*, com base na Súmula n. 303 do TST, e negou provimento ao recurso ordinário interposto pelo reclamado, Município da Estância Balneária de Praia Grande, mantendo íntegra a sentença em que o Juízo de 1º grau, não obstante a ausência de prévia aprovação em concurso público, reconheceu o vínculo de emprego com o ente público reclamado e o condenou ao pagamento das verbas rescisórias inerentes a um contrato de trabalho válido.

Inconformados, o Ministério Público do Trabalho da 2ª Região e o Município reclamado interpõem recursos de revista, respectivamente, às fls. 291-315 e 317-339, com amparo no art. 896, 'a' e 'c', da CLT.

Admitidos os recursos de revista (fls. 359-367), não foram apresentadas as contrarrazões, conforme certidão à fl. 374.

O Ministério Público do Trabalho, em parecer às fls. 379-381, opinou pelo conhecimento e provimento dos recursos de revista.

É o relatório.

VOTO

CONHECIMENTO

RECURSOS DE REVISTA DO MINISTÉRIO PÚBLICO DO TRABALHO E DO MUNICÍPIO RECLAMADO

Os recursos de revista são tempestivos (fls. 268, 289, 291 e 317), têm representação processual regular (Procuradora do Trabalho e procuração do Município reclamado às fls. 39-41), sendo dispensado o preparo. Atendidos os pressupostos genéricos de admissibilidade recursal, passa-se ao exame dos requisitos específicos de cabimento dos recursos de revista.

MATÉRIA COMUM AOS RECURSOS DO MINISTÉRIO PÚBLICO DO TRABALHO E DO MUNICÍPIO RECLAMADO

ADMINISTRAÇÃO PÚBLICA. CONTRATO MANTIDO SEM A OBSERVÂNCIA DO REQUISITO DO CONCURSO PÚBLICO. EFEITOS. INCIDÊNCIA DA SÚMULA N. 363 DO TST

O Tribunal Regional do Trabalho da 2ª Região negou provimento ao recurso ordinário interposto pelo Município reclamado, mantendo a sentença em que o Juízo de 1º grau reconheceu o vínculo empregatício diretamente com o ente público reclamado e deferiu ao reclamante verbas trabalhistas alheias ao salário *stricto sensu* e ao FGTS. A decisão foi proferida, às fls. 247-251, nos seguintes termos, *verbis*:

"Do Vínculo de Emprego

Embora este relator, normalmente aplique a Súmula 363 do TST, o caso em tela tem análise específica.

Sem qualquer razão a Municipalidade, uma vez que não pode servir-se de um 'Programa Municipal' cuja finalidade é de ajuda social, para implementar trabalho regular sem a anotação na CTPS e o devido registro nos termos da legislação laboral. É fato que a Súmula 363 do TST estabelece a nulidade do contrato de trabalho sem o devido concurso público, todavia, tal nulidade não pode favorecer àquele que vem a juízo para firmar uma outra espécie de ato jurídico e o desvirtua beneficiando-se dos serviços prestados.

Ao contrário do que assevera a Municipalidade, o serviço foi desenvolvido com habitualidade, pessoalidade, salário (alegada ajuda de custo) e subordinação (a determinação de trabalho) (artigos 2º e 3º da CLT).

O depoimento do próprio representante da ré (f. 18) foi claro no sentido que a autora trabalhava em horário pré-determinado. Também os controles de ponto vindos aos autos no volume de documentos, confirmam que a jornada de trabalho era determinada pela ré.

Por outro lado, fugindo as diretrizes do referido 'Programa' para o qual se habilitou a autora, não se observa que tenha esta recebido os benefícios elencados no artigo 2º da Lei 1.130/2001 (Programa de Apoio ao Desempregado), isto é: cesta-básica, auxílio-desemprego, auxílio-transporte e participação em curso de alfabetização e profissionalizante (doc. 7 do vol. de documentos). Também vem estabelecido no artigo 4º do 'Programa' em apreço que haveria possibilidade de colaboração eventual em prestação de serviços à comunidade (doc. 7), entretanto, inexistiu a eventualidade na chamada colaboração. Assim, não há como negar que por intermédio da adesão ao referido 'Programa' foi na verdade, perpetrada uma fraude, ao obter da autora trabalho não eventual, sem os requisitos de segurança social exigíveis pela legislação e sem observação do que o 'Programa' instituiu, como prioritário na ajuda social oferecida pelo Poder Público. Tal ajuda deve ser efetiva e não fugir aos parâmetros estabelecidos pela própria Municipalidade, sob pena de consumar-se a fraude. Aplicação do artigo 9º da CLT.

Por outro lado, não se pode admitir que a Municipalidade venha a juízo e com base na Lei municipal e na Súmula do TST, que em tese a favorece, não cumprir as obrigações decorrentes do contrato. Caso se aceitem tais fatos, o 'Programa' instituído no âmbito municipal deixará de ser cumprido e por óbvio nem a Lei Municipal retrocitada, nem a Súmula do TST e nem a Constituição Federal podem servir de escudo para o desiderato contrário aos princípios emanados da Lei Maior, referente à 'dignidade da pessoa humana', 'os valores sociais do trabalho e da livre iniciativa' (art.1º, III e IV da CF), 'a busca do pleno emprego'(artigo 170, VIII, CF) e outros, bem como os incisos do artigo 7º da C. Federal que promoveram os direitos sociais a direitos verdadeiramente constitucionais, sem dúvida da índole própria dos direitos humanos.

Por outro lado, a recorrente não argüiu em contestação a aplicação da Súmula 367 do TST, bem como não alegou — nem poderia — o descumprimento da Carta Magna no que tange à feitura de concursos públicos e a conseqüente nulidade contratual, inovando seu recurso com esta matéria, uma vez que a linha de defesa, com base no PAD, contraria as razões recursais neste ponto. Ora, admitir-se que o PAD não foi cumprido e que o trabalho existiu nos moldes da legislação obreira, sem determinar as consequências desse fato é premiar a Municipalidade pelo não cumprimento de suas próprias normas e desvirtuamento das regras estabelecidas na Constituição, sem o ônus do cumprimento dos direitos devidos e com efetivo prejuízo àquele que tem a proteção da Lei Maior, da lei infraconstitucional e em tese na Lei municipal. Mantenho.

Das verbas rescisórias, saldo de salários, aviso prévio, 13º salário proporcional, férias proporcionais + 1/3, seguro desemprego e anotação na CTPS.

Ora, uma vez reconhecido o vínculo de emprego a partir de 25.2.2003, a ilegalidade da contratação, a dispensa imotivada em 16.10.2003 e, ainda, tendo em vista o não pagamento das verbas contratuais e rescisórias, devidas as verbas em epígrafe, não merecendo qualquer reforma a decisão de origem quanto às mesmas, inclusive no que diz respeito à indenização do seguro desemprego e à anotação na CTPS, verificando-se que, a recorrente não arguiu em contestação a aplicação da Súmula 367 do TST, bem como não alegou — nem poderia — o descumprimento da Carta Magna no que tange à feitura de concursos públicos e a conseqüente nulidade contratual, inovando seu recurso com esta matéria, uma vez que a linha de defesa, com base no PAD, contraria as razões recursais neste ponto. Mantenho.

Do FGTS + 40%

Também, melhor sorte não tem a ré. Reconhecido o vínculo de emprego, o salário e a jornada de seis horas, o FGTS é o único regime possível. Mantenho.

Da multa do art. 477 da CLT

No que tange ao artigo 477 da CLT, embora este relator não entenda aplicável tal artigo nos reconhecimentos de vínculo de emprego pelo Judiciário, ante a existência da controvérsia, é fato que no presente caso a fraude restou comprovada não se podendo beneficiar a parte que deixou de registrar e de pagar os títulos devidos, com a isenção do pagamento da multa pela mora. Mantenho."

Inconformados, o Ministério Público do Trabalho e o Município da Estância Balneária de Praia Grande interpõem recursos de revista, insurgindo-se contra a decisão que manteve o reconhecimento do vínculo de emprego com o ente público reclamado e, em consequência a condenação ao pagamento de verbas trabalhistas, não obstante a reclamante ter sido contratada sem prévia aprovação em concurso público. Indicam, entre outros dispositivos, a violação dos arts. 5º, II, e 37, II, e § 2º, da Constituição da República, a contrariedade à Súmula n. 363 do TST e trazem arestos para o cotejo de teses.

À análise.

A pretensão recursal de ambos os apelos cinge-se aos afeitos decorrentes do contrato mantido com a Administração Pública sem a prévia submissão a concurso público.

Na hipótese em apreciação, o Tribunal Regional, não obstante a ausência de prévia aprovação da reclamante em concurso público, ao manter o reconhecimento do vínculo de emprego e a condenação do ente público reclamado ao pagamento de parcelas alheias ao salário *stricto sensu* e aos depósitos do FGTS, contrariou a jurisprudência desta Corte, consubstanciada na Súmula n. 363, *verbis*:

"CONTRATO NULO. EFEITOS (nova redação) — Res. 121/2003, DJ 21.11.2003.

A contratação de servidor público, após a CF/1988, sem prévia aprovação em concurso público, encontra óbice no respectivo art. 37, II e § 2º, somente lhe conferindo direito ao pagamento da contraprestação pactuada, em relação ao número de horas trabalhadas, respeitado o valor da hora do salário-mínimo, e dos valores referentes aos depósitos do FGTS."

Logo, CONHEÇO dos recursos de revista por contrariedade à Súmula n. 363 do TST.

MATÉRIAS EXCLUSIVAS DO RECURSO DO MUNICÍPIO RECLAMADO

EXPEDIÇÃO DE OFÍCIOS

A Corte Regional negou provimento ao recurso ordinário interposto pelo Município reclamado, assentando à fl. 251, quanto à expedição de ofícios, o seguinte entendimento, *verbis*:

"Expedição de ofícios

A expedição de ofícios determinada pela sentença condenatória representa cooperação entre os órgãos do Estado, Poder Judiciário e Poder Executivo, na fiscalização das empresas. Na verdade, não representa, de per si, qualquer prejuízo para ré, que apenas e tão somente deve cooperar com a eventual fiscalização e defender-se administrativamente contra eventual auto de infração. Diante do apurado nos presentes autos, tem-se lógica e coerente a determinação de expedição de ofícios aos órgãos fiscalizadores."

Nos embargos de declaração interpostos pelo Município reclamado, o Colegiado *a quo* acrescentou, à fl. 285, a seguinte fundamentação, *verbis*:

"No que concerne à expedição de ofício, a decisão também fica mantida, uma vez que não infringência à lei infraconstitucional ou constitucional em determinar-se tal expedição. Todos aqueles que se apresentam perante o Judiciário na condição de autores ou de réus, pessoas naturais ou jurídicas, públicas, internas ou exteriores, ou privadas, sociedades associações ou fundações são iguais para os efeitos do processo, embora conserve alguns privilégios processuais e procedimentais, dentre os quais não se inclui a impossibilidade de ver expedido ofício para os órgãos fiscalizadores. Todos são iguais perante a lei (artigo 5º da Constituição Federal)."

Nas razões do recurso de revista, o Município reclamado sustenta que a determinação de expedição de ofícios ao DRT, CEF e INSS, ante a suposta irregularidade administrativa advinda da contratação da reclamante sem concurso público, viola o princípio da legalidade, previsto no art. 5º, II, da Carta Magna, na medida em que não existe no ordenamento jurídico previsão nesse sentido.

O recurso não alcança admissão.

Nos termos do que dispõe o art. 765 da CLT, o magistrado, no exercício da competência constitucional outorgada pelo art. 114 da Constituição da República, terá ampla liberdade na condução do processo e velará pelo andamento rápido das causas, podendo determinar qualquer diligência necessária ao esclarecimento delas. Se dos atos e fatos da causa reputar possível ocorrência de ilícito, terá o magistrado o poder-dever de comunicar o fato às autoridades administrativas competentes (art. 40 do CPP, por analogia).

Nesse sentido o seguinte precedente da Subseção I Especializada em Dissídios Individuais desta Corte Superior:

"JULGAMENTO — *EXTRA PETITA* — EXPEDIÇÃO DE OFÍCIO. A determinação de expedição de ofício, mesmo não requerida, não conduz à ideia de julgamento *extra petita*, pois está escorada na autoridade do magistrado como agente político do Estado, cabendo aos órgãos destinatários dos ofícios deliberar sobre as providências cabíveis. Recurso de Embargos não conhecido." (TST-E-RR-713466-63.2000.5.02.5555, Relator Ministro Carlos Alberto Reis de Paula, SBDI-1, DJ 14.10.2005).

Ademais, a alegação de ofensa ao princípio da legalidade, inserto no art. 5º, II, da Carta Magna, não viabiliza o acesso à via recursal extraordinária. Isso porque, sendo princípio genérico, a violação do referido dispositivo constitucional não se configura, em regra, de forma direta e literal, somente se aferindo por via reflexa, a partir de eventual ofensa à norma de natureza infraconstitucional. Nesse sentido, a Súmula n. 636 do excelso STF.

Logo, NÃO CONHEÇO do recurso de revista, no tópico.

JUROS DE MORA

O Município reclamado pretende a aplicação dos juros de mora no percentual de 0,5% ao mês. Indica violação dos arts. 1º-F da Lei n. 9.949/97 e 5º, II, da Constituição da República e traz arestos para o cotejo de teses.

O recurso não alcança admissão.

Com efeito, embora o Tribunal Regional, nos embargos de declaração interpostos pelo Município reclamado, tenha assentado que o acórdão embargado decidiu sobre os juros de mora, não houve o pronunciamento da Corte Regional sobre a questão, o que, em tese, atrai a incidência da Súmula n. 297, I, do TST, ante a ausência de prequestionamento.

Sinale-se que a hipótese não é de prequestionamento ficto previsto na Súmula n. 297, III, do TST, na medida em que a insurgência quanto aos juros de mora não foi ventilada no recurso ordinário interposto pelo reclamado, tratando, portanto, de inovação recursal, insuscetível de exame.

Ante o exposto, NÃO CONHEÇO do recurso de revista, no particular.

MÉRITO

ADMINISTRAÇÃO PÚBLICA. CONTRATO MANTIDO SEM A OBSERVÂNCIA DO REQUISITO DO CONCURSO PÚBLICO. EFEITOS. INCIDÊNCIA DA SÚMULA N. 363 DO TST

No mérito, conhecidos os recursos de revista por contrariedade à Súmula n. 363 do TST, DOU-LHES PROVIMENTO para, reformando o acórdão recorrido, limitar a condenação ao pagamento do saldo de salários *stricto sensu* e dos depósitos do FGTS de todo o período trabalhado, sem o acréscimo de 40% (quarenta por cento), excluindo-se, em consequência, as demais verbas rescisórias e a anotação na CTPS da reclamante.

Isto posto,

Acordam os Ministros da Primeira Turma do Tribunal Superior do Trabalho, por unanimidade, conhecer de ambos os recursos de revista, apenas quanto ao tema "Contrato nulo. Efeitos", por contrariedade à Súmula n. 363 do TST, e, no mérito, dar-lhes provimento para, reformando o acórdão recorrido, limitar a condenação ao pagamento do saldo de salários *stricto sensu* e dos depósitos do FGTS de todo o período trabalhado, sem o acréscimo de 40% (quarenta por cento), excluindo-se, em consequência, as demais verbas rescisórias e a anotação na CTPS da reclamante.

Brasília, 18 de abril de 2012. *Walmir Oliveira da Costa*, relator.

ADMINISTRAÇÃO PÚBLICA. RESPONSABILIDADE OBJETIVA

RECURSO DE REVISTA. RESPONSABILIDADE OBJETIVA DA ADMINISTRAÇÃO PÚBLICA. ART. 37, § 6º, DA CONSTITUIÇÃO FEDERAL. IMPOSSIBILIDADE. EFEITO VINCULANTE DA DECISÃO PROFERIDA PELO STF NA ADC 16/DF.

Em face da decisão proferida pelo Supremo Tribunal Federal na ADC 16/DF, dotada de eficácia vinculante, não se mostra juridicamente possível reconhecer a responsabilidade objetiva do Poder Público quando arregimenta mão de obra, mediante prestadores de serviços, em razão do inadimplemento da empresa contratada, porque não há o ato do agente público a causar prejuízo a terceiros. Assim, ao reconhecer a responsabilidade objetiva da Administração Pública, com suporte no art. 37, § 6º, da Constituição Federal, o Tribunal Regional de origem dissentiu da orientação emanada da Suprema Corte.

Recurso de revista conhecido e provido.

(Processo n. TST-RR-761-58-2011-5-11-0052 — Ac. 1ª Turma)

Vistos, relatados e discutidos estes autos de Recurso de Revista. n. TST-RR-761-58.2011.5.11.0052 (convertido de Agravo de Instrumento de mesmo número), em que é recorrente Estado de Roraima e são recorridos Honny Glauco Costa Sá e Atlântica Serviços Gerais Ltda.

A Presidência do Tribunal Regional do Trabalho da 11ª Região, mediante decisão às fls. 270-272 dos autos digitalizados, negou seguimento ao recurso de revista interposto pelo Estado de Roraima, o que ensejou a interposição do presente agravo de instrumento às fls. 284-320.

Não foi apresentada a contraminuta ao agravo de instrumento, tampouco foram apresentadas as contrarrazões ao recurso de revista, conforme certidão exarada à fl. 326.

O Ministério Público do Trabalho não emitiu parecer por falta de interesse público — fls. 330-333.

É o relatório.

VOTO

AGRAVO DE INSTRUMENTO

CONHECIMENTO

Satisfeitos os pressupostos de admissibilidade pertinentes à tempestividade, à representação processual (na forma da Súmula n. 436 do TST), sendo desnecessário o preparo e tendo sido processado nos autos do recurso denegado, nos termos do art. 1º da Resolução Administrativa n. 1418/2010 do TST, CONHEÇO do agravo de instrumento.

MÉRITO

RESPONSABILIDADE OBJETIVA DA ADMINISTRAÇÃO PÚBLICA. ART. 37, § 6º, DA CONSTITUIÇÃO FEDERAL. IMPOSSIBILIDADE. EFEITO VINCULANTE DA DECISÃO PROFERIDA PELO STF NA ADC 16/DF

O presente agravo de instrumento merece ser provido para melhor exame do tema veiculado no recurso de revista, qual seja responsabilidade subsidiária, a fim de prevenir violação do art. 71 da Lei n. 8.666/93.

Do exposto, configurada a hipótese prevista na alínea *c* do art. 896 da CLT, DOU PROVIMENTO ao agravo de instrumento para determinar o julgamento do recurso de revista, observado o procedimento estabelecido na Resolução Administrativa n. 928/2003 do Tribunal Superior do Trabalho.

RECURSO DE REVISTA

CONHECIMENTO

Satisfeitos os pressupostos genéricos de admissibilidade do recurso de revista quanto à regularidade de representação (na forma da Súmula n. 436 do TST), à tempestividade e sendo desnecessário o preparo, passo ao exame dos requisitos específicos do recurso.

RESPONSABILIDADE OBJETIVA DA ADMINISTRAÇÃO PÚBLICA. ART. 37, § 6º, DA CONSTITUIÇÃO FEDERAL. IMPOSSIBILIDADE. EFEITO VINCULANTE DA DECISÃO PROFERIDA PELO STF NA ADC 16/DF

O Tribunal Regional do Trabalho da 11ª Região negou provimento ao recurso ordinário interposto pelo Estado de Roraima, adotando a seguinte fundamentação, *verbis*:

A hipótese, como já dito, é de mão de obra terceirizada, tendo o reclamante exercido a função de motorista de caminhão, desenvolvendo suas atividades em prol a execução do contrato e em benefício dos interesses do Estado. A relação empregatícia resultou provada pelos documentos de fls. 8 e 43/44.

Como tomador dos serviços, o litisconsorte integrou a relação processual na condição de coobrigado, estando apto a responder subsidiariamente pelas obrigações trabalhistas da contratada se esta não honrar ou não puder pagar o devido. Inadmissível relegar o trabalhador ao desamparo jurídico.

Hodiernamente, a figura da terceirização vem sofrendo críticas em face da sua utilização inadequada no processo produtivo em que o empregado é inserido, precarizando ainda mais os direitos dos trabalhadores terceirizados, já que, genericamente, não usufruem dos mesmos direitos previstos para a categoria dos empregados do tomador de serviços. "O fenômeno da terceirização *tem servido para alijar o trabalhador ainda mais dos meios de produção. Sua integração social, que antes se imaginava pelo exercício do trabalho, hoje é impensável. O trabalhador terceirizado não se insere no contexto da empresa tomadora; é sempre deixado de lado até para que não se diga que houve subordinação direta entre a tomadora dos serviços e o trabalhador*". (Maior, Jorge Luiz Souto. *Pelo Cancelamento da Súmula n. 331 do TST*. Material da 3ª aula da Disciplina Atualidades em Direito do Trabalho, ministrada no Curso de Pós-Graduação Lato Sensu Televirtual em Direito e processo do Trabalho — Anhanguera — UNIDERP — REDE LFG)

A corresponsabilidade do contratante deriva da culpa In vigilando, uma vez que não exerceu a fiscalização que a Lei n. 8.666/1993 lhe impõe nos arts. 58, inc. III, 67, *caput* e 1º.

Nesta esteira decidiu o C. TST:

"RECURSO DE REVISTA DA RECLAMANTE — RESPONSABILIDADE SUBSIDIÁRIA — ENTE DA ADMINISTRAÇÃO PÚBLICA — INTELIGÊNCIA DA SÚMULA N. 331, IV, DO TST. I — A responsabilidade subsidiária da administração pública acha-se materializada na esteira das culpas *in vigilando* e *in eligendo*, não infirmáveis pelo fato de a controvérsia ter envolvido direitos trabalhistas devidos a empregado da empresa prestadora do serviço, pois ambas as culpas estão associadas à concepção mais ampla de inobservância do dever da empresa tomadora de zelar pela higidez dos direitos trabalhistas devidos aos empregados da empresa prestadora, independentemente da verificação de fraude na terceirização ou de eventual inidoneidade econômico-financeira.

II — Os entes públicos não se encontram imunes desse dever, pois o princípio da culpabilidade por danos causados pela empresa contratada é princípio geral de direito, aplicável à universalidade das pessoas, quer sejam naturais quer jurídicas, de direito privado ou de direito público.

III — A Súmula n. 331/TST é fruto da interpretação sistemática dos dispositivos que regulam a matéria pertinente à terceirização, em cuja edição tomaram-se como referência os artigos 10, § 7º, do Decreto-lei n. 200/67, 3º, parágrafo único, da Lei n. 5.645/70, 37, inciso II, da Constituição Federal de 1988 e mais as Disposições das Leis ns. 6.019/74 e 7.102/83 e o artigo da Lei n. 8.666/93 (Resolução n. 96/2000, DJ 18.9.2000)

V — Vale ressaltar que a responsabilidade subsidiária âmbito da Administração Pública, foi objeto de decisão do Pleno desta Corte, na conformidade do artigo 97 da Constituição e da Súmula Vinculante n. 10 do STF, quando do julgamento do IUJRR-297751/1996, cujo acórdão foi publicado no DJ de 20/10/2000 Recurso provido". 67.2009.5.08.0205. Julgamento em 30.06.2010. Relator José de Barros Levenhagen, 4ª Turma, DEJT 06.08.2010) .

Na ocorrência de situação dessa natureza, a lei em sintonia com a jurisprudência, procurando proteger o trabalhador e resguardar os direitos conquistados, reconhece a responsabilidade subsidiária do tomador do serviço. A propósito, prevê a Súmula n. 331 do TST, com a nova redação dada, na esteira do julgamento do ADC n. 16 pelo STF:

'IV — O inadimplemento das obrigações trabalhistas, por parte do empregador, implica a responsabilidade subsidiária do tomador dos serviços quanto àquelas obrigações, desde que haja participado da relação processual e constem também do título judicial.

V — Os entes j integrantes da Administração Pública direta e indireta respondem subsidiariamente, nas mesmas condições do item IV, caso evidenciada a sua conduta culposa no cumprimento das obrigações da Lei n. 8.666, de 21.06.1993, especialmente na fiscalização do cumprimento das obrigações contratuais e legais da prestadora de serviço como empregadora. A aludida responsabilidade não decorre de mero inadimplemento das obrigações trabalhistas assumidas pela empresa regularmente contratada'.

Ademais, penso que o art. 37, § 6º, da Constituição é o respaldo por excelência dessa responsabilidade supletiva."

Nas razões do recurso de revista, o Estado de Roraima insurge-se contra a sua responsabilidade subsidiária, sustentando, em suma, que o art. 71, § 1º, da Lei n. 8.666/93, afasta a responsabilidade do Poder Público pelas obrigações trabalhistas das pessoas jurídicas que lhes prestam serviços. Fundamenta o recurso em violação dos arts. 5º, II, 37, *caput*, II e XXI, da Constituição Federal, em contrariedade à Súmula n. 331, IV, do TST, bem assim transcreve arestos ao cotejo de teses.

À análise.

Consoante se observa dos fundamentos do acórdão do Tribunal Regional, foi mantida a condenação de forma subsidiária do Estado de Roraima, ora recorrente, sob o entendimento de que, o tomador de serviços responde subsidiariamente pelas obrigações trabalhistas inadimplidas pela empresa prestadora de serviços, em decorrência da configuração da conduta culposa da Administração Pública e em razão da responsabilidade objetiva do Estado prevista na Constituição Federal.

Ocorre que os arts. 186 e 927 do Código Civil tratam da responsabilidade civil subjetiva, decorrente de culpa, nexo de causalidade e ato danoso.

Por sua vez, o art. 37, § 6º, da Constituição Federal cogita em responsabilidade objetiva da Administração Pública, quando seus agentes, nessa qualidade, causarem dano a terceiros. Afasta, portanto, o elemento *culpa*.

Por conseguinte, revela-se incompatível, no plano jurídico, o reconhecimento cumulativo de responsabilidade objetiva e subjetiva da administração pública, o que já seria suficiente para acolhimento da pretensão recursal.

Ressalte-se que, no julgamento da ADC 16/DF, com efeito vinculante e eficácia *erga omnes*, o Supremo Tribunal Federal declarou a constitucionalidade do art. 71, § 1º, da Lei n. 8.666/93 e afastou qualquer possibilidade de responsabilização da Administração Pública à luz do disposto no art. 37, § 6º, da Constituição Federal. Entendeu a Suprema Corte, *verbis*:

"A responsabilidade do ente do Poder Público prevista na Constituição da República exige, como requisito necessário a sua configuração, que o dano tenha origem em ato comissivo ou omisso de agente público que aja nessa qualidade.

Não é essa a situação disciplinada pelo art. 71, § 1º, da Lei n. 8.666/93. Nesse dispositivo, o 'dano' considerado seria o inadimplemento de obrigações trabalhistas por empresa que não integra a Administração Pública, logo, não se poderia jamais caracterizar como agente público.

(...)

Assim, a previsão legal de impossibilidade de transferência da responsabilidade pelo pagamento de obrigações trabalhistas não adimplidas pelo contratado particular não contraria o princípio da responsabilidade do Estado, apenas disciplinando a relação entre a entidade da Administração Pública e seu contratado.

(...)

Ao argumento de obediência ao princípio de responsabilidade de Estado — de natureza extracontratual — não se há de admitir que a responsabilidade decorrente de contrato de trabalho dos empregados de empresa contratada pela entidade administrativa pública a ela se comunique e por ela tenha de ser assumida."

Eis a ementa do acórdão prolatado pelo STF na ADC 16/DF, verbis:

"EMENTA: RESPONSABILIDADE CONTRATUAL. Subsidiária. Contrato com a administração pública. Inadimplência negocial do outro contraente. Transferência consequente e automática dos seus encargos trabalhistas, fiscais e comerciais, resultantes da execução do contrato, à administração. Impossibilidade jurídica. Consequência proibida pelo art., 71, § 1º, da Lei federal n. 8.666/93. Constitucionalidade reconhecida dessa norma. Ação direta de constitucionalidade julgada, nesse sentido, procedente. Voto vencido. É constitucional a norma inscrita no art. 71, § 1º, da Lei federal n. 8.666, de 26 de junho de 1993, com a redação dada pela Lei n. 9.032, de 1995." (ADC 16/DF — DISTRITO FEDERAL — Relator Min. CEZAR PELUSO — Tribunal Pleno — DJE 09.09.2011).

Nesse contexto, não se mostra juridicamente possível o reconhecimento da responsabilidade objetiva do Poder Público quando arregimenta mão de obra, mediante prestadores de serviços, em razão do inadimplemento da contratada, ante a inexistência de ato do agente público a causar prejuízo a terceiros, conforme decisão monocrática proferida pelo Min. MARCO AURÉLIO na Recl 11474/MG (DJe 03.10.2012).

Assim, ao reconhecer a responsabilidade objetiva da Administração Pública, com suporte no art. 37, § 6º, da Constituição Federal, o Tribunal Regional de origem dissentiu da orientação da Suprema Corte, incorrendo em violação do art. 71, § 1º, da Lei n. 8.666/93.

CONHEÇO, pois, do recurso de revista, na forma da alínea c do art. 896 da CLT.

MÉRITO

RESPONSABILIDADE OBJETIVA DA ADMINISTRAÇÃO PÚBLICA. ART. 37, § 6º, DA CONSTITUIÇÃO FEDERAL. IMPOSSIBILIDADE. EFEITO VINCULANTE DA DECISÃO PROFERIDA PELO STF NA ADC 16/DF

No mérito, conhecido o recurso de revista por violação do art. 71, § 1º, da Lei n. 8.666/93, DOU-LHE PROVIMENTO para absolver o Estado de Roraima da condenação como responsável subsidiário. Prejudicado o exame dos temas recursais remanescentes.

Isto posto,

Acordam os Ministros da Primeira Turma do Tribunal Superior do Trabalho, por unanimidade, conhecer do agravo de instrumento e, no mérito, dar-lhe provimento para determinar o julgamento do recurso de revista. Acordam, ainda, por unanimidade, julgando o recurso de revista, na forma do art. 897, § 7º, da CLT, dele conhecer, apenas quanto ao tema afeto à responsabilidade subsidiária do ente público, por violação do art. 71, § 1º, da Lei n. 8.666/93, e, no mérito, dar-lhe provimento para absolver o Estado de Roraima da condenação como responsável subsidiário. Prejudicado o exame dos temas recursais remanescentes.

Brasília, 27 de fevereiro de 2013. *Walmir Oliveira da Costa*, relator.

ADMINISTRAÇÃO PÚBLICA. RESPONSABILIDADE OBJETIVA. CONSTITUIÇÃO FEDERAL (ART. 37, § 6º). IMPOSSIBILIDADE

RECURSO DE REVISTA. RESPONSABILIDADE OBJETIVA DA ADMINISTRAÇÃO PÚBLICA. ART. 37, § 6º, DA CONSTITUIÇÃO FEDERAL. IMPOSSIBILIDADE. EFEITO VINCULANTE DA DECISÃO PROFERIDA PELO STF NA ADC 16/DF.

Em face da decisão proferida pelo Supremo Tribunal Federal na ADC 16/DF, dotada de eficácia vinculante, não se mostra juridicamente possível reconhecer a responsabilidade objetiva do Poder Público quando arregimenta mão de obra, mediante prestadores de serviços, em razão do inadimplemento da empresa contratada, porque não há o ato do agente público a causar prejuízo a terceiros. Assim, ao reconhecer a responsabilidade objetiva da Administração Pública, com suporte no art. 37, § 6º, da Constituição Federal, o Tribunal Regional de origem dissentiu da orientação emanada da Suprema Corte.

Recurso de revista parcialmente conhecido e provido.

(Processo n. TST-RR-151.500-05-2011-5-21-0007 — Ac. 1ª Turma)

Vistos, relatados e discutidos estes autos de Recurso de Revista n. TST-RR-151500-05.2011.5.21.0007 (convertido de Agravo de Instrumento de mesmo número), em que é recorrente Estado do Rio Grande do Norte e são recorridos Lucimar Tavares Gomes e Movimento de Integração e Orientação Social — Meios.

A Vice-Presidência do Tribunal Regional do Trabalho da 21ª Região, mediante decisão às fls. 436-438 dos autos digitalizados, negou seguimento ao recurso de revista interposto pelo Estado do Rio Grande do Norte, o que ensejou a interposição do presente agravo de instrumento às fls. 444-458.

Não foi apresentada a contraminuta ao agravo de instrumento, tampouco foram apresentadas as contrarrazões ao recurso de revista, conforme certidão exarada à fl. 468.

O Ministério Público do Trabalho não emitiu parecer por falta de interesse público — fls. 472-473.

É o relatório.

VOTO

AGRAVO DE INSTRUMENTO

CONHECIMENTO

Satisfeitos os pressupostos de admissibilidade pertinentes à tempestividade, à representação processual (na forma da Súmula n. 436 do TST), sendo desnecessário o preparo e tendo sido processado nos autos do recurso denegado, nos termos do art. 1º da Resolução Administrativa n. 1418/2010 do TST, CONHEÇO do agravo de instrumento.

MÉRITO

RESPONSABILIDADE OBJETIVA DA ADMINISTRAÇÃO PÚBLICA. ART. 37, § 6º, DA CONSTITUIÇÃO FEDERAL. IMPOSSIBILIDADE. EFEITO VINCULANTE DA DECISÃO PROFERIDA PELO STF NA ADC 16/DF

O presente agravo de instrumento merece ser provido para melhor exame do tema veiculado no recurso de revista, qual seja responsabilidade subsidiária, a fim de prevenir violação do art. 71 da Lei n. 8.666/93.

Do exposto, configurada a hipótese prevista na alínea *c* do art. 896 da CLT, DOU PROVIMENTO ao agravo de instrumento para determinar o julgamento do recurso de revista, observado o procedimento estabelecido na Resolução Administrativa n. 928/2003 do Tribunal Superior do Trabalho.

RECURSO DE REVISTA

CONHECIMENTO

Satisfeitos os pressupostos genéricos de admissibilidade do recurso de revista quanto à regularidade de representação (na forma da Súmula n. 436 do TST), à tempestividade e sendo desnecessário o preparo, passo ao exame dos requisitos específicos do recurso.

INCOMPETÊNCIA DA JUSTIÇA DO TRABALHO

O Estado do Rio Grande do Norte arguiu ser incompetente a Justiça do Trabalho para análise do feito, nos termos do art. 114, I e IX, da Constituição Federal, haja vista a celebração de contrato administrativo com a primeira reclamada, que efetivamente estabeleceu relação empregatícia com a reclamante.

Ocorre, entretanto, que a Corte Regional não emitiu pronunciamento explícito acerca dessa questão, tampouco o recorrente interpôs embargos de declaração instando-a a fazê-lo, de modo que a ausência de prequestionamento do tema constitui óbice ao recurso, nos moldes da Súmula n. 297 desta Corte Superior.

Não é demais ressaltar que, nos termos da Orientação Jurisprudencial n. 62 da SBDI-1 do TST, "É necessário o prequestionamento como pressuposto de admissibilidade em recurso de natureza extraordinária, ainda que se trate de incompetência absoluta".

Logo, NÃO CONHEÇO do recurso de revista, no aspecto.

RESPONSABILIDADE OBJETIVA DA ADMINISTRAÇÃO PÚBLICA. ART. 37, § 6º, DA CONSTITUIÇÃO FEDERAL. IMPOSSIBILIDADE. EFEITO VINCULANTE DA DECISÃO PROFERIDA PELO STF NA ADC 16/DF

O Tribunal Regional do Trabalho da 21ª Região negou provimento ao recurso ordinário interposto pelo Estado do Rio Grande do Norte, adotando a seguinte fundamentação, *verbis*:

"A alegação relativa à natureza jurídica da empregadora, que não se constituiria em empresa prestadora de serviços, em nada socorre o litisconsorte recorrente, pois se trata de mera formalidade administrativa, restando patente a prestação dos serviços em benefício do Estado litisconsorte, mediante convênio entre as partes, notadamente quando em reclamatórias anteriormente ajuizadas neste Regional (RT 163600-04.2011.5.21. 0003 e 179700-28.2011.5.21.0005), o termo de convênio noticia que o MEIOS cedia diversos empregados para a execução das tarefas, desde nutricionistas, inspetores, zeladores, educadores, até auxiliares administrativos, padeiros, motoristas e porteiros, restando evidente que o MEIOS, apesar de pessoa jurídica de direito privado, foi criado com recursos financeiros do Estado do Rio Grande do Norte, possuindo estreito liame com o chefe do Poder Executivo, que indicava a composição dos seus diretores, que tinham mandato correspondente ao tempo em que o Governador permanecia no exercício da função pública. Naquelas reclamatórias, o MEIOS afirmou que as parcerias mantidas com outras empresas representavam apenas 1% dos recursos, e que os outros 99% eram repassados pelo Estado do RN.

Os fatos narrados nas outras ações trabalhistas que tramitaram perante este Regional (RT 77100-38.2001.5.21.0001, 5100-92.2011.5.21.0018 e 146900-50.2011.5.21.0003) revelaram que a relação entre o MEIOS e o Estado do RN perdura desde a fundação daquela organização, há 33 anos (1979), quando vinham mantendo convênios sucessivos na área de inclusão social, em diversos projetos: artesanato, restaurante popular, Casa Brasil, adolescente aprendiz, centro de convivência de idosos, despertar da vida, qualificação profissional e café do trabalhador.

A vinculação e dependência existentes entre o MEIOS e o Estado do RN restam evidentes quando, após tantos anos de parceria, em razão da posse de novo chefe do Poder Executivo, não foram realizados novos convênios, sequer eleitos novos diretores e a organização demonstra não ter meios de subsistir, nem de pagar seus funcionários. Neste ponto, oportuno registrar que o MP ajuizou ação civil pública (n. 100685-97.2011.8.20.0001), através da qual determinou intervenção judicial e nomeou administrador provisório, a fim de gerir temporariamente a entidade.

Registre-se ainda que os serviços prestados pela entidade tinham estreita ligação com os objetivos assistenciais do Estado, executando projetos, cuja execução era fiscalizada pela SETHAS Secretaria de Estado do Trabalho, da Habitação e da Assistência Social, em áreas de atendimento social e assistência à criança, à pessoa idosa e ao adolescente e, ainda, objetivando a geração de emprego e renda.

Tais fatos comprovam de forma inequívoca que a criação do MEIOS teve por escopo a execução de implantação de políticas sociais e econômicas, bem como os serviços e medidas necessários a sua promoção, atribuições constitucionais impostas ao Estado, razão porque atribuir ao litisconsorte responsabilidade pelas verbas trabalhistas inadimplidas pela reclamada principal é plenamente justificável, uma vez que a contratação dos empregados tinha por objetivo a execução dos serviços previstos nos convênios, restando evidente que o Estado do RN, além de se beneficiar da força de trabalho da autora, ainda cedeu órgãos para instalação e funcionamento dos projetos.

Não se trata aqui de simples responsabilidade por falta de fiscalização, ou seja, por culpa in vigilando, mas da própria omissão do Estado em respeitar o compromisso de repassar os recursos financeiros necessários para a subsistência do MEIOS, inclusive em relação aos empregados contratados para a consecução de seus projetos, o que conduz à sua responsabilização na forma preconizada pela Súmula 331 do TST, visto que se beneficiou dessas contratações.

Note-se que não se pretende a vinculação trabalhista da obreira com o litisconsorte, mas, tão somente, estabelecer o grau de responsabilidade do Estado, enquanto beneficiário da força de trabalho da reclamante, portanto, não há que se arguir violação ao contido no art. 37, II, da Constituição Federal.

Neste ponto, oportuno registrar que a CTPS da autora (fls. 12) comprova o contrato firmado com o MEIOS no cargo de monitora, o que se coaduna com o convênio firmado entre o Estado e a reclamada principal.

Por outro lado, embora o STF, na decisão de mérito proferida nos autos da ADC n. 16, tenha declarado a constitucionalidade do art. 71, § 1º, da Lei n. 8.666/1993, que afasta a responsabilidade do ente público, tomador de serviços, pelo pagamento dos créditos trabalhistas do empregado da empresa prestadora de serviços, ressalvou a competência do c. TST para a análise de cada caso em concreto, devendo aferir se a tomadora de serviços contratou empresa inidônea (culpa in eligendo) ou deixou de fiscalizar o cumprimento do contrato de trabalho (culpa in vigilando), para, a partir de tais provas, reconhecer ou não a existência da responsabilidade subsidiária, com esteio no art. 37, § 6º, da Constituição Federal. Repise-se, o STF não vedou a aplicação da Súmula n. 331, IV, do TST, que poderá ser aplicada, a depender do estudo de cada caso.

Registre-se que o c. TST recentemente deu nova redação ao inciso IV da Súmula 331, e acresceu os incisos V e VI, a fim de consolidar o novo entendimento, in verbis:

'Súmula 331

(...)

IV — O inadimplemento das obrigações trabalhistas, por parte do empregador, implica a responsabilidade subsidiária do tomador dos serviços quanto àquelas obrigações, desde que haja participado da relação processual e conste também do título executivo judicial.

V — Os entes integrantes da Administração Pública direta e indireta respondem subsidiariamente, nas mesmas condições do item IV, caso evidenciada a sua conduta culposa no cumprimento das obrigações da Lei n. 8.666, de 21.06.1993, especialmente na fiscalização do cumprimento das obrigações contratuais e legais da prestadora de serviço como empregadora. A aludida responsabilidade não decorre de mero inadimplemento das obrigações trabalhistas assumidas pela empresa regularmente contratada.

VI — A responsabilidade subsidiária do tomador de serviços abrange todas as verbas decorrentes da condenação referentes ao período da prestação laboral.'

No caso em comento, a reclamada principal não pagava corretamente as verbas trabalhistas, razão porque foram concedidas em Juízo.

A seu turno, o recorrente, tomador dos serviços ofertados pela entidade MEIOS Movimento de Integração e Orientação Social, tinha como fiscalizar o adimplemento das obrigações trabalhistas pela reclamada principal, a fim de se eximir de qualquer responsabilidade decorrente da não satisfação dos créditos, mas se manteve omisso à desídia da reclamada.

Observe-se que, a desídia na fiscalização é inconteste, pois após 33 (trinta e três) anos de convênios sucessivos, o Estado do RN sequer juntou aos autos qualquer documento que comprove a nomeação dos gestores e fiscais do contrato.

Portanto, comprovada a culpa in vigilando, e considerando o disposto no art. 37, § 6º, da Constituição Federal, é aplicável ao caso sub examine a Súmula n. 331, IV, do TST.

Ao contrário do que possa sugerir a argumentação do recorrente, a responsabilidade atribuída por força do que dispõe a Súmula n. 331, IV, do TST, que impõe ao tomador do serviço a responsabilidade subsidiária quanto aos encargos trabalhistas inadimplidos pelo empregador, não implica em afronta a qualquer norma jurídica, amoldando-se, ao revés, aos preceitos constitucionais e legais próprios da seara trabalhista.

É indispensável assentar que a condenação subsidiária do tomador dos serviços não se trata de dupla penalização, pois o trabalhador prestou serviços e tem direitos trabalhistas a serem adimplidos. Esses direitos trabalhistas não configuram penalização, por óbvio.

O fato de o tomador do serviço responder subsidiariamente não significa que ficará com o ônus, já que poderá intentar ação regressiva para se ressarcir. Isto demonstra, sem sofisma, o interesse público na fiscalização a ser exercida pelo contratante na execução do contrato pela empresa particular, no que se refere ao adimplemento das obrigações trabalhistas e fiscais, pois, caso contrário, responderá subsidiariamente, ou seja, o dinheiro do contribuinte será utilizado para esse fim.

Também não lhe socorre a alegada ofensa ao artigo 8º da CLT, ante a inexistência de prevalência do interesse particular sobre o privado, sendo de se esclarecer à parte recorrente que o entendimento sumulado prestigia o ordenamento jurídico como um todo, notadamente as disposições constitucionais já referidas, não se confundindo o mero interesse particular do órgão público com o interesse público que é objeto da proteção especial.

Assim, aferida na instrução processual e definida na decisão, a responsabilidade do litisconsorte recorrente, de forma subsidiária, reitere-se, está devidamente perfilhada no inciso IV da Súmula 331 do colendo TST.

Recurso desprovido, no particular. (Grifei).

Nas razões do recurso de revista, o Estado do Rio Grande do Norte insurge-se contra a sua responsabilidade subsidiária, sustentando, em suma, que o art. 71, § 1º, da Lei n. 8.666/93, afasta a responsabilidade do Poder Público pelas obrigações trabalhistas das pessoas jurídicas que lhes prestam serviços. Fundamenta o recurso em violação dos arts. 43, V, 50, 55, XIII, 58, III, 67, § 1º, 68, 69 e 71, § 1º, da Lei n. 8.666/93, 2º, 5º, II, XXXV, LIV e LV, 37, *caput*, II e §§ 2º e 6º e 102, § 2º, da Constituição Federal, 267, VI, 269, II, 320, II, 322, parágrafo único, 333, I e 514, II, do CPC e 477 da CLT, em contrariedade à Súmula n. 331, IV, do TST, bem assim transcreve arestos ao cotejo de teses.

À análise.

Consoante se observa dos fundamentos do acórdão do Tribunal Regional, foi mantida a condenação de forma subsidiária do Estado do Rio Grande do Norte, ora recorrente, sob o entendimento de que, o tomador de serviços responde subsidiariamente pelas obrigações trabalhistas inadimplidas pela empresa prestadora de serviços, em decorrência da configuração da conduta culposa da Administração Pública e em razão da responsabilidade objetiva do Estado prevista na Constituição Federal.

Ocorre que os arts. 186 e 927 do Código Civil tratam da responsabilidade civil subjetiva, decorrente de culpa, nexo de causalidade e ato danoso.

Por sua vez, o art. 37, § 6º, da Constituição Federal cogita em responsabilidade objetiva da Administração Pública, quando seus agentes, nessa qualidade, causarem dano a terceiros. Afasta, portanto, o elemento *culpa*.

Por conseguinte, revela-se incompatível, no plano jurídico, o reconhecimento cumulativo de responsabilidade objetiva e subjetiva da administração pública, o que já seria suficiente para acolhimento da pretensão recursal.

Ressalte-se que, no julgamento da ADC 16/DF, com efeito vinculante e eficácia *erga omnes*, o Supremo Tribunal Federal declarou a constitucionalidade do art. 71, § 1º, da Lei n. 8.666/93 e afastou qualquer possibilidade de responsabilização da Administração Pública à luz do disposto no art. 37, § 6º, da Constituição Federal. Entendeu a Suprema Corte, *verbis*:

"A responsabilidade do ente do Poder Público prevista na Constituição da República exige, como requisito necessário a sua configuração, que o dano tenha origem em ato comissivo ou omisso de agente público que aja nessa qualidade.

Não é essa a situação disciplinada pelo art. 71, § 1º, da Lei n. 8.666/93. Nesse dispositivo, o 'dano' considerado seria o inadimplemento de obrigações trabalhistas por empresa que não integra a Administração Pública, logo, não se poderia jamais caracterizar como agente público.

(...)

Assim, a previsão legal de impossibilidade de transferência da responsabilidade pelo pagamento de obrigações trabalhistas não adimplidas pelo contratado particular não contraria o princípio da responsabilidade do Estado, apenas disciplinando a relação entre a entidade da Administração Pública e seu contratado.

(...)

Ao argumento de obediência ao princípio de responsabilidade de Estado — de natureza extracontratual — não se há de admitir que a responsabilidade decorrente de contrato de trabalho dos empregados de empresa contratada pela entidade administrativa pública a ela se comunique e por ela tenha de ser assumida."

Eis a ementa do acórdão prolatado pelo STF na ADC 16/DF, *verbis*:

"EMENTA: RESPONSABILIDADE CONTRATUAL. Subsidiária. Contrato com a administração pública. Inadimplência negocial do outro contraente. Transferência consequente e automática dos seus encargos trabalhistas, fiscais e comerciais, resultantes da execução do contrato, à administração. Impossibilidade jurídica. Consequência proibida pelo art. 71, § 1º, da Lei federal n. 8.666/93. Constitucionalidade reconhecida dessa norma. Ação direta de constitucionalidade julgada, nesse sentido, procedente. Voto vencido. É constitucional a norma inscrita no art. 71, § 1º, da Lei federal n. 8.666, de 26 de junho de 1993, com a redação dada pela Lei n. 9.032, de 1995." (ADC 16/DF — DISTRITO FEDERAL — Relator Min. CEZAR PELUSO — Tribunal Pleno — DJE 09.09.2011).

Nesse contexto, não se mostra juridicamente possível o reconhecimento da responsabilidade objetiva do Poder Público quando arregimenta mão de obra, mediante prestadores de serviços, em razão do inadimplemento da contratada, ante a inexistência de ato do agente público a causar prejuízo a terceiros, conforme decisão monocrática proferida pelo Min. MARCO AURÉLIO na Recl 11474/MG (DJe 03.10.2012).

Assim, ao reconhecer a responsabilidade objetiva da Administração Pública, com suporte no art. 37, § 6º, da Constituição Federal, o Tribunal Regional de origem dissentiu da orientação da Suprema Corte, incorrendo em violação do art. 71, § 1º, da Lei n. 8.666/93.

CONHEÇO, pois, do recurso de revista, na forma da alínea *c* do art. 896 da CLT.

MÉRITO

RESPONSABILIDADE OBJETIVA DA ADMINISTRAÇÃO PÚBLICA. ART. 37, § 6º, DA CONSTITUIÇÃO FEDE-

RAL. IMPOSSIBILIDADE. EFEITO VINCULANTE DA DECISÃO PROFERIDA PELO STF NA ADC 16/DF

No mérito, conhecido o recurso de revista por violação do art. 71, § 1º, da Lei n. 8.666/93, DOU-LHE PROVIMENTO para absolver o Estado do Rio Grande do Norte da condenação imposta como responsável subsidiário. Prejudicado o exame dos temas recursais remanescentes.

Isto posto,

Acordam os Ministros da Primeira Turma do Tribunal Superior do Trabalho, por unanimidade, conhecer do agravo de instrumento e, no mérito, dar-lhe provimento para determinar o julgamento do recurso de revista. Acordam, ainda, por unanimidade, julgando o recurso de revista, na forma do art. 897, § 7º, da CLT, dele conhecer, apenas quanto ao tema afeto à responsabilidade subsidiária do ente público, por violação do art. 71, § 1º, da Lei n. 8.666/93, e, no mérito, dar-lhe provimento para absolver o Estado do Rio Grande do Norte da condenação imposta como responsável subsidiário. Prejudicado o exame dos temas recursais remanescentes.

Brasília, 06 de fevereiro de 2013. *Walmir Oliveira da Costa*, relator.

BEM DE FAMÍLIA. IMPENHORABILIDADE

RECURSO DE REVISTA EM EXECUÇÃO. BEM DE FAMÍLIA. IMPENHORABILIDADE. LEI N. 8.009/90.

É assente na jurisprudência desta Corte Superior o entendimento segundo o qual o único imóvel residencial do devedor não é passível de penhora, de acordo com o art. 1º da Lei n. 8.009/1990, sob pena de negar-se vigência aos arts. 5º, XXII, e 6º da Constituição Federal, que asseguram o direito à propriedade e à moradia. A Lei n. 8.009/90 — inalterada pelo novo Código Civil — exige apenas que imóvel penhorado sirva de residência do casal, e não que o proprietário faça prova dessa condição mediante registro no cartório imobiliário. Dessa orientação dissentiu o acórdão recorrido, devendo ser acolhida a pretensão recursal de reforma.
Recurso de revista parcialmente conhecido e provido.
(Processo n. TST-RR-11.900-57-2006-5-08-0119 — Ac. 1ª Turma)

Vistos, relatados e discutidos estes autos de Recurso de Revista n. TST-RR-11900-57.2006.5.08.0119, em que são recorrentes Marcelino de Azevedo e outra e são recorridos Marcelo Fernando dos Santos Azevedo, Transporte Aero Clube Ltda., Marcos Augusto da Silva Alencar, Fernando Jorge dos Santos Azevedo e Guilherme Fernando dos Santos Azevedo.

O TRT da 8ª Região, mediante o acórdão proferido às fls. 659-667, complementado às fls. 677-678, negou provimento ao agravo de petição interposto pelos sócios da executada, rejeitando a arguição de prescrição e a alegação de impenhorabilidade do bem de família.

Dessa decisão os executados interpõem recurso de revista, às fls. 683-694, com fulcro no art. 896, § 2º, da CLT.

O recurso logrou ser admitido pela decisão à fl. 696, não sendo apresentadas contrarrazões (Certidão à fl. 724).

Dispensada a remessa dos autos ao Ministério Público do Trabalho, na forma regimental.

É o relatório.

VOTO

CONHECIMENTO

Presentes os pressupostos extrínsecos de admissibilidade, analiso os específicos de cabimento do recurso de revista.

NULIDADE DO ACÓRDÃO PROFERIDO PELO TRIBUNAL REGIONAL DO TRABALHO POR NEGATIVA DE PRESTAÇÃO JURISDICIONAL

Em que pese o recurso não ter observado a ordem da precedência das questões ditada pela prejudicialidade, impõe-se analisar, *prima facie*, a preliminar de nulidade do acórdão proferido pelo Tribunal Regional do Trabalho por negativa de prestação jurisdicional.

Os recorrentes alegam que, provocada por meio de embargos de declaração, a Corte de origem não sanara a contradição apontada acerca da existência nos autos de certidões expedidas por cartórios de registro de imóveis de Belém e Ananindeua comprovando a existência do bem de família, em contrário ao entendimento de que tais documentos não estariam nos autos. Indicam afronta aos arts. 5º, XXXV e LV, e 93, IX, da CF e transcrevem arestos a cotejo.

O recurso não alcança conhecimento, no tópico.

Cumpre assinalar, de início, que o conhecimento do recurso de revista interposto de acórdão regional proferido em execução de sentença, quanto à preliminar de nulidade por negativa de prestação jurisdicional, supõe indicação de violação do art. 93, IX, da CF/88, a teor da diretriz da Orientação Jurisprudencial n. 115 da SBDI-1 desta Corte uniformizadora. Incabível, portanto, a indicação de ofensa ao art. 5º, XXXV e LV, da CF e de divergência jurisprudencial.

No tocante ao art. 93, IX, da CF, não se visualiza a violação de sua literalidade. O Tribunal Regional não se furtou em entregar a prestação jurisdicional de forma completa, fazendo-o em contrário aos interesses dos recorrentes, conforme evidencia o trecho do acórdão impugnado, adiante transcrito, *verbis*:

"Examino a documentação acostada aos autos e não me convenço ser o imóvel questionado o único de natureza residencial do casal ou da entidade familiar, conforme dispõe o art. 1º da Lei n. 8.009/1990:

Tenho defendido o entendimento de que não basta apenas a apresentação de certidões de registro imobiliário no sentido de demonstrar que só existe um único imóvel registrado em nome do interessado, e sim, de que se trate de residência única do casal ou da entidade familiar, conforme dispositivo antes transcrito. E observo que não foi trazida aos autos qualquer certidão de cartório de registro de imóveis, atestando tal circunstância.

Não comprovado, com Certidões expedidas pelos Cartórios do 1º e 2º Ofícios da Comarca de Belém, que os Agravantes possuem um único imóvel que se destina a sua residência e da entidade familiar, não pode este bem ser liberado da penhora, porque não agasalhado pelo manto da impenhorabilidade, ao teor da Lei n. 8.009/1990.

(...)

Assim, para que um bem imóvel possa ser caracterizado como bem de família, há que se exigir a comprovação de tal circunstância, nos estritos termos do art. 1º da Lei n. 8.009/1990."

Da leitura dos fundamentos do acórdão recorrido, infere-se que a Corte Regional não negou a existência nos autos de certidões expedidas por cartórios de registro de imóveis de Belém e Ananindeua comprovando a existência do imóvel objeto de questionamento, mas sim, considerou que tais certidões não bastariam para demonstrar que só existe um único imóvel destinado à moradia dos recorrentes.

Nos termos em que proferida a decisão recorrida, a tese sufragada foi a de que, para ser enquadrado como bem de família, deve ficar comprovado não apenas que é o único imóvel residencial registrado em nome do interessado, mas, também, que se trata de residência única do casal ou da entidade familiar.

Logo, a prova documental logrou ser analisada e, a partir de sua valoração, o Tribunal *a quo* firmou convicção no sentido de que as certidões do registro imobiliário não confirmam que o imóvel fora gravado com o ônus da impenhorabilidade, o que afasta a alegada contradição no julgado atacado.

Os fatos necessários ao julgamento integral da demanda foram delineados pelo Tribunal local, não havendo se cogitar de nulidade por negativa de prestação jurisdicional e consequente violação da literalidade do art. 93, IX, da Carta Magna.

Não bastasse a ausência dos vícios elencados no art. 897-A da CLT, milita em favor dos recorrentes a possibilidade de a decisão de fundo lhes ser favorável, no tema (CPC, art. 249, § 2º).

Com esses fundamentos, NÃO CONHEÇO do recurso de revista.

AGRAVO DE PETIÇÃO. PRESCRIÇÃO. MOMENTO OPORTUNO PARA ARGUIÇÃO

Ao rejeitar a pronúncia da prescrição na fase de execução, a Corte Regional adotou os seguintes fundamentos, constantes da ementa à fl. 659, *verbis*:

"AGRAVO DE PETIÇÃO — PRESCRIÇÃO — MOMENTO OPORTUNO PARA ARGUIÇÃO. BEM DE FAMÍLIA — NECESSIDADE DE COMPROVAÇÃO. I — À luz da Súmula n. 153 do C. TST 'não se conhece de prescrição não arguida na instância ordinária'. Assim, é totalmente extemporânea a pretensão de que seja aplicada a prescrição na fase de execução, pois, trata-se de uma prejudicial de mérito. Se a r. sentença exequenda não declarou a prescrição assim deverá ser cumprida, pois, inadmissível discuti-la na fase executória, em estrita observância da coisa julgada, imutável e indiscutível quanto ao seu conteúdo decisório, e que somente através de ação rescisória poderá ser pretendida a sua alteração (art. 836/CLT). II — O bem para ser enquadrado como de família deve ficar comprovado não apenas que é o único imóvel registrado em nome do interessado, mas, também, que se trata de residência única do casal ou da entidade familiar (inteligência do art. 1º da Lei n. 8.009/1990)."

Os recorrentes contrapõem a tese de que ao passarem a integrar o polo passivo da execução trabalhista, na condição de codevedores (sócios da empresa executada), têm direito constitucional à arguição da prescrição quinquenal dos créditos trabalhistas, direito inerente à ampla defesa e ao contraditório que não puderam exercer na fase de conhecimento, de modo que a prescrição pode ser invocada, ainda que o processo já se encontre na fase de execução, por se tratar de matéria de ordem pública. Apontam a violação dos arts. 5º, XXXV, LIV e LV, e 7º, XXIX, da CF e invocam a Súmula n. 153 do TST.

Os argumentos não prosperam.

A interposição de recurso de revista contra decisões proferidas em execução de sentença vincula-se à demonstração de violação direta e literal de norma da Constituição da República, nos termos do art. 896, § 2º, da CLT e da Súmula n. 266 do TST. Inviável, destarte, a invocação de Súmula do TST para instrumentalizar o recurso de revista na execução.

Por outro lado, não divisa a violação literal e direta dos arts. 5º, XXXV, LIV e LV, e 7º, XXIX, da CF.

A um, por se revelar extemporânea e, portanto, preclusa, a arguição de prescrição na fase de execução, por investir contra a autoridade da coisa julgada, imutável e intangível.

A dois, porque a existência de coisa julgada torna írrita a arguição de prescrição de direitos na execução, objeção processual essa que impossibilita o exame da prescrição ainda que invocada pelo devedor secundário, caso de sócio, cuja responsabilidade na execução é exclusivamente patrimonial (CPC, art. 592, II).

A três, porque, na qualidade de devedores secundários, *ex-vi legis*, os sócios recebem o processo na fase em que se encontra e se sujeitam aos mesmos ônus, encargos e obrigações do devedor principal, sendo defeso à parte, seus representantes legais, ou sucessores, discutir, no curso do processo de execução, as questões já decididas na fase de conhecimento, a cujo respeito se operou a preclusão (CPC, art. 473 e CLT, art. 836).

A quatro, porque a prescrição prevista como matéria de defesa arguível nos embargos à execução, diz respeito à prescrição da pretensão executiva, e não dos títulos condenatórios já reconhecidos em sentença definitiva, sob pena de afronta ao art. 5º, XXXVI, da CF, que resguarda a imutabilidade dos efeitos da coisa julgada material.

Por fim, não há falar que a prescrição — instituto de direito material — ostenta a natureza de matéria de ordem pública, haja vista a previsão do art. 191 do Código Civil quanto à possibilidade de renúncia da prescrição, tácita ou expressa, o que não ocorre, por exemplo, com a decadência legal.

Releva salientar que o Código de Processo Civil, ao conter norma acerca da prescrição, não modificou a natureza jurídica substancial do instituto, senão que visou estabelecer regra de procedimento, a fim de que o juiz aplique a prescrição, a tempo e modo, por exemplo, de ofício, o que não é o caso dos autos.

Nesse contexto, resta ileso o art. 7º, XXIX, da CF, que não dispõe acerca do momento oportuno para a parte arguir a prescrição. Sob o mesmo prisma, não se cogita de afronta ao art. 5º, XXXV, LIV e LV, da CF, uma vez que tais preceitos não cuidam de prescrição arguida na fase de execução de sentença, questão solucionada à luz da legislação ordinária (CLT, art. 884, § 1º).

Do exposto, NÃO CONHEÇO do recurso, nesse tema.

BEM DE FAMÍLIA. IMPENHORABILIDADE. LEI N. 8.009/90

O Tribunal Regional do Trabalho negou provimento ao agravo de petição interposto pelos sócios da executada, rejeitando a alegação de impenhorabilidade do bem de família e mantendo a penhora que recaiu sobre imóvel, mediante os seguintes fundamentos, *verbis*:

"Examino a documentação acostada aos autos e não me convenço ser o imóvel questionado o único de natureza residencial do casal ou da entidade familiar, conforme dispõe o art. 1º da Lei n. 8.009/1990:

(...)

Tenho defendido o entendimento de que não basta apenas a apresentação de certidões de registro imobiliário no sentido de demonstrar que só existe um único imóvel registrado em nome do interessado, e sim, de que se trate de residência única do casal ou da entidade familiar, conforme dispositivo antes transcrito. E observo que não foi trazida aos autos qualquer certidão de cartório de registro de imóveis, atestando tal circunstância.

Não comprovado, com Certidões expedidas pelos Cartórios do 1º e 2º Ofícios da Comarca de Belém, que os Agravantes possuem um único imóvel que se destina a sua residência e da entidade familiar, não pode este bem ser liberado da penhora, porque não agasalhado pelo manto da impenhorabilidade, ao teor da Lei n. 8.009/1990.

(...)

Assim, para que um bem imóvel possa ser caracterizado como bem de família, há que se exigir a comprovação de tal circunstância, nos estritos termos do art. 1º da Lei n. 8.009/1990."

Em seu arrazoado, os recorrentes sustentam, em suma, que a penhora do imóvel que lhes serve de residência viola os princípios constitucionais da dignidade da pessoa humana, do direito à moradia e do direito de propriedade, restando comprovado por meio de documentos, conforme os termos do voto vencido da Juíza Revisora, que o imóvel penhorado serve exclusivamente de sua moradia há mais de 20 anos, configurando, assim, legítimo bem de família, que, nos termos da Lei n. 8.009/90, é impenhorável. Apontam violação dos arts. 5º, XI, XXII, XXIII, XXIV, e 6º, da Constituição Federal.

Prosperam os argumentos dos recorrentes.

Conforme se observa dos fundamentos do acórdão recorrido, a tese sufragada pelo Tribunal Regional foi a de que o bem imóvel para ser enquadrado como de família, deve ficar comprovado não apenas que é o único imóvel registrado em nome do interessado, mas, também, que se trata de residência única do casal ou da entidade familiar.

A meu juízo, a Corte de origem não decidiu com o costumeiro acerto, haja vista que, nos termos do art. 1º da Lei n. 8.009, de 29.3.90, o imóvel residencial próprio do casal, ou da entidade familiar, é impenhorável e não responderá por qualquer tipo de dívida civil, comercial, fiscal, previdenciária ou de outra natureza, contraída pelos cônjuges ou pelos pais ou filhos que sejam seus proprietários e nele residam, salvo nas hipóteses previstas na referida Lei. Para os efeitos da impenhorabilidade de que trata a Lei n. 8.009/90, considera-se residência um único imóvel utilizado pelo casal ou pela entidade familiar para moradia permanente (art. 5º).

No caso dos autos, não há dúvida de que os recorrentes residem no imóvel penhorado como garantia da execução trabalhista, sendo a utilização do imóvel como residência o requisito objetivo estabelecido na Lei n. 8.009/90 para excluí-lo do rol de bens penhoráveis.

Assim, o preenchimento dos requisitos previstos na Lei n. 8.009/90 é o quanto basta para se declarar a impenhorabilidade do imóvel residencial (bem de família), haja vista a garantia constitucional de proteção do direito à moradia e do direito de propriedade, nos moldes dos arts. 5º, XXII, e 6º, da Carta Magna.

A Lei n. 8.009/90 — inalterada pelo novo Código Civil — exige apenas que imóvel penhorado sirva de residência do casal, e não que o proprietário faça prova dessa condição mediante registro no cartório imobiliário.

Ademais, é defeso a qualquer juiz ou tribunal criar pressuposto, requisito ou condição não previsto em lei, ou obrigar a parte a fazer ou deixar de fazer alguma coisa sem previsão legal, substituindo-se, indevidamente, ao legislador, como se verifica na exigência de que conste no registro imobiliário que o bem é o único imóvel registrado em nome do interessado, para efeito de impenhorabilidade legal.

No mesmo sentido os seguintes precedentes desta Corte Superior:

"RECURSO DE REVISTA. PROCESSO DE EXECUÇÃO. PENHORA DE BEM DE FAMÍLIA. Para os efeitos da impenhorabilidade de que trata a Lei n. 8.009/90, o artigo 5º do referido diploma legal exige que o bem indicado à penhora seja o único imóvel utilizado pelo casal ou pela entidade familiar para moradia permanente. A necessidade de inscrever no Registro de Imóveis que o bem é de família constitui exceção prevista expressamente no parágrafo único do mencionado artigo 5º, e refere-se à hipótese de o casal possuir vários imóveis utilizados como residência. No presente caso, alegou a recorrente que o bem penhorado de sua propriedade é o local onde reside. Depreende-se da leitura do acórdão recorrido que o Tribunal Regional adotou como fundamento para manter a penhora o fato de a ré não ter comprovado que não possuía outros bens, bem como que de fato reside no referido imóvel. Frise-se que não se discute nos autos a destinação residencial do imóvel. Ora, exigir-se prova de que o bem onde a executada afirma residir é de família é o mesmo que exigir-se prova negativa de que não possui outros bens. Tal exigência não é juridicamente razoável, razão por que extrapola os limites dos artigos 5º, XXII e 6º, da Constituição da República. Cabe ao exequente provar que o imóvel em discussão não se trata de bem de família, indicando outros bens de propriedade da executada. Recurso de revista conhecido e provido." Processo: RR — 5845-25.2010.5.15.0000 Data de Julgamento: 02.02.2011, Relator Ministro: Lelio Bentes Corrêa, 1ª Turma, Data de Publicação: DEJT 11.02.2011.

"RECURSO DE REVISTA. PROCESSO DE EXECUÇÃO. PENHORA DE BEM DE FAMÍLIA. 1. A Lei n. 8.009/1990 não foi revogada pelo Código Civil de 2002. O legislador cuidou de ressalvar, no próprio artigo 1711, que ficam "mantidas as regras sobre a impenhorabilidade do imóvel residencial estabelecida em lei especial". Ou seja, mesmo com a instituição, pelo Código Civil, de específico regime de tutela do bem de família, continua em vigor, de modo paralelo, a proteção conferida pela Lei n. 8.009/1990, não havendo qualquer incompatibilidade entre os dois sistemas. 2. Para os efeitos da impenhorabilidade de que trata a Lei n. 8.009/1990, exige-se, a princípio, apenas que o bem indicado à penhora seja o único imóvel utilizado pelo casal ou pela entidade familiar para moradia permanente. A inscrição no Registro de Imóveis, prevista no parágrafo único do artigo 5º, constitui exceção e refere-se à hipótese de o casal possuir vários imóveis utilizados como residência. 3. No presente caso, alegou o terceiro embargante que reside no bem penhorado com sua esposa. Depreende-se da leitura do acórdão recorrido que o Tribunal Regional adotou como fundamento para manter a penhora o fato de o terceiro embargante não ter comprovado o registro do bem no Registro de Imóveis, o que, consoante exposto acima, não é condizente com o regime instituído pela Lei n. 8.009/1990. Frise-se que não se discute nos autos a destinação residencial do imóvel. 4. Ademais, exigir-se prova de que o bem onde o terceiro embargante afirma residir é de família é o mesmo que exigir-se prova negativa de que não possui outros bens. Tal exigência não é juridicamente razoável, razão por que extrapola os limites do artigo 5º, inciso LV, da Constituição da República. Cabe ao exequente provar que o imóvel em discussão não se trata de bem de família, indicando outros bens de propriedade do terceiro embargante. 5. Recurso de revista conhecido e provido." Processo: RR — 114140-84.2007.5.02.0078 Data de Julgamento: 09.06.2010, Relator Ministro: Lelio Bentes Corrêa, 1ª Turma, Data de Publicação: DEJT 18.06.2010.

"BEM DE FAMÍLIA. IMPENHORABILIDADE. LEI N. 8.009/1990.

É assente na jurisprudência que o único imóvel residencial, ainda que não sirva de residência ao devedor, não é passível de penhora, de acordo com o art. 1º da Lei n. 8.009/1990, sob pena de negar-se vigência ao art. 5º, XXII, da CF, que assegura o direito de propriedade. Dissentido, a decisão regional, dessa orientação, deve ser acolhida a pretensão recursal de reforma. Recurso de revista parcialmente conhecido, e provido." Processo: RR — 1471040-67.1997.5.09.0008 Data de Julgamento: 09.04.2008, Relator Ministro: Walmir Oliveira da Costa, 1ª Turma, Data de Publicação: DJ 25.04.2008.

"RECURSO DE REVISTA. PROCESSO DE EXECUÇÃO. PENHORA DE BEM DE FAMÍLIA. Para os efeitos da impenhorabilidade de que trata a Lei n. 8.009/90, o artigo 5º do referido diploma legal exige que o bem indicado à penhora seja o único imóvel utilizado pelo casal ou pela entidade familiar para moradia permanente. A necessidade de inscrever no Registro de Imóveis que o bem é de família, constitui exceção prevista expressamente no parágrafo único do mencionado artigo 5º, e refere-se à hipótese de o casal possuir vários imóveis utilizados como residência. No presente caso, alegou o executado que o bem penhorado é seu único imóvel, onde reside com sua esposa. Depreende-se da leitura do acórdão recorrido que o Tribunal Regional adotou como fundamento para manter a penhora o fato de o réu não ter comprovado que não possuía outros bens. Frise-se que não se discute nos autos a destinação residencial do imóvel. Ora, exigir-se prova de que o bem onde o executado afirma residir é de família é o mesmo que exigir-se prova negativa de que não possui outros bens. Tal exigência não é juridicamente razoável, razão por que extrapola os limites do artigo 5º, XXII, da Constituição da República. Cabe ao exequente provar que o imóvel em discussão não se trata de bem de família, indicando outros bens de propriedade do executado. Recurso de revista conhecido e provido." Processo: RR — 48640-79.1984.5.02.0045 Data de Julgamento: 13.02.2008, Relator Ministro: Lelio Bentes Corrêa, 1ª Turma, Data de Publicação: DJ 07.03.2008.

"RECURSO DE REVISTA. EXECUÇÃO DE SENTENÇA. BEM DE FAMÍLIA. IMÓVEL RESIDENCIAL. IMPENHORABILIDADE.

I — Nos termos do art. 1º da Lei n. 8.009, de 29.03.90, o imóvel residencial próprio do casal, ou da entidade familiar, é impenhorável e não responderá por qualquer tipo de dívida civil, comercial, fiscal, previdenciária ou de outra natureza, contraída pelos cônjuges ou pelos pais ou filhos que sejam seus proprietários e nele residam, salvo nas hipóteses previstas na referida Lei.

II — Para os efeitos de impenhorabilidade de que trata a Lei n. 8.009/90, considera-se residência um único imóvel utilizado pelo casal ou pela entidade familiar para moradia permanente (art. 5º).

III — No caso dos autos, segundo se registra no acórdão recorrido, ficou comprovado que o recorrente reside no imóvel penhorado para pagamento do débito trabalhista da sociedade executada, e, mesmo assim, manteve-se a apreensão do imóvel residencial de seu sócio. Entendeu o Tribunal Regional do Trabalho, que o coexecutado não produziu prova quanto a possuir apenas o imóvel objeto da penhora, por meio de certidão do registro imobiliário.

IV — Todavia, ao contrário desse entendimento, estando preenchidos os pressupostos da Lei n. 8.009/90, impõe-se ao credor o ônus de demonstrar o contrário, sendo descabido exigir-se do devedor a prova de fato negativo de direito seu.

V — A decisão recorrida foi proferida em desacordo com o princípio da legalidade, por ser defeso a qualquer juiz ou tribunal criar pressuposto, requisito ou condição não previstos em lei, ou obrigar a parte a fazer ou deixar de fazer alguma coisa sem previsão legal, substituindo-se, indevidamente, ao legislador.

VI — Não obstante o entendimento firmado na Súmula 636, a jurisprudência do Supremo Tribunal Federal vem admitindo que, caso a caso, na análise de recurso de natureza extraordinária, é possível exercer o crivo sobre matéria relativa aos princípios da legalidade e do devido processo legal direcionada ao exame da legislação comum, distinguindo os recursos protelatórios daqueles em que versada, com procedência, a transgressão a texto constitucional, muito embora se torne necessário, até mesmo, partir-se do que previsto na legislação comum. Entendimento diverso implica relegar à inocuidade dois princípios básicos em um Estado Democrático de Direito: o da legalidade e do devido processo legal, com a garantia da ampla defesa, sempre a pressuporem a consideração de normas estritamente legais (AI 272528/PR — PARANÁ — Relator Ministro MARCO AURÉLIO, DJ 10.08.2000).

VII — Configurada, no caso, a ofensa ao princípio da legalidade (art. 5º, II, da CF/88), deve ser acolhida a pretensão recursal, para determinar a liberação do bem de família indevidamente penhorado. Recurso de revista de que se conhece e a que se dá provimento. Processo: RR — 6038400-55.2002.5.09.0900 Data de Julgamento: 24.05.2006, Relator Juiz Convocado: Walmir Oliveira da Costa, 5ª Turma, Data de Publicação: DJ 09.06.2006."

Do exposto, configurada, no caso, a ofensa aos arts. 5º, XXII, e 6º, da Constituição Federal, CONHEÇO do recurso de revista, na forma do art. 896, § 2º, da CLT.

MÉRITO

BEM DE FAMÍLIA. IMPENHORABILIDADE. LEI N. 8.009/90

No mérito, conhecido o recurso de revista por violação dos arts. 5º, XXII, e 6º, da Constituição Federal, DOU-LHE PROVIMENTO para, reformando o acórdão recorrido, desconstituir a penhora lavrada sobre o imóvel residencial dos recorrentes.

Isto posto,

Acordam os Ministros da Primeira Turma do Tribunal Superior do Trabalho, por unanimidade, conhecer do recurso de revista apenas quanto ao tema "Bem de família. Impenhorabilidade", por violação dos arts. 5º, XXII, e 6º da Constituição Federal, e, no mérito, dar-lhe provimento para, reformando o acórdão recorrido, desconstituir a penhora lavrada sobre o imóvel residencial dos recorrentes.

Brasília, 27 de abril de 2011. *Walmir Oliveira da Costa*, relator.

CARGO DE CONFIANÇA. GERENTE. ENQUADRAMENTO

RECURSO DE REVISTA. CARGO DE CONFIANÇA. GERENTE DE VENDAS DE "MARKETING". ENQUADRAMENTO NO ART. 62, II, DA CLT.

*Por configurar exceção à regra geral da limitação da jornada de trabalho estabelecida no art. 7º, XIII, da Constituição Federal, o art. 62, II, da CLT somente comporta interpretação restritiva, de modo a alcançar, exclusivamente, as situações fático-jurídicas em que o empregado esteja, efetivamente, investido do encargo de gestão ínsito à configuração da confiança; o que significa dizer que deve deter amplos poderes de mando e representação do empregador, além de, obviamente, padrão diferenciado de remuneração, que justifique o excepcionar do controle de jornada. No caso em exame, o Tribunal Regional delineia o quadro fático de que o reclamante exerce a função de "gerente de vendas de 'marketing' — GVM", subordinado aos "gerentes distritais" — responsáveis pelo repasse das metas de vendas a serem atingidas e pelas decisões relativas às promoções, transferências, desligamentos, aplicação das penalidades de advertências aos demais empregados e sobre as bonificações negociadas nas vendas. Afirma, neste cenário, ser incontroversa a existência de controle de jornada, incompatível com a autonomia capaz de atrair o poder de representação. Registra, ademais, que o "bônus" salarial por ele percebido estava vinculado às vendas, e não ao cargo exercido. Esse enquadramento fático afasta por complemento a possibilidade de que o reclamante exercesse função de gerência equiparada "aos diretores e chefes de departamento e/ou filial", para os quais se dirige o dispositivo de lei em comento, **ante os seus termos expressos**. Correto, portanto, o enquadramento jurídico dado à controvérsia pelo Tribunal Regional.*

Recurso de revista de que não se conhece, no tema.

REFLEXOS DAS HORAS EXTRAS. AUMENTO DA MÉDIA REMUNERATÓRIA. "BIS IN IDEM".

Esta Corte Superior por meio do órgão "interna corporis" uniformizador de jurisprudência, a SBDI-1, firmou o entendimento sedimentado na Orientação Jurisprudencial n. 394 de que "A majoração do valor do repouso semanal remunerado, em razão da integração das horas extras habitualmente prestadas, não repercute no cálculo das férias, da gratificação natalina, do aviso prévio e do FGTS, sob pena de caracterização de "bis in idem".

Recurso de revista parcialmente conhecimento e provido.

(Processo n. TST-RR-71.400-64-2007-5-04-0011 — Ac. 1ª Turma)

Vistos, relatados e discutidos estes autos de Recurso de Revista n. TST-RR-71400-64.2007.5.04.0011, em que é recorrente Companhia de Bebidas das Américas — Ambev e recorrido Rodrigo Garcia Unanue.

O Tribunal Regional do Trabalho da 4ª Região, por meio do acórdão de fls. 579-613, deu provimento ao recurso ordinário interposto pelo reclamado para acrescer à condenação o pagamento de horas decorrentes da inobservância do intervalo mínimo de 11 horas, interjornadas, conforme disposto no artigo 66 da CLT, com o adicional de 50% (cinquenta por cento), com reflexos em repousos semanais remunerados e, pelo aumento da média remuneratória, em 13º salários, férias com 1/3 e depósitos de FGTS. De outra parte, deu provimento parcial ao recurso interposto pela reclamada para absolvê-la da condenação ao pagamento de horas extras em feriados e de diferenças salariais decorrentes de equiparação deferidas na origem, bem como para excluir os reflexos das diferenças de horas extras na base de cálculo da gratificação condicional à assiduidade. Valor da condenação reduzido para R$ 30.000,00 (trinta mil reais), para os fins legais.

Os embargos de declaração que se seguiram (fls. 620-628) foram improvidos pelo acórdão de fls. 648-651.

Nas razões de recurso de revista, a reclamada argui preliminar de nulidade por negativa de prestação jurisdicional. No mérito, busca obter a revisão do julgado em relação aos seguintes temas: cargo de confiança — enquadramento no art. 62, II, da CLT; jornada externa — horas extras; jornada arbitrada; intervalos interjornadas; aumento da média remuneratória; férias; bônus; despesas com celular; assistência judiciária gratuita; honorários advocatícios — base de incidência. Fundamenta o recurso em violação de dispositivos de lei e da Constituição Federal, além de colacionar arestos para cotejo jurisprudencial.

Despacho de admissibilidade às fls. 737-739.

Contrarrazões ao recurso de revista às fls. 744-826.

Dispensada a remessa dos autos ao Ministério Público do Trabalho, em face do disposto no art. 83, § 2º, II, do Regimento Interno do TST.

É o relatório.

VOTO

CONHECIMENTO

O recurso de revista é tempestivo (fls. 651-657) e está subscrito por advogado habilitado (fls. 630-632 e 643). Custas e depósito recursal recolhido a contento (fls. 377, 379, 731 e 734).

PRELIMINAR DE NULIDADE POR NEGATIVA DE PRESTAÇÃO JURISDICIONAL

Argui a reclamada a nulidade do julgado por negativa de prestação jurisdicional, ao argumento de que mesmo após a interposição dos oportunos embargos de declaração, o Tribunal Regional não sanou omissões relativamente ao exame da controvérsia pelo enfoque dos arts. 7º, XI, da Constituição Federal e 2º, § 1º, II, da Lei n. 10.101/00, no que tange à natureza indenizatória do "bônus", expressamente prevista nas normas coletivas. Fundamenta a nulidade em violação dos arts. 93, IX, da CF/88, 458 do CPC e 832 da CLT.

O recurso não merece conhecimento pelo prisma da presente nulidade.

Em resposta aos embargos de declaração interpostos pela reclamada, o Tribunal Regional esclarece:

"BÔNUS. NATUREZA JURÍDICA. OMISSÃO.

A ré defende que o acórdão embargado é omisso porque não adotou tese explícita sobre o disposto no artigo 7º, inciso IX, da CRFB e na Lei n. 10.101/2.000, '(...) sobre a validade dos acordos coletivos firmados entre as partes, especialmente referindo os motivos pelos quais tais disposições legais e normativas são inaplicáveis ao caso em tela (...)' (fl. 1.367). Defende que a parcela 'bônus' possui natureza indenizatória eis que, no seu entendimento, trata-se de participação nos lucros e resultados. Sob pena de negativa de prestação jurisdicional, busca sejam sanadas tais omissões.

Razão não lhe assiste.

Conforme a própria embargante destacou em seus embargos de declaração (vide fl. 1.366), o acórdão assim dispôs sobre a matéria (fl. 1.359 e verso):

No que tange aos reflexos da parcela em comento, não assiste melhor sorte à reclamada.

Isso porque o regulamento das fls. 426-60 nada dispõe acerca da natureza jurídica dos bônus. Igualmente, *não há comprovação de que a verba possua natureza indenizatória*. Destarte, entende-se que o 'prêmio-bônus' possui natureza remuneratória.

Nesse sentido, vale transcrever o art. 457, § 1º, da CLT:

Integram o salário não só a Importância fixa estipulada, como também as comissões, percentagens, gratificações ajustadas, diárias para viagens e abonos pagos pelo empregador.

É devido, portanto, o pagamento do 'prêmio-bônus' referente aos anos-base de 2003, 2005 e 2006 assim como as integrações dessa parcela, conforme estabeleceu a sentença. (grifou-se)

Conforme se infere da leitura dos embargos de declaração, verifica-se que a embargada pretende que esta instância julgadora se manifeste novamente sobre a prova constante dos autos e adote a tese de defesa por ela esposada.

Entretanto, nos termos do excerto acima colacionado, esta instância julgadora já prestou a jurisdição buscada pela parte e afastou a tese recursal por ela defendida.

Nesse contexto, é evidente que os embargos de declaração ora examinados expressam o mero inconformismo da ré com a decisão que lhe foi desfavorável. Entretanto, a via processual eleita não se presta para os fins colimados e a insistência na utilização desse expediente configurará a conduta prevista no artigo 17, inciso VII do CPC, aplicável subsidiariamente no Processo do Trabalho por força do artigo 769 da CLT.

Por fim, insta destacar que, em virtude da *tese explícita* adotada pelo Colegiado, entende-se haver o pré-questionamento do dispositivo constitucional e da lei invocados pela ré em seu arrazoado recursal, nos termos da Orientação Jurisprudencial n. 118 da SDI-1 do TST.

Nega-se provimento. (fls. 648-650)"

Extrai-se, portanto, do acórdão embargado todos os elementos fáticos necessários à exata compreensão da controvérsia relativa à natureza jurídica com que era paga a parcela "bônus", de modo a viabilizar o exame do recurso de revista, sem receio dos óbices das Súmulas ns. 126 e 297 do TST.

Especificamente no que se refere à matéria jurídica, registre-se que o prequestionamento se perfaz pela simples interposição dos embargos de declaração, ao teor do item III da Súmula n. 297 do TST.

NÃO CONHEÇO, portanto, do recurso, quanto ao tema.

CARGO DE CONFIANÇA. ENQUADRAMENTO NO ART. 62, II, DA CLT

A reclamada objetiva desconstituir o direito às horas extras do reclamante adotando duas linhas de argumentação, ambas ancoradas nas exceções estabelecidas no art. 62 da CLT.

Sustenta primeiro, que o reclamante, no exercício da função de "gerente de vendas de *marketing* — GVM" ocupava cargo de confiança, estando, por isso, excepcionado do controle de jornada, nos moldes do art. 62, II, da CLT e de cláusula coletiva.

Em sequência, sustenta que a atividade laborativa era eminentemente externa, a atrair a exceção do art. 62, I, da CLT; tese que será objeto de exame no tópico subsequente.

A controvérsia concernente ao exercício de cargo de confiança pelo reclamante foi dirimida pelo Tribunal Regional, pelo seguinte enfoque, *in verbis*:

"CARGO DE CONFIANÇA. CLT, ART. 62, INCISO II.

A ré busca o reconhecimento do exercício de cargo de confiança pelo demandante para fins de inseri-lo na exceção prevista no artigo 62, inciso II, da CLT. Em síntese, afirma que o autor detinha poderes de gestão e que o fato de o empregado estar subordinado a outros e não deter poderes plenos para contratar, despedir e advertir funcionários não é razão para ser descaracterizado o exercício de cargo de confiança. Ilustra sua tese com jurisprudência. Busca a reforma da sentença para que seja absolvida da condenação ao pagamento de horas extras e reflexos.

Analisa-se.

Na sentença, a primeira instância ponderou (fl. 1.157-verso):

(...) com base no conjunto probatório dos autos, concluo que as funções desempenhadas pelo reclamante não se caracterizavam como de gestão, na medida em que ela estava subordinada a outros funcionários da reclamada. O autor não tinha autonomia no exercício de suas atividades laborativas, não cabendo a ela determinar os objetivos e as metas da empresa, situação que caracterizaria cargo de gestão.

Ademais, resta comprovado nos autos que o reclamante não possuía poderes para admitir e despedir nem possuía procuração da empresa reclamada.

A pretensão recursal da ré não merece acolhida.

As hipóteses do art. 62, I e II, da CLT, configuram exceções ao dever de registrar as jornadas cumpridas pelos empregados, *incumbindo ao empregador o ônus de comprovar o fato impeditivo do direito às horas extras*, a teor do art. 333, II, do CPC, subsidiariamente aplicado ao processo do trabalho.

Para a configuração do cargo de confiança e enquadramento da atividade na exceção do artigo 62, inciso II, da CLT, deve ficar evidente o exercício do cargo de gestão, estando o empregado investido na posição de substituição ao empregador. O exercício do cargo de confiança exige substrato material; isto é, efetivo gozo de fidúcia especial por parte do empregado. Assim, a postura ocupada pela parte investida na função de confiança designada já presume ou traz intrinsecamente a confiança pessoal do empregador quando lhe investe no poder gerencial, até porque vai poder tomar as medidas cabíveis com os subordinados como se o próprio fosse, praticamente se confundindo com a figura do empregador.

Por outro lado, a expressão "cargo de confiança" não exige que o empregado tenha amplos poderes de mando, gestão, representação e substituição do empregador. Contudo, para tanto, exige-se não somente certos poderes administrativos, como possuir procuração para a prática destes atos, mas também poderes inerentes a atos que impliquem tomada de atitudes em relação a demais empregados da empresa.

Nesse sentido, leciona Valentin Carrion (in *Comentários à Consolidação das Leis do Trabalho*, 26ª edição, 2001, pág.185):

A expressão cargo de confiança não tem aqui o alcance próprio que se lhe dá habitualmente no direito do trabalho, aquele cujo ocupante substitui o empregador perante terceiros, o representa, e é demissível *ad nutum,* tal como previsto para o gerente (art. 62). Isso é evidente não só porque o texto legal menciona funções que não são de confiança no sentido restrito, mas porque ainda o legislador acrescentou 'e outros'.

Tem-se de concluir que qualquer cargo de supervisão preenche a exigência; ter ou não ter subordinados costuma ser a pedra de toque para sinalizar a chefia. (grifou-se)

Todavia, *o réu não se desincumbiu do ônus processual que lhe incumbia,* conforme mencionado anteriormente, eis que não aportou ao caderno processual qualquer prova que indicasse o exercício de cargo de gestão pelo demandante.

As informações prestadas pela testemunha RODRIGO ELIAS SCHEPF (nos autos da ação trabalhista n. 00184-2008-022-04-00-9 — fls. 1085-8) comprovam que os 'gerentes de vendas de *marketing* — GVM' (cargo ocupado pelo demandante) efetivamente estavam subordinados a outros empregados (gerentes distritais) que eram os que repassavam as metas de vendas a serem atingidas e decidiam sobre as promoções, transferências, desligamentos, aplicação das penalidades de advertências aos demais empregados e sobre as bonificações negociadas nas vendas:

(...) que como GVM, o depoente estava subordinado ao gerente comercial o qual, por sua vez, estava subordinado ao diretor; (...) que ao gerente comercial eram subordinados 05 a 06 GVM's; (...) o depoente estava subordinado a um gerente distrital (GD ou GDD) (...) que a avaliação do desempenho dos empregados da sala de vendas era feita pelo depoente sendo que esta era submetida ao *GD que era quem tomava as decisões acerca de promoções, transferências e desligamen-*

tos; que as advertências eram tomadas pelo GD, sendo que o depoente apenas comunicava a este o que estava ocorrendo (...) que a remuneração variável de supervisores e vendedores era estabelecida conforme o cumprimento das metas, sendo que não era uma decisão do depoente, mas era vinda do próprio sistema da reclamada; *que as bonificações eram negociadas e decididas pelo GD*; que exemplifica que se tivesse necessidade de bonificação para alguma negociação, o depoente discutia com o GD o qual. Por sua vez, pedia autorização para o diretor; (...) (grifou-se)

A descaracterização do exercício de cargo de confiança foi confirmada pela testemunha EDUARDO SGARIONI (também ouvida nos autos da AT n. 00184-2008-022-04-00-9), que ratificou a subordinação dos "gerentes" a outros empregados da ré (gerentes distritais), esclareceu sobre a impossibilidade do exercício de poderes de mando e gestão e sinalou a existência de controle ostensivo das atividades realizadas diuturnamente pelos "gerentes":

(...) que o depoente trabalhou inicialmente como GVM, passando a GTM revendas (gerente de *trade marketing*) e posteriormente GTM CDD, e em Fortaleza era gerente de vendas autosserviço (GVAS) (...) que o GDD ou o gerente comercial, gerentes de primeiro escalão, determinavam, em caráter obrigatório, a realização de reunião matinal às 07h e uma reunião vespertina às 18h; que era obrigatória a participação do GVM. (...) *que tem conhecimento de colegas exercentes do cargo de gerência que foram penalizados com advertência por não comparecer às reuniões obrigatórias*; (...) que tanto o depoente quanto o reclamante submetiam suas agendas previamente ao GDD ou ao comercial; (...) *que o GVM, o GV e o GRR não possuem subordinados*; (...) que recebiam metas, por meio de volume de vendas, em hectolitros, do GDD ou da diretoria, as quais não poderiam ser discutidas; que o GV não tinha poderes para despedir, informando que repassava o problema para o GDD, o qual toma a decisão a respeito; que todas as decisões em relação a aspectos de recursos humanos, o GV não tem poder decisório, o qual é do GDD: *que no caso do GVM e do GRR, estes também não têm poderes de admissão e despedida, sendo que quem toma a decisão respectivamente é o gerente comercial e a diretoria*: (...) que as bonificações e descontos podem ser administrados pelos gerentes dentro dos padrões previamente estabelecidos pelo GDD ou comercial; (...) (grifou-se)

Diante da prova testemunhal acima reproduzida, a existência do controle de horários dos "gerentes" demonstra claramente a ausência de autonomia necessária para que o autor fosse considerado detentor de cargo de confiança nos moldes do art. 62, II, da CLT.

Nesse sentido, a doutrina de Carmen Camino (in: *Direito Individual do Trabalho*, Porto Alegre: Síntese, 2004, p.405):

'(...) a exceção do art. 62 não é para eximir o empregador de pagar horas extras, mas para que o gerente, ou a ele equiparado, possa desincumbir de suas altas atribuições. Para tanto, *deve ter liberdade para administrar sua jornada*. Se o empregador o submete a controle ostensivo (cartão-ponto, livro-ponto, ponto eletrônico ou outra espécie), retira-lhe a autonomia que é própria ao cargo.' (grifou-se)

Diante da prova oral produzida, vê-se que a autonomia que o autor possuía era ínfima, quando do exercício ordinário de suas atividades profissionais, não possuindo poderes de admissão ou demissão e de imputação de penalidades.

Destarte, não merece provimento a insurgência recursal da ré quando pretende ver configurado o exercício de cargo de confiança pelo demandante.

Provimento negado. (fls. 599-603)"

Insurge-se a reclamada contra a condenação em horas extras, sustentando a tese da investidura em cargo de confiança, apto ao enquadramento no art. 62, II, da CLT, que indica como violado. Aduz que o reclamante percebia padrão diferenciado de remuneração (salário e bônus) e possuía apenas um superior hierárquico.

Sucessivamente, sustenta a tese de que as normas coletivas fazem expressa previsão de que os empregados ocupantes do cargo de gestão estão excluídos do regime de duração de trabalho, aplicando-se-lhes também a regra do art. 62, II, da CLT, contexto no qual indica como violado o art. 7º, XXVI, da Constituição Federal.

À análise.

O Tribunal Regional dirimiu a controvérsia relativa ao enquadramento do reclamante no art. 62, II, da CLT, pelo enfoque do ônus da prova, havendo concluído que por constituir fato impeditivo do direito, a prova do exercício de cargo de confiança recai sobre a reclamada — encargo processual do qual não se desincumbiu.

Por configurar exceção à regra geral de limitação da jornada de trabalho, o dispositivo em comento somente comporta interpretação restritiva, de modo a alcançar, exclusivamente, as situações fático-jurídicas em que o empregado está, efetivamente, investido do encargo de gestão ínsito à configuração da confiança, o que significa dizer que deve deter amplos poderes de mando e representação outorgados pelo empregador, além de, obviamente, padrão diferenciado de remuneração, que justifique excepcionar o controle de jornada.

No caso em exame, o acórdão recorrido delineia o quadro fático de que o reclamante desempenhou na empresa a função de "gerentes de vendas de *marketing* — GVM", os quais, por sua vez, estavam subordinados aos "gerentes distritais" — responsáveis pelo repasse das metas de vendas a serem atingidas e pelas decisões relativas às promoções, transferências, desligamentos, aplicação das penalidades de advertências aos demais empregados e sobre as bonificações negociadas nas vendas.

O Tribunal Regional esclarece que o autor, conforme apontado na decisão de origem (fl. 1.555-verso), "(...) *desempenhou as seguintes funções* (...): *de 01.06.2002 a 30.11.2002, "gerente de vendas marketing I"; de 01.12.2002 a 31.03.2003, "gerente e serviço marketing I"; de 01.04.2003 a 31.07.2003, "gerente de trade marketing revendas II"; de 01.08.2003 a 31.08.2005, "gerente de vendas rota II"; de 01.09.2005 a 30.11.2005, "gerente canal II"; de 01.12.2005 a 31.05.2006, "gerente de produtos II"; e de 01.06.2006 até o término do contrato, "especialista"*, tudo conforme registros constantes na ficha de registro de empregado, nenhuma delas dotadas de encargo de gestão.

Esse enquadramento fático afasta, por complemento, a possibilidade de que exercesse o reclamante função de gerência equiparada "aos diretores e chefes de departamento e/ou filial", para os quais se dirige a disposição do art. 62, II, da CLT, afigurando-se irrepreensível o enquadramento jurídico dado à controvérsia pelo acórdão recorrido.

Todos os arestos colacionados ao cotejo jurisprudencial partem da premissa de que da existência de encargo de gestão capaz de caracterizar a função de confiança, hipótese, como visto, amplamente refutada, no caso. Incide, portanto, o óbice da Súmula n. 296 do TST à configuração da divergência jurisprudencial, ante a diversidade fática entre as controvérsias cotejadas.

Pelo mesmo fundamento afasta-se a possibilidade de que a norma coletiva invocada pela reclamada alcance a situação jurídica do reclamante, na medida em que ela se dirige aos empregados ocupantes de cargos de gestão, o que, repita-se, não é o caso do reclamante. Inviável, nesse contexto, a configuração de afronta à literalidade do art. 7º, XXVI, da Constituição da República.

NÃO CONHEÇO.

JORNADA EXTERNA. CONTROLE. HORA EXTRA

Em sequência, o Tribunal Regional desconsiderou a tese de que a atividade laborativa do reclamante, exercida externamente, impossibilitasse o controle de jornada, mediante os seguintes fundamentos, *in verbis*:

"HORAS EXTRAS.

Atividade externa. Art. 62, I, da CLT.

O autor entende que não pode ser enquadrado na exceção do artigo 62, inciso I, da CLT, no período compreendido entre 01.06.2006 a 14.03.2007, ocasião em que exerceu o cargo de 'Especialista', porque a ré não anotou o exercício de atividade externa da CTPS e na Ficha de Registro de Empregado. Outrossim, aponta que a demandada também não logrou êxito em comprovar que as atividades desempenhadas pelo empregado não eram passíveis de controle de horário. Articula que a prova testemunhal que condicionou o sentir do magistrado de origem é contraditória e que a testemunha ouvida tinha nítido interesse em favorecer a tese do empregador. Busca a reforma para que a ré seja condenada ao pagamento de horas extras no período compreendido entre 01.06.2006 a 14.03.2007.

A ré, por sua vez, entende que nos períodos em que o autor exerceu as funções de GVM, GSM e GTM, realizava atividade externa eis que inexistia controle de horários. Articula que nos locais das revendas frequentadas pelo autor não havia funcionários da ré, razão pela qual não poderia haver o controle do horário de trabalho. Sustenta que os acordos coletivos do trabalho celebrados pelos sindicatos representativos das classes econômicas das partes litigantes preveem que a função de vendas externas é incompatível com o controle de horários e que o comparecimento do vendedor externo na empresa, sob a circunstância que fosse, não descaracterizaria a atividade externa. Invoca o artigo 7º, inciso XXVI, da CRFB e busca a reforma para que seja absolvida da condenação imposta.

Analisa-se.

Na sentença, o magistrado assim dispôs (fl. 1.156 e verso):

(...) resta afastada a incidência da hipótese prevista no inciso I do artigo 62 da CLT, com relação ao período imprescrito do contrato em que o reclamante exerceu cargos de 'gerente', isto é, até 31.05.2006.

Já em relação aos últimos meses da relação mantida entre as partes, a testemunha RICARDO DE OLIVEIRA ABREU SILVA — a quem o autor estava subordinado, na época em que trabalhou na cidade de Fortaleza/CE, como 'especialista' (de 01.06.2006 até o término do contrato) — relata (...) o reclamante exercia suas atividades diretamente nas revendas dos produtos industrializados pela reclamada, ou seja, as atividades eram eminentemente externas.

(...)

Dessa forma, com base no depoimento da testemunha RICARDO, entendo que o reclamante enquadrava-se na hipótese prevista no inciso I do artigo 62 da CLT, no período em que esteve laborando na cidade de Fortaleza/CE (de 01-06-2006 até o término do contrato), porquanto exercia atividade eminentemente externa incompatível com o controle de jornada.

A sentença não merece reforma.

O fato de o empregado prestar serviço externamente à sede da empresa, por si só, não lhe retira o direito de receber o pagamento das horas extras porventura cumpridas, inclusive porque este é irrenunciável.

A parcela apenas não será devida quando a atividade externa for incompatível com a fixação do horário de trabalho. Nesse sentido o artigo 62, I, da CLT, *in verbis*:

Não são abrangidos pelo regime previsto neste capítulo:

I — os empregados que exercem atividade externa incompatível com a fixação de horário de trabalho, devendo tal condição ser anotada na Carteira de Trabalho e Previdência Social e no registro de empregados; (...). (grifou-se)

Ao instituir esse preceito legal, o legislador buscou excepcionar da tutela da jornada o trabalho externo no qual inviável o controle de horário ou quando o empregado tem total liberdade na realização da jornada, em razão da própria natureza de sua atividade, diga-se, incompatível com a fixação e o controle dos horários laborados.

A existência de cláusula normativa estipulando que 'O comparecimento dos profissionais da área externa de vendas na empresa, qualquer que seja o horário, o motivo ou a frequência, não descaracteriza a atividade externa como sendo incompatível com a fixação de horário de trabalho para fins de aplicação do art. 62, I, da CLT' (vide Cláusula 5, parágrafo terceiro, da norma coletiva, fl. 883) não afasta o direito do empregado ao recebimento das horas extras efetivamente desempenhadas, caso não reste demonstrada a incompatibilidade entre a natureza do serviço prestado com a fiscalização da jornada de trabalho, nos termos do que prevê o art. 62, I, da CLT. *Cumpre destacar que este Colegiado entende que o posicionamento ora sustentado não representa violação ao disposto no art. 7º, XXVI da CRFB, que prevê o reconhecimento das convenções e acordos coletivos de trabalho, desde que, por certo, tais instrumentos não contrariarem os princípios e regras da legislação trabalhista, de ordem pública e natureza cogente.*

Assim, à parte ré incumbe a prova do enquadramento do empregado no art. 62 da CLT, que assim invocou, porque se trata de fato impeditivo ao direito às horas extras.

No caso dos autos, na esteira do entendimento exarado na sentença, a ré se desincumbiu parcialmente desse encargo.

Inicialmente, cumpre destacar que *o autor, conforme apontado na decisão de origem (fl. 1.555-verso) '(...) desempenhou as seguintes funções (...): de 01.06.2002 a 30.11.2002, 'gerente de vendas marketing I'; de 01.12.2002 a 31.03.2003, 'gerente de serviço marketing I'; de 01.04.2003 a 31.07.2003, 'gerente de trade marketing revendas II'; de 01.08.2003 a 31.08.2005, 'gerente de vendas rota II'; de 01.09.2005 a 30.11.2005, 'gerente canal II'; de 01.12.2005 a 31.05.2006, 'gerente de produtos II'; e de 01.06.2006 até o término do contrato, 'especialista', tudo conforme registros constantes na ficha de registro de empregado, fl. 370.*

No desempenho das funções acima referidas, não houve controle dos horários de trabalho porque a ré entendeu que o empregado exercia atividade externa.

Entretanto, a prova oral produzida — prova emprestada dos autos da ação trabalhista n. 00184-2008-022-04-00-9 — dá conta de que as atividades realizadas pela maioria dos gerentes da ré (cargo ocupado pelo demandante) é basicamente burocrática, realizada dentro da empresa.

Apurou-se, igualmente, que apenas pequena parcela da jornada era cumprida externamente. A testemunha RODRIGO ELIAS SCHEPF, assim informou, nos autos do processo n. 00184-2008-022-04-00-9 (fls. 1.085-8):

(...) que como gerente de vendas e marketing (GVM), em 70% de sua jornada de trabalho realizava atividades internas.

(...) sendo que em 30% de sua jornada realizava serviços junto à revenda: (...) que o trabalho do GV envolve jornada externa e interna; que a forma de jornada e a proporção de trabalho externo e interno como GV era exatamente a mesma daquela relatada no início do depoimento com GVM, sendo que a única diferença era a inexistência de reuniões com a revenda.

A testemunha EDUARDO SGARIONI confirmou a informação acima e, além disso, aduziu que quando realizavam atividade externa, os gerentes cumpriam rotas pré-determinadas pela empresa e que sempre participavam de reuniões no início e ao final da jornada de trabalho, além de estarem submetidos a controle de jornada diretamente pelos superiores hierárquicos (fl. 1.089 e seguintes):

(...) que o depoente trabalhou inicialmente como GVM, passando a GTM revendas (gerente de *trade marketing*) e posteriormente GTM CDD (...) que o GDD ou o gerente comercial, gerentes de primeiro escalão, determinavam em caráter obrigatório, a realização de reunião matinal às 07h e uma reunião vespertina às 18h; que era obrigatória a participação do GVM, do GV ou do GRR na reunião vespertina; que o trabalho junto às revendas segue a mesma rotina e os mesmos horários, sendo também de caráter obrigatório as reuniões; que tem conhecimento de colegas exercentes do cargo de gerência que foram penalizados com advertência por não comparecer às reuniões obrigatórias: (...) que durante a jornada de trabalho, seguiam um cronograma determinado pela própria reclamada. (...) sendo que rigorosamente cumpriam os horários determinados, sendo que os superiores tinham toda a agenda do gerente de forma que pudessem encontrá-lo guando necessário; que os gerentes faziam suas agendas conforme o cronograma diário, o qual chama de 'bíblia', referindo que por exemplo, se precisasse ir ao médico das 13h às 14h, deveria entrar em contato com o gerente superior, que era ou o GDD ou o comercial, comunicando a saída; que tanto o depoente quanto o reclamante submetiam suas agendas previamente ao GDD ou ao comercial.

Verifica-se, portanto, que o autor deveria comparecer diariamente à sede da ré, para participar das reuniões e sair em rotas pré-determinadas.

A sujeição do empregado a roteiros pré-determinados pelo empregador, com metas de entregas a serem atingidas e comparecimento diário à sede da empresa para a realização da prestação de contas (reuniões) representa controle, ainda que indireto, da jornada de trabalho do empregado. Assim, verificada a possibilidade de fiscalização de horários, a ausência do controle ostensivo e permanente da jornada de trabalho por parte da empregadora não tem o alcance por esta pretendido, de obstacularizar o pagamento de horas extras ao empregado.

Logo, contrariamente ao que defende a ré, *o labor prestado pelo autor até 31.05.2006 não se enquadra na exceção do art. 62, inciso I, da CLT, motivo pelo qual estava a demandada obrigada a manter registro da jornada de trabalho do autor. É aplicável, portanto, o entendimento jurisprudencial disposto no item I da Súmula 338 do TST, segundo o qual a não apresentação injustificada dos controles de jornada enseja presunção relativa de veracidade dos horários informados na petição inicial.*

Entretanto, no que tange ao labor realizado após maio de 2006, a prova oral conforta o reconhecimento do exercício de atividade externa.

As informações trazidas pela testemunha RICARDO DE OLIVEIRA ABREU SILVA (ouvida por meio de Carta Precatória Inquiritória cumprida na cidade de São Paulo) revelam que no período em que o autor trabalhou em Fortaleza, ele realizava atividades externas incompatíveis com a fixação de horário de trabalho (fl. 1.143-4):

'(...) que trabalhou com o autor por 6 meses, a partir da metade de 2006 até quando ele saiu em 2007: que nessa época o depoente era gerente de projeto e o reclamante era coordenado fênix; que o reclamante era subordinado ao depoente: que o depoente nessa época ficava em São Paulo e o reclamante em Fortaleza: que tinha contato com o autor por telefone e 2 vezes por mês ou o depoente ia lá ou o reclamante vinha aqui (...) que em Fortaleza o reclamante não tinha nenhum supervisor direto (...) que não falava com o autor diariamente; que falava com o autor toda a semana; que ninguém controlava se o autor ia na empresa ou não; que não sabia todo dia qual revenda tinha sido visitada; (...) que o reclamante não tinha cronogramas de visitas.'

Das informações acima transcritas, constata-se que a prestação de serviços pelo autor (no período em que ele se encontrava em Fortaleza — a partir de junho de 2006) se deu de forma diversa da maneira antes verificada: o autor não possuía cronogramas nem supervisor direto para controlar diariamente a realização do trabalho externo realizado, circunstância que impõe o reconhecimento do exercício de atividade externa incompatível com a fixação de horário de trabalho, nos termos do artigo 62, inciso I, da CLT.

Por fim, cumpre destacar que a prova testemunhal acima reproduzida não revela que a testemunha RICARDO tivesse interesse em favorecer a tese da demandada, conforme articulou o demandante em seu arrazoado recursal. Outrossim, do conjunto probatório dos autos não se constata qualquer elemento probatório capaz de afastar a validade das informações prestadas por essa testemunha.

Destarte, nega-se provimento aos recursos ordinários das partes nesse particular. (fls. 582-588, destacou-se)"

Com efeito, o inciso I do artigo 62 da CLT excepciona da regra geral de duração do trabalho "os empregados que exercem atividade externa incompatível com a fixação de horário de trabalho, devendo tal condição ser anotada na Carteira de Trabalho e Previdência Social e no registro de empregados".

A reclamante ajuizou a presente reclamação trabalhista, postulando horas extras e reflexos, em decorrência do extrapolamento habitual da jornada de oito horas diárias.

A reclamada, por seu turno, alegou como matéria de defesa, o exercício de atividade externa, a excepcionar o controle de jornada, nos moldes do inciso I do artigo 62 da CLT.

Sucessivamente, sustenta a tese de que as normas coletivas fazem expressa previsão de que os empregados prestadores de serviço externo estão excluídos do regime de duração de trabalho, aplicando-se-lhes a regra do art. 62, I, da CLT, contexto no qual indica como violado o art. 7º, XXVI, da Constituição Federal.

O recurso não merece conhecimento.

O Tribunal Regional aplicou até 31.5.2006, a presunção de veracidade da jornada descrita na inicial, com fundamento no item I da Súmula n. 338 do TST, constatado que até esta data não estava o reclamante submetido a trabalho externo, motivo pelo qual estava a reclamada obrigada a manter controle de jornada.

Relativamente ao período posterior a junho de 2003, em que ficou incontroversa a prestação de serviço externo, o Tribunal Regional manteve a sentença que concluiu pela compatibilidade da jornada da reclamante com a fixação de horário de trabalho, lastreando-se *na prova testemunhal*, conclusiva quanto à possibilidade de controle de jornada, não obstante a atividade eminentemente externa na revenda dos produtos industrializados pela reclamada. A prova oral produzida — emprestada dos autos da ação trabalhista n. 00184-2008-022-04-00-9 — dá conta de que as atividades realizadas pela maioria dos gerentes da ré (cargo ocupado pelo demandante) é basicamente burocrática, realizada dentro da empresa, mormente porque: o autor deveria comparecer diariamente à sede da reclamada, para participar das reuniões e sair em rotas pré-determinadas e havia sujeição do empregado a roteiros pré-determinados pelo empregador, com metas de entregas a serem atingidas e comparecimento diário à sede da empresa para a realização da prestação de contas (reuniões).

Verifica-se, portanto, que apenas pequena parcela da jornada era cumprida externamente e, assim mesmo, de forma totalmente compatível com o controle de jornada, de modo que a ausência do controle ostensivo e permanente da jornada de trabalho por parte da empregadora não tem o alcance por esta pretendido, de obstacularizar o pagamento de horas extras ao empregado.

Diante desse contexto fático em que evidenciada a possibilidade de fiscalização e o controle do empregador incompatível com a autonomia do trabalho externo, ao qual se destina a norma do inciso I do artigo 62 da CLT, não há como concluir-se pela violação desse preceito legal sem que se faça necessário o revolvimento do acervo fático-probatório dos autos, procedimento vedado nessa esfera recursal, ao teor do óbice da Súmula n. 126 desta Corte.

Registre-se que a existência de cláusula normativa, cujo teor enuncia que "O comparecimento dos profissionais da área externa de vendas na empresa, qualquer que seja o horário, o motivo ou a frequência, não descaracteriza a atividade externa como sendo incompatível com a fixação de horário de trabalho para fins de aplicação do art. 62, I, da CLT" — não afasta o direito do empregado ao recebimento das horas extras efetivamente desempenhadas, por sabido que o direito do trabalho rege-se pela realidade contratual e as normas coletivas para sua validade não podem dispor em prejuízo de normas cogentes, de ordem pública como a que estabelece a limitação da jornada de trabalho. Inviável, nesse contexto, a configuração de afronta ao art. 7º, XXVI, da Constituição Federal.

Registre-se que o aresto de fl. 687 e o primeiro de fl. 389 são inservíveis ao embate de teses, visto que não atendem aos requisitos da Súmula 337 do TST, porquanto não cita a fonte oficial de publicação.

Já o segundo aresto de fl. 689 é inespecífico, porque não enfrenta as mesmas particularidades fáticas dos autos. Incidência do óbice da Súmula n. 296 do TST.

Com esses fundamentos, NÃO CONHEÇO do recurso de revista, quanto ao tema.

JORNADA ARBITRADA

O Tribunal Regional manteve a sentença na parte em que fixou a jornada das 7:00h às 22h, de segunda a sexta-feira, das 07:45h às 18h aos sábados e, em um domingo ao mês, das 08h às 16h, com uma hora diária de intervalo.

Estes são seus fundamentos, *in verbis*:

"Jornada fixada. Trabalho aos domingos e feriados.

O autor busca a reforma da sentença para que seja fixado o final da jornada de trabalho às 23h30min/24h, à razão de oito dias por mês.

Aponta que a prova testemunhal carreada ao caderno processual conforta esse pedido. Uma vez acolhida a insurgência recursal, busca o pagamento do adicional noturno (observada a hora reduzida noturna) e o pagamento de reflexos em repousos semanais remunerados, horas extras, férias acrescidas do terço constitucional, 13º salários, GCA e FGTS.

A ré, ao seu turno, aponta o depoimento da testemunha LEONARDO LINDEMAYER e sustenta que a jornada de trabalho apontada pelo autor na petição inicial não foi comprovada. Invoca os artigos 818 da CLT e 333, inciso I, do CPC e busca a reforma da condenação ao pagamento de horas extras àquilo que efetivamente restou comprovado nos autos.

De outra parte, argumenta que a prova testemunhal conforta o reconhecimento da existência de trabalho de segunda-feira a sábado, mas não aos domingos. Outrossim, relata que a prova testemunhal não comprovou a realização de trabalho nos feriados. Invoca o artigo 818 da CLT e, sucessivamente, busca a aplicação da Súmula 146 do TST, buscando que a condenação ao pagamento dobrado aos domingos restrinja-se somente as horas efetivamente trabalhadas e não o domingo na sua totalidade.

Analisa-se.

Na sentença, constou (fl. 1.159-verso):

Com base no conjunto probatório dos autos, fixo a jornada de trabalho do reclamante, das 7:00h às 22h, de segunda a sexta-feira, das 07:45h às 18h aos sábados e, em um domingo ao mês, das 08h às 16h, sempre com uma hora diária de intervalo.

(...)

Condeno a reclamada ao pagamento de horas extras, assim consideradas aquelas excedentes à oitava hora diária e quadragésima quarta semanal, até 01.06.2006, acrescidas do adicional legal (não há prova nos autos da existência de condição mais benéfica ao autor, ônus que lhe incumbia), bem como de domingos e feriados trabalhados.

(...)

A decisão monocrática merece parcial reforma.

Inicialmente, impende negar provimento aos recursos ordinários do autor e da ré quando pretendem seja reconhecida jornada de trabalho semanal em outros parâmetros que não os propostos pela instância julgadora a *quo*.

Isso porque a decisão de primeiro grau, nesse aspecto, definiu a jornada de trabalho acertadamente, lançando mão do princípio da razoabilidade e em observação as provas produzidas nos autos.

A testemunha EDUARDO SGARIONI assim informou nos autos da ação trabalhista n. 00184-2008-022-04-00-9 (cuja prova oral é utilizada de forma emprestada nesta demanda):

'(...) que em todos os cargos trabalhados pelo reclamante os horários eram os mesmos, referindo que de segunda a sexta feira trabalhavam das 06:45h às 22h, aos sábados, das 06:45h às 18h. e em dois domingos ao mês, das 08h às 16h, sendo que à época das reuniões SDG trabalhavam durante uma semana no horário das 06:45h às 24h.' (...) (fl. 1.089)

Por outro lado, a testemunha LEONARDO LINDEMAYER relatou nos autos da ação trabalhista n. 00656-2006-010-04-00-1, cuja prova oral é utilizada de forma emprestada nesta demanda (fls. 1.102-3):

'(...) os gerentes tinham que chegar na reclamada às 07h; que o GVM e GV ao final do dia fecham as vendas; que o GTM apenas participa do fechamento, se estiver na sede da empresa; que o referido fechamento ocorria das 16h30min às 17h15min; que depois disso, os gerentes permaneciam realizando outras atividades, até em torno das 18h30min. podendo se estender até às 19h30min; que essa rotina era de segunda a sexta-feira: que aos sábados o trabalho se desenvolvia das 07h45min às 14h.' (...)

Ao optar por utilizar prova oral emprestada, colhida em outros feitos em que se tratou de matérias semelhantes às abordadas na presente demanda, as partes trouxeram ao julgador elementos de prova divergentes e conflitantes. Isso decorre, por certo, da utilização de prova testemunhal produzida em dois processos distintos (de n. 00656-2006-010-04-00-1 e de n. 00184-2008-022-04-00-9).

Nesse panorama, cumpre destacar que o processo é meio para a instrumentalização do direito material e para a busca da verdade real.

Evidentemente, dispõe o julgador de meios de distribuição do encargo probatório, mas apenas a eles se reportará nas hipóteses de prova dividida ou não conclusiva (*non liquef*), e jamais quando for possível delimitar os contornos fáticos da relação jurídica objeto do litígio pela apreciação dos elementos de convicção disponíveis no caderno processual.

Essa circunstância impôs ao julgador anterior analisar o contexto das informações prestadas e decidir de acordo com aquilo que entendesse mais razoável.

Diante desse contexto, não há falar em reforma porque a decisão da origem quando arbitrou a jornada '(...) das 7:00h às 22h, de segunda a sexta feira, das 07:45h às 18h aos sábados e, em um domingo ao mês, das 08h às 16h (...)' prestou a jurisdição de forma equânime e, apesar da extensa jornada reconhecida, está consentânea com o conjunto probatório trazido aos autos pelas partes.

Outrossim, não há falar em aplicação da Súmula 146 do TST (requerida pela demandada em suas razões recursais) porque esse pedido não foi endereçado em sua contestação de fls. 289-360, extrapolando, portanto, os limites em que fora proposta e contestada a presente ação.

Entretanto, a sentença merece pequeno reparo quando condenou a ré ao pagamento de horas extras em razão de feriados trabalhados. Isso porque, da análise do conjunto probatório, não se verifica que o autor tenha comprovado a existência de labor nesses dias.

Destarte, nega-se provimento ao recurso ordinário do autor e dá-se provimento parcial ao recurso ordinário da ré para absolvê-la da condenação ao pagamento de horas extras em feriados.

Recurso do autor a que se nega provimento.

Recurso da ré a que se dá provimento parcial. (fls. 588-591)"

Sustenta a reclamada que a decisão recorrida, quanto à jornada arbitrada, afronta os arts. 818 da CLT, 131, 333, I, e 335 do CPC, ao argumento de que a prova dos autos dá conta de realidade diversa daquela contida no acórdão recorrido.

Ora, a argumentação recursal ostenta conteúdo essencialmente fático probatório, inviável de reexame nesta esfera extraordinária, ao teor do óbice da Súmula n. 126 do TST.

Com efeito, o Tribunal Regional, a partir do contexto fático probatório dos autos, manteve a sentença relativamente à fixação da jornada de trabalho das 7:00h às 22h, de segunda a sexta-feira, das 07:45h às 18h aos sábados e, em um domingo ao mês, das 08h às 16h, com uma hora de intervalo intrajornada.

Verifica-se, portanto, que o Tribunal dirimiu a controvérsia à luz da valoração da prova e, não, como alegado, da distribuição do encargo de provar, inexistindo margem para se cogitar de afronta aos arts. 818 da CLT, 131, 333, I, e 335 do CPC, os quais atraem, por isso, o óbice da Súmula n. 297 do TST, ante a ausência de prequestionamento.

NÃO CONHEÇO.

INTERVALO INTERJORNADA

O Tribunal Regional deu provimento ao recurso ordinário do reclamante para, com fundamento na diretriz da Orientação Jurisprudencial n. 355 da SBDI-1 do TST, condenar a reclamada ao pagamento de horas extras decorrentes do desrespeito ao intervalo interjornada, ou seja, independentemente das horas extras decorrentes da extrapolação habitual de jornada.

Eis os fundamentos:

"INTERVALO INTERJORNADA

O autor se insurge contra a decisão da origem argumentando que as horas extras e as horas extras devidas em razão da inobservância do intervalo interjornada têm fatos geradores distintos: uma decorre do labor extraordinário realizado e a outra decorre do desrespeito ao descanso previsto no artigo 66 da CLT. Busca o pagamento das horas extras decorrentes da violação ao comando legal supracitado com acréscimos legais e reflexos postulados na petição inicial.

Analisa-se.

Na sentença, o Juiz de primeira instância dispôs (fl. 1.159-verso):

Quanto aos intervalos interjornada, entendo que o período gozado a menor deve ser remunerado como jornada extraordinária, observado o disposto nos artigos 66 da CLT.

Desse modo, as horas extras referentes ao período dos intervalos interjornada gozado a menor resta abrangido pelos valores deferidos acima a título de horas extras, observada a jornada fixada.

A sentença merece reforma.

Conforme verificado em item anterior, a jornada reconhecida em primeiro grau permite visualizar que o intervalo interjornadas de 11 horas (CLT, art. 66) não era respeitado pela ré.

O desrespeito ao intervalo entre jornadas frustra o descanso assegurado ao trabalhador, circunstância que impõe ao empregador o pagamento do período não gozado, acrescido do adicional mínimo de 50%, independentemente do direito à contraprestação do trabalho, por aplicação analógica do que dispõe o artigo 71, § 4º, da CLT.

A Súmula n. 110 do E. TST e a Orientação Jurisprudencial n. 355 da SDI-1 do TST, abaixo transcritas, confirmam o entendimento que ora se adota:

N. 110 JORNADA DE TRABALHO. INTERVALO (mantida) — Res. 121/2003, DJ 19, 20 e 21.11.2003

No regime de revezamento, as horas trabalhadas em seguida ao repouso semanal de 24 horas, com prejuízo do intervalo mínimo de 11 horas consecutivas para descanso entre jornadas, devem ser remuneradas como extraordinárias, inclusive com o respectivo adicional.

N. 355 INTERVALO INTERJORNADAS. INOBSERVÂNCIA. HORAS EXTRAS. PERÍODO PAGO COMO SOBREJORNADA. ART. 66 DA CLT. APLICAÇÃO ANALÓGICA DO § 4º DO ART. 71 DA CLT (DJ 14.03.2008)

O desrespeito ao intervalo mínimo interjornadas previsto no art. 66 da CLT acarreta, por analogia, os mesmos efeitos previstos no § 4º do art. 71 da CLT e na Súmula n. 110 do TST, devendo-se pagar a integralidade das horas que foram subtraídas do intervalo, acrescidas do respectivo adicional.

Dá-se provimento ao recurso ordinário do autor para acrescer à condenação o pagamento das horas extras decorrentes da inobservância do intervalo mínimo de 11 horas, interjornadas, conforme disposto no artigo 66 da CLT, com o adicional de 50% (cinqüenta por cento), com reflexos em repousos semanais remunerados e, pelo aumento da média remuneratória, em 13º salários, férias com 1/3 e depósitos de FGTS.

Não cabem reflexos do labor extraordinário em gratificação condicional à assiduidade (GCA), conforme adiante se analisará detidamente.

Recurso parcialmente provido. (fls. 597-600)"

Sustenta a reclamada que inexiste previsão na legislação infraconstitucional para pagamento de horas extras quando não concedido o intervalo interjornada. Fundamenta o recurso em violação do art. 66 da CLT e 5º, II, da Constituição Federal, que segundo aduz, não prevê nenhum tipo de indenização pecuniária pela não concessão do intervalo. Colaciona arestos.

Igualmente, quanto ao tema, o recurso não merece conhecimento.

A decisão do Tribunal Regional se afigura em absoluta conformidade com a diretriz da Orientação Jurisprudencial n. 355 da SBDI-1 do TST, que aplica, por analogia, os mesmo efeitos previstos no § 4º do art. 71 da CLT como sanção ao desrespeito do intervalo mínimo interjornadas previsto no art. 66 da CLT, cujo teor novamente se reproduz, *in verbis*:

"INTERVALO INTERJORNADAS. INOBSERVÂNCIA. HORAS EXTRAS. PERÍODO PAGO COMO SOBREJORNADA. ART. 66 DA CLT. APLICAÇÃO ANALÓGICA DO § 4º DO ART. 71 DA CLT (DJ 14.03.2008). O desrespeito ao intervalo mínimo interjornadas previsto no art. 66 da CLT acarreta, por analogia, os mesmos efeitos previstos no § 4º do art. 71 da CLT e na Súmula n. 110 do TST, devendo-se pagar a integralidade das horas que foram subtraídas do intervalo, acrescidas do respectivo adicional."

Registre-se que a alegação de afronta ao art. 5º, II, da Constituição Federal nem sequer está prequestionada no acórdão recorrido, tampouco os embargos de declaração interpostos o foram especificamente, neste aspecto.

Inviável, nesse contexto, a configuração de divergência jurisprudencial, nos moldes do art. 896, § 4º, da CLT e da Súmula n. 333 do TST.

NÃO CONHEÇO.

REFLEXOS DAS HORAS EXTRAS. AUMENTO DA MÉDIA REMUNERATÓRIA

A respeito dos reflexos das horas extras no repouso semanal remunerado, o Tribunal Regional manteve a sentença na parte em que assim determinou.

Estes são os fundamentos, *in verbis*:

"REFLEXOS DAS HORAS EXTRAS. AUMENTO DA MÉDIA REMUNERATÓRIA.

A ré investe contra a decisão prolatada na origem sob o argumento de que a integração das horas extras nos repousos semanais remunerados para, após, ser determinado o reflexo nas demais verbas salariais implica em *bis m idem*. Ilustra sua tese com jurisprudência e busca a reforma.

De outra parte, não se conforma com o deferimento de repercussões das horas extras em gratificação condicional à assiduidade (GCA). Sustenta que a verba foi estabelecida por liberalidade do empregador, observando o Plano da Gratificação Condicional à assiduidade, que é claro quanto a sua natureza jurídica não salarial. Anota que a GCA é gratificação paga em razão da assiduidade do trabalhador, sendo paga anualmente, desde que implementadas as condições respectivas. Entende que a sentença afronta o art. 114 do Código Civil. Busca a reforma.

Com razão parcial.

A sentença condenou a ré ao pagamento '(...) de horas extras, assim consideradas aquelas excedentes à oitava hora diária e quadragésima quarta semanal, até 01-06-2006, acrescidas do adicional legal (não há prova nos autos da existência de condição mais benéfica ao autor, ônus que lhe incumbia), bem como de domingos e feriados trabalhados, em dobro, com integração em repousos semanais remunerados e, pelo aumento da média remuneratória, repercussão em gratificação condicional assiduidade (GCA), férias acrescidas do terço constitucional, décimo terceiro salário e depósitos de FGTS.' (fl. 1.159-verso).

A insurgência recursal da ré, quando reputa haver *bis in idem* no deferimento dos reflexos vindicados pelo autor, não merece prosperar.

Isso porque no caso concreto apurou-se que havia habitualidade na realização de horas extras, conforme analisado em tópico anterior.

Nessa hipótese, a incidência das horas extras também se dá em repousos semanais remunerados. Por conseguinte, ocorre a majoração do salário mensal, a qual deve ser observada para cálculo das demais parcelas do contrato de trabalho cuja natureza seja remuneratória, tais como férias, gratificações natalinas e depósitos fundiários.

Logo, não há falar na ocorrência de *bis in idem*.

Entretanto, no que tange às repercussões das horas extras na parcela GCA, a decisão monocrática enseja reforma.

Assinale-se que o ato de a empregadora ter realizado o pagamento por liberalidade, por si só, não afasta a natureza salarial das verbas. Como admite a própria recorrente, as parcelas foram pagas como consectário da força de trabalho a ela entregue pelo autor, contraprestando-o de acordo com a sua assiduidade na empresa. Disso resulta nitidamente o seu caráter salarial, não havendo falar em verbas indenizatórias, pois não se destinam a compensar dano sofrido pelo autor.

Não obstante, cabe a reforma da sentença.

Com efeito, a Gratificação Condicional de Assiduidade, na forma do regulamento interno da empresa, consiste em 'uma gratificação anual aos empregados de forma a premiar a assiduidade proporcional ao período efetivamente trabalhado", a qual "incidirá sobre o salário base, sem quaisquer acréscimos fixo a que o empregado tiver direito'.

Portanto, em que pese a natureza jurídica salarial da GCA, as diferenças de horas extras não repercutem na parcela em epígrafe.

Em face do exposto, dá-se provimento ao recurso ordinário da ré, para excluir da condenação os reflexos das diferenças de horas extras na base de cálculo da gratificação condicional à assiduidade.

Recurso parcialmente provido. (fls. 603-605)"

Insiste a reclamada na tese de que o reflexo das horas extras no repouso semanal e deste nas demais parcelas de natureza salarial importa em aumento da média remuneratória, incorrendo em *bis in idem*. Fundamenta o recurso na indicação de afronta aos artigos 5º, II, da CF/88, 884 do CC e 7º, § 2º, da Lei n. 605/49. Transcreve arestos para cotejo jurisprudencial e aduz contrariada a Orientação Jurisprudencial n. 394 da SBDI-1 do TST.

Divergência jurisprudencial configurada do segundo aresto de fl. 707 que firma o entendimento diametralmente oposto no sentido de que não são devidos os reflexos de horas extras em DSR's e deste em outras verbas, sob pena de ocorrência de *bis in idem*.

CONHEÇO, por divergência jurisprudencial.

FÉRIAS REFERENTES AO PERÍODO AQUISITIVO 2002/2003. PAGAMENTO DA DOBRA

Sobre as férias referentes ao período aquisitivo de 2002/2003, o Tribunal Regional manteve a condenação ao pagamento da dobra prevista no art. 137 da CLT, adotando a seguinte fundamentação:

"FÉRIAS

O autor entende que a prova testemunhal emprestada trazida ao caderno processual, cuja utilização foi convencionada na audiência de prosseguimento (ata à fl. 1.084), conforta o pedido de pagamento dobrado das férias irregularmente gozadas. Sustenta que a testemunha ouvida nestes autos trabalhou com o demandante por apenas 6 meses, razão pela qual entende que esse depoimento não pode se prestar para determinar a ocorrência de fatos durante toda a contratualidade. Ainda, busca a reforma para que a ré seja condenada ao pagamento em dobro do período aquisitivo 2002/2003 porque não foi comprovada a concessão do direito. Entende que a condenação apenas remunerou o labor realizado nas férias e não o descanso em si. Busca a reforma.

A ré, ao seu turno, entende que a prova produzida nos autos não demonstra a nulidade das férias, mas sim atesta a sua regularidade.

Entende que o demandante não comprovou que não tenha gozado regularmente as férias referentes ao período aquisitivo 2002/2003, deixando desatendidos os artigos 818 da CLT e 333, inciso I do CPC. A persistir a condenação, busca seja absolvida do pagamento do terço constitucional sob o argumento que essa parcela já fora paga na época da concessão das férias.

Examina-se.

Na sentença, a instância julgadora a *quo* assim decidiu (fls. 1.163-verso a 1.164-verso):

Quanto ao período não prescrito do contrato de trabalho mantido entre as partes, a prova documental dos autos demonstra que o reclamante gozou e recebeu corretamente a remuneração das férias relativas aos períodos aquisitivos de 2000/2001(fls. 378/379). 2001/2002 (fls. 380/381). 2003/2004 (fls. 382 e 409). 2004/2005 (fls. 383 e 415) e 2005/2006 (fls. 415).

(...)

De outro lado, quanto às férias relativas ao período aquisitivo de 2002/2003, verifico que inexiste nos autos prova da sua concessão ao reclamante, tendo em vista que o trabalhador assinava recibo individual de férias regularmente. Entendo que incumbia à reclamada trazer aos autos o recibo individual de férias desse período aquisitivo, como fez com os demais, ou demonstrar a veracidade da sua tese por outros meios probatórios, observado o disposto no art. 818 da CLT c/c art. 333, II, do CPC, aplicado de forma subsidiária ao processo trabalhista.

Dessa forma, em não havendo prova da correta concessão ao autor das férias relativas ao período aquisitivo de 2002/2003, presumo sejam verdadeiras as alegações constantes na inicial, no sentido de que essas férias foram concedidas incorretamente, em desrespeito ao artigo 134 da CLT.

Nesse ponto, destaco que a ficha financeira anexada à folha 403 dos autos registra o pagamento das férias relativas ao período aquisitivo de 2002/2003, acrescidas do terço constitucional. Assim, só lhe é devido o pagamento da dobra legal (art. 137 da CLT), com relação ao período cujo pagamento esteja comprovado nos autos. A remuneração simples das férias relativa a esse período já foi adimplida ao reclamante. O deferimento do pagamento em dobro dessas férias importaria enriquecimento ilícito do autor.

Nesses termos, acolho parcialmente o pleito da exordial para, declarando a irregularidade no fracionamento das férias do reclamante relativas ao período aquisitivo de 2002/2003. condenar a reclamada ao pagamento tão somente da dobra incidente sobre a remuneração dessas férias, abrangendo o terço constitucional.

A sentença não merece reforma.

A Consolidação das Leis do Trabalho regulamenta a concessão das férias da seguinte maneira:

Art. 134. As férias serão concedidas por ato do empregador, em um só período, nos 12 (doze) meses subsequentes à data em que o empregado tiver adquirido o direito.

(...)

Art. 137. Sempre que as férias forem concedidas após o prazo de que trata o art. 134, o empregador pagará em dobro a respectiva remuneração.

Diante desse comando legal, cumpre verificar o regular pagamento e a fruição das férias pelo empregado.

No caso em estudo, conforme apontou o magistrado anterior, a ré comprovou, por meio da prova documental, que o empregado efetivamente gozou e recebeu corretamente as férias referentes aos períodos aquisitivos de 2001/2002, 2003/2004, 2004/2005 e 2005/2006, conforme os documentos de fls. 380-1, 382 e 409, 383 e 415 e 415, respectivamente.

Diante dessas provas, razão não assiste ao autor quando pretende comprovar a irregularidade da fruição de suas férias por meio da prova testemunhal emprestada.

Compartilha-se do entendimento esposado pelo magistrado anterior quando dispôs que não há como concluir que os depoimentos prestados por RODRIGO ELIAS SCHEPF (nos autos n. 00184-2008-022-04-00-9 — fl. 1.085-8) e por LEANDRO HEXSEL (nos autos n. 00656-2006-010-04-00-1 — fls. 1.097-104) refiram-se à rotina de trabalho cumprida pelo demandante.

A prova testemunhal emprestada, nesse aspecto, apenas se refere às partes envolvidas naquelas lides.

Assim, uma vez que não houve menção expressa à irregularidade da fruição de férias pelo autor, entende-se que os fatos narrados por aquelas testemunhas não podem ser interpretados extensivamente, sob pena de se realizar generalização apressada, circunstância que implicaria em desprezo à técnica processual e em violação a princípios basilares do Direito, como o princípio do devido processo legal.

Feitas essas considerações, não merece provimento o recurso ordinário do autor quando pretende seja reconhecida a fruição irregular de todos os seus períodos de férias com base na prova emprestada.

De outra parte, uma vez que a ré não juntou aos autos comprovante da concessão das férias ao autor, referente ao período aquisitivo 2002/2003, deve ser mantida a condenação imposta em primeira instância.

Isso porque, diante do princípio da aptidão para a prova, entende-se que era encargo do empregador documentar a concessão e o pagamento de férias ao empregado. Assim, o ônus probatório, nesse aspecto, incumbia à ré.

Nesse panorama, uma vez que veio aos autos o comprovante de pagamento das férias referentes ao período aquisitivo de 2002/2003 (vide documento de fl. 403), é cabível a manutenção da condenação que impôs à ré o pagamento apenas da dobra prevista no artigo 137 da CLT porque inexiste comprovação de concessão das férias no prazo previsto pelo artigo 134 da CLT.

Não merece acolhida a insurgência da ré para que seja excluída da condenação o pagamento do terço constitucional porque este é parte da remuneração das férias, devendo também ser adimplido.

Recursos ordinários das partes a que se nega provimento — fls. 593-596."

Nas razões do recurso de revista, a reclamada sustenta violação dos arts. 818 da CLT e 333, I, do CPC, ao argumento de que "as provas colacionadas aos autos demonstram que as férias a que o reclamante faz jus ao longo do seu contrato de trabalho foram corretamente pagas e gozadas e/ou indenizadas". Sustenta que a penalidade prevista no art. 137 da CLT se aplica apenas aos casos de fruição após o período concessivo, de modo que, em se tratando de norma punitiva, sua interpretação deve ser restritiva. Transcreve divergência.

O recurso não alcança conhecimento.

O acórdão recorrido, embasando-se no princípio da aptidão para prova, e considerando que veio aos autos o comprovante de pagamento das férias referentes ao período aquisitivo de 2002/2003, entendeu cabível a manutenção da condenação que impôs à reclamada o pagamento apenas da dobra prevista no artigo 137 da CLT, *porquanto ausente a comprovação de concessão das férias no prazo previsto pelo artigo 134 da CLT*. Em outras palavras: considerou ser incontroverso o pagamento das férias, persistindo dúvida, no entanto, quanto à sua fruição.

Sob esse enfoque, não se divisa afronta aos arts. 818 da CLT e 333, I, do CPC, porquanto para se extrair entendimento diverso ao que chegou o Tribunal Regional, no sentido da comprovação da concessão das férias relativas ao período aquisitivo de 2002/2003, necessário o revolvimento da matéria fático-probatória dos autos, a atrair o óbice da Súmula n. 126 do TST.

Não se sustenta a alegação de afronta ao art. 137 da CLT, a pretexto de que a penalidade se aplica apenas aos casos de fruição após o período concessivo, porquanto a condenação decorre, exatamente, da ausência de comprovação da concessão das férias nos doze meses subsequentes à data em que o empregado adquiriu o direito.

NÃO CONHEÇO, portanto, do recurso de revista, igualmente quanto ao tema.

BÔNUS. NATUREZA SALARIAL

O Tribunal Regional reconheceu a natureza salarial da parcela paga a título de "bônus", ao seguinte fundamento, *in verbis*:

"BÔNUS.

A ré busca a reforma da sentença para que seja absolvida da condenação que lhe impôs o pagamento dos bônus relativos aos anos de 2003, 2005 e 2006 de forma dupla. Discorre sobre o método utilizado para o cálculo e concessão da parcela bônus aos seus empregados. Invoca dispositivos constitucionais (arts. 7º, incisos XI e XXVI) e legais (art. 114 do CCB e as disposições da Lei 10.101/2000) e articula que não cabe o deferimento de reflexos da rubrica bônus eis que se trata de parcela indenizatória. Busca a absolvição.

Analisa-se.

Na sentença, a primeira instância julgadora sentiu (fl. 1.160 e verso):

É inconteste a existência na empresa reclamada de verba (prêmio-bônus) destinada aos seus empregados, cujo pagamento é decorrente do atingimento de metas individuais e coletivas, bem como a condição de elegível do reclamante.

Importa esclarecer a quem incumbia o ônus de provar o alcance das metas individuais e coletivas.

Considerando a própria declaração da reclamada de que o pagamento do referido bônus depende de uma 'série de requisitos que devem ser atendidos pelos empregados da reclamada, existindo metas coletivas e individuais a serem observadas' (fl. 334), sendo que "as metas são definidas anualmente pela Diretoria de Gente e Gestão, a partir do desdobramento das diretrizes anuais da reclamada" (fl. 335), entendo que a prova dos resultados finais foge ao alcance do reclamante.

Saliento que a regulamentação juntada aos autos relativa às metas e objetivos a serem atingidos, bem como a avaliação dos funcionários elegíveis, não esclarece, por si só, se o reclamante teria direito ou não à percepção da parcela prêmio bônus.

Na realidade, a reclamada apenas contesta de forma genérica, alegando que não foram atingidas as metas, motivo pelo qual não houve o pagamento do prêmio para o reclamante. Todavia, não juntou aos autos os documentos relativos aos objetivos e metas que o autor deveria atingir para ter direito à verba.

A documentação trazida aos autos, unilateralmente produzida pela reclamada, não demonstra a veracidade das alegações contidas na contestação, ônus que incumbia à reclamada, por serem fatos impeditivos do direito pleiteado pelo autor, nos termos do art. 818 da CLT c/c art. 333, II, do CPC, aplicado subsidiariamente ao processo trabalhista.

Sendo assim, diante da falta de provas com relação ao alcance ou não das metas pelo autor, defiro o pagamento da parcela prêmio-bônus correspondente aos anos-base 2003. 2005 e 2006. no valor de 14 remunerações do reclamante por ano. Inexistindo disposição em contrário, entendo que essa parcela tem caráter remuneratório e, por conseguinte, deve repercutir em décimo terceiro salário, férias acrescidas do terço constitucional e depósito de FGTS. (grifou-se)

A decisão prolatada em primeiro grau é irretocável.

O artigo 333, inciso I do CPC, combinado com o artigo 818 da CLT, determinam que é ônus do empregado comprovar o fato constitutivo de seu direito. Em contrapartida, ao empregador incumbe a prova dos fatos modificativos, impeditivos ou extintivos alegados em defesa (CPC, art. 333, II).

No caso *sub examine,* a existência do pagamento de bônus aos empregados que atinjam metas pré-determinadas é fato incontroverso.

Entretanto, a ré sustenta (tanto em defesa quanto em sede recursal) que o demandante não atingiu as metas fixadas para os anos-base de 2005 e 2006, circunstância que inviabilizou o pagamento da parcela durante a contratualidade. Outrossim, relata que a empresa não atingiu as metas pré-determinadas para o ano de 2003.

Nesse panorama, diante da tese de defesa adotada, aliada aos documentos das fls. 426-60, que regulamentam a "definição de metas individuais, avaliação de desempenho e premiação", entende-se que a demandada atraiu para si o ônus de demonstrar que o autor não alcançou as metas estipuladas para os anos de 2005 e 2006 e que a empresa não tenha atingido as metas pré-determinadas para o ano de 2003.

Entretanto, *da análise do conjunto probatório trazido aos autos, compartilha-se do entendimento esposado pelo julgador da origem quando apontou que a ré não se desvencilhou do ônus processual que lhe incumbia.* Isto é, não se verifica nos autos elementos probatórios hábeis a demonstrar que o empregado não tenha satisfeito os requisitos necessários à concessão do bônus vindicado.

No que tange ao insucesso no alcance das metas pré-determinadas para o ano de 2003, entende-se que o documento de fl. 460 não se presta para os fins colimados porque é documento unilateral produzido pela ré, sem que haja quaisquer outros elementos probatórios capazes de sustentar a informação ali contida.

Portanto, não merece reforma a sentença quanto ao deferimento de verba a título de 'prêmio-bônus' dos anos de 2003, 2005 e 2006.

No que tange aos reflexos da parcela em comento, não assiste melhor sorte à reclamada.

Isso porque o regulamento das fls. 426-60 nada dispõe acerca da natureza jurídica dos bônus. Igualmente, não há comprovação de que a verba possua natureza indenizatória. Destarte, entende-se que o 'prêmio bônus' possui natureza remuneratória.

Nesse sentido, vale transcrever o art. 457, § 1º, da CLT:

Integram o salário não só a importância fixa estipulada, como também as comissões, percentagens, gratificações ajustadas, diárias para viagens e abonos pagos pelo empregador.

É devido, portanto, o pagamento do 'prêmio-bônus' referente aos anos base de 2003, 2005 e 2006 assim como as integrações dessa parcela, conforme estabeleceu a sentença.

Provimento negado. (fls. 605-608)"

Em resposta aos embargos de declaração interpostos pela reclamada, o Tribunal Regional esclarece:

"BÔNUS. NATUREZA JURÍDICA. OMISSÃO.

A ré defende que o acórdão embargado é omisso porque não adotou tese explícita sobre o disposto no artigo 7º, inciso IX, da CRFB e na Lei n. 10.101/2.000, '(...) sobre a validade dos acordos coletivos firmados entre as partes, especialmente referindo os motivos pelos quais tais disposições legais e normativas são inaplicáveis ao caso em tela (...)' (fl. 1.367). Defende que a parcela "bônus" possui natureza indenizatória eis que, no seu entendimento, trata-se de participação nos lucros e resultados. Sob pena de negativa de prestação jurisdicional, busca sejam sanadas tais omissões.

Razão não lhe assiste.

Conforme a própria embargante destacou em seus embargos de declaração (vide fl. 1.366), o acórdão assim dispôs sobre a matéria (fl. 1.359 e verso):

No que tange aos reflexos da parcela em comento, não assiste melhor sorte à reclamada.

Isso porque o regulamento das fls. 426-60 nada dispõe acerca da natureza jurídica dos bônus. Igualmente, *não há comprovação de que a verba possua natureza indenizatória.* Destarte, entende-se que o 'prêmio-bônus' possui natureza remuneratória.

Nesse sentido, vale transcrever o art. 457, § 1º, da CLT:

Integram o salário não só a Importância fixa estipulada, como também as comissões, percentagens, gratificações ajustadas, diárias para viagens e abonos pagos pelo empregador.

É devido, portanto, o pagamento do 'prêmio-bônus' referente aos anos-base de 2003, 2005 e 2006 assim como as integrações dessa parcela, conforme estabeleceu a sentença. (grifou-se)

Conforme se infere da leitura dos embargos de declaração, verifica-se que a embargada pretende que esta instância julgadora se manifeste novamente sobre a prova constante dos autos e adote a tese de defesa por ela esposada.

Entretanto, nos termos do excerto acima colacionado, esta instância julgadora já prestou a jurisdição buscada pela parte e afastou a tese recursal por ela defendida.

Nesse contexto, é evidente que os embargos de declaração ora examinados expressam o mero inconformismo da ré com a decisão que lhe foi desfavorável. Entretanto, a via processual eleita não se presta para os fins colimados e a insistência na utilização desse expediente configurará a conduta prevista no artigo 17, inciso VII do CPC, aplicável subsidiariamente no Processo do Trabalho por força do artigo 769 da CLT.

Por fim, insta destacar que, em virtude da *tese explícita* adotada pelo Colegiado, entende-se haver o pré-questionamento do dispositivo constitucional e da lei invocados pela ré em seu arrazoado recursal, nos termos da Orientação Jurisprudencial n. 118 da SDI-1 do TST.

Nega-se provimento. (fls. 648-650)."

Nas razões de recurso de revista, a reclamada sustenta que o pagamento dos bônus relativos aos anos de 2003, 2005 e 2006 viola os arts. 333 do CPC e 818 da CLT, visto se tratar de fato constitutivo do direito. Colaciona arestos.

Alega que existem nos autos elementos suficientes para demonstrar que o recorrido não fazia jus ao bônus no ano de 2003, porquanto não houve atingimento das metas corporativas, motivo pelo qual não houve distribuição de lucros e resultados no mês de fevereiro de 2004.

Relativamente aos bônus de 2005 e 2006, afirma que restou demonstrado que o reclamante não fazia jus para recebê-los.

Impugna o reconhecimento da natureza salarial da parcela à margem da diretriz do art. 2º, § 1º, II e 3º, da Lei n. 10.101/00, 114 do Código Civil e 7º, XI, da Constituição Federal.

O recurso não merece conhecimento.

A Corte de origem dirimiu a controvérsia pelo prisma da distribuição do encargo de provar, concluindo que no que se refere aos anos base de 2003, 2005 e 2006, a reclamada não se desvencilhou do ônus da prova de que o reclamante não atendeu aos requisitos necessários à concessão do bônus, tampouco que não foram alcançadas as metas pré-determinadas para o ano de 2003.

Efetivamente, a alegação de que não foram atendidos os requisitos para concessão do bônus é tipicamente impeditiva da implementação ao direito, afigurando-se correta a inversão do ônus da prova, mormente quando a reclamada, além de alegar o fato impeditivo, trouxe aos autos os documentos que entendia comprobatórios da sua tese de defesa. Intactos, por conseguinte, os arts. 818 da CLT e 333, I, do CPC.

O argumento de que o "prêmio-bônus" foi pago como participação nos lucros e resultados da empresa, de modo a configurar a natureza indenizatória, igualmente, não ficou demonstrada nos autos, inexistindo margem para se cogitar de afronta aos arts. 7º, inciso XI, da Constituição Federal e 114 do Código Civil.

A alegação de afronta ao art. 7º, XXVI, da CF/88, a pretexto de que havia previsão da natureza indenizatória da parcela em acordos e convenções coletivas de trabalho da categoria, não foi prequestionada no âmbito do Tribunal Regional, sequer pela via dos embargos de declaração, atraindo o óbice da Súmula n. 297 do TST.

Sobre a divergência jurisprudencial, embora os arestos colacionados discorram tese que atribui ao reclamante o ônus da prova dos requisitos para percepção do bônus, considerando tratar-se de fato constitutivo do direito, não enfrentam a circunstância em que a reclamada alega o não atingimento das metas, apresentando, por espontânea vontade, documentação em seu poder. Verifica-se, portanto, que nenhum dos arestos colacionados examina as mesmas particularidades dos autos, atraindo o óbice da Súmula n. 296 do TST.

NÃO CONHEÇO.

INDENIZAÇÃO POR DESPESAS COM USO DO CELULAR

O Tribunal Regional manteve a condenação da reclamada ao pagamento de indenização a título de ressarcimento por despesas pelo uso do telefone celular, ao seguinte fundamento:

"INDENIZAÇÃO PELO USO DO TELEFONE CELULAR.

A ré entende que a sentença merece reforma porque o autor não comprovou os gastos realizados com telefone celular. Entende que a decisão da origem afronta os artigos 818 da CLT, 333, I, e 283, ambos do CPC. Busca a absolvição. Sucessivamente, mantida a condenação, busca a redução do valor fixado eis que entende ser excessivo.

Sem razão.

O artigo 2º da CLT impõe ao empregador a assunção dos riscos decorrentes da exploração da atividade econômica. É vedado transferir para o empregado eventuais gastos relativos ao empreendimento comercial explorado pela empresa.

O uso do aparelho celular particular do empregado se fez em benefício da empregadora, incumbindo a ela, como visto, arcar com as despesas oriundas da atividade comercial. Deve, pois, a ré ressarcir o autor pelo uso do seu telefone em serviço, situação cabalmente demonstrada a partir das declarações testemunhais a seguir transcritas, ressaltando-se que a prova testemunhal é unânime nesse sentido.

De acordo com a única testemunha ouvida nestes autos, RICARDO DE OLIVEIRA ABREU SILVA (fl. 1.144): '(...) não recebe integralmente o que gasta com celular da companhia; que o celular não é da companhia.'

A prova testemunhal emprestada (depoimentos de LEANDRO HEXSEL e LEONARDO LINDEMAYER) também dá conta da inexistência de reembolso integral dos gastos realizados com o telefone celular em favor da empresa ré.

Da análise da prova oral, portanto, resta comprovado que o autor utilizava o próprio telefone celular, em favor da ré, sem que houvesse ressarcimento integral das despesas havidas.

A sentença, nesse particular, não merece reparos.

No que tange ao valor arbitrado pela origem a título de ressarcimento (R$ 200,00 mensais), entende-se que o magistrado da origem lançou mão do princípio da razoabilidade e fixou montante em quantia que não pode ser considerada excessiva.

Assim, impende negar provimento ao recurso ordinário interposto pela ré.

Provimento negado. (fls. 610-611)"

Quanto ao tema, igualmente, insurge-se a reclamada sustentando violação dos arts. 333, I, do CPC e 818 da CLT, ao argumento de que não foram comprovados os gastos decorrentes da utilização do telefone celular.

Mais uma vez, a pretensão recursal esbarra no óbice da Súmula n. 126 do TST, porquanto o acórdão recorrido concluiu que o reclamante fazia uso de linha pessoal de telefone celular em benefício de sua atividade laborativa, de modo que entendimento contrário pressupõe, necessariamente, revolvimento fático-probatório.

NÃO CONHEÇO.

ASSISTÊNCIA JUDICIÁRIA GRATUITA. HONORÁRIOS ADVOCATÍCIOS

Finalmente, no tocante à assistência judiciária, consta do acórdão:

"ASSISTÊNCIA JUDICIÁRIA. HONORÁRIOS ASSISTENCIAIS.

A ré busca a reforma da sentença para que seja cassado o benefício da assistência judiciária concedido ao autor. Entende que o autor não comprovou a sua condição de hipossuficiência econômica. Invoca as Súmulas 219 e 329 do E. TST e busca a absolvição da condenação ao pagamento de honorários assistenciais. Sucessivamente, defende que o percentual de 15% dos honorários assistenciais deve incidir sobre o valor líquido da condenação.

Sem razão.

Este Colegiado, revendo posicionamento anteriormente adotado, e em consonância com a jurisprudência consolidada do Tribunal Superior do Trabalho (Súmulas 219 e 329), passa a ter por aplicáveis nesta Justiça Especial apenas as normas constantes da Lei n. 5.584/1970 para fins de deferimento do benefício da Assistência Judiciária e, consequentemente, dos honorários advocatícios daí decorrentes (honorários assistenciais).

Assim, são requisitos para o deferimento de honorários advocatícios, nas lides decorrentes da relação de emprego, a apresentação de credencial sindical e a percepção de salário inferior ao dobro do mínimo legal (ou, alternativamente, a este, a apresentação de declaração de pobreza).

No caso concreto, foram juntadas aos autos a declaração de pobreza (fl. 22) e a credencial sindical fornecida pelo sindicato da categoria profissional do autor (fl. 23), nos termos do art. 14 da Lei n. 5.584/1970, razão pela qual são devidos os honorários assistenciais arbitrados.

No que tange ao cálculo dos honorários assistenciais, esse deverá ser realizado sobre o valor bruto da condenação, conforme dispõe a Súmula n. 37 deste Tribunal Regional do Trabalho da 4a Região, in verbis:

'SÚMULA 37 — HONORÁRIOS DE ASSISTÊNCIA JUDICIÁRIA. BASE DE CÁLCULO.

Os honorários de assistência judiciária são calculados sobre o valor bruto da condenação. Publ. DOE-RS dias 15, 16 e 17 de dezembro de 2004.'

Nega-se provimento. (fls. 611-612)"

Sustenta a reclamada que a simples declaração de pobreza não se mostra suficiente para atender o requisito do art. 14 da Lei n. 5.584/70, porquanto o reclamante percebia salário bem superior ao dobro do mínimo legal. Colaciona aresto e aduz contrariedade à Súmula n. 219 do TST.

Não procede.

No que se refere aos honorários advocatícios, é cristalina a consonância do acórdão do Tribunal Regional com os termos das Súmulas 219, I (inalterada após a Res. 174/2011), ante a interpretação que a Orientação Jurisprudencial n. 304 da SBDI-1 do TST confere ao art. 14 da Lei n. 5.584/70 no sentido de que:

"304. HONORÁRIOS ADVOCATÍCIOS. ASSISTÊNCIA JUDICIÁRIA. DECLARAÇÃO DE POBREZA. COMPROVAÇÃO (DJ 11.08.2003) Atendidos os requisitos da Lei n. 5.584/70 (art. 14, § 2º), para a concessão da assistência judiciária, basta a simples afirmação do declarante ou de seu advogado, na petição inicial, para se considerar configurada a sua situação econômica (art. 4º, § 1º, da Lei n. 7.510/86, que deu nova redação à Lei n. 1.060/50)."

Inviável a configuração de divergência jurisprudencial de aresto de Turma desta Corte, o qual, além de sufragar tese superada, não atende a diretriz da alínea a do art. 896 da CLT.

NÃO CONHEÇO.

HONORÁRIOS ADVOCATÍCIOS — BASE DE CÁLCULO

Consoante trecho do acórdão do Tribunal Regional acima reproduzido, ao deferir os honorários assistenciais, o Tribunal Regional fixou-os no percentual de 15% incidente sobre o valor bruto da condenação.

Afirma a reclamada que os honorários assistenciais devem incidir sobre o valor líquido, e não sobre o bruto da condenação, consoante expresso no artigo 11, § 1º, da Lei n. 1.060/50, que indica como violado.

Dispõe o artigo 11, § 1º, da Lei n. 1.050/1960:

"Artigo 11. Os honorários de advogados e peritos, as custas do processo, as taxas e selos judiciários serão pagos pelo vencido, quando o beneficiário de assistência for vencedor na causa.

§ 1º. Os honorários do advogado serão arbitrados pelo juiz até o máximo de 15% (quinze por cento) *sobre o líquido apurado na execução da sentença*."

Com efeito, a expressão "líquido apurado" que se extrai do texto da lei está relacionado com a liquidação das parcelas deferidas na sentença e não com o valor líquido a ser recebido pelo reclamante, com as deduções alusivas ao imposto de renda e contribuições previdenciárias.

Frise-se, no que tange à base de cálculo dos honorários, que a expressão — líquido —, inserida no art. 11 da Lei n. 1.060/50, refere-se ao *total da condenação*, sem dedução alguma, seja a título de despesas processuais ou de descontos fiscais e previdenciários. Não obstante, o conceito de — bruto —, adotado pela Turma do Tribunal Regional do Trabalho, pareça corresponder à inclusão dos descontos fiscais e previdenciários, isto não ficou claro no acórdão podendo ensejar dúvida por ocasião da liquidação.

Nesse sentido, aplicam-se os termos da Orientação Jurisprudencial n. 348 da SBDI-I, abaixo transcrita:

"HONORÁRIOS ADVOCATÍCIOS. BASE DE CÁLCULO. VALOR LÍQUIDO. LEI N. 1.060, DE 05.02.1950. (DJ 25.04.2007)

Os honorários advocatícios, arbitrados nos termos do art. 11, § 1º, da Lei n. 1.060, de 05.02.1950, devem incidir sobre o valor líquido da condenação, apurado na fase de liquidação de sentença, sem a dedução dos descontos fiscais e previdenciários."

Diante desses fundamentos, CONHEÇO do recurso de revista por afronta ao artigo 11, § 1º, da Lei n. 1.050/1960.

MÉRITO

REFLEXOS DAS HORAS EXTRAS PELO AUMENTO DA MÉDIA REMUNERATÓRIA

Discute-se se a condenação dos reflexos das diferenças de horas extras no repouso semanal remunerado, e deste nas demais verbas de natureza salarial, configura ou não *bis in idem*.

Com efeito, tratando-se de empregado mensalista, o repouso semanal remunerado já está incluso no salário, conforme prevê o art. 7º, § 2º, da Lei n. 605/49:

"Consideram-se já remunerados os dias de repouso semanal do empregado mensalista ou quinzenalista, cujo cálculo de salário mensal ou quinzenal, ou cujos descontos por falta sejam efetuados na base do número de dias do mês ou de 30 (trinta) e 15 (quinze) diárias, respectivamente."

Da mesma forma, o aviso-prévio, as férias, o FGTS e o 13º salário, que têm por base o salário mensal, também já trazem embutido, no seu cômputo, o repouso remunerado.

Dessa forma, considerando-se que as horas extras repercutem não só sobre o repouso remunerado, mas também sobre o aviso-prévio, as férias, o FGTS e o 13º salário, a incidência das horas extras prestadas sobre o repouso remunerado, já propicia a que este tenha sua majoração computada no valor das parcelas em questão.

Nesse sentido é o entendimento desta Corte Superior, consubstanciado na Orientação Jurisprudencial n 394 da SBDI-1 do TST, vazado nos seguintes termos:

"REPOUSO SEMANAL REMUNERADO — RSR. INTEGRAÇÃO DAS HORAS EXTRAS. NÃO REPERCUSSÃO NO CÁLCULO DAS FÉRIAS, DO DÉCIMO TERCEIRO SALÁRIO, DO AVISO PRÉVIO E DOS DEPÓSITOS DO FGTS. (DEJT divulgado em 09, 10 e 11.06.2010)

A majoração do valor do repouso semanal remunerado, em razão da integração das horas extras habitualmente prestadas, não repercute no cálculo das férias, da gratificação natalina, do aviso prévio e do FGTS, sob pena de caracterização de *bis in idem*."

Logo, ao se posicionar no sentido de que a repercussão dos reflexos das horas extras prestadas nos repousos semanais remunerados, e destes nas demais parcelas, não configura pagamento em duplicidade (*bis in idem*), o acórdão recorrido diverge do posicionamento desta Corte.

Ante o exposto, DOU PROVIMENTO ao recurso de revista para, reformando o acórdão recorrido, excluir da condenação a determinação de incidência dos repousos semanais remunerados já integrados das horas extras nas demais verbas.

HONORÁRIOS ADVOCATÍCIOS. BASE DE CÁLCULO

Conhecido do recurso de revista por violação do artigo 11, § 1º, da Lei n. 1.050/1960, impõe-se, como consectário, o seu provimento, para, reformando o acórdão recorrido, determinar que os honorários advocatícios sejam calculados com base no valor líquido da condenação, apurado na fase de liquidação da sentença, sem a dedução dos descontos fiscais e previdenciários, nos exatos termos da Orientação Jurisprudencial n. 348 da SBDI-I desta Corte Superior.

Isto posto,

Acordam os Ministros da Primeira Turma do Tribunal Superior do Trabalho, por unanimidade, conhecer do recurso de revista quanto aos temas "reflexos das horas extras pelo aumento da média remuneratória", por divergência jurisprudencial, e "honorários advocatícios. Base de cálculo", por violação do art. 11, § 1º, da Lei n. 1.050/1960 e, no mérito, dar-lhe provimento para, reformando o acórdão recorrido, excluir da condenação a determinação de incidência dos repousos semanais remunerados já integrados das horas extras nas demais verbas e determinar que os honorários advocatícios sejam calculados com base no valor líquido da condenação, apurado na fase de liquidação da sentença, sem a dedução dos descontos fiscais e previdenciários, nos exatos termos da Orientação Jurisprudencial n. 348 da SBDI-I desta Corte Superior.

Brasília, 27 de junho de 2012. *Walmir Oliveira da Costa*, relator.

COMPETÊNCIA DA JUSTIÇA DO TRABALHO. EXECUÇÃO DE CONTRIBUIÇÃO PREVIDENCIÁRIA DESTINADA A TERCEIROS

RECURSO DE REVISTA. INCOMPETÊNCIA DA JUSTIÇA DO TRABALHO PARA EXECUÇÃO DE CONTRIBUIÇÃO PREVIDENCIÁRIA DESTINADA A TERCEIROS.

A jurisprudência iterativa, notória e atual desta Corte Superior tem assentado o entendimento de que compete à Justiça do Trabalho a execução de débitos previdenciários provenientes de suas próprias sentenças, quando credor o trabalhador (empregado ou contribuinte individual), enquanto que o empregador é o responsável tributário (art. 33, § 5º, da Lei n. 8.212/91), não incluída em tal atribuição constitucional a execução das contribuições sociais destinadas a terceiros. Essa a exegese que se extrai dos arts. 114, VIII, 195, I, "a", e II, e 240, todos da Constituição da República, e da diretriz da Súmula n. 368, I, do Tribunal Superior do Trabalho.

Recurso de revista parcialmente conhecido e provido.

(*Processo n. TST-RR-32.500-39-2009-5-09-0096 — Ac. 1ª Turma*)

Vistos, relatados e discutidos estes autos de Recurso de Revista n. TST-RR-32500-39.2009.5.09.0096, em que é recorrente Massa Falida de GVA Indústria e Comércio S.A. e são recorridos União (PGF) e Silvio Nei Machado.

Inconformada com o acórdão às fls. 336-356, em que se negou provimento ao agravo de petição, a executada interpõe recurso de revista sustentando a tese de que houve ofensa ao contraditório e à ampla defesa, sob a alegação de que não estaria obrigada a especificar os valores incontroversos, ante sua condição de massa falida; reitera a arguição de nulidade da sentença por negativa de prestação jurisdicional; defende a incompetência da Justiça do Trabalho para a execução de contribuições previdenciárias decorrentes de acordo firmado perante a Comissão de Conciliação Prévia; argui a inconstitucionalidade do § 6º do art. 43 da Lei n. 8.212/91; argui a incompetência da Justiça do Trabalho para executar as contribuições previdenciárias devidas a terceiros e às destinadas ao SAT, além de impugnar a condenação ao pagamento de multa por embargos de declaração considerados protelatórios.

Admitido o recurso de revista, mediante decisão às fls. 442-444, foram apresentadas as contrarrazões ao apelo às fls. 452-456, pela primeira recorrida, e às fls. 458-464, pelo segundo recorrido.

Dispensada a remessa dos autos ao Ministério Público do Trabalho, em face do disposto no Ato n. 289/SEJUD.GP.

É o relatório.

VOTO

CONHECIMENTO

Satisfeitos os requisitos extrínsecos de admissibilidade, pertinentes à tempestividade (fls. 388 e 394), à regularidade de representação (fls. 138 e 140), sendo desnecessário o preparo (Súmula n. 86 do TST). Atendidos os pressupostos genéricos de admissibilidade, passa-se ao exame dos específicos do recurso de revista.

ARGUIÇÃO DE NULIDADE POR NEGATIVA DE PRESTAÇÃO JURISDICIONAL

Nas razões do recurso de revista, a executada reitera a tese de que o juízo de primeiro grau teria incorrido em negativa de prestação jurisdicional, sob o argumento de que as Instâncias ordinárias negaram-se a apreciar a matéria cujo exame postulava, concernente ao fato de que, em suas razões, teria sustentado a tese de que houve excesso de execução, além de ter apontado a incorreção no cálculo homologado, em relação aos índices utilizados.

Argumenta, assim, que, ao julgar a matéria a Instância ordinária teria ofendido os princípios do acesso ao Poder Judiciário, do devido processo legal e da ampla defesa. Fundamenta o tema em violação dos 5º, XXXV, LIV, LV, 93, IX, da Constituição Federal.

À análise.

Cumpre assinalar, de início, que a admissibilidade do recurso de revista interposto de acórdão proferido em agravo de petição, na liquidação de sentença ou em processo incidente na execução, inclusive os embargos de terceiro, depende de demonstração inequívoca de violência direta à Constituição Federal (art. 896, § 2º, da CLT e da Súmula n. 266 do Tribunal Superior do Trabalho). E, no tocante a preliminar de nulidade por negativa de prestação jurisdicional, o conhecimento do recurso de revista interposto na fase de execução só é admissível quando há indicação de violação do art. 93, IX, da CF/88, nos termos da Orientação Jurisprudencial n. 115 da SDI-I desta Corte. Ficando, portanto afastada a apreciação de ofensa ao art. 5º, XXXV, LIV e LV, da Constituição Federal.

O Tribunal Regional, no julgamento da arguição de nulidade da sentença por negativa de prestação jurisdicional, concluiu que o magistrado de origem examinou a matéria nos moldes suscitados pela executada, adotando a seguinte fundamentação (fls. 336-357), *verbis*:

"NULIDADE DA R. SENTENÇA POR NEGATIVA DE PRESTAÇÃO JURISDICIONAL

Requer a parte executada, ora agravante, a declaração de nulidade da r. sentença por negativa de prestação jurisdicional. Argumenta que na decisão resolutória de embargos à execução proferida, o MM. Juízo *a quo* 'atendo-se apenas a sanar a controvérsia instaurada acerca do fato gerador e do momento da exigibilidade da contribuição previdenciária, quedou-se silente em solver a matéria posta sub judice alusiva aos critérios (índices) de correção monetária e juros que estão propiciando excesso de execução em desfavor da agravante'- fl. 101. Salienta que mesmo com a apresentação de embargos de declaração objetivando sanar a omissão verificada, não houve pronunciamento acerca do índice de atualização aplicável para juros e correção monetária. Pugna, desse modo, seja declarada a nulidade da decisão primeira, determinando *pela não entrega do provimento jurisdicional* se o retorno dos autos à origem para que seja suprida a omissão apontada — fl. 103.

Analisando os autos verifica-se que apresentou, o exequente, 'execução de acordo extrajudicial' firmado perante Comissão de Conciliação Prévia, em face da ora agravante, pleiteando o pagamento do acordo não cumprido, acrescido da respectiva cláusula penal. A União apresentou à fl. 15/16 o cálculo das contribuições previdenciárias incidentes.

Citada, apresentou a ora agravante embargos à execução, questionando, dentre outros fatores, no tópico 1.2 'fato gerador — termo inicial para cômputo de juros e correção monetária — índice aplicável' a planilha apresentada pela União, sustentando que '*o cálculo executado traz cômputo de juros e correção monetária desde a data do vencimento do acordo, desconsiderando, por conseguinte, que a exigibilidade da contribuição previdenciária tem regramento próprio*' — fl. 38.

O MM. Juízo Primeiro, analisando as teses formuladas pela parte executada, decidiu nos seguintes termos:

'Sem razão a embargante, uma vez que, tratando-se de crédito oriundo de acordo, devido em parcelas, o fato gerador é o pagamento de cada uma das parcelas e a exigibilidade se dá a partir do vencimento de cada parcela, a partir de quando são devidos juros e correção monetária, critério corretamente observado na espécie, em observância às disposições contidas na Lei 8.212/91, na redação que lhe foi atribuída pela lei 11.941/09. Esta é a lição que se extrai do seguinte aresto, em hipótese análoga a dos presentes autos.' — fl. 92.

Da análise da peça de embargos à execução, fica evidente que a insurgência da agravante dizia respeito, especificadamente, ao termo inicial para incidência de juros e multa previdenciários, quando alega que '*a contribuição previdenciária deverá ser atualizada com base nos índices aplicáveis aos créditos trabalhistas e, somente após o primeiro levantamento pelo Reclamante credor é que serão observados os critérios estabelecidos na legislação previdenciária*' (fl. 38), o que restou expressamente disciplinado pelo Juízo de origem, na r. decisão de embargos à execução, quando concluiu que '*o fato gerador é o pagamento de cada uma das parcelas e a exigibilidade se dá a partir do vencimento de cada parcela, a partir de quando são devidos juros e correção monetária, critério corretamente observado na espécie, em observância às disposições contidas na lei 8212/91, na redação que lhe foi atribuída pela lei 11.941/09*'.

Assim, a decisão resolutiva de embargos de declaração de fl. 94 e verso, que entendeu pela inexistência de omissão (*"porquanto clara e precisa a* se mostra correta, inexistindo nulidade a ser declarada, *decisão embargada,"*) na medida em que a decisão enfrentou e rebateu os questionamentos efetivamente trazidos na peça de embargos à execução, deixando certo momento de incidência da legislação previdenciária, com o que afastada tese sustentada pelo embargante."

Nos embargos de declaração interpostos pela executada, o Tribunal de origem registrou, ainda, o seguinte entendimento (fls. 376-386), *verbis:*

"NULIDADE DA R. SENTENÇA POR NEGATIVA DE PRESTAÇÃO JURISDICIONAL

Insiste a embargante na alegação de nulidade da r. decisão de embargos à execução, por negativa de prestação jurisdicional. Alega que o v. acórdão embargado é contraditório, pois os termos da r. decisão de origem não permitem concluir tenha havido manifestação acerca do índice a ser aplicado para cômputo de juros e correção monetária incidentes sobre a contribuição previdenciária, limitando-se aquele Juízo a analisar o excesso de execução sob o prisma do fato gerador.

Sem razão.

Também em relação a tal aspecto, e por razões já expostas no tópico anterior, não se verifica hipótese de contradição, a ensejar oposição de embargos declaratórios.

Segundo concluiu o v. acórdão embargado, não houve negativa de prestação jurisdicional, à medida que a r. decisão de origem, ao concluir que 'o fato gerador é o pagamento de cada uma das parcelas e a exigibilidade se dá a partir do vencimento de cada parcela, a partir de quando são devidos juros e correção monetária, critério corretamente observado na espécie, em observância às disposições contidas na Lei 8.212/91, na redação que lhe foi atribuída pela Lei 11.941/09', deixou certo o momento de incidência da legislação previdenciária, inclusive no que pertine aos índices de correção monetária e juros aplicáveis.

Destarte, ausentes vícios efetivos de que trata o art. 535 do CPC, nego provimento aos embargos declaratórios em relação ao tópico.

INCOMPETÊNCIA DA JUSTIÇA DO TRABALHO PARA EXECUÇÃO *EX OFFICIO* DE CONTRIBUIÇÕES PREVIDENCIÁRIAS

Alega a embargante que o v. acórdão embargado restou omisso em relação ao pedido de submissão ao Órgão Especial do pedido de declaração incidental de inconstitucionalidade dos §§ 2º e 6º, do art. 43, da Lei 8.212/91, nos termos do art. 97, da Constituição Federal. Sustenta, ainda, que o v. acórdão embargado, ao afastar a alegada inconstitucionalidade do parágrafo 6º, do art. 43, da Lei 8.212/91, não analisou a matéria sobre prisma da violação do princípio constitucional da anterioridade tributária, plasmado no art. 150, III, 'b', da Constituição Federal.

Analisa-se.

Primeiramente observa-se que, consoante consignando no v. acórdão, a análise da inconstitucionalidade do § 2º, do art. 43, da Lei 8.812/91 restou prejudicada, tendo em vista o não conhecimento do agravo de petição em elação ao fato gerador, a qual estava vinculada. Outrossim, restou afastada a alegação de inconstitucionalidade do § 6º, do mesmo dispositivo, razão pela qual incabível remessa ao Órgão Especial, nos termos do art. 97, da Constituição Federal: 'Somente por voto da maioria absoluta de seus membros ou dos membros do respectivo órgão especial poderão os tribunais declarar a inconstitucionalidade de lei ou ato normativo do Poder Público', não se cogitando de omissão em relação a tal aspecto.

Também no que pertine à alegação de inconstitucionalidade em face ao princípio da anterioridade previsto no artigo 150, III, da CF, restou expressamente consignado que: 'não se constata inobservância ao princípio da anterioridade, previsto no art. 150, III, b, da Constituição Federal (Art. 150. Sem prejuízo de outras garantias asseguradas ao contribuinte, é vedado à União, aos Estados, ao Distrito Federal e aos Municípios: (...) IIII — cobrar tributos: ...b) no mesmo exercício financeiro em que haja sido publicada a lei que os instituiu ou aumentou), porquanto os dispositivos mencionado não estabelece a criação, alteração ou majoração de tributos, mas apenas a competência para execução'. (fl. 174/174 verso) Ausente, portanto, omissão apontada, rejeito.

INCOMPETÊNCIA DA JUSTIÇA DO TRABALHO PARA EXECUÇÃO DE CONTRIBUIÇÕES SOCIAIS DESTINADAS A TERCEIROS E SAT

O V. acórdão embargado, com relação à competência desta Justiça do Trabalho para execução das contribuições sociais destinadas a terceiros e parcela SAT, consignou o entendimento majoritário desta E. Seção Especializada de que 'a rubrica 'terceiros' diz respeito a contribuições sociais, equiparadas às contribuições previdenciárias, espécies de tributo, previstas em leis, cuja arrecadação e repasse ficam a cargo do Órgão Previdenciário', o mesmo se dando com relação à rubrica SAT, aduzindo que 'Em se tratando de compromisso legal, derivado de verbas acordadas em termo de conciliação prévia, esta Justiça Especial é competente para decidir a respeito da respectiva execução (Art. 114, CF), como faz relativamente a outros débitos fiscais, a exemplo do Imposto de Renda (OJEXSE 166)'. (fl. 175)

Entende a embargante, com relação ao tópico, ser necessário pronunciamento expressa acerca do regramento contido no art. 240, da Constituição Federal, que dispõe que ficam ressalvadas do disposto no seu artigo 195 as atuais contribuições compulsórias dos empregados sobre a folha de salários destinadas às entidades privadas de serviço social e de formação profissional vinculadas ao sistema sindical, o qual, segundo a embargante, deixou de ser aplicado pelo v. acórdão guerreado, quando declarou a competência da Justiça do Trabalho para execução das contribuições sociais a terceiros e SAT. (fls. 184).

Sem razão.

Somente se pode cogitar de omissão quando o julgado 'deixa de pronunciar-se sobre um ou mais pedidos formulados pelas partes, pouco importando que estejam na inicial ou na contestação' (TEIXEIRA FILHO, Manoel Antônio. *Sistema de recursos trabalhistas*. São Paulo, LTR, 1997, 9ª edição, p. 351).

Logo, analisado e disciplinado o pleito, e apresentados os fundamentos para tanto, se encontra atendida a disposição do art. 93, IX, CF.

O V. acórdão, conforme termos acima transcritos, manifestou-se expressamente sobre o tema em questão.

Adotada 'tese explícita sobre a matéria, na decisão recorrida, desnecessário contenha nela referência expressa do dispositivo legal para ter-se como prequestionado este' (OJ 118, SDI-1, TST), não cabendo análise a respeito de pretendidas violações a disposições legais que a parte assim interpreta (hipótese evidente de reforma do julgado, e assim pretensão recursal).

Supostas violações que a parte julga, logicamente não dizem respeito a integração do julgado e, assim, não cabe suscitar a matéria através de embargos declaratórios.

Ressalta-se, ainda, que a Súmula n. 297 do C. TST, quando diz que incumbe à parte interpor embargos declaratórios visando o prequestionamento da matéria, obviamente, atua sob a ótica de ter havido omissão no julgado, o que não ocorreu no presente caso."

Com efeito, verifica-se que a Corte *a quo*, no exame do tema, assinalou que, não restou caracterizada a negativa de prestação jurisdicional, porquanto o juízo singular concluiu no tocante ao índice de atualização monetária e juros que o débito previdenciário deveria ser corrigido na forma estabelecida pela legislação previdenciária, cujo fato gerador é o pagamento de cada parcela e a exigibilidade a partir do vencimento de cada parcela.

No tocante a competência da Justiça do Trabalho para executar de ofício as contribuições previdenciárias decorrentes de acordo firmado perante a Comissão de Conciliação Prévia, apreciou a matéria sob a ótica do art. 114, VIII, e 195 da Constituição Federal, registrando, ainda, no acórdão em embargos de declaração, afastou expressamente as violações aos arts. 97 e 150 da Constituição Federal.

Em relação à arguição de inconstitucionalidade do § 6º do art. 43 da Lei n. 8.212/91, a matéria restou prejudicada, uma vez que o agravo de instrumento não foi conhecido em relação ao fato gerador a qual estava vinculada.

Dessa forma, com base nas razões de decidir adotadas no acórdão regional, não se divisa hipótese de nulidade por negativa de prestação jurisdicional, em face de a matéria impugnada ter sido analisada na sentença que julgou os embargos de declaração. Em consequência, não há nulidade do acórdão regional por negativa de prestação jurisdicional, em virtude de as questões suscitadas terem sido examinadas na sentença e julgadas pela Corte de origem, quando foram devolvidas no agravo de petição interposto.

Impende registrar que a Constituição Federal, no inciso IX do art. 93, não exige que a decisão seja extensamente motivada, bastando que o juiz ou tribunal dê as razões de seu convencimento. Assim procedeu o Juízo de origem ao, expressamente, registrar os motivos de convencimento quanto aos temas apreciados, razão pela qual não há falar em nulidade por negativa de prestação jurisdicional, estando ileso o art. 93, IX, da Constituição Federal.

Ileso, portanto, o art. 93, IX, da Constituição Federal.

NÃO CONHEÇO do recurso de revista, no tema.

EXECUÇÃO DE SENTENÇA. AGRAVO DE PETIÇÃO NÃO CONHECIDO. AUSÊNCIA DE DELIMITAÇÃO DOS VALORES INCONTROVERSOS

O Tribunal Regional do Trabalho da 9ª Região não conheceu de um dos temas suscitados no agravo de petição interposto pela executada, por ausência de delimitação de valores incontroversos. O acórdão foi proferido, às fls. 336-357, nos seguintes termos, *verbis*:

"(...) Todavia não conheço do agravo de petição da executada quanto ao tópico 'fato gerador — termo inicial para cômputo de juros e correção' porquanto ausente delimitação justificada monetária — índice aplicável de valores, consoante exigido pelo § 1º, do artigo 897, da CLT: 'O agravo de petição só será recebido quando o agravante delimitar, justificadamente, as matérias e os valores impugnados, permitida a execução imediata da parte remanescente até o final, nos próprios autos ou por carta de sentença'.

Nesse sentido OJ EX SE 13, V, *in verbis* (...)

Ressalto que a mera alegação da parte agravante, no sentido de 'delimitar como incontroverso, para os fins específicos do mencionado regramento legal, o valor líquido constante no Termo de Rescisão contratual aduando ao caderno processual, com a devida dedução do imposto fiscal e previdenciário dele advindo' — fl. 100 — não atende a exigência legal.

O apontamento genérico de valor, sem qualquer correspondência com a pretensão recursal formulada, bem como a ausência de apresentação de qualquer planilha apontando os critérios de cálculo que entende adequados, não satisfaz requisito de admissibilidade com relação às insurgências quantificáveis.

Do mesmo modo, não encontra fundamento jurídico a alegação da agravante no sentido de que 'encontra-se em situação jurídica que afasta a aplicabilidade dos regramentos contidos na alínea a, § 1º, do artigo 897 da CLT'- fl. 100.

A situação falimentar da agravante (conforme cópia da sentença de decretação de falência de fls. 56/67) não afasta a aplicabilidade dos regramentos existentes na CLT para fins de aferição de admissibilidade de insurgência recursal na medida em que, ao contrário do que alega a agravante, a execução contra a massa falida é de competência da Justiça do Trabalho até a fixação dos valores como incontroversos e a expedição da certidão de habilitação do crédito (Lei 11.101/05, art. 6º, §§ 1º e 2º — ex-OJ EX SE 48 e atual OJ EX SE 28, I)."

Inconformada, a executada interpõe recurso de revista, insurgindo-se contra o não conhecimento do seu agravo de petição, por ausência de delimitação de valores incontroversos. Sustentou que, ante a sua condição de massa falida não estaria obrigada a proceder à especificação dos valores impugnados, nos moldes do art. 897, § 1º, da CLT, sob a alegação de que os valores incontroversos não poderiam ser objeto de habilitação perante o juízo universal da massa falida.

Em razão do articulado, alega que a decisão do Tribunal Regional, ao não conhecer o seu agravo de petição, violou os arts. 5º, II e LV, da Constituição da República, 897, § 1º, da CLT, 125, I, do CPC, 6º, §§ 1º e 2º, da Lei n. 11.101/2005, 187 do CTN.

A argumentação da executada não demonstra a viabilidade do apelo.

Nos termos do art. 896, § 2º, da CLT e da Súmula n. 266 do TST, a admissibilidade do recurso de revista na fase de execução de sentença depende de demonstração inequívoca de violação direta da Constituição da República. Assim, é cabível restringir o exame do tema aos únicos dispositivos constitucionais tidos como violados.

Ora, a insurgência da executada contra o não conhecimento do seu agravo de petição, por ausência de delimitação dos valores, cinge-se à interpretação da norma infraconstitucional de regência, qual seja o art. 897, § 1º, da CLT, que preconiza a necessidade de delimitação justificada dos valores impugnados como requisito de admissibilidade do agravo de petição, sob pena de não conhecimento do recurso.

Dessa forma, inviável a admissibilidade do recurso de revista, pois eventual ofensa ao art. 5º, II e LV, da Lei Maior, seria meramente indireta ou reflexa, o que não observa o comando do art. 896, § 2º, da CLT e da Súmula n. 266 do TST.

Ademais, não há como reconhecer a apontada afronta literal e direta ao art. 5º, II, da Constituição Federal, como exige o § 2º do art. 896 da CLT, uma vez que o princípio da legalidade nele insculpido se mostra como norma geral do ordenamento jurídico, sendo necessária a análise de violação de norma infraconstitucional para que se reconheça, somente de maneira indireta ou reflexa, a afronta ao seu texto, em face da subjetividade do preceito nele contido. Nesse sentido, a Súmula 636 do Supremo Tribunal Federal.

Vale destacar precedentes desta Primeira Turma e da SBDI-1, que abordam a mesma discussão travada nestes autos e respaldam a inadmissibilidade do recurso de revista, com base no óbice do art. 896, § 2º, da CLT:

"AGRAVO DE INSTRUMENTO EM RECURSO DE REVISTA — AGRAVO DE PETIÇÃO — DELIMITAÇÃO DE VALORES. A admissibilidade do recurso de revista em processo de execução só é possível com a demonstração inequívoca de literal e frontal violação de preceito constitucional, conforme disposto no art. 896, § 2º, da CLT, o que não ocorre na hipótese dos autos, uma vez que a discussão cinge-se à interpretação de legislação infraconstitucional, qual seja, o art. 897, § 1º, da CLT. Agravo de instrumento desprovido." (AIRR — 2269541-29.1994.5.09.0005, Relator Ministro: Luiz Philippe Vieira de Mello Filho, 1ª Turma, DJ 20.06.2008).

"AGRAVO DE INSTRUMENTO. EXECUÇÃO. DELIMITAÇÃO DE VALORES IMPUGNADOS. Não demonstrada a alegada violação direta e literal de dispositivo da Constituição da República, única hipótese autorizada pelo legislador ordinário para o processamento do recurso de revista nos feitos em execução, forçoso concluir pela improsperabilidade do agravo de instrumento. A discussão acerca da necessidade de delimitação dos valores impugnados reveste-se de contornos nitidamente infraconstitucionais, não autorizando concluir pela violação de dispositivo constitucional algum. Agravo de instrumento conhecido e não provido." (AIRR — 182741-60.2002.5.09.0002, Relator Ministro: Lelio Bentes Corrêa, 1ª Turma, DJ 02.05.2008).

"RECURSO DE REVISTA NÃO CONHECIDO — AGRAVO DE PETIÇÃO — DELIMITAÇÃO DE VALORES E MATÉRIAS IMPUGNADAS — ENUNCIADO N. 266/TST. A questão versada no Recurso de Revista é disciplinada pelo art. 897, § 1º, da CLT, que estabelece requisito de admissibilidade para o agravo de petição — delimitação justificada de matérias e valores impugnados. A existência de violação ao art. 5º, XXXV e LV, da Constituição, sustentada na Revista, está vinculada o exame da lei ordinária, considerada a natureza da matéria de fundo — época própria para incidência da correção monetária. Incidência do art. 896, § 2º, da CLT e Enunciado n. 266/TST. Embargos não conhecidos." (TST-E-RR-612257-31.1999.5.04.5555, Relatora Ministra Maria Cristina Irigoyen Peduzzi, SBDI-1, DJ 16.05.2003).

Ante o exposto, NÃO CONHEÇO do recurso de revista.

COMPETÊNCIA DA JUSTIÇA DO TRABALHO. EXECUÇÃO DE CONTRIBUIÇÃO PREVIDENCIÁRIA. ACORDO CELEBRADO PERANTE A COMISSÃO DE CONCILIAÇÃO PRÉVIA

A Corte de origem negou provimento ao agravo de petição da executada, quanto ao tema em epígrafe, conforme o seguinte entendimento (fls. 336-357), *verbis*:

"INCOMPETÊNCIA DA JUSTIÇA DO TRABALHO PARA EXECUÇÃO *EX OFFICIO* DE CONTRIBUIÇÕES PREVIDENCIÁRIAS — PEDIDO DE DECLARAÇÃO INCIDENTAL DE INCONSTITUCIONALIDADE DOS §§ 2º E 6º, DO ART. 43, DA LEI 8.212/91

Irresigna-se a parte agravante em face do julgado de origem que rejeitou a alegação de incompetência material formulada, com base nos seguintes argumentos:

'A incidência de contribuição previdenciária sobre os valores objeto de acordo perante as comissões de conciliação prévia reguladas pelo art. 625 da CLT decorre de expressa previsão legal, art. 43, par. 6º da lei 8212/01, na redação que lhe foi atribuída pela lei 11941/09. Igualmente encontra previsão no mesmo dispositivo legal a competência material da Justiça do Trabalho para promover a execução *ex officio* das contribuições previdenciárias sobre os referidos valores, disposição legal observada, na espécie, até mesmo porque em consonância com a regra insculpida no art. 114 da Constituição da República. Rejeita-se a pretensão.' (fl. 86, verso)

Aduz a parte agravante, em resumo, que: a execução *ex officio* de créditos previdenciários, no caso ora em análise, e com base no artigo 114 da CF, 896 da CLT e Súmula 368 do TST, "encontra óbice na competência material outorgada a esta Justiça Especializada pela Constituição Federal, pois, inexoravelmente, não são oriundos de sentenças proferidas pela Justiça do Trabalho, mas sim de acordos entabulados perante comissão de conciliação prévia". — fl. 103; que não se mostra adequada a interpretação conferida pelo MM. Juízo Primeiro, à medida que eventual interpretação sistemática não deveria ficar restrita ao caput do artigo 43 e § 6º da Lei 8.212/91. De outro lado, pelos fundamentos de fls. 114 e segs., pugna seja declarada, por via incidental, a inconstitucionalidade dos §§ 2º e 6º do artigo 43 da Lei 8.212/91, aduzindo, em síntese, que mencionados dispositivos 'divergem diametralmente dos regramentos contidos no texto constitucional, notadamente o inciso VIII, do artigo 114 e alínea "a", inciso I, do art. 195, revelando-se, por consequência, em espécie normativa elaborada em desacordo com os ditames do processo legislativo constitucional, eis que sequer respeitam os limites conferidos pelo princípio da hierarquia das normas'. — fl. 118. Sustenta, ainda, que eventual modificação sistemática de tributação das contribuições previdenciárias deve observar o princípio constitucional de anterioridade, o que não se observou no presente caso.

Em primeiro plano cumpre observar que não se conheceu do recurso no que respeita à 'fato gerador', donde prejudicada análise acerca de inconstitucionalidade do § 2º, do art. 43, da Lei 8.212/91, cuja análise seria incidental.

Consoante relatado anteriormente, firmaram as partes acordo extrajudicial perante a Câmara de Conciliação Prévia (ata à fl. 06). Diante do descumprimento do pactuado, apresentou o autor petição pleiteando a execução do título extrajudicial (fls. 02/03), sendo que houve, ainda, apresentação pela União dos valores previdenciários que a mesma entendia devidos.

(...)

Assim, a disposição prevista no artigo 43, § 6º da Lei 8.112/90, ao contrário do que aduz o ora agravante, não viola o disposto no texto constitucional, mas sim encontra suporte no mesmo, que inclusive menciona, no inciso IX do artigo 114, a possibilidade de processamento de 'outras controvérsias decorrentes da relação de trabalho, na forma da lei'.

Não se vislumbra, ainda, ofensa ao artigo 195, que registra expressamente a obrigatoriedade de cômputo das contribuições previdenciárias no caso de pagamento de rendimentos ao trabalhador sobre qualquer título.

Uma vez que as partes acordaram, por meio de pactuação realizada perante a Câmara de Conciliação Prévia, o pagamento de verbas de natureza trabalhista ao autor (fl. 05: quitação de diferenças referentes ao FGTS, multa de 40%, multa do art. 477 e verbas rescisórias), e inexistindo insurgência por parte do executado com relação à base de cálculo utilizada pela União (planilha à fl. 15/16) resta evidente a necessidade de cômputo das contribuições previdenciárias sobre as parcelas tributáveis (incontroversamente decorrentes da relação de trabalho que existiu entre as partes). Note-se que o agravante não apresenta insurgência quanto a base de incidência, em face das verbas antes elencadas.

Frise-se, ademais, que o artigo 876 da CLT expressamente reconhece a competência da justiça do Trabalho para execução dos termos de conciliação firmados perante as Comissões de Conciliação Prévia.

Subsistindo a competência desta Justiça Especializada para execução do termo de conciliação extrajudicial firmado, mostra-se consequência lógica — face à necessidade de observância da unidade de jurisdição bem como o reconhecimento de que tal termo foi firmado tendo em vista a relação de trabalho existente entre as partes — a competência para execução das contribuições previdenciárias correspondentes.

Nesse sentido o entendimento desta S. Especializada, conforme OJ EX SE 24, XXIV. (...)

Não se constata, desse modo, afronta do artigo 43, § 6º da Lei 8.212/91 ao texto constitucional. Do mesmo modo não se constata inobservância ao princípio da anterioridade, previsto no art. 150, III, b, da Constituição Federal (...), porquanto o dispositivo mencionado não estabelece a criação, alteração ou majoração de tributos, mas apenas a competência para execução.

Resta reconhecida, portanto, a competência desta Justiça do Trabalho para processar, julgar e executar as contribuições previdenciárias decorrentes de termo de conciliação firmado em Câmara de Conciliação Prévia, inexistindo inconstitucionalidade a ser declarada.

Nas razões do recurso de revista, a executada argui a incompetência da Justiça do Trabalho para executar contribuição previdenciária decorrente de acordo celebrado perante a Comissão de Conciliação Prévia. Assevera que a competência da Justiça do Trabalho cinge-se à execução de verbas previdenciárias decorrentes de suas próprias sentenças condenatórias e decisões homologatórias de acordos, o que entende não ser a hipótese dos autos. Aponta ofensa aos arts. 5º, II, 109, I, 114, VIII, 150, III, e 195, I, 'a', e II, da Carta Magna, 267, IV, e 301, II, do CPC, assim como a contrariedade à Súmula n. 368, I, do TST. Argui, ainda, a inconstitucionalidade do § 6º do art. 43 da Lei n. 8.212/91.

O recurso será analisado nos limites estabelecidos no art. 896, § 2º, da CLT e da Súmula n. 266 do Tribunal Superior do Trabalho, ou seja, restringido o seu exame aos dispositivos constitucionais tidos como violados.

A teor do art. 114, VIII (antigo § 3º), da Constituição da República (incluído pela Emenda Constitucional n. 45, de 2004), é da competência material trabalhista a execução, de ofício, das contribuições sociais previstas no art. 195, I, 'a', e II, e seus acréscimos legais, decorrentes das sentenças que proferir, sendo sujeitos passivos da obrigação tributária o empregado e o empregador, em sua quota-parte, tendo como base de cálculos a folha de salários e demais rendimentos do trabalho pagos ou creditados, a qualquer título, à pessoa física que lhe preste serviço, mesmo sem vínculo empregatício. O inciso IX do referido dispositivo constitucional preconiza ser da competência da Justiça do Trabalho dirimir outras controvérsias decorrentes da relação de trabalho, na forma da lei.

Ora, o *caput* do art. 43 da Lei n. 8.212/91 determina que, nas ações trabalhistas de que resultar o pagamento de direitos sujeitos à incidência de contribuição previdenciária, o juiz, sob pena de responsabilidade, determinará o imediato recolhimento das importâncias devidas à Seguridade Social. O § 6º introduzido ao referido dispositivo legal, pela Lei n. 11.941, de 2009, estende o disposto neste artigo aos valores devidos ou pagos na Comissão de Conciliação Prévia de que trata a Lei n. 9.958, de 12 janeiro de 2000.

Nesse contexto, a jurisprudência desta Corte Superior, em interpretação desses dispositivos à luz da Constituição Federal, firmou o convencimento no sentido de que se encontra circunscrita na competência da Justiça Especializada a execução de contribuições previdenciárias decorrentes de acordo firmado perante a Comissão de Conciliação Prévia, consoante se extrai dos seguintes precedentes, *verbis*:

'(...) COMPETÊNCIA DA JUSTIÇA DO TRABALHO. EXECUÇÃO DE CONTRIBUIÇÃO PREVIDENCIÁRIA. ACORDO EXTRAJUDICIAL FIRMADO PERANTE COMISSÃO DE CONCILIAÇÃO PRÉVIA.

De acordo com os arts. 114, inc. XI, da Constituição da República e 43, § 6º, da Lei 8.212/91, a Justiça do Trabalho é competente para executar as contribuições previdenciárias incidentes sobre o termo de conciliação firmado perante a Comissão de Conciliação Prévia. (...) Recurso de Revista de que não se conhece. (RR — 42200-96.2009.5.09.0659, Relator Ministro: João Batista Brito Pereira, 5ª Turma, DEJT 28.10.2011).

I) JUSTIÇA DO TRABALHO — COMPETÊNCIA — COBRANÇA DE CONTRIBUIÇÃO PREVIDENCIÁRIA ORIUNDA DE ACORDO FIRMADO PERANTE COMISSÃO DE CONCILIAÇÃO PRÉVIA. 1. O art. 114, VIII, da CF confere à Justiça do Trabalho a competência material para execução de ofício das contribuições previdenciárias decorrentes das decisões que proferir. Em atenção a tal dispositivo constitucional, o legislador ordinário estabeleceu, no art. 43 da Lei 8.212/91, que — nas ações trabalhistas de que resultar o pagamento de direitos sujeitos à incidência de contribuição previdenciária, o juiz, sob pena de responsabilidade, determinará o imediato recolhimento das importâncias devidas à Seguridade Social-. 2. Com a edição da Medida Provisória 449/08, convertida na Lei 11.941/09, acrescentou-se ao art. 43 da Lei 8.212/91 o § 6º, segundo o qual — aplica-se o disposto neste artigo aos valores devidos ou pagos nas Comissões de Conciliação Prévia de que trata a Lei n. 9.958, de 12 de maio de 2000-. 3. Nesse contexto, por força de expressa previsão legal, não há dúvida de que se fixou para a Justiça do Trabalho a competência para a execução das contribuições previdenciárias incidentes sobre títulos extrajudiciais firmados perante Comissão de Conciliação Prévia. 4. De fato, na Justiça do Trabalho a execução previdenciária é sempre acessória em relação à execução dos créditos trabalhistas. 5. Não se vislumbra, — *in casu* —, ofensa ao art. 114 da CF, já que o inciso IX do referido dispositivo constitucional preceitua que, além da competência disciplinada nos demais itens (inclusive aquela a que se refere o seu inciso VIII e que trata da execução das contribuições previdenciárias das sentenças que proferir), compete à Justiça do Trabalho apreciar, também, na forma da lei, outras controvérsias decorrentes da relação de trabalho. (...) Recurso de revista parcialmente conhecido e provido. (RR — 24000-81.2009.5.09.0096, Relator Ministro: Ives Gandra Martins Filho, 7ª Turma, DEJT 14.10.2011).

RECURSO DE EMBARGOS. COMPETÊNCIA DA JUSTIÇA DO TRABALHO PARA A EXECUÇÃO DAS CONTRIBUIÇÕES PREVIDENCIÁRIAS DECORRENTES DE TERMO FIRMADO EM COMISSÃO DE CONCILIAÇÃO PRÉVIA. O art. 43, § 6º, da Lei n. 8.212/01, c/c o art. 114, IX, da Constituição Federal autorizam que a Justiça do Trabalho proceda ao imediato recolhimento das importâncias devidas à Seguridade Social, inclusive quanto aos valores pagos nas comissões de conciliação prévia. A competência da Justiça do Trabalho, por força do art. 877-A da CLT, acompanha a regra clássica de que o juiz da ação é o juiz da execução, de modo a não afastar a atuação do Judiciário Trabalhista, com a exclusão de qualquer outra. Assim, não há como afastar a competência desta Justiça Especial para executar as contribuições previdenciárias provenientes de acordo celebrado perante a Comissão de Conciliação Prévia. Recurso de embargos conhecido e provido. (E-RR — 61500-44.2009.5.09.0659, Relator Ministro: Aloysio Corrêa da Veiga, Subseção I Especializada em Dissídios Individuais, DEJT 26.08.2011)

Com semelhante fundamentação, indicam-se, ainda, os seguintes julgados da Subseção I Especializada em Dissídios Individuais, da relatoria do Ministro Aloysio Corrêa da Veiga: E-RR-44700-78.2009.5.09.0096, publicado no DEJT de 14/10/2011; E-RR-41500-23.2009.5.09.0659, no DEJT-26.08.2011; e, E-RR-48500-74.2009.5.09.0659, no DEJT de 03.06.2011.

Nesse contexto, não há falar em violação dos arts. 109, I, 114, VIII, 150, III, 195, I, 'a', e II, da Carta Magna.

O art. 150, III, da Constituição Federal, que trata do princípio da anterioridade, não guarda pertinência com a matéria em debate, uma vez que não está em discussão a instituição ou aumento do valor das contribuições previdenciárias, mas a competência da Justiça do Trabalho para executar a cobrança das referidas contribuições de ofício.

Por fim, resulta obstado o exame da arguição de inconstitucionalidade do § 6º do art. 43 da Lei n. 8.212/91, por não ter sido apreciada pela Corte de origem em virtude do não conhecimento do agravo de petição no tocante ao fato gerador que a ela se vinculava e por restar em desacordo com as hipóteses de cabimento do recurso de revista interposto na fase de execução, nos moldes do art. 896, § 2º, da CLT.

Do exposto, NÃO CONHEÇO do recurso de revista.

1.4. COMPETÊNCIA DA INCOMPETÊNCIA DA JUSTIÇA DO TRABALHO PARA EXECUÇÃO DE CONTRIBUIÇÃO PREVIDENCIÁRIA DESTINADA AO SEGURO ACIDENTE DE TRABALHO — SAT

A Corte Regional negou provimento ao agravo de petição interposto pela executada, quanto ao tema em epígrafe, mantendo a conta de liquidação quanto à cobrança de contribuição previdenciária destinada ao SAT (fls. 336-357).

Nas razões do recurso de revista, a executada argui a incompetência da Justiça do Trabalho para executar contribuição previdenciária destinadas ao SAT, apontando ofensa aos arts. 114, VIII, 195, I, 'a', e II, e 240 da Carta Magna, além de divergência jurisprudencial.

Não prosperam os argumentos da recorrente.

A admissibilidade do recurso de revista contra acórdão proferido em execução de sentença depende de demonstração inequívoca de violação direta à Constituição Federal, a teor do contido na Súmula n. 266 do TST e no art. 896, § 2º, da CLT.

Incabível, portanto, nesta fase recursal, indicação de ofensa a dispositivo de lei federal e a apreciação de divergência jurisprudencial."

No plano constitucional, melhor sorte não socorre a recorrente.

Com efeito, a atual jurisprudência desta Corte Superior segue no sentido de que a Justiça do Trabalho detém competência para a execução das contribuições sociais relativas ao Seguro de Acidente de Trabalho (SAT), conforme a exegese que se extrai do disposto nos arts. 114, VIII, e 195, I, "a", da Constituição da República. Segundo o entendimento prevalente, embora sob a denominação de Seguro de Acidente de Trabalho, trata-se de contribuição social devida para o financiamento da Seguridade Social, destinada a financiar a aposentadoria especial e os benefícios concernentes à incapacidade do trabalhador em virtude dos riscos no ambiente no trabalho, enquadrando-se, assim, na previsão contida nos arts. 114, VIII, e 195, I, "a", da Constituição da República.

Nesse sentido, dentre outros, os seguintes precedentes da SBDI-1:

"EXECUÇÃO. CONTRIBUIÇÃO PREVIDENCIÁRIA. COMPETÊNCIA DA JUSTIÇA DO TRABALHO PARA EXECUTAR CONTRIBUIÇÃO DO SEGURO DE ACIDENTE DO TRABALHO (SAT).

A jurisprudência majoritária desta Corte superior é de que o Seguro Acidente do Trabalho — SAT —, previsto no inciso II do artigo 22 da Lei 8.212/91, é uma contribuição social devida pelo empregador e incidente sobre o total das remunerações pagas ou creditadas, no decorrer do mês, aos segurados empregados e trabalhadores avulsos. Dessa forma está inserida na hipótese prevista na alínea 'a' do inciso I do artigo 195 da Constituição Federal e, consequentemente, dentro da competência da Justiça do Trabalho, na forma do inciso VIII do artigo 114 da Carta Magna. Embargos conhecidos e providos." Processo: E-RR — 26200-02.2000.5.12.0029 Data de Julgamento: 29.09.2011, Relator Ministro: José Roberto Freire Pimenta, Subseção I Especializada em Dissídios Individuais, Data de Publicação: DEJT 07.10.2011.

"COMPETÊNCIA DA JUSTIÇA DO TRABALHO. EXECUÇÃO DE CONTRIBUIÇÕES PREVIDENCIÁRIAS RELATIVAS AO SEGURO DE ACIDENTE DO TRABALHO (SAT). O Seguro de Acidente do Trabalho (SAT), consoante disposto nos arts. 11 e 22 da Lei 8.212/91, é parcela criada para fazer frente ao financiamento de benefícios decorrentes de acidentes de trabalho, como a aposentadoria especial e a incapacidade em razão dos riscos no ambiente de trabalho, enquadrando-se, assim, precisamente no conceito de contribuição para a seguridade social de que trata o art. 195, inc. I, alínea 'a', da Constituição da República, de sorte que exsurge cristalina a competência da Justiça do Trabalho para executar as contribuições previdenciárias devidas a título de SAT. Recurso de Embargos de que se conhece e a que se nega provimento." Processo: E-RR — 383740-96.1998.5.03.0079 Data de Julgamento: 01/09/2011, Relator Ministro: João Batista Brito Pereira, Subseção I Especializada em Dissídios Individuais, Data de Publicação: DEJT 16.09.2011.

"EMBARGOS REGIDOS PELA LEI N. 11.496/2007. COMPETÊNCIA DA JUSTIÇA DO TRABALHO — EXECUÇÃO — CONTRIBUIÇÕES SOCIAIS DESTINADAS AO SAT. Esta SBDI-1 vem decidindo pela competência da Justiça do Trabalho para executar contribuições sociais relativas ao Seguro Acidente do Trabalho, ante a constatação de que a referida verba visa custear a Previdência Social em relação aos benefícios previdenciários decorrentes dos riscos da atividade laboral. Tal fato, portanto, enquadra a hipótese na previsão contida no inciso VIII do artigo 114 da Constituição Federal. Recurso de embargos conhecido e desprovido." Processo: E--ED-RR — 62740-84.2003.5.17.0003 Data de Julgamento: 30.06.2011, Relator Ministro: Renato de Lacerda Paiva, Subseção I Especializada em Dissídios Individuais, Data de Publicação: DEJT 29.07.2011.

"RECURSO DE EMBARGOS INTERPOSTO NA VIGÊNCIA DA LEI 11.496/2007. COMPETÊNCIA DA JUSTIÇA DO TRABALHO. SEGURO ACIDENTE DO TRABALHO (SAT). O inciso VIII do art. 114 da Constituição da República atribui competência à Justiça do Trabalho para executar, de ofício, as contribuições sociais previstas no art. 195, I, 'a', e II, e seus acréscimos legais. A Justiça do Trabalho é competente para executar, de ofício, as contribuições sociais destinadas ao Seguro Acidente de Trabalho — SAT. A conclusão decorre da natureza do Seguro Acidente de Trabalho como contribuição social do empregador, destinada a financiar a aposentadoria especial e os benefícios relativos à incapacidade do trabalhador em razão dos riscos no ambiente do trabalho. Embargos conhecido e não providos." Processo: E-RR — 487200-97.1999.5.09.0661 Data de Julgamento: 26.05.2011, Relator Ministro: Carlos Alberto Reis de Paula, Subseção I Especializada em Dissídios Individuais, Data de Publicação: DEJT 03.06.2011.

"RECURSOS DE EMBARGOS. COMPETÊNCIA DA JUSTIÇA DO TRABALHO. EXECUÇÃO DE OFÍCIO DA CONTRIBUIÇÃO PREVIDENCIÁRIA. ALCANCE DA COMPETÊNCIA DA JUSTIÇA DO TRABALHO EM RELAÇÃO AO SEGURO ACIDENTE DE TRABALHO. Diante da origem e do objetivo da contribuição recolhida com o fim de custeio da seguridade social, a título de seguro acidente de trabalho — SAT, não há como afastar a competência da Justiça do Trabalho para execução da contribuição devida, ante o que dispõe o art. 114, VIII, da Constituição Federal, em interpretação sistemática com o que dispõe o art. 195, I, a, da mesma Carta. Enquanto a contribuição de terceiros é destinada a entidades que fomentam o ensino profissionalizante (sistema S) a contribuição devida ao SAT é destinada a financiar a aposentadoria especial e os benefícios relativos a incapacidade do trabalhador em razão dos riscos no ambiente de trabalho, a determinar que o valor devido seja objeto de execução nesta Justiça Especial. Embargos conhecidos e desprovidos." Processo: E-RR — 88700-04.2003.5.09.0023 Data de Julgamento: 26.05.2011, Relator Ministro: Aloysio Corrêa da Veiga, Subseção I Especializada em Dissídios Individuais, Data de Publicação: DEJT 03.06.2011.

"EMBARGOS EM RECURSO DE REVISTA. ACÓRDÃO PUBLICADO NA VIGÊNCIA DA LEI N. 11.496/2007. EXE-

CUÇÃO. CONTRIBUIÇÃO SOCIAL REFERENTE AO SAT — SEGURO ACIDENTE DO TRABALHO. COMPETÊNCIA DA JUSTIÇA DO TRABALHO. O artigo 114 da Constituição Federal, em seu inciso VIII, atribuiu competência à Justiça do Trabalho para executar de ofício as contribuições previdenciárias previstas no artigo 195, incisos I, 'a', e II, da mesma Carta, decorrentes das sentenças que proferir. Esse dispositivo refere-se a contribuições sociais devidas pelos empregadores, trabalhadores e demais segurados da Previdência Social para financiamento da Seguridade Social, conforme disposto no caput. Assim, não obstante tal contribuição denominar-se Seguro Acidente do Trabalho, na verdade, trata-se de custeio da Previdência Social para pagamento dos benefícios previdenciários elencados na Lei 8.213/91, estando incluída na regra do artigo 195 da CF, sendo competente a Justiça do Trabalho para executá-la, conforme previsão do artigo 114, VIII, da CF. Precedentes julgamentos desta e. Subseção. Recurso de embargos conhecido e não provido." Processo: E-ED-RR — 229700-75.2004.5.09.0663 Data de Julgamento: 05.05.2011, Relator Ministro: Horácio Raymundo de Senna Pires, Subseção I Especializada em Dissídios Individuais, Data de Publicação: DEJT 13.05.2011.

Nesse contexto, a decisão do Tribunal Regional que está em consonância com a atual, iterativa e notória jurisprudência desta Corte Superior não viola a literalidade dos arts. 114, VIII, 195, I, "a", e 240 da Constituição Federal.

Ante o exposto, NÃO CONHEÇO do recurso de revista.

INCOMPETÊNCIA DA JUSTIÇA DO TRABALHO PARA EXECUÇÃO DE CONTRIBUIÇÃO PREVIDENCIÁRIA DESTINADA A TERCEIROS

A Corte Regional negou provimento ao agravo de petição interposto pela executada, quanto ao tema em epígrafe, mantendo a conta de liquidação quanto à cobrança de contribuição previdenciária destinada a terceiros (fls. 336-357).

Nas razões do recurso de revista, a executada argui a incompetência da Justiça do Trabalho para executar as contribuições previdenciárias destinadas a terceiros, apontando ofensa aos arts. 114, VIII, 195, I, "a", e II, e 240 da Carta Magna.

O recurso logra ser conhecido.

A jurisprudência iterativa, notória e atual desta Corte Superior tem assentando o entendimento de que a Justiça do Trabalho não detém competência material para execução de contribuição previdenciária destinada a terceiros.

Isso porque, a teor do art. 114, VIII (antigo § 3º), da Constituição da República (incluído pela Emenda Constitucional n. 45, de 2004), a competência material trabalhista é restrita à execução, de ofício, das contribuições sociais previstas no art. 195, I, a, e II, e seus acréscimos legais, decorrentes das sentenças que proferir, sendo sujeitos passivos da obrigação tributária o empregado e o empregador, em sua quota-parte, tendo como base de cálculos a folha de salários e demais rendimentos do trabalho pagos ou creditados, a qualquer título, à pessoa física que lhe preste serviço, mesmo sem vínculo empregatício.

Nesse contexto, forçoso é reconhecer que a compete à Justiça do Trabalho a execução de débitos previdenciários provenientes de suas próprias sentenças, quando credor o trabalhador (empregado ou contribuinte individual), enquanto que o empregador é o responsável tributário (art. 33, § 5º, da Lei n. 8.212/91), não incluída em tal atribuição constitucional a execução das contribuições sociais destinadas a terceiros.

Corrobora esse entendimento o disposto no art. 43 da Lei n. 8.212/91, com a redação dada pela Lei n. 8.620, de 5.1.93, verbis:

"Nas ações trabalhistas de que resultar o pagamento de direitos sujeitos à incidência de contribuição previdenciária, o juiz, sob pena de responsabilidade, determinará o imediato recolhimento das importâncias devidas à Seguridade Social."

A exegese que se extrai do sentido e do alcance do citado dispositivo da Lei Previdenciária encontra-se sedimentada na diretriz da Súmula n. 368, I, deste Tribunal Superior, segundo a qual "A competência da Justiça do Trabalho, quanto à execução das contribuições previdenciárias, limita-se às sentenças condenatórias em pecúnia que proferir e aos valores, objeto de acordo homologado, que integrem o salário-de-contribuição. (ex-OJ n. 141 da SBDI-1 — inserida em 27.11.1998)".

Acresce salientar, que os referidos dispositivos constitucionais limitam a competência da Justiça do Trabalho para a execução das quotas das contribuições previdenciárias devidas pelo empregador e pelo empregado, não havendo como se incluírem as contribuições devidas a terceiros, cuja arrecadação e fiscalização, disciplinadas por regra especial, prevista em lei ordinária, passaram a ser atribuição da Secretaria da Receita Federal, por força do que dispõe o artigo 3º da Lei n. 11.457/2007. Agravo de instrumento não provido.

Por sua vez, o art. 240 da CF determina expressamente que as contribuições devidas a terceiros, a saber, as destinadas às entidades privadas de serviço social e de formação profissional (sistema S), são ressalvadas do disposto no art. 195 da CF.

No mesmo sentido são os seguintes precedentes desta Corte Superior:

"AGRAVO DE INSTRUMENTO. EXECUÇÃO. INCOMPETÊNCIA DA JUSTIÇA DO TRABALHO. CONTRIBUIÇÕES PREVIDENCIÁRIAS DESTINADAS A TERCEIROS. SISTEMA S. A Emenda Constitucional n. 20/98, que acrescentou o § 3º ao artigo 114 da Carta Magna, transformado pela Emenda Constitucional n. 45/2004 no atual inciso VIII desse mesmo dispositivo, atribuiu competência à Justiça do Trabalho para executar, de ofício, as contribuições sociais previstas no artigo 195, I, a, e II, da Constituição Federal e seus acréscimos legais, mas não a estendeu às contribuições devidas a terceiros, cuja arrecadação e fiscalização, disciplinadas por regra especial prevista em lei ordinária, passaram a ser atribuição da Secretaria da Receita Federal, por força do que dispõe o artigo 3º da Lei n. 11.457/2007. Agravo de instrumento não provido." (AIRR — 4510/2002-034-12-41 — 1ª Turma — Relator Min. Lelio Bentes Corrêa — DJ — 14.11.2008).

"AGRAVO DE INSTRUMENTO. EXECUÇÃO. INCOMPETÊNCIA DA JUSTIÇA DO TRABALHO. CONTRIBUIÇÕES PREVIDENCIÁRIAS DESTINADAS A TERCEIROS. Reconhecida a alegada afronta ao artigo 114, inciso VIII, da

Constituição Federal, impõe-se o processamento do recurso de revista, nos termos do artigo 896, c, da Consolidação das Leis do Trabalho. Agravo de instrumento conhecido e provido. RECURSO DE REVISTA. EXECUÇÃO. INCOMPETÊNCIA DA JUSTIÇA DO TRABALHO. CONTRIBUIÇÕES PREVIDENCIÁRIAS DESTINADAS A TERCEIROS. SISTEMA S. A Emenda Constitucional n. 20/98, que acrescentou o § 3º ao artigo 114 da Constituição da República, transformado pela Emenda Constitucional n. 45/2004 no atual inciso VIII desse mesmo dispositivo, atribuiu competência à Justiça do Trabalho para executar, de ofício, as contribuições sociais previstas no artigo 195, I, a, e II, da Constituição Federal e seus acréscimos legais, mas não a estendeu às contribuições devidas a terceiros, cuja arrecadação e fiscalização, disciplinadas por regra especial erigida em lei ordinária, incumbem ao INSS. Precedentes desta Corte superior. Recurso de revista conhecido e provido." (RR — 487/2004-673-09-40 — 1ª Turma — Relator Min. Lelio Bentes Corrêa — DJ — 06.10.2008).

"AGRAVO DE INSTRUMENTO. RECURSO DE REVISTA. EXECUÇÃO DE SENTENÇA. CONTRIBUIÇÕES SOCIAIS A OUTRAS ENTIDADES. INCOMPETÊNCIA DA JUSTIÇA DO TRABALHO. A Justiça do Trabalho tem competência para proceder à execução das contribuições sociais previstas no art. 195, I, 'a', e II, da Constituição Federal de 1988, devidas à Previdência Social por empregador e empregado, em decorrência das sentenças que proferir, entre as quais não se incluem contribuições a outras entidades, como SESI e SENAC. Assim, não se configura violação direta e literal do art. 114, VIII, da Constituição Federal. Agravo de instrumento a que se nega provimento." (AIRR — 1648/2002-104-03-41 — 1ª Turma — Relator Min. Walmir Oliveira da Costa — DJ — 23.05.2008).

Precedentes: RR — 4004/2003-663-09-40 — 2ª Turma — DJ — 12.12.2008; AIRR — 5258/2000-037-12-40 — 3ª Turma — DJ — 28.11.2008; RR — 6193/1999-002-09-40 — 4ª Turma — DJ — 12.12.2008; RR — 1498/2003-018-09-41 — 5ª Turma — DJ — 07.11.2008; RR — 16/2004-653-09-41 — 6ª Turma — DJ — 28.11.2008; RR — 523/2005-081-18-40 — 7ª Turma — DJ — 14.11.2008; RR — 883/2003-421-02-00 — 8ª Turma — DJ — 12.12.2008.

Reconheço, pois, que o acórdão regional, ao declarar-se competente para julgar a matéria, incorreu em má-aplicação do art. 114, VIII (antigo § 3º), da Constituição da República.

Do exposto, CONHEÇO do recurso de revista por violação do art. 114, VIII, da Carta Magna.

MÉRITO

INCOMPETÊNCIA DA JUSTIÇA DO TRABALHO PARA EXECUÇÃO DE CONTRIBUIÇÃO PREVIDENCIÁRIA DESTINADA A TERCEIROS

No mérito, conhecido o recurso de revista por violação do art. 114, VIII, da Constituição da República, DOU-LHE PARCIAL PROVIMENTO para, reformando o acórdão recorrido, excluir da conta de liquidação a cobrança de contribuição previdenciária destinada a terceiros, em face da incompetência material da Justiça do Trabalho para executar a parcela, e, por consequência lógica, excluir da condenação o pagamento da multa de 1% (um por cento) aplicada quando da interposição dos embargos de declaração.

Isto posto,

Acordam os Ministros da Primeira Turma do Tribunal Superior do Trabalho, por unanimidade, conhecer do recurso de revista, quanto ao tema "Incompetência da Justiça do Trabalho para executar as contribuições previdenciárias destinadas a terceiros", por violação do art. 114, VIII, da Constituição da República e, no mérito, dar-lhe provimento para, reformando o acórdão recorrido, excluir da conta de liquidação a cobrança de contribuição previdenciária destinada a terceiros, em face da incompetência material da Justiça do Trabalho para executar tal parcela, e, por consequência lógica, excluir da condenação o pagamento da multa de 1% (um por cento) aplicada quando da interposição dos embargos de declaração.

Brasília, 12 de dezembro de 2012. *Walmir Oliveira da Costa*, relator.

CONTRIBUIÇÃO PREVIDENCIÁRIA. AVISO PRÉVIO INDENIZADO

RECURSO DE REVISTA. ACORDO HOMOLOGADO EM JUÍZO. CONTRIBUIÇÃO PREVIDENCIÁRIA. AVISO PRÉVIO INDENIZADO. NÃO INCIDÊNCIA.

Conforme a jurisprudência iterativa e notória desta Corte Superior, mesmo após a alteração do art. 28, § 9º, da Lei n. 8.212/91 pela Lei n. 9.528/97, que deixou de excluir expressamente o aviso prévio indenizado da base de cálculo do salário de contribuição, não há como cogitar na incidência das contribuições previdenciárias sobre aquela parcela, em razão da sua inequívoca natureza indenizatória, nos termos do art. 214 do Decreto n. 3.048/99.

Recurso de revista conhecido e provido.

(*Processo n. TST-RR-2.230-2004-122-15-00-9 — Ac. 1ª Turma*)

Vistos, relatados e discutidos estes autos do Recurso de Revista n. TST-RR-2.230/2004-122-15-00.9, em que é recorrente Schneider Eletric Brasil Ltda. e são recorridos União (PGF) e Celso Mendes Amaro.

O Tribunal Regional do Trabalho da 15ª Região, por meio do acórdão às fls. 171-174, deu provimento parcial ao recurso ordinário interposto pelo Instituto Nacional do Seguro Social — INSS, em face da homologação do acordo celebrado entre as partes, deferindo o pedido de incidência das contribuições previdenciárias sobre os saldos de salário; décimo terceiro; férias acrescidas de 1/3; horas extras e reflexos e aviso prévio indenizado.

A Reclamada interpõe recurso de revista às fls. 179-187, requerendo seja excluído da condenação o recolhimento das contribuições previdenciárias sobre o aviso prévio indenizado. Aponta violação dos arts. 28, I, § 9º, da Lei n. 8.212/1991, 457, da CLT, 195, I, "a", § 4º, da Constituição Federal. Traz arestos para comprovação de divergência jurisprudencial.

O recurso de revista foi admitido mediante decisão à fl. 189.

O Reclamante apresentou contrarrazões às fls. 190-193. A União não apresentou contrarrazões, conforme certidão à fl. 195.

O Ministério Público do Trabalho, mediante parecer às fls. 199/200, manifestou-se pelo conhecimento e provimento do recurso de revista.

É o relatório.

VOTO

CONHECIMENTO

Satisfeitos os pressupostos genéricos de admissibilidade do recurso de revista quanto à regularidade de representação (164, 166 e 167), e tempestividade (fls. 175-176), sendo desnecessário o preparo, passa-se ao exame dos requisitos específicos do recurso.

ACORDO HOMOLOGADO EM JUÍZO. CONTRIBUIÇÃO PREVIDENCIÁRIA. AVISO PRÉVIO INDENIZADO

O Tribunal Regional do Trabalho da 15ª Região, mediante acórdão às fls. 171-174, deu provimento ao recurso ordinário interposto pelo INSS, com os seguintes fundamentos, *verbis*:

"As partes celebraram o acordo em audiência (fls. 116/117), antes de prolação de sentença, no importe de R$30.715,79, especificando as parcelas, a saber: R$16.789,99, a título de *multa de 50% sobre o saldo do FGTS*, já recolhida; *saldo de salário* de R$910,39 e R$13.015,42, referente ao TRCT (fls. 103), já recebidos pelo obreiro (fls. 120/123). Além disso, foi determinado pela MM. Juíza *a quo*, no prazo de 15 dias, após o cumprimento da avença, a comprovação dos recolhimentos das contribuições previdenciárias ou seu parcelamento junto ao INSS, sobre as verbas cabíveis, em conformidade com o disposto no artigo 276, do Decreto n. 3.048/99, pena de execução.

Agora, pretende o INSS, em sede recursal, a declaração de ineficácia da homologação do acordo entabulado e a cobrança da contribuição previdenciária, proporcionalmente ao valor do acordo, sobre as verbas salariais e remuneratórias postuladas na prefacial, desprezadas pelas partes.

(...)

Impende realçar quanto ao aviso prévio indenizado, que, nos termos da Lei n. 9.528/97, que alterou o § 9º, do artigo 28, da Lei n. 8.212/91, incide a contribuição previdenciária sobre o aviso prévio indenizado, de forma que, devido o recolhimento quanto a esta verba discriminada no TRCT (fls. 120).

O artigo 28, parágrafo 9º, alínea "e", da Lei n. 8.212/91, antes da alteração sofrida pela Lei n. 9.528/97, estabelecia expressamente que a importância recebida a título de aviso prévio indenizado não integrava o salário de contribuição do trabalhador. Todavia, o dispositivo legal mencionado, com o advento da Lei n. 9.528/97, não fez mais menção ao aviso prévio indenizado em seu artigo 28, § 9º, alínea "e", deixando, portanto, de excluir, expressamente, o aviso prévio indenizado do salário contribuição.

Com fundamento nessa exclusão, parte da doutrina e jurisprudência, entende que o aviso prévio indenizado passou a sofrer a incidência da contribuição previdenciária. Este é o entendimento ora perfilhado."

Nas razões do recurso de revista, a Reclamada sustenta ser indevida a contribuição previdenciária sobre o aviso prévio indenizado, indicando violação dos arts. 28, I, § 9º, da Lei n. 8.212/1991, 457, da CLT, 195, I, "a" e § 4º, da Constituição Federal. Traz arestos para comprovação de divergência.

Razão lhe assiste.

O segundo aresto transcrito à fl. 186, oriundo do TRT da 10ª Região, autoriza o conhecimento do recurso de revista, por divergência jurisprudencial, na medida em que adota a tese de que não deve incidir contribuição previdenciária sobre o aviso prévio indenizado, por não se enquadrar nas hipóteses contidas no art. 28 da Lei n. 8.212/91.

CONHEÇO do recurso de revista, por divergência jurisprudencial.

MÉRITO

ACORDO HOMOLOGADO EM JUÍZO. CONTRIBUIÇÃO PREVIDENCIÁRIA. AVISO PRÉVIO INDENIZADO. NÃO INCIDÊNCIA

O art. 28 da Lei n. 8.212/91 determina que o salário de contribuição compreende os rendimentos pagos, destinados a retribuir o trabalho, quer pelos serviços efetivamente prestados, quer pelo tempo à disposição do empregador.

No entanto, o aviso prévio indenizado não significa retribuição de trabalho prestado, nem compensação por tempo à disposição do empregador; como o próprio nome diz, aviso prévio indenizado representa indenização por serviço não prestado.

Assim sendo, por se tratar de uma indenização relativa a serviço não prestado, resta clara sua natureza indenizatória, razão pela qual a parcela não pode sofrer a incidência da contribuição previdenciária pretendida.

Importante ressaltar, ainda, que, apesar de o § 9º do art. 28 da Lei n. 8.212/91 não discriminar, no rol de parcelas isentas de contribuição previdenciária, o aviso prévio indenizado, o Decreto n. 3.048/1999 excepciona tal parcela do salário de contribuição, segundo se depreende de seu artigo 214, § 9º, V, "f", *verbis*:

"Art. 214. (...)

§ 9º Não integram o salário-de-contribuição, exclusivamente: (...)

V — as importâncias recebidas a título de: (...)

f) aviso prévio indenizado."

Frise-se que a SBDI-1 desta Corte vem-se manifestando nesse sentido, conforme se observa dos seguintes precedentes jurisprudenciais:

"ACORDO JUDICIAL. NATUREZA DAS PARCELAS TRANSACIONADAS. CONTRIBUIÇÃO. VIOLAÇÃO DO ARTIGO 896 DA CONSOLIDAÇÃO DAS LEIS DO TRABALHO NÃO CONFIGURADA. Os artigos 832, § 3º, da Consolidação das Leis do Trabalho e 43, parágrafo único, da Lei n. 8.212/91 estabelecem a necessidade de discriminação das parcelas relativas a acordos, visando à definição da base de incidência das contribuições previdenciárias e da respectiva responsabilidade por seu recolhimento. Na presente hipótese, conforme destacado pela Turma, o Tribunal Regional afirmou expressamente que as verbas foram discriminadas, o que afasta as violações arguidas. Frise-se que não há impedimento legal para que as partes transacionem o pagamento apenas de parcelas indenizatórias, embora dando quitação de todo o pedido — inclusive das parcelas de natureza salarial. Precedentes da SBDI-I. Recurso de embargos não conhecido." (E-RR — 535/2004-731-04-00; Relator Ministro Lélio Bentes Corrêa, DJ — 29.02.2008).

"RECURSO DE EMBARGOS. AVISO PRÉVIO INDENIZADO. NATUREZA JURÍDICA. INCIDÊNCIA DE CONTRIBUIÇÕES PREVIDENCIÁRIAS. DESPROVIMENTO. O pré-aviso indenizado consiste em uma retribuição não resultante de um trabalho realizado ou de tempo à disposição do empregador, mas de uma obrigação trabalhista inadimplida. O efeito de projeção do tempo de serviço inerente ao aviso prévio, em quaisquer de suas modalidades, não desvirtua a natureza jurídica quando retribuído de forma indenizada. Muito embora não esteja o aviso prévio indenizado relacionado no § 9º do artigo 28 da Lei n. 8.212/91, o inciso I desse mesmo dispositivo legal definiu como salário-de-contribuição, para efeito de incidência da contribuição social, as importâncias recebidas para retribuir o trabalho por serviços prestados ou tempo à disposição de empregador. A par da natureza indenizatória do aviso prévio indenizado, como reparação de uma obrigação trabalhista inadimplida, não decorrente da realização de trabalho, tampouco de tempo à disposição do empregador. O advento do Decreto n. 3.048/99, que regulamenta a Lei da Seguridade Social, veio a reforçar o fato de o pré-aviso indenizado não integrar o salário-de-contribuição, ao assim dispor expressamente em seu artigo 214, § 9º, inciso V, alínea f, de modo a tornar manifestamente clara a isenção da importância recebida a título de aviso prévio indenizado para efeito de incidência de contribuição previdenciária. Recurso de embargos não conhecido." (E-RR-442/2003-701-04-00; Relator Ministro Aloysio Corrêa da Veiga, DJ — 05.10.2007).

"EMBARGOS AVISO PRÉVIO INDENIZADO — CONTRIBUIÇÃO PREVIDENCIÁRIA NÃO INCIDÊNCIA. Os valores pagos a título de aviso prévio indenizado, por não se destinarem a retribuir trabalho nem a remunerar tempo à disposição do empregador, não se sujeitam à incidência da contribuição previdenciária. Embargos não conhecidos." (E-RR-544/2004-102-10-00; Relatora Ministra Maria Cristina Peduzzi; DJ — 08.02.2008).

"INSS. ACORDO HOMOLOGADO JUDICIALMENTE. AVISO-PRÉVIO INDENIZADO. CONTRIBUIÇÃO PREVIDENCIÁRIA. INCIDÊNCIA INDEVIDA. RECURSO DE REVISTA NÃO CONHECIDO. VIOLAÇÃO DO ART. 896 DA CLT NÃO CARACTERIZADA. Não viola o art. 896 da CLT quando a Turma não conhece do recurso de revista da Autarquia, fundamentado em indicação de ofensa ao art. 28, § 9º, da Lei n. 8.212.91 e ao art. 195 da CF/88, entendendo não incidir a contribuição previdenciária sobre a parcela correspondente ao aviso-prévio indenizado, afastando, assim, as violações apontadas no apelo, no sentido da jurisprudência iterativa desta Corte. Recurso de embargos não conhecido." (E-RR — 2041/2004-111-08-00: Relator Ministro Vantuil Abdala, DJ- 18.03.2008).

Dessa forma, em razão de sua inequívoca natureza indenizatória, DOU PROVIMENTO ao recurso de revista para determinar que sobre o aviso prévio indenizado não incida a contribuição previdenciária.

Isto posto,

Acordam os Ministros da Primeira Turma do Tribunal Superior do Trabalho, por unanimidade, conhecer do recurso de revista, por divergência jurisprudencial, e, no mérito, dar-lhe provimento para determinar que sobre o aviso prévio indenizado não incida a contribuição previdenciária.

Brasília, 7 maio de 2008. *Walmir Oliveira da Costa*, relator.

CONVENÇÃO COLETIVA *VERSUS* ACORDO COLETIVO. PREVALÊNCIA

RECURSO DE REVISTA. CONVENÇÃO COLETIVA DE TRABALHO "VERSUS" ACORDO COLETIVO DE TRABALHO. PREVALÊNCIA. ART. 620 DA CLT.

O Tribunal Regional adotou o entendimento de que, existindo conflito de normas coletivas autônomas, a norma genérica cede aplicação à norma específica, ou seja, as regras decorrentes de acordo coletivo devem prevalecer quando conflitantes com regras convencionais, sob o fundamento de que a disposição contida no art. 620 da CLT não foi recepcionada pela Constituição Federal. A jurisprudência desta Corte é firme no sentido da plena vigência do art. 620 da CLT, após a promulgação da Constituição Federal de 1988, o que leva, necessariamente, à aplicação da norma coletiva mais favorável.

Recurso de revista parcialmente conhecido e provido.

(Processo n. TST-RR-73.200-61-2007-5-18-0004 — Ac. 1ª Turma)

Vistos, relatados e discutidos estes autos de Recurso de Revista n. TST-RR-73200-61.2007.5.18.0004, em que é recorrente Cintia Ferreira Nunes e são recorridos Atento Brasil S.A. e outro.

O Tribunal Regional do Trabalho da 18ª Região, mediante o acórdão proferido às fls. 1093-1119, deu parcial provimento aos recursos ordinários interpostos pelas reclamadas, para excluir da condenação as verbas inerentes às convenções coletivas de trabalho, indenização por danos morais e diferenças salariais decorrentes da equiparação salarial. Quanto ao recurso da reclamante, negou-lhe provimento.

Dessa decisão a reclamante interpõe recurso de revista, às fls. 1125-1157, buscando a reforma do acórdão quanto à aplicação das convenções coletivas de trabalho e quanto à indenização por dano moral. Indica violação dos arts. 620 da CLT, 186 c/c 927 do Código Civil e 5º, V e X, da Constituição Federal e divergência jurisprudencial.

Mediante a decisão às fls. 514-516, admitiu-se o recurso de revista, tendo a reclamada apresentado contrarrazões às fls. 1165-1167.

Dispensada a remessa dos autos ao Ministério Público do Trabalho, em face do disposto no art. 83, § 2º, II, do Regimento Interno do TST.

É o relatório.

VOTO

CONHECIMENTO

O recurso é tempestivo (fls. 1123 e 1125), tem representação regular (fl. 39) e é desnecessário o preparo. Atendidos os requisitos extrínsecos de admissibilidade, passa-se ao exame dos intrínsecos do recurso de revista.

CONVENÇÃO COLETIVA DE TRABALHO "VERSUS" ACORDO COLETIVO DE TRABALHO. PREVALÊNCIA. ART. 620 DA CLT

O Tribunal *a quo* deu provimento parcial aos recursos ordinários interpostos pelas reclamadas para excluir da condenação as verbas inerentes às convenções coletivas de trabalho, adotando o entendimento de que, existindo conflito de normas coletivas autônomas, a norma genérica cede aplicação à norma específica, ou seja, as regras decorrentes de acordo coletivo devem prevalecer quando conflitantes com regras convencionais, sob o fundamento de que a disposição contida no art. 620 da CLT não foi recepcionada pela Constituição Federal.

Nas razões do recurso de revista, a reclamante sustenta a tese de que as condições estabelecidas em convenção coletiva de trabalho, quando mais favoráveis ao trabalhador, terão prevalência sobre as estipuladas em acordo coletivo de trabalho, nos moldes do art. 620 da CLT, argumentando que esse dispositivo encontra-se em plena vigência. Indica violação do referido dispositivo e divergência jurisprudencial.

O art. 620 da CLT dispõe que "as condições estabelecidas em Convenção quando mais favoráveis, prevalecerão sobre as estipuladas em Acordo".

A jurisprudência desta Corte é firme no sentido de que o art. 620 da CLT foi recepcionado pela Constituição Federal de 1988, conforme evidenciam os seguintes julgados:

"RECURSO DE REVISTA. CONVENÇÃO COLETIVA DE TRABALHO — PREVALÊNCIA SOBRE ACORDO COLETIVO DE TRABALHO. Verifica-se que o Tribunal Regional reconheceu a prevalência de acordo coletivo sobre convenção coletiva, em decorrência do princípio da especialidade, uma vez que o disposto no artigo 620 da Consolidação das Leis do Trabalho não teria sido recepcionado pela Constituição Federal de 1988. Entretanto, não tendo sido referido artigo revogado por outra lei, nem tendo sido declarado inconstitucional pelo STF, encontra-se em vigor. Assim, não se pode simplesmente desconsiderar a convenção coletiva em face do acordo coletivo. Com o objetivo de conferir a melhor exegese ao alcance do artigo 620 da Consolidação das Leis do Trabalho, ganhou espaço, no âmbito desta Corte, a corrente que propõe a aplicação do princípio do conglobamento para a solução do conflito de prevalência de instrumentos normativos, segundo o qual as normas coletivas devem ser consideradas em seu conjunto, e não isoladamente, para efeito de apuração da norma mais benéfica. Recurso de revista conhecido e provido. DANO MORAL — NÃO CONFIGURAÇÃO (alegação de violação aos artigos 1º, incisos II, III e IV, 3º, incisos III e IV, 5º, *caput*, e incisos II, III, X, XV, XLI, 7º, *caput*, e inciso XXII, 170, 193, 196 e 225 da Constituição Federal, 2º e 71 da Consolidação das Leis do Trabalho e 51, inciso IV, do Código de Defesa do Consumidor e por divergência jurisprudencial). Não demonstrada a violação direta e literal de preceito constitucional, à literalidade de dispositivo de lei federal, ou a existência de teses diversas na interpretação de um mesmo dispositivo legal, não há que se determinar o seguimento do recurso de revista com fundamento nas alíneas 'a' e 'c' do artigo 896 da Consolidação das Leis do Trabalho. Recurso de revista não conhecido." (RR-127600-61.2008.5.18.0013, Relator Ministro Renato de Lacerda Paiva, 2ª Turma, DJE: 06.09.2012)

"CONVENÇÃO E ACORDO COLETIVO DE TRABALHO. PREVALÊNCIA. INSTRUMENTO COLETIVO MAIS FAVORÁVEL À CATEGORIA OBREIRA. TEORIA DO CONGLOBAMENTO. DIFERENÇAS SALARIAIS DECORRENTES DE PISO PREVISTO EM CONVENÇÃO COLETIVA. Sob a ótica da teoria do conglobamento, as convenções e acordos coletivos são considerados e interpretados em toda a sua extensão e não de forma pontual — como preconiza a teoria oposta da acumulação, que a doutrina e a jurisprudência nacionais pacificamente não acolhem. Segundo o Regional, as condições estabelecidas na convenção coletiva de trabalho, a exemplo do direito ao intervalo intrajornada, mostraram-se mais vantajosas à categoria obreira. Para se decidir em sentido contrário ao do Regional seria necessário o revolvimento de fatos e provas, o que é vedado nesta esfera recursal de natureza extraordinária, conforme teor da Súmula n. 126 do TST. Não há falar, assim, em ofensa direta aos artigos 7º, inciso XXVI, e 8º, inciso III, da Constituição Federal, pois o Regional fez prevalecer a convenção coletiva de trabalho justamente porque essa se apresentou como o instrumento coletivo mais favorável à categoria obreira, nos precisos termos do artigo 620 da CLT, inteiramente recepcionado pela Constituição Federal 1988. Agravo de instrumento desprovido." (AIRR-340-98.2006.5.01.0027, Relator Ministro José Roberto Freire Pimenta, 2ª Turma, DJE: 24.02.2012)

"RECURSO DE REVISTA. CONFLITO ENTRE CONVENÇÃO COLETIVA E ACORDO COLETIVO. INTERVALOS DE DIGITADOR. PISO SALARIAL. Consoante a jurisprudência desta Corte, o art. 620 da CLT foi recepcionado pela Constituição Federal de 1988, por não haver nenhuma incompatibilidade entre o referido dispositivo de lei e os fundamentos e regras estabelecidos na Constituição Federal. Assim, à luz do art. 620 da CLT, as condições estabelecidas em convenção coletiva, quando mais favoráveis, prevalecerão sobre as estipuladas em acordo coletivo de trabalho. Há precedentes. Recurso de revista conhecido e provido. DANO MORAL. INDENIZAÇÃO. CONTROLE DA UTILIZAÇÃO DE TOALETES. Esta Corte tem firmado entendimento de que a conduta patronal caracterizada pela restrição e fiscalização do uso dos toaletes expõe o trabalhador a constrangimento desnecessário, ensejando a condenação ao pagamento da indenização por dano moral. Há precedentes. Recurso de revista conhecido e provido. TREINAMENTO. ATUALIZAÇÃO MONETÁRIA. REMUNERAÇÃO. HORAS EXTRAS. O recurso de revista encontra-se desfundamentado, no tópico, pois a reclamante não se reportou às hipóteses do art. 896 da CLT. Recurso de revista não conhecido." (RR-190300-25.2007.5.18.0008, Relator Ministro Augusto César Leite de Carvalho, 6ª Turma, DJE: 16.12.2011)

"RECURSO DE REVISTA. ACORDO COLETIVO. CONVENÇÃO COLETIVA. NORMA MAIS FAVORÁVEL. O art. 620 da CLT, consagrador da prevalência da norma mais favorável, princípio basilar do Direito do Trabalho, foi recepcionado pela Carga Magna de 1988, como se extrai da exegese sistemática de seus preceitos. Precedentes. Revista conhecida e provida, no tema. INDENIZAÇÃO POR DANO MORAL. CONTROLE DO TEMPO DE UTILIZAÇÃO DOS TOALETES. Registrado pelo Colegiado de origem, tão-somente, que "havia necessidade de autorização para os operadores deixarem seus postos de trabalho e irem ao banheiro", bem como que tais regras "não se restringem às idas ao banheiro, referindo-se a quaisquer saídas eventuais", ausente, de outro lado, notícia quanto à proibição ou limitação do tempo de uso dos banheiros ou a prática de quaisquer medidas vexatórias, não há falar em ofensa ao art. 5º, X, da Carta Magna. Revista não conhecida, no tema. COMISSÕES. Ao registro de não provadas as promessas de comissões sobre vendas de linhas ou upgrade de conexão de internet, não há falar em ofensa aos arts. 422 e 427 do CCB. Aplicação da Súmula 296/TST em relação ao aresto paradigma coligido. Revista não conhecida, no tema." (RR-78100-50.2008.5.18.0005, Relatora Ministra Rosa Maria Weber, 3ª Turma, DJE: 10.06.2011)

Dessa forma, impõe-se reconhecer que a decisão proferida pela Corte Regional, ao confrontar convenção coletiva de trabalho e acordo coletivo de trabalho e aplicar o princípio da especificidade em detrimento da regra de aplicação da norma mais favorável, incidiu em afronta ao referido dispositivo legal.

Portanto, CONHEÇO do recurso de revista, por violação do art. 620 da CLT.

INDENIZAÇÃO POR DANO MORAL. CONTROLE DE TEMPO DESPENDIDO FORA DO POSTO DE SERVIÇO. USO DE BANHEIRO

O Tribunal Regional afastou a condenação ao pagamento de indenização por dano moral, sob os seguintes fundamentos:

"A reclamante pleiteou, na exordial, indenização por danos morais, sob o fundamento de que 'está sendo vítima de inúmeros tratamentos desumanos, descorteses, tratamentos como grosserias, rispidez, rigor excessivo (...) com desrespeito, sendo alvo de xingamentos, humilhações e abusos' (fls. 11/12). Alegou, também, que tinha suas necessidades fisiológicas controladas pela reclamada. Por fim, asseverou que em razão do não pagamento do salário dos meses de fevereiro e março/2007, deixou de efetuar a matrícula referente ao terceiro período da faculdade.

Primeiramente, cumpre salientar que, inicialmente, meu entendimento era no sentido de que o controle destas idas ao banheiro caracterizava ofensa à dignidade do empregado.

Todavia, refluindo sobre a matéria, penso que, citados fatos, por si sós, não ofendem a dignidade da reclamante, porquanto a reclamada, utilizando-se de seu poder diretivo, pode controlar o tempo que seus empregados passam fora do posto serviço, não havendo nesse procedimento nenhuma irregularidade e, tampouco, abuso de poder passível de reparação.

Quanto aos demais fatos narrados na inicial, estes não restaram provados. Veja-se:

"(...) que presenciou uma discussão entre a reclamante e Rusemeire em fevereiro/07 (...) que começaram a discutir e a reclamante passou mal e chegou a desmaiar (...) que não houve xingamentos nem de um lado nem de outro (...)' (Sr. James Divino Rosa de Camargo — fl. 146).

Saliente-se que o depoimento da primeira testemunha não merece credibilidade, pois esta afirmou que a discussão ocorreu "pela manhã" (fl. 146), enquanto a autora e a segunda testemunha acima citada, afirmaram que o referido fato ocorreu por volta das 13h30min.

No concernente aos salários atrasados, embora tal situação tenha sido admitida pela reclamada, entendo que referido fato, por si só, não configura o dano, pois a autora não comprovou que deixou de cursar a faculdade por este motivo.

Portanto, no presente caso, entendo que não houve ofensa à dignidade da reclamante, porquanto não restou comprovado que a reclamada agira com arbitrariedade e abuso de poder, expondo a autora à situação constrangedora.

Assim, reformo a r. sentença para excluir tal parcela da condenação."

A reclamante, em suas razões recursais, sustenta seu direito à indenização por danos morais, afirmando que o "rigor excessivo" com que a reclamada trata seus empregados justifica e impõe tal condenação. Sustenta que, ao contrário do decidido pela Corte Regional, é inquestionável que as atitudes da reclamada atingem e violam a honra, imagem, integridade física e psíquica e liberdade pessoal da reclamante. Argumenta que "uma coisa é o poder diretivo detido pelas reclamadas, outra coisa bem diferente é violar a dignidade do obreiro e passar a decidir acerca de suas necessidades fisiológicas, regrando inclusive as necessidades mais íntimas do obreiro, como foi feito comprovadamente com a reclamante" (fl. 1139). Indica violação dos arts. 186 c/c 927 do Código Civil e 5º, V e X, da Constituição Federal e transcreve arestos para confronto de teses.

Inicialmente, cumpre destacar que decisões de Varas do Trabalho e acórdãos do Tribunal Regional prolator do acórdão recorrido não são aptos a comprovar divergência jurisprudencial, nos termos da alínea "a" do art. 896 da CLT e da Orientação Jurisprudencial n. 111 da SBDI-1 desta Corte.

Além disso, o quadro fático delineado pela Corte Regional não evidencia qualquer ato ilícito por parte da empregadora de forma a ensejar a reparação pretendida. Destaque-se que foi reconhecido que a reclamada exercia controle quanto ao tempo que os trabalhadores passavam fora do posto de serviço, sem ser reconhecido que do exercício de tal controle a reclamante estivesse submetida a situação de efetivo constrangimento ou de que tenham sido cometidos excessos pela reclamada.

Logo, não há como se falar em afronta aos arts. 186 c/c 927 do Código Civil e 5º, V e X, da Constituição Federal.

Assim, NÃO CONHEÇO do recurso de revista, no particular.

MÉRITO

CONVENÇÃO COLETIVA DE TRABALHO "VERSUS" ACORDO COLETIVO DE TRABALHO. PREVALÊNCIA. ART. 620 DA CLT

Conhecido o recurso de revista por violação do art. 620 da CLT, no mérito, DOU-LHE PROVIMENTO para determinar o retorno dos autos ao Tribunal de origem, para que decida sobre a norma coletiva aplicável com base no referido dispositivo, em prosseguimento ao julgamento do recurso interposto.

Isto posto,

Acordam os Ministros da Primeira Turma do Tribunal Superior do Trabalho, por unanimidade, conhecer do recurso de revista quanto ao tema "Convenção Coletiva de Trabalho 'versus' Acordo Coletivo de Trabalho. Prevalência", por violação do art. 620 da CLT, e, no mérito, dar-lhe provimento para determinar o retorno dos autos ao Tribunal de origem, para que decida sobre a norma coletiva aplicável com base no referido dispositivo, em prosseguimento ao julgamento do recurso interposto.

Brasília, 31 de outubro de 2012. *Walmir Oliveira da Costa*, relator.

CONVERSÃO DE PRECATÓRIO EM REQUISIÇÃO DE PEQUENO VALOR

RECURSO DE REVISTA. CONVERSÃO DE PRECATÓRIO JÁ EXPEDIDO EM REQUISIÇÃO DE PEQUENO VALOR. IMPOSSIBILIDADE.

Os débitos definidos em lei como de pequeno valor, inscritos em precatório judicial já expedido e requisitado ao ente público devedor, e que estejam pendentes de pagamento na data da edição da Emenda Constitucional n. 37/2002, serão quitados na forma prevista no art. 100, "caput", §§ 1º, 2º e 3º, da Constituição da República, com preferência sobre os de maior valor. Nos termos do § 1º do art. 86 do ADCT: "Os débitos a que se refere o 'caput' deste artigo, ou os respectivos saldos, serão pagos na ordem cronológica de apresentação dos respectivos precatórios, com precedência sobre os de maior valor", enquanto que seu inciso I preconiza que serão pagos conforme disposto no art. 100 da Constituição Federal os débitos da Fazenda Pública que já foram objeto de precatórios judiciários. Assim, é juridicamente inadmissível a conversão do precatório já expedido em requisição de pequeno valor, conforme entendeu a Corte Regional, em afronta aos princípios da irretroatividade das leis e da garantia do ato jurídico perfeito (art. 5º, XXXVI, Constituição Federal de 1988) e em desrespeito à sistemática de cobrança do débito da Fazenda Pública, previsto no art. 100, "caput", §§ 1º, 2º e 3º, da Constituição Federal e no art. 86, I e § 1º, do ADCT. A Emenda Constitucional n. 37/2002 tem eficácia imediata aos processos em curso, mas não efeito retroativo de modo a interferir em precatório já expedido.

Recurso de revista conhecido e provido.

(Processo n. TST-RR-13.340-16-1996-5-04-0551 — Ac. 1ª Turma)

Vistos, relatados e discutidos estes autos de Recurso de Revista n. TST-RR-13340-16.1996.5.04.0551 (convertido de Agravo de Instrumento de mesmo número), em que é recorrente Estado do Rio Grande do Sul e recorrido Jorge Spat.

Mediante a decisão às fls. 153-154, foi denegado seguimento ao recurso de revista interposto pelo Estado executado, o que ensejou o presente agravo de instrumento (fls. 02-12).

Não foram apresentadas a contraminuta ao agravo de instrumento nem as contrarrazões ao recurso de revista (certidão à fl. 162-v.).

O Ministério Público do Trabalho opinou pelo desprovimento do agravo de instrumento (fls. 166-167).

É o relatório.

VOTO

AGRAVO DE INSTRUMENTO

CONHECIMENTO

Satisfeitos os pressupostos de admissibilidade pertinentes à tempestividade (fls. 002 e 156), à representação processual (Orientação Jurisprudencial n. 52 da SBDI-I do TST), e encontrando-se devidamente instruído, com o traslado das peças essenciais previstas no art. 897, § 5º, I e II, da CLT e no item III da Instrução Normativa n. 16 do TST, CONHEÇO do agravo de instrumento.

MÉRITO

EXECUÇÃO DE SENTENÇA. CONVERSÃO DE PRECATÓRIO JÁ EXPEDIDO EM REQUISIÇÃO DE PEQUENO VALOR. IMPOSSIBILIDADE

O Juízo primeiro de admissibilidade negou seguimento ao recurso de revista do Estado executado, conforme os seguintes fundamentos (fls. 153-154), *verbis*:

"PRESSUPOSTOS INTRÍNSECOS

(...)

PEQUENO VALOR

(...)

A 7ª Turma negou provimento ao agravo de petição do executado, confirmando a decisão que determinou a expedição de requisição de pequeno valor para débito já consignado em precatório, nos seguintes termos: Nos termos do artigo 87 do ADCT: (...) Neste sentido, ainda, o texto da Resolução Administrativa N. 08/2003 deste Regional: 'I — DISPOSIÇÕES GERAIS. DA EXECUÇÃO DE OBRIGAÇÃO DE PEQUENO VALOR CONTRA A FAZENDA PÚBLICA. Art. 1º — A quitação dos débitos trabalhistas das Fazendas Públicas Federal, Estadual e Municipais, de suas autarquias e fundações, e demais entes que se submetam ao mesmo regime de execução, decorrentes de decisões transitadas em julgado e definidos em lei como obrigações de pequeno valor — OPV, dispensará a expedição de precatório. (...) Art. 4º — Fica facultado ao credor de valor superior ao estabelecido na definição de obrigação de pequeno valor renunciar expressamente ao crédito excedente e optar pelo pagamento do saldo pela RPV'. Assim, considerando-se que o exequente, expressamente, renunciou ao crédito excedente ao limite de 40 salários mínimos (fl. 287), tem-se por correta a determinação de expedição de Requisição de Pequeno Valor, porquanto amparada na legislação que rege a matéria. Salienta-se, por oportuno, que não há falar em quebra da ordem cronológica, tendo em vista que o parágrafo 1º do artigo 86 do ADCT, ao estabelecer que os débitos a que se refere o seu caput, ou os respectivos saldos, serão pagos na ordem cronológica de apresentação dos respectivos precatórios, com precedência sobre os de maior valor, não está determinando que as dívidas de pequeno valor, com pendência parcial ou total, sejam cobradas mediante expedição de novo precatório, mas que a satisfação de tais débitos, por força de nova cobrança, via requisição de pequeno valor, seja feita no prazo por essa estipulado, com observância da sequência cronológica de apresentação dos precatórios originais. Em outras palavras, o citado artigo determina que seja renovada a cobrança das dívidas de que trata, mediante requisição de pequeno valor, e que dentro do prazo estabelecido para a satisfação da dívida seja observada a data do precatório original, em respeito ao direito de precedência que fora previamente estabelecido. Diante do exposto, não há falar em ofensa ao ato jurídico perfeito nem a qualquer dos dispositivos legais invocados pelo agravante, os quais se têm, desde já, por prequestionados. (Relatora: Vanda Krindges Marques).

A decisão decorre da aplicação das normas pertinentes, tendo em vista a situação fática retratada, não constatada ofensa aos preceitos constitucionais invocados.

Inviável a análise das demais alegações recursais, face à restrição imposta aos processos em execução."

Nas razões de agravo de instrumento, o Estado executado pugna pelo processamento do recurso de revista, sustentando, em síntese, que o precatório foi expedido em data anterior à Emenda Constitucional n. 37/2002, observando-se a regência constitucional vigente à época da expedição fora expedido. Alega que a conversão do precatório em requisição de pequeno valor ofende o princípio do ato jurídico perfeito, uma vez que não há autorização constitucional para se converter precatório relativo às dívidas de pequeno valor em RPV sustenta, pelo contrário, que o art. 86, § 1º, do ADCT apenas autoriza aos precatórios já expedidos, que se enquadrarem como dívida de pequeno valor, preferência em relação aos demais precatórios. Aponta ofensa aos arts. 5º, II, XXXVI, LIV e LV, 100, §§ 2º a 4º, da Constituição Federal, 86 e 87 do ADCT e colaciona arestos para divergência jurisprudencial.

Preliminarmente, vale ressaltar que a admissibilidade do recurso de revista interposto de acórdão proferido em agravo de petição, na fase de execução, depende de demonstração inequívoca de violação direta e literal da Constituição Federal (Súmula n. 266 do TST e art. 896, § 2º, da CLT), ficando afastada a apreciação dos arestos trazidos para cotejo.

Todavia, no plano constitucional, razão assiste ao agravante. Embora a lei processual tenha aplicação imediata e alcance os processos em curso, não é permitido ao juiz ou tribunal ignorar que a lei nova terá de observar os atos processuais já praticados e consumados, pois caracterizam atos jurídicos (processuais) perfeitos e acabados.

Por outro lado, o § 1º do art. 86 do ADCT dispõe: "Os débitos a que se refere o *caput* deste artigo, ou os respectivos saldos, serão pagos na ordem cronológica de apresentação dos respectivos precatórios, com precedência sobre os de maior valor", enquanto que seu inciso I preconiza que serão pagos conforme disposto no art. 100 da Constituição Federal os débitos da Fazenda Pública que já tiverem sido objeto de precatórios judiciários.

Nesse contexto, a decisão do Tribunal Regional que determinou a conversão de precatório expedido, em 23.08.1999 (fl. 93), antes da entrada em vigor da EC n. 37, de 13.6.2002, em requisição de pequeno valor, está em desacordo com a regra dos arts. 5º, XXXVI, da Constituição Federal e 86 do ADCT, o que viabiliza o provimento do agravo para que seja processado o recurso de revista.

Do exposto, a fim de prevenir ofensa aos arts. 5º, XXXVI, e 100, §§ 1º, 2º e 3º, da Constituição Federal e 86, I e § 1º, do ADCT/88, DOU PROVIMENTO ao agravo de instrumento, e, em consequência, determino o processamento do recurso de revista, nos termos da Resolução Administrativa n. 928/2003 do Tribunal Superior do Trabalho.

RECURSO DE REVISTA

CONHECIMENTO

Satisfeitos os pressupostos genéricos de admissibilidade quanto à regularidade de representação (Orientação Jurisprudencial n. 52 da SBDI-I do TST), tempestividade (fls. 136 e 139), dispensado o preparo (art. 790-A da CLT e art. 1º, IV, do Decreto-Lei n. 779/69), passa-se ao exame dos requisitos específicos do recurso.

EXECUÇÃO DE SENTENÇA. CONVERSÃO DE PRECATÓRIO JÁ EXPEDIDO EM REQUISIÇÃO DE PEQUENO VALOR. IMPOSSIBILIDADE

O Tribunal Regional do Trabalho da 4ª Região negou provimento ao agravo de petição interposto pelo Estado executado, confirmando a decisão de primeiro grau que converteu o precatório relativo aos direitos trabalhistas do exequente em requisição de pequeno valor, conforme os seguintes fundamentos (fls. 131-135), *verbis*:

"AGRAVO DE PETIÇÃO DO EXECUTADO.

CONVERSÃO DO PRECATÓRIO EXPEDIDO EM REQUISIÇÃO DE PEQUENO VALOR.

(...)

Nos termos do artigo 87 do ADCT: (...)

Neste sentido, ainda, o texto da Resolução Administrativa N. 08/2003 deste Regional: (...)

Assim, considerando-se que o exequente, expressamente, renunciou ao crédito excedente ao limite de 40 salários mínimos (fl. 287), tem-se por correta a determinação de expedição de Requisição de Pequeno Valor, porquanto amparada na legislação que rege a matéria.

Salienta-se, por oportuno, que não há falar em quebra da ordem cronológica, tendo em vista que o parágrafo 1º do artigo 86 do ADCT, ao estabelecer que os débitos a que se refere o seu caput, ou os respectivos saldos, serão pagos na ordem cronológica de apresentação dos respectivos precatórios, com precedência sobre os de maior valor, não está determinando que as dívidas de pequeno valor, com pendência parcial ou total, sejam cobradas mediante expedição de novo precatório, mas que a satisfação de tais débitos, por força de nova cobrança, via requisição de pequeno valor, seja feita no prazo por essa estipulado, com observância da sequência cronológica de apresentação dos precatórios originais.

Em outras palavras, o citado artigo determina que seja renovada a cobrança das dívidas de que trata, mediante requisição de pequeno valor, e que dentro do prazo estabelecido para a satisfação da dívida seja observada a data do precatório original, em respeito ao direito de precedência que fora previamente estabelecido.

Diante do exposto, não há falar em ofensa ao ato jurídico perfeito nem a qualquer dos dispositivos legais invocados pelo agravante, os quais se têm, desde já, por prequestionados."

Nas razões de recurso de revista, o Estado executado sustenta, em síntese, que o precatório foi expedido em data anterior à Emenda Constitucional n. 37/2002, observando a regência constitucional vigente à época que fora expedido. Alega que a conversão do precatório em requisição de pequeno valor ofende o princípio do ato jurídico perfeito, uma vez que não há autorização constitucional para se converter precatório relativo às dívidas de pequeno valor em RPV, pelo contrário, uma vez que o art. 86, § 1º, do ADCT apenas autoriza aos precatórios já expedidos, que se enquadrarem como dívida de pequeno valor, a sua preferência ante os demais precatórios. Aponta ofensa aos arts. 5º, II, XXXVI, LIV e LV, 100, §§ 2º a 4º, da Constituição Federal, 86 e 87 do ADCT e coleciona arestos à divergência jurisprudencial.

Preliminarmente, vale ressaltar que a admissibilidade do recurso de revista interposto de acórdão proferido em agravo de petição, na fase de execução, depende de demonstração inequívoca de violação direta e literal da Constituição Federal (Súmula n. 266 do TST e art. 896, § 2º, da CLT), ficando afastada a apreciação dos arestos colacionados a cotejo.

Todavia, no plano constitucional, razão assiste ao recorrente, haja vista que a nova lei, material ou processual, não pode ser aplicada retroativamente e seus efeitos alcançarem ato processual já executado, ao contrário do que entendeu o juízo *a quo* ao converter o precatório relativo aos direitos trabalhistas do exequente em requisição de pequeno valor.

A esse respeito, o Tribunal Regional, com fundamento na Resolução Administrativa 08/2003, bem como pelo Provimento 04/2003, ambos daquele Tribunal, que "é possível converter precatórios já expedidos em requisição de pequeno valor, não incidindo no caso em tela o disposto no artigo 86 da (sic) ADCT da CF, já que atinente à situação diversa". (fl. 378)

Destarte, o precatório foi expedido em 23.08.1999 (fl. 93), antes da vigência da Emenda Constitucional n. 30, de 13.09.2000, que, conferindo nova redação ao § 3º do art. 100 da Constituição Federal, dispôs sobre a inexigibilidade de precatórios aos pagamentos de obrigações definidas em lei como de pequeno valor que a Fazenda Federal, Estadual, Distrital ou Municipal deva fazer em virtude de sentença judicial transitada em julgado.

Nos termos do § 1º do art. 86 do ADCT: "Os débitos a que se refere o *caput* deste artigo, ou os respectivos saldos, serão pagos na ordem cronológica de apresentação dos respectivos precatórios, com precedência sobre os de maior valor", enquanto que seu inciso I preconiza que serão pagos conforme disposto no art. 100 da Constituição Federal os débitos da Fazenda Pública que já foram objeto de precatórios judiciários.

A Emenda Constitucional n. 37/2002 tem eficácia imediata aos processos em curso, mas não efeito retroativo de modo a interferir em precatório já expedido.

Nesse contexto, é juridicamente inadmissível a conversão do precatório já expedido em requisição de pequeno valor, conforme entendeu a Corte Regional em afronta aos princípios da irretroatividade das leis e da garantia do ato jurídico perfeito (art. 5º, XXXVI, Constituição Federal) e com desrespeito à sistemática de cobrança do débito da Fazenda Pública prevista no art. 100, *caput* e §§ 1º, 2º e 3º, da Constituição Federal e art. 86, I e § 1º, do ADCT/88.

Sobre a questão versada nos presentes autos, o Pleno do Tribunal Superior do Trabalho já emitiu pronunciamento, conforme se vê do seguinte precedente:

"RECURSO ORDINÁRIO EM AGRAVO REGIMENTAL CARACTERIZAÇÃO DE CRÉDITO DE PEQUENO VALOR CONVERSÃO DE OFÍCIO REQUISITÓRIO EXPEDIDO EM

EXECUÇÃO POR REQUISIÇÃO DE PEQUENO VALOR. O art. 86 do ADCT remete a disciplina dos créditos de pequeno valor, relativos a ofícios requisitórios já expedidos na data da publicação da Emenda Constitucional n. 37/2002, à normatividade do art. 100 da Constituição Federal. Assim, tratando-se de ofício requisitório já expedido quando do advento da alteração constitucional, inviável sua conversão em requisitório de pequeno valor. Prejudicada a análise do recurso quanto ao tema da separação do valor da execução por credor. Recurso ordinário conhecido e provido." (ROAG — 408/1993-416-14-42, Tribunal Pleno, Rel. Min. Vieira de Mello Filho, DJ — 18.03.2008)

"PRECATÓRIO. OFÍCIO REQUISITÓRIO EXPEDIDO ANTERIORMENTE À PROMULGAÇÃO DA EMENDA CONSTITUCIONAL N. 37/2002. CONVERSÃO EM REQUISIÇÃO DE PEQUENO VALOR. IMPOSSIBILIDADE. ORDEM DE SEQÜESTRO NÃO AUTORIZADA. APLICABILIDADE DO ARTIGO 86, ITENS I, II E III, §§ 1º E 3º, DO ATO DAS DISPOSIÇÕES CONSTITUCIONAIS TRANSITÓRIAS. A Orientação Jurisprudencial n. 1 do Pleno do Tribunal Superior do Trabalho não tem pertinência na hipótese de a importância destinada à quitação de obrigação de pessoa jurídica de direito público ter sido requisitada mediante expedição de precatório requisitório formalizado anteriormente à promulgação da Emenda Constitucional n. 37/2002." (AG-AC — 184039/2007-000-00-00, Tribunal Pleno, Rel. Ministro Lélio Bentes Côrrea, DJ — 07.03.2008)

Vale acrescentar a preleção do Professor José Afonso da Silva, in *Comentário contextual à Constituição*, a respeito do Tema:

"12. UMA QUESTÃO DE DIREITO INTERTEMPORAL. A superveniência da Emenda Constitucional 30/2000, que acrescentou o art. 78 ao ADCT, determinando o parcelamento dos "precatórios pendentes na data de promulgação desta Emenda" e dos "que decorram de ações iniciais ajuizadas até 31 de dezembro de 1999", gerou debate sobre sua constitucionalidade, sob o argumento de que os credores tinham o direito de receber os valores constantes de tais precatórios, já inscritos no orçamento, de uma só vez, sem parcelamento, sem modificação, porque tal situação estava coberta pela coisa julgada.

A parte a questão de criação de normas transitórias em Constituição vigente, que é algo destoante de princípios do direito constitucional, porque disposições transitórias só têm cabimento na transição de um regime constitucional para outro, detemo-nos no tema suscitado, a partir de distinção que nos parece indispensável. De fato, uma coisa é a sentença condenatória pela qual se fixou a importância a ser paga; outra, o procedimento dos precatórios. A sentença condenatória da entidade de direito público interno no pagamento de quantia certa é ato de jurisdição contenciosa, que, uma vez tornada imutável, adquire a qualidade de coisa julgada. Não é necessário, aqui, fazer distinção entre o processo de desapropriação e outros, porque, no que tange à fixação do preço, aquele é também um processo contencioso, e, assim, a sentença que fixa o preço adquire a qualidade de coisa julgada. Outra coisa, porém, é a execução da sentença condenatória da Fazenda Pública no pagamento de coisa certa. Essa execução não constitui sequer um processo. Não passa de um procedimento, como visto antes. É um procedimento judicial não contencioso, pelo qual o presidente do tribunal competente apenas tutela interesse privado, o interesse de credor privado. Esse procedimento não tem natureza contenciosa, porque o presidente do tribunal simplesmente *administra* interesse do credor. Trata-se, pois, de um procedimento de natureza administrativa, ou, se se quiser, de jurisdição voluntária, procedimento *sem lide*; por isso, o ato dele decorrente — o *precatório,* que não é sentença — não faz coisa julgada material, porque esta é a eficácia apenas de sentença que decide a lide (CPC, arts. 467 E 468). Isso não significa que aquele ato possa ser modificado ao alvedrio do devedor ou mesmo do Poder Judiciário. Não é pelo fato de não estar amparado pela coisa julgada que ele seja desprovido de estabilidade e, assim, exposto a questionamentos e ao alvedrio de quem quer que seja. "A coisa julgada é o maior grau imaginável de imunização dos atos jurídicos, mas não é a *única* autoridade imunizadora. Existem imunidades de grau menor e nenhum ato emanado de agente estatal é completamente destituído de alguma imunidade, ainda que variem os graus desta em cada caso."62 Não, porque o precatório goza de estabilidade fundada na eficácia *rebus sic stantibus* que lhe confere imutabilidade preclusiva em relação ao juízo e impeditiva de modificações unilaterais; tanto é assim que devedor e credor, respeitada a ordem de preferência, podem ajustar direitos e obrigações, dele decorrentes, de modo diferente." (*Comentário contextual à Constituição* — art. 100, p. 527)

CONHEÇO, pois, do recurso de revista por violação dos arts. 5º, XXXVI, e 100, *caput* e §§ 1º, 2º e 3º, da Constituição Federal e 86, I e § 1º, do ADCT.

MÉRITO

EXECUÇÃO DE SENTENÇA. CONVERSÃO DE PRECATÓRIO JÁ EXPEDIDO EM REQUISIÇÃO DE PEQUENO VALOR. IMPOSSIBILIDADE

Conhecido o recurso de revista por violação dos arts. 5º, XXXVI, e 100, *caput* e §§ 1º, 2º e 3º, da Constituição Federal e 86, I e § 1º, do ADCT, DOU-LHE PROVIMENTO para determinar que a execução contra a Fazenda Pública Estadual seja feita por meio do precatório já expedido.

Isto posto,

Acordam os Ministros da Primeira Turma do Tribunal Superior do Trabalho, por unanimidade, conhecer do agravo de instrumento e, no mérito, dar-lhe provimento para determinar o julgamento do recurso de revista. Acordam, ainda, julgando o recurso de revista, na forma do art. 897, § 7º, da CLT, dele conhecer, por violação dos arts. 5º, XXXVI, e 100, *caput*, §§ 1º, 2º e 3º, da Constituição Federal e 86, I e § 1º, do ADCT, e, no mérito, dar-lhe provimento para, reformando o acórdão do Tribunal Regional, determinar que a execução contra a Fazenda Pública Estadual seja feita por meio do precatório já expedido.

Brasília, 16 de junho de 2010. *Walmir Oliveira da Costa*, relator.

DANO MORAL. CONFIGURAÇÃO

RECURSO DE REVISTA. DANO MORAL. CONFIGURAÇÃO. PROVA.

Em matéria de prova, o dano moral, em si, não é suscetível de comprovação, em face da impossibilidade de se fazer demonstração, em processo judicial, da dor, do sofrimento e da angústia da vítima. O ônus da prova vincula-se ao ato ilícito atribuído ao ofensor e os reflexos da conduta antijurídica nos atributos valorativos daquele que sofreu a ofensa.

Assim, evidenciados o fato ofensivo e o nexo causal, como no caso vertente, em que o reclamante fora vítima de insultos verbais pelo administrador da empregadora, em agravo à sua honra e dignidade, o dano moral existe in re ipsa, ou seja, o dano é consequência da conduta antijurídica da empresa, do que decorre a sua responsabilidade em pagar compensação pelo prejuízo de cunho imaterial causado ao empregado (teoria do desestímulo), nos termos dos arts. 196 e 927, caput, do Código Civil e 5º, X, da Constituição Federal.

Recurso de revista conhecido e provido.

(Processo n. TST-RR-166.940-10-2003-5-09-0022 — Ac. 1ª Turma)

Vistos, relatados e discutidos estes autos de Recurso de Revista n. TST-RR-166940-10.2003.5.09.0022 (convertido de Agravo de Instrumento de mesmo número), em que é recorrente Sérgio Ferreira dos Santos e recorrida Companhia Produtores de Armazéns Gerais.

Contra a decisão mediante a qual se denegou seguimento ao seu recurso de revista (fls. 384-385), o reclamante interpõe agravo de instrumento às fls. 04-10.

Foi apresentada apenas a contraminuta ao agravo de instrumento, às fls. 390-392.

Dispensada a remessa dos autos ao Ministério Público do Trabalho, nos termos do art. 83, § 2º, II, do RITST.

É o relatório.

VOTO

AGRAVO DE INSTRUMENTO

CONHECIMENTO

Satisfeitos os pressupostos de admissibilidade pertinentes à tempestividade (fls. 04 e 385), à representação processual (fl. 34), e encontrando-se devidamente instruído, com o traslado das peças essenciais previstas no art. 897, § 5º, I e II, da CLT e no item III da Instrução Normativa n. 16 do TST, CONHEÇO do agravo de instrumento.

MÉRITO

O presente agravo de instrumento merece ser provido para melhor exame do tema veiculado no recurso de revista, qual seja a desnecessidade de comprovação da existência de dano moral para a percepção da respectiva indenização, diante da configuração da divergência jurisprudencial com o aresto transcrito à fl. 360, oriundo do Tribunal Regional do Trabalho da 10ª Região, que adota tese diametralmente oposta à do acórdão recorrido, no sentido de que a responsabilização por dano moral prescinde de prova do prejuízo sofrido.

Do exposto, configurada a hipótese prevista na alínea *a* do art. 896 da CLT, DOU PROVIMENTO ao agravo de instrumento para determinar o julgamento do recurso de revista, observado o procedimento estabelecido na Resolução Administrativa n. 928/2003 do Tribunal Superior do Trabalho.

RECURSO DE REVISTA

CONHECIMENTO

O recurso é tempestivo (fls. 354 e 356), tem representação regular (fl. 34), não tendo sido o reclamante condenado ao pagamento de custas processuais. Atendidos os requisitos extrínsecos de admissibilidade, passa-se ao exame dos intrínsecos do recurso de revista.

DANO MORAL. CONFIGURAÇÃO. PROVA

O Tribunal Regional do Trabalho da 9ª Região, mediante decisão reproduzida às fls. 334-339, deu provimento ao recurso ordinário interposto pela reclamada, para indeferir a indenização por danos morais, sob o fundamento de que não teria sido comprovada a lesão ao patrimônio moral do recorrente. Assentou, *verbis*:

"e) Indenização por dano moral

Por entender ausente prova suficiente para reconhecimento do dano moral, a Recorrente busca excluir da sentença a condenação e, em caráter sucessivo, alega ofensa ao princípio da proporcionalidade no valor arbitrado para a indenização por dano moral (fl. 278).

Após análise da prova oral, o MM. Juízo primeiro concluiu provado o dano moral, consistente no tratamento humilhante do administrador da Reclamada em face do Reclamante, na frente de terceiros (fl. 247), pelo que fixou a condenação em 40 vezes o salário básico na época da dispensa (fl. 259).

Segundo termos da petição inicial, o administrador da Reclamada, Kasuo Kakeya, imprimiu ao Reclamante um assédio moral, mediante humilhação, insultos e impropérios, publicamente, com ameaças de demissão (fl. 8).

Ao contestar a pretensão, a Reclamada negou tais fatos (fl. 122).

São duas as questões a analisar: primeiro sobre a existência do dano e, após, caso exista, o valor da indenização.

* do dano

Não procede a pretensão da reclamada para afastar a existência do dano, pois provado pelo Reclamante, senão vejamos.

O preposto consignou que '07) nunca presenciei qualquer rusga entre o autor e o Senhor Kazuo' (fl. 109).

Já a primeira testemunha ouvida a convite do reclamante consignou que 'o tratamento dispensado pelo senhor Kazuo a alguns funcionários era frequentemente inadequado, tendo chamado o depoente de ladrão, por exemplo, na frente do Sr. Domingos (...) e chamando o autor e o Sr. Laertes de burro (...)' (fl. 109)

A segunda testemunha, igualmente ouvida a convite do reclamante, afirmou que: '09) quase sempre que o sr. Kazuo visitava a filial, acontecia tratamento grosseiro em relação ao autor, chamando-o de burro e incompetente na frente dos demais funcionários da sala administrativa (...) 13) lembra de uma certa reunião em que o SI. Kazuo destratou o autor na frente do cliente Grupo referência (...)' (fl. 111).

Aos depoimentos acima transcritos não foi contraposto nenhum elemento, ainda que por indício. Igualmente ausente contradita às testemunhas, de forma que entendo provada a agressão verbal, que configura ato grave do empregador e enseja a indenização pretendida.

* Valor da indenização

Quanto ao valor da indenização, tem-se que reavaliada pelo MM. Juízo na sentença dos embargos de declaração, e fixada em 40 salários do Reclamante, não enseja reforma.

É de se ressaltar que o reclamante trabalhou por quase 24 anos na empresa, de maneira que a situação gerada com o assédio moral importa não apenas na perda do emprego, mas na profunda dor do desrespeito do empregador em face de colaborador de tão longa data. O valor atribuído pautou-se, sem dúvida, pelo critério da proporcionalidade, pois compensa o Reclamante e desencoraja o ofensor a práticas que denigrem a dignidade do trabalhador.

Esse é o meu entendimento que, entretanto, fica vencido pelo da d. Maioria da Turma, que acompanhou o entendimento do Exmo. Juiz Revisor, conforme segue, *in verbis*:

'A prova quanto à existência de dano moral é inconsistente.

Na petição inicial, o Reclamante alega ter sido vítima de dano moral, decorrente de humilhações, insultos e impropérios praticados publicamente pelo administrador da Reclamada, Kasuo Kakeya, inclusive com ameaças de demissão. Aduz que 'a conduta da Ré em ofender moralmente o Autor a fim de forçar o mesmo a pedir demissão do emprego maculou a sua honra e demais atributos da personalidade, porquanto é grande a dor daquele que sabe sempre haver agido com extremo profissionalismo e correção'. Relata, ainda, que 'ante as humilhações a que era submetido, caiu em depressão com graves problemas de saúde, tendo inclusive permanecido certo tempo em licença médica para tratamento'.

Na audiência de instrução (fls. 109/111), foram ouvidas duas testemunhas, ambas indicadas pelo autor.

A primeira, Wanderlei de Carvalho Araújo, disse que: '07) o contato com o Sr. Kazuo decorria de suas visitas à filial, que se dava de forma freqüente; 08) o tratamento dispensado pelo SI. Kazuo a alguns funcionários era freqüentemente inadequado, tendo chamado o depoente de ladrão, por exemplo, na frente do Sr. Domingos e do autor, e chamando o autor e o Sr. Laertes de burro, nessa ocasião estavam presentes o autor, o depoente, o Sr. Valderi e outros funcionários de que não lembra o nome; (...) 14) após repergunta do autor o depoente afirma que o mau tratamento pelo SI. Kazuo também ocorria na frente de clientes, o Juízo questiona já que anteriormente, quando perguntado acerca de quem teria presenciado os xingamentos, respondeu o depoente que seria o Sr. Valderi e outros funcionários do escritório, sem mencionar os clientes; 15) o depoente afirma que não entendeu a pergunta'.

E a segunda testemunha, Valderi Pereira do Nascimento, declarou que: '02) trabalhava na mesma sala que o autor e testemunha anterior, na qual se concentravam as atividades administrativas; (...) 09) quase sempre que o Sr. Kazuo visitava a filial, acontecia tratamento grosseiro em relação ao autor, chamando-o de burro e incompetente na frente dos demais funcionários da sala administrativa; 10) o depoente não presenciou o mesmo problema em face de outros funcionários; 11) sabe apenas por ouvir dizer que assim ocorreu com outros funcionários, sem saber quem; 12) tais fatos não ocorreram com o depoente; 13) lembra de uma certa reunião em que o Sr. Kazuo destratou o autor na frente do cliente Grupo Referência; (...) 17) sabe que o autor esteve afastado e que teve depressão, porém não sabe se assim constou do CID no atestado médico; 18) nesta ocasião o depoente foi na casa do autor a pedido da empresa, constatando que estava doente; (...) 22) o autor sempre desenvolveu suas atividades normalmente, nunca sendo repelido, mesmo pela diretoria para o exercício de suas funções'.

Para a caracterização do dano moral é imprescindível, por óbvio, que reste indene de dúvidas o alegado dano sofrido pelo empregado, sendo que a indenização por tal dano é caracterizada por elementos objetivos, e não por mera consideração subjetiva da parte que se declara atingida.

Entendo que, no caso dos autos, não houve eficaz comprovação de abalo que denegrisse a imagem do autor, de forma que culminasse em grave dano ao conceito social do atingido em questão, vez que a prova oral produzida mostra-se frágil quanto ao ponto.

A inconsistência da prova oral impede o pagamento de indenização em virtude da realização de ato ilícito pela Reclamada. Necessário salientar que a prática de insultos verbais por parte do administrador da Ré restou, de fato, confirmada pelas testemunhas. Todavia, não foi comprovada a existência de abalo psicológico sofrido pelo Reclamante que justificasse o pagamento de danos morais.

Não evidenciado que o Sr. Kasuo tenha utilizado do tratamento grosseiro para humilhar ou constranger o Autor com intuito de forçá-lo a pedir demissão ou, ainda, que os xingamentos proferidos tenham sido causadores da alegada depressão do Reclamante ou promovido a piora de seu estado de saúde.

A indenização por dano moral incide apenas quando comprovada a existência de prejuízos irreparáveis ao obreiro no tocante a sua honra, dignidade e boa fama, em relação ao âmbito social.

Nesse sentido:

'INDENIZAÇÃO POR DANO MORAL — A Lei assegura o direito de indenização a todos aqueles que sofrem ofensas injustas à sua intimidade, privacidade, honra ou imagem (CF, art. 5º, X), mas não basta à pessoa "sentir-se" ofendida para que adquira direito à indenização. É preciso que a ofensa se espalhe aos olhos e ouvidos de outras pessoas, no âmbito interno da empresa ou no âmbito social da pessoa fora da empresa, e que essa ofensa produza um clima de indisfarçável desconforto perante a sociedade onde a pessoa vive.

Essas consequências podem ser medidas pelo juiz por exame da prova material (textos escritos ou falados, vídeos, etc.) ou da prova testemunhal, onde pessoas insuspeitas confirmam a veracidade do desprestígio sofrido pela pessoa no seu âmbito social. (TRT 2ª R. RO 3 I204200290202008 — (20020801216) — 9ª T. — Rel. Juiz Luiz Edgar Ferraz de Oliveira — DOESP 17.01.2003)

O dano moral pressupõe a violação de bens de ordem extrapatrimonial das pessoas, tais como a intimidade, a vida privada, a honra e a imagem. Não comprovados os danos, indevida qualquer indenização.

Na hipótese em tela, restou provada a conduta errônea (ato ilícito) do Sr. Kasuo, mas não o efetivo dano sofrido pelo Reclamante, ônus que lhe incumbia por ser fato constitutivo de seu direito (art. 818 da CLT c/c art. 333, I, do CPC).

Em face do exposto, REFORMO a r. sentença para excluir a indenização por danos morais.'

Vencida, REFORMO a r. sentença, para EXCLUIR a indenização por danos morais."

Em resposta aos embargos de declaração, o Tribunal Regional manifestou-se nos seguintes termos, *verbis*:

"a) Dano moral

O Recorrente alega omissão no acórdão, pois tendo a Turma concluído pela existência de ato ilícito do empregador, não reconheceu direito ao dano moral (fl. 328).

Não se verifica a omissão alegada, porque o fundamento constante no v. acórdão é de que apesar de evidenciado o ato ilícito do empregador, não há prova das repercussões negativas que tal ato tenha causado. Tal conclusão não afronta o artigo 5º, V e X, da CF, que não fixa os contornos de constatação do dano."

No recurso de revista, o reclamante sustenta que a condenação ao pagamento de indenização por dano moral prescinde da produção de provas da efetiva lesão, porque ínsitas ao próprio ato ilícito, o qual restou incontroverso. Indica arestos para o cotejo de teses e violação do art. 5º, V e X, da Constituição Federal.

À análise.

O aresto transcrito à fl. 360, oriundo do Tribunal Regional do Trabalho da 10ª Região, adota tese diametralmente oposta à do acórdão recorrido, no sentido de que a responsabilização por dano moral prescinde de prova do prejuízo sofrido.

Desse modo, CONHEÇO do recurso de revista, por divergência jurisprudencial.

MÉRITO

DANO MORAL. CONFIGURAÇÃO. PROVA

No mérito, prospera o pleito recursal.

Ao negar o pedido de indenização por dano moral, a Corte Regional entendeu que, apesar de restar evidenciado o ato ilícito do empregador, qual seja a prática de insultos verbais por parte do administrador da ré em relação ao reclamante, não há prova das repercussões negativas que tal ato tenha causado ao empregado.

Equivocou-se, todavia, o Julgado recorrido, *data venia*. Em matéria de prova, o dano moral, em si, não é suscetível de comprovação, em face da impossibilidade de se fazer demonstração, em processo judicial, da dor, do sofrimento e da angústia da vítima. O ônus da prova se relaciona ao ato ilícito atribuído ao ofensor, bem como aos reflexos da conduta antijurídica nos atributos valorativos daquele que sofreu a ofensa.

Assim, evidenciados o fato ofensivo e o nexo causal, como no caso vertente, em que o reclamante fora vítima de insultos verbais pelo administrador da empregadora, em agravo à sua honra e dignidade, o dano moral existe *in re ipsa*, ou seja, o dano é consequência da conduta antijurídica da empresa, do que decorre a sua responsabilidade em pagar compensação pelo prejuízo de cunho imaterial causado ao empregado (teoria do desestímulo), nos termos dos arts. 196 e 927, *caput*, do Código Civil e 5º, X, da Constituição Federal.

Nesse sentido há precedente desta Primeira Turma, de minha lavra, transcrito a seguir:

"RECURSO DE REVISTA. INDENIZAÇÃO POR DANO MORAL. COMPROVAÇÃO DO PREJUÍZO MORAL. DESNECESSIDADE. 1. O dano moral em si não é suscetível de prova, em face da impossibilidade de fazer demonstração, em juízo, da dor, do abalo moral e da angústia sofridos. 2. Trata-se, pois, de *damnum in re ipsa*, ou seja, o dano moral é consequência do próprio fato ofensivo, de modo que, comprovado o evento lesivo, tem-se, como consequência lógica, a configuração de dano moral, exsurgindo a obrigação de pagar indenização, nos termos do art. 5º, X, da Constituição Federal. 3. Na hipótese, a Corte de origem asseverou que o reclamante foi mantido como refém durante rebelião dos internos de uma das unidades da reclamada. Desse modo, diante das premissas fáticas constantes do acórdão recorrido, tem-se por comprovado o evento danoso, ensejando, assim, a reparação do dano moral. Recurso de revista conhecido e provido." Processo: RR — 230940-08.2004.5.02.0045 Data de Julgamento: 23.06.2010, Relator Ministro: Walmir Oliveira da Costa, 1ª Turma, Data de Publicação: DEJT 02.07.2010.

Referenda tal posicionamento o doutrinador Sérgio Cavallieri Filho (cfr. *Programa de responsabilidade civil*, 4. ed., p.525, São Paulo: Malheiros, 2003):

"(...) por se tratar de algo imaterial ou ideal a prova do dano moral não pode ser feita através dos mesmos meios utilizados para a comprovação do dano material. Seria uma demasia, algo até impossível, exigir que a vítima comprove a dor, a tristeza ou a humilhação através de depoimentos, documentos ou perícia; não teria ela como demonstrar o descrédito, o repúdio ou o desprestígio através dos meios probatórios tradicionais, o que acabaria por ensejar o retorno à fase da irreparabilidade do dano moral em razão de fatores instrumentais.

(...)

Em outras palavras, o dano moral existe *in re ipsa*; deriva inexoravelmente do próprio fato ofensivo, de tal modo que, provada a ofensa, *ipso facto* está demonstrado o dano moral à guisa de uma presunção natural, uma presunção *hominis* ou *facti*, que decorre das regras de experiência comum."

Sobreleva notar que, diversamente do asseverado pelo Tribunal *a quo*, para a configuração de dano moral, não é imprescindível que a conduta lesiva macule a imagem ou honra da vítima perante a sociedade, uma vez que o prejuízo moral se dá na esfera íntima do indivíduo, gerando desnecessário sofrimento, o qual deve ser reparado. A divulgação do fato danoso é causa de agravamento do valor da reparação, e não de exoneração do ofensor.

Dessa orientação divergiu o acórdão recorrido ao reformar a sentença condenatória que, portanto, deve ser restabelecida, no particular.

Do exposto, DOU PROVIMENTO ao recurso de revista para, reformando o acórdão recorrido, restabelecer a sentença (fls. 265-267), no tocante à condenação ao pagamento de indenização por dano moral, determinando o retorno dos autos à Corte Regional de origem, para que prossiga na análise das pretensões de ambas as partes, pertinentes à alteração do valor da indenização, declaradas prejudicadas por ocasião do julgamento dos recursos ordinários.

Isto posto,

Acordam os Ministros da Primeira Turma do Tribunal Superior do Trabalho, por unanimidade, conhecer do agravo de instrumento e, no mérito, dar-lhe provimento para determinar o julgamento do recurso de revista. Acordam, ainda, julgando o recurso de revista, na forma do art. 897, § 7º, da CLT, dele conhecer, por divergência jurisprudencial, e, no mérito, dar-lhe provimento, para restabelecer a sentença no tocante à condenação ao pagamento de indenização por dano moral, determinando o retorno dos autos à Corte Regional de origem, para que prossiga na análise das pretensões de ambas as partes, pertinentes à alteração do valor da indenização, declaradas prejudicadas por ocasião do julgamento dos recursos ordinários.

Brasília, 09 de fevereiro de 2011. *Walmir Oliveira da Costa*, relator.

DANO MORAL. INDENIZAÇÃO. NÃO VINCULAÇÃO AO SALÁRIO-MÍNIMO

RECURSO DE REVISTA. DANO MORAL. VALOR DA INDENIZAÇÃO. VEDAÇÃO DE VINCULAÇÃO AO SALÁRIO-MÍNIMO.

O Supremo Tribunal Federal, interpretando o art. 7º, IV, da Constituição Federal, editou a Súmula Vinculante n. 04 para o fim de vedar a utilização do salário-mínimo como indexador de base de cálculo de vantagem de empregado, ressalvados os casos previstos na Constituição Federal.

Especificamente em relação à indenização por dano moral, o Pretório excelso reconhece que a condenação ao pagamento de valores múltiplos do salário-mínimo importa em ofensa ao art. 7º, IV, da Lei Maior, orientação da qual divergiu o acórdão recorrido.

Reajustamento do valor da condenação, mediante a utilização do critério do arbitramento equitativo previsto no art. 944, parágrafo único, do Código Civil.

Recurso de revista parcialmente conhecido e provido.

(Processo n. TST-RR-25.400-37-2006-5-04-0303 — Ac. 1ª Turma)

Vistos, relatados e discutidos estes autos de Recurso de Revista n. TST-RR-25400-37.2006.5.04.0303, em que é recorrente Gerson Mallman e recorrida Alda Maria da Rosa Flores.

O Colegiado de origem, no que interessa, negou provimento ao recurso ordinário interposto pelo reclamado, no exame dos temas referentes à caracterização do dano moral e ao valor fixado como indenização, além de dar parcial provimento ao apelo da reclamante para condenar o reclamado ao pagamento dos honorários advocatícios.

Inconformado, o reclamado interpõe recurso de revista, na forma do art. 896, "a" e "c", da CLT.

Recebido o apelo, mediante decisão às fls. 222-223, não foram apresentadas as contrarrazões, consoante certidão à fl. 225.

Dispensada a remessa dos autos ao Ministério Público do Trabalho, em face do disposto no art. 83, § 2º, II, do Regimento Interno do TST.

É o relatório.

VOTO

CONHECIMENTO

Satisfeitos os requisitos extrínsecos de admissibilidade, pertinentes à tempestividade (fls. 199 e 202), à regularidade de representação (fl. 39) e ao preparo (fls. 112, 113 e 217), passa-se ao exame dos intrínsecos do recurso de revista.

OFENSAS VERBAIS. EMPREGADA DOMÉSTICA. DANO MORAL. CARACTERIZAÇÃO

No julgamento do recurso ordinário interposto pelo reclamado, a Corte *a quo* negou-lhe provimento, nos seguintes termos, às fls. 186-188:

"INDENIZAÇÃO POR DANO MORAL. VALOR FIXADO.

A reclamante diz que foi admitida na residência do reclamado e sua esposa em 1º de abril de 2005, para exercer a função de copeira. Afirma que estava submetida diretamente às ordens da esposa do réu e que esta a perseguia e maltratava, sendo constantemente humilhada. Assevera que a esposa do demandado reclamava dos seus serviços na presença de pessoas estranhas ao convívio familiar, o que lhe causava muito constrangimento. Aduz que esta conduta era abusiva, atentando contra a dignidade psíquica da reclamante, causando-lhe aflições, angústia e desequilíbrio em seu bem-estar.

Na defesa o reclamado sustenta que sempre agiu dentro dos limites do poder diretivo, inerentes a sua função de empregador. Aduz que nem ele ou sua esposa praticaram qualquer ato que ensejasse a indenização por dano moral ou assédio moral, porquanto inexistente qualquer atitude de discriminação de humilhação ou de abusos psicológicos.

O julgador de origem, amparando-se na prova testemunhal, defere à reclamante uma indenização por dano moral no valor correspondente a cinqüenta salários-mínimos (fls. 85-93).

Insurge-se o reclamado, alegando, em síntese, que não comprovadas as alegadas ofensas e a exposição da autora a situação constrangedora, inexistindo elementos capazes de configurar o dano moral. Quanto ao valor fixado aponta que é elevado, dadas as circunstâncias narradas na petição inicial. Menciona que o julgador não levou em consideração as condições do ofensor e do ofendido, bem como o bem jurídico lesado. Por fim, requer a redução do valor da indenização, alegando, ainda que a indexação ao salário-mínimo, afronta o inciso IV do artigo 7º da Constituição Federal.

São ouvidas quatro testemunhas e mais uma como informante, totalizando cinco depoimentos. Das testemunhas convidadas pelo reclamado, é mais relevante o depoimento de José Márcio, que era motorista da residência, mantendo contato com o empregador e os demais empregados, inclusive permanecendo na cozinha para fazer suas refeições. De igual forma, importante são as informações prestadas pela testemunha trazida pela reclamante, Fabiane, uma vez que também era empregada da casa.

Em que pese tenham as testemunhas apresentado depoimentos divergentes, por ter a testemunha Fabiane, bem como a informante Maria Ângela, que era cozinheira da residência, vivenciado basicamente a mesma rotina de trabalho da reclamante, entende-se que restaram comprovadas as alegações apontadas na inicial, quanto à forma de tratamento que era dispensada às empregadas. Note-se o que diz Fabiane (fl. 78): "que a depoente ouviu a esposa do reclamado dizer que as empregadas eram relaxadas e imundícies para o motorista Márcio; (...) que a própria reclamante quis sair, por causa do tratamento que lhe era dispensado". Maria Ângela informa que (fl. 77): 'a esposa do reclamado chamava a depoente de 'porca'; que a esposa do reclamado também reclamou de relaxamento da depoente (...) que a depoente presenciou a esposa do demandado ofender também a reclamante, sendo que este tratamento era dispensado a todos os funcionários da residência'.

Nesse contexto, mantém-se a indenização por dano moral, por entender comprovada a forma ofensiva com que eram tratadas as empregadas da residência do demandado, em especial, a ora reclamante.

A quantificação da indenização por danos morais deve considerar sempre o caso concreto, ou seja, suas peculiaridades, como as circunstâncias e o bem jurídico ofendido. Também cumpre zelar pela coerência e razoabilidade no arbitramento. O resultado não deve ser insignificante, a estimular o descaso do empregador, nem exagerado, de modo a proporcionar o enriquecimento indevido da vítima. A indenização em dinheiro é meramente compensatória, porque o sofrimento e a dor não têm preço, mas atenua a manifestação dolorosa que tenha sofrido o trabalhador ofendido. Entende-se que a indenização além de ser uma satisfação à vítima, também é uma forma de punição ao ofensor, de modo a reprimi-lo a reincidir em atos reprováveis pela sociedade, é este o espírito da lei. Assim, em relação ao valor da indenização, tem-se que foi fixado de acordo com a extensão do fato inquinado (ofensa verbal) e situação econômica do ofensor. Nada a alterar.

Por fim, note-se que a proibição constitucional de vinculação do salário-mínimo a qualquer finalidade (artigo 7º, inciso IV), conforme argüido pelo reclamado, objetiva proibir a discriminação quanto ao fator de indexação em contratos cuja natureza seja civil e comercial, não se relacionando ao caso destes autos. O salário-mínimo é aqui utilizado apenas como referência para o arbitramento da indenização, e não como fator de indexação, não violando a norma constitucional referida.

Provimento negado."

Nas razões do recurso de revista, o reclamado sustenta a tese de que, ao manter a condenação ao pagamento de indenização por dano moral, o Tribunal Regional teria violado os arts. 818 da CLT e 333 do CPC. Aduz a inexistência de provas de ocorrência do dano e de prejuízo, apontando ofensa ao art. 186 do Código Civil.

Não prosperam seus argumentos.

Verifica-se que o Tribunal Regional, valorando fatos e provas, concluiu ter sido comprovada a forma ofensiva com que era tratada a reclamante, empregada na residência do reclamado, aferindo, assim, a configuração do dano moral a ensejar o cabimento de indenização.

No concernente à indicação de ofensa aos arts. 818 da CLT e 333 do CPC, primeiramente, assinale-se que inexistiu discussão em torno do ônus subjetivo da prova (distribuição do encargo), uma vez que a Corte de origem valorou toda a prova produzida nos autos para formar seu convencimento (CPC, art. 131) de que restou caracterizado o tratamento ofensivo do reclamado em detrimento da autora, empregada doméstica. Ora, não importa quem produziu tais provas, porquanto, após realizadas, passam a pertencer ao processo, de acordo com o princípio da aquisição processual. Assim, a discussão em torno do ônus subjetivo da prova somente teria relevância acaso inexistissem outras provas nos autos, quando, então, aquele, a quem incumbia o encargo de provar, sofreria as conseqüências de não ter se desincumbido corretamente desse mister. Nessa linha de raciocínio, não há falar em violação dos arts. 818 da CLT e 333 do CPC.

Por outro lado, acrescente-se que, na espécie, não se cogita de exigência de comprovação do dano moral, *de per si*, na medida em que, de acordo com a teoria do *dannum in re ipsa*, presentes os demais requisitos da responsabilidade civil subjetiva (nexo causal e conduta comissiva do empregador), o dano moral é consequência do próprio fato ofensivo. Vale dizer, comprovado o evento lesivo, qual seja, as ofensas direcionadas ao trabalho realizado pela autora, inclusive na presença de terceiros estranhos à relação empregatícia, tem-se, como consequência lógica, a configuração de dano moral a ensejar o cabimento de indenização, tal como identificado no caso concreto. Nessa linha de raciocínio, não há falar em violação do art. 186 do Código Civil, mas em decisão proferida em sintonia com esse dispositivo.

NÃO CONHEÇO do recurso de revista, no tema.

DANO MORAL. VALOR DA INDENIZAÇÃO. VEDAÇÃO DE VINCULAÇÃO AO SALÁRIO-MÍNIMO

O Tribunal Regional manteve a sentença que fixou o valor da indenização por dano moral em cinquenta salários mínimos. O acórdão foi assim fundamentado:

"(...) O julgador de origem, amparando-se na prova testemunhal, defere à reclamante uma indenização por dano moral no valor correspondente a cinqüenta salários-mínimos (fls. 85-93).

(...)

A quantificação da indenização por danos morais deve considerar sempre o caso concreto, ou seja, suas peculiaridades, como as circunstâncias e o bem jurídico ofendido. Também cumpre zelar pela coerência e razoabilidade no arbitramento. O resultado não deve ser insignificante, a estimular o descaso do empregador, nem exagerado, de modo a proporcionar o enriquecimento indevido da vítima. A indenização em dinheiro é meramente compensatória, porque o sofrimento e a dor não têm preço, mas atenua a manifestação dolorosa que tenha sofrido o trabalhador ofendido. Entende-se que a indenização além de ser uma satisfação à vítima, também é uma forma de punição ao ofensor, de modo a reprimi-lo a reincidir em atos reprováveis pela sociedade, é este o espírito da lei. Assim, em relação ao valor da indenização, tem-se que foi fixado de acordo com a extensão do fato inquinado (ofensa verbal) e situação econômica do ofensor. Nada a alterar.

Por fim, note-se que a proibição constitucional de vinculação do salário-mínimo a qualquer finalidade (artigo 7º, inciso IV), conforme arguido pelo reclamado, objetiva proibir a discriminação quanto ao fator de indexação em contratos cuja natureza seja civil e comercial, não se relacionando ao caso destes autos. O salário-mínimo é aqui utilizado apenas como referência para o arbitramento da indenização, e não como fator de indexação, não violando a norma constitucional referida.

Provimento negado."

Nas razões do recurso de revista, o reclamado defende a tese da impossibilidade de vinculação do valor da indenização por dano moral ao salário-mínimo, por entender que configuraria a indexação vedada pelo art. 7º, IV, da Constituição Federal.

Aduz, ainda, que o montante fixado a título de indenização restou excessivo e desproporcional às circunstâncias do caso concreto. No aspecto, transcreve arestos para cotejo de teses.

À análise.

O art. 7º, IV, da Constituição Federal, estabelece como direito do trabalhador a percepção do salário-mínimo, fixado em lei, nacionalmente unificado, capaz de atender a suas necessidades vitais básicas e às de sua família, com reajustes periódicos que lhe preservem o poder aquisitivo, sendo vedada sua vinculação para qualquer fim.

O Supremo Tribunal Federal, interpretando o art. 7º, IV, da Constituição Federal, sedimentou sua jurisprudência no sentido de vedar a utilização do salário-mínimo como indexador de base de cálculo de vantagem de empregado, ressalvados os casos previstos na Constituição Federal, consoante se extrai da diretriz constante na Súmula Vinculante n. 04.

Especificamente em relação à indenização por dano moral, o Pretório excelso uniformizou-se no sentido de reconhecer que a condenação ao pagamento de valores múltiplos do salário-mínimo importa em ofensa à regra que veda a indexação, nos moldes da parte final do art. 7º, IV, da Lei Maior. Em convergência com o exposto, indicam-se os seguintes precedentes, *verbis*:

"Dano moral. Fixação de indenização com vinculação a salário-mínimo. Vedação Constitucional. Art. 7º, IV, da Carta Magna. — O Plenário desta Corte, ao julgar, em 01.10.97, a ADIN 1425, firmou o entendimento de que, ao estabelecer o artigo 7º, IV, da Constituição que é vedada a vinculação ao salário-mínimo para qualquer fim, 'quis evitar que interesses estranhos aos versados na norma constitucional venham a ter influência na fixação do valor mínimo a ser observado'. — No caso, a indenização por dano moral foi fixada em 500 salários-mínimos para que, inequivocamente, o valor do salário-mínimo a que essa indenização está vinculado atue como fator de atualização desta, o que é vedado pelo citado dispositivo constitucional. — Outros precedentes desta Corte quanto à vedação da vinculação em causa. Recurso extraordinário conhecido e provido." (RE 225488/PR, Relator: Min. MOREIRA ALVES, Primeira Turma, DJ 16.06.2000).

"(...) 2. RECURSO. Extraordinário. Admissibilidade. Dano moral. Indenização. Índice de correção monetária. Salário-mínimo. Ofensa ao art. 7º, IV, da Constituição Federal. Agravo regimental provido em parte. Precedentes. O art. 7º, IV, da Constituição Federal veda o uso do salário-mínimo como índice de atualização monetária de indenização fixada em sentença." (STF — AI 510244 AgR / RJ, Relator: Min. CEZAR PELUSO, DJ 04.03.2005)

"I — RE: prequestionamento: configuração. Ao atribuir implicitamente aos embargos declaratórios o condão de suprir a falta de prequestionamento, a Súmula 356 pressupõe que a decisão embargada tenha sido omissa a respeito, não cabendo falar em omissão se, como ocorre na espécie no que tange à alegação de cerceamento de defesa, a matéria não houver sido posta anteriormente ao exame do tribunal *a quo*. II — indenização: quantum fixado em múltiplo de salários mínimos: impossibilidade. É firme o entendimento do STF no sentido de que a fixação de indenização em múltiplos de salários mínimos ofende o disposto no art. 7º, IV, da Constituição." (RE 205455/MG, Relator: Min. SEPÚLVEDA PERTENCE, Primeira Turma, DJ 06-04-2001)"

Esta Corte Superior trabalhista, em sintonia com a jurisprudência do Supremo Tribunal Federal, reconhece a impossibilidade de se arbitrar o valor da indenização por dano moral utilizando o salário-mínimo como fator de indexação, consoante se constata nos seguintes precedentes, *verbis*:

"RECURSO DE REVISTA. INDENIZAÇÃO POR DANO MORAL FIXADA EM 300 S.M. INVIABILIDADE DE INDEXAÇÃO AO SALÁRIO-MÍNIMO. Por força do comando constitucional previsto no art. 7º, IV, da CF, corroborado pelo entendimento contido na Súmula Vinculante n. 4 do Supremo Tribunal Federal, é inviável a utilização do salário-mínimo como fator de indexação para o cálculo do montante devido a título de indenização por dano moral. Recurso de revista parcialmente conhecido e provido." (RR-9951900-12.2006.5.09.0015, Relator Ministro Mauricio Godinho Delgado, 6ª Turma, DJ de 31.07.2009).

"I — AGRAVO DE INSTRUMENTO EM RECURSO DE REVISTA. DANO MORAL. VALOR DA INDENIZAÇÃO. FIXAÇÃO EM SALÁRIOS MÍNIMOS. IMPOSSIBILIDADE. VIOLAÇÃO DO ART. 7º, IV, DA CF. Ficando demonstrada possível violação do art. 7º, IV, da CF, impõe-se o provimento do apelo. Agravo de Instrumento a que se dá provimento. II RECURSO DE REVISTA. (...) 2 — DANO MORAL. VALOR DA INDENIZAÇÃO. FIXAÇÃO EM SALÁRIOS MÍNIMOS. IMPOSSIBILIDADE. VIOLAÇÃO DO ART. 7º, IV, DA CF. O Supremo Tribunal Federal, editando a Súmula Vinculante n. 4, firmou posicionamento no sentido da impossibilidade de vinculação do salário-mínimo para base de cálculo de vantagem do empregado. Assim, tendo o Regional fixado a indenização por dano moral em 70 salários mínimos, impõe-se reconhecer a violação do art. 7º, IV, da CF, para adequar o julgado aos termos da Carta Magna. Recurso de Revista conhecido e provido." (RR — 367540-29.2003.5.12.0001, Rel. Min. Márcio Eurico Vitral Amaro, 8ª Turma, DEJT 10.10.2008)

Na hipótese vertente, não obstante o Colegiado Regional tenha assentado que o salário-mínimo foi utilizado apenas como referência para o arbitramento da indenização, e não como fator de indexação, é certo que manteve o montante indenizatório em múltiplos do salário-mínimo, contrariando a interpretação conferida ao art. 7º, IV, da Constituição Federal, pela jurisprudência uníssona do Supremo Tribunal Federal e desta Corte Superior Trabalhista.

Assim, CONHEÇO do recurso de revista por violação do art. 7º, IV, da Constituição Federal.

HONORÁRIOS ADVOCATÍCIOS. AUSÊNCIA DE ASSISTÊNCIA SINDICAL. VERBA INDEVIDA. SÚMULAS Ns. 219, I, E 329 DO TST

O Tribunal Regional deu parcial provimento ao recurso ordinário interposto pela reclamante, para condenar o reclamado ao pagamento dos honorários advocatícios. Fundamentou-se nos seguintes termos, *verbis*:

"HONORÁRIOS ASSISTENCIAIS.

O Juízo de origem indeferiu o pleito quanto aos honorários assistenciais, porquanto não preenchidos os requisitos do artigo 14 da Lei 5.584/70.

O autor declara ser pessoa humilde e não possuir meios de sustentar a demanda judicial — fl. 12.

A aplicação literal da Lei n. 5.584/70 encontra óbice no artigo 133 da Constituição Federal, que reconhece ao nível constitucional a imprescindibilidade do advogado, bem como nos artigos 5º, XIII, que veda, por atentatório à liberdade de atuação profissional a criação de 'reservas de mercado' aos advogados ligados aos sindicatos, e 5º, LV, já que está contido no direito à ampla defesa a possibilidade de escolha pelo litigante de advogado de sua confiança.

É incompatível com o direito constitucional de ação as restrições impostas pela Lei n. 5.584/70. Irrelevante, portanto, que a autora não esteja acompanhado por advogado do Sindicato profissional para fins de deferimento dos honorários assistenciais. Quanto à declaração de pobreza adota-se o entendimento consubstanciado na Orientação Jurisprudencial n. 304 da SDI-1 do TST.

Assim, dá-se provimento ao recurso para condenar a reclamada a pagar honorários assistenciais, no percentual de 15% sobre o valor bruto da condenação."

Interpostos embargos de declaração, com o escopo de prequestionar a matéria à luz das Súmulas ns. 219 e 329 do TST, a Corte *a quo* negou-lhes provimento.

Nas razões do recurso de revista, o reclamado insurge-se contra o acórdão recorrido argumentando que deveriam ser excluídos da condenação os honorários advocatícios, em face de a autora não se encontrar assistida pelo sindicato da categoria. Aponta a violação do art. 14 da Lei n. 5.584/70 e contrariedade às Súmulas ns. 219 e 329, além de transcrever aresto para o cotejo de teses.

O apelo alcança conhecimento.

Verifica-se que a Corte Regional expressamente manifestou-se no sentido de que os honorários advocatícios seriam devidos mesmo sem a reclamante estar assistida por advogado credenciado junto ao sindicato da categoria profissional, entendendo como suficiente a declaração de pobreza proferida na forma da Orientação Jurisprudencial n. 304 da SBDI-1 do TST.

Este Tribunal Superior já consolidou a tese de que a condenação ao pagamento de honorários advocatícios, na Justiça do Trabalho, não decorre pura e simplesmente da sucumbência, devendo a parte ser beneficiária da justiça gratuita e estar assistida por sindicato da categoria profissional, entendimento que permanece válido, mesmo após a promulgação da Constituição Federal de 1988. Assim dispõem as Súmulas ns. 219 e 329 do TST, *verbis*:

"219. HONORÁRIOS ADVOCATÍCIOS. HIPÓTESE DE CABIMENTO.

I — Na Justiça do Trabalho, a condenação ao pagamento de honorários advocatícios, nunca superiores a 15% (quinze por cento), não decorre pura e simplesmente da sucumbência, devendo a parte estar assistida por sindicato da categoria profissional e comprovar a percepção de salário inferior ao dobro do salário-mínimo ou encontrar-se em situação econômica que não lhe permita demandar sem prejuízo do próprio sustento ou da respectiva família." (ex-Súmula n. 219 — Res. 14/1985, DJ 19.09.1985)

"329. HONORÁRIOS ADVOCATÍCIOS. ART. 133 DA CF/1988.

Mesmo após a promulgação da CF/1988, permanece válido o entendimento consubstanciado na Súmula n. 219 do Tribunal Superior do Trabalho."

Nesse contexto, cita-se, ainda, a Orientação Jurisprudencial n. 305 da SBDI-1 desta Corte Superior, *verbis*:

"HONORÁRIOS ADVOCATÍCIOS. REQUISITOS. JUSTIÇA DO TRABALHO. Na Justiça do Trabalho, o deferimento de honorários advocatícios sujeita-se à constatação da ocorrência concomitante de dois requisitos: o benefício da justiça gratuita e a assistência por sindicato."

Nessa linha de raciocínio, constata-se que o Tribunal Regional, ao condenar o reclamado ao pagamento de honorários advocatícios, mesmo sem a reclamante estar assistida pelo sindicato da categoria profissional, mas por advogado particular, contrariou a jurisprudência desta Corte Superior.

CONHEÇO do recurso por contrariedade às Súmulas ns. 219, I, e 329 do TST.

MÉRITO

DANO MORAL. VALOR DA INDENIZAÇÃO. VEDAÇÃO DE VINCULAÇÃO AO SALÁRIO-MÍNIMO

No mérito, conhecido o recurso de revista por violação do art. 7º, IV, da Constituição da República, impõe-se seu provimento.

Trata-se de hipótese em que o Tribunal Regional fixou o valor da indenização por dano moral, em decorrência de ofensas verbais sofridas pela autora, empregada doméstica, em 50 salários mínimos, e, nas razões do recurso de revista, o reclamado insurgiu-se quanto ao montante indenizatório, considerando-o excessivo, assim como impugnou a indexação do *quantum* ao salário-mínimo.

Na obra *Dano moral nas relações laborais* (editora Juruá, 2008, fl. 122), de minha autoria, registrei meu entendimento de que a reparação por danos morais reveste-se de dupla função: reparatória e punitiva, em que a primeira tem como finalidade oferecer compensação ao lesado e, assim, atenuar o seu sofrimento, haja vista a impossibilidade de proporcionar-lhe o retorno ao *status quo ante*. A função punitiva consiste em aplicar uma sanção ao lesante, visando coibir ou inibir atentados ou investidas contra direitos personalíssimos de outrem, funcionando como penalidade de natureza pedagógica. Serve, ainda, como advertência para que o ofensor não incida na prática de atos lesivos à personalidade alheia e de exemplo à sociedade que, em suas relações, deve pautar-se por conduta ética e de respeito mútuo no campo das relações jurídicas e sociais.

Assim, entendo que, não sendo observados os referidos parâmetros para o arbitramento da indenização, é possível a revisão do montante da condenação, uma vez que, a teor da Súmula 457 do STF, "O Tribunal Superior do Trabalho, conhecendo do recurso de revista, julgará a causa, aplicando o direito à espécie".

Nessa linha de raciocínio, haja vista a impossibilidade de indexação do valor da indenização ao salário-mínimo, e, tendo em conta que, no caso concreto, o Tribunal Regional concluiu tratar-se de ofensas verbais sofridas pela reclamante, pelo seu empregador doméstico, entendo ser possível proceder ao reajustamento do valor da condenação, mediante a utilização do critério do arbitramento equitativo previsto no art. 944, parágrafo único, do Código Civil, fixo o valor da indenização em R$ 10.000,00 (dez mil reais), tendo em conta o tripé em que se assenta esse tipo de condenação: punir, compensar e prevenir.

Do exposto, conhecido o recurso de revista por violação do art. 7º, IV, da Constituição Federal, DOU-LHE PROVIMENTO para fixar o valor da indenização em R$ 10.000,00 (dez mil reais), com juros a contar do ajuizamento da reclamação trabalhista (CLT, art. 883) e correção monetária a partir da publicação da presente decisão.

HONORÁRIOS ADVOCATÍCIOS. AUSÊNCIA DE ASSISTÊNCIA SINDICAL. VERBA INDEVIDA. SÚMULAS NS. 219, I, E 329 DO TST

Conhecido o recurso de revista por contrariedade às Súmulas ns. 219, I, e 329 do TST, no mérito, DOU-LHE PROVIMENTO para, reformando o acórdão recorrido, excluir da condenação o pagamento dos honorários advocatícios.

Isto posto,

Acordam os Ministros da Primeira Turma do Tribunal Superior do Trabalho, por unanimidade, conhecer do recurso de revista apenas em relação aos temas "Indexação do valor da indenização por dano moral ao salário-mínimo" e "Honorários advocatícios", respectivamente, por violação do art. 7º, IV, da Constituição Federal e contrariedade às Súmulas n. 219, I, e n. 329 do TST, e, no mérito, dar-lhe provimento para fixar o valor da indenização por dano moral em R$ 10.000,00 (dez mil reais), com juros a contar do ajuizamento da reclamação trabalhista (CLT, art. 883) e correção monetária a partir da publicação da presente decisão, assim como, para excluir da condenação os honorários advocatícios.

Brasília, 11 de outubro de 2011. *Walmir Oliveira da Costa*, relator.

DISPENSA DISCRIMINATÓRIA. PORTADOR DE DEFICIÊNCIA VISUAL APROVADO EM CONCURSO PÚBLICO

RECURSO DE REVISTA. ECT. CARTEIRO. EMPREGADO PORTADOR DE DEFICIÊNCIA VISUAL APROVADO EM CONCURSO PÚBLICO. DISPENSA DISCRIMINATÓRIA. SÚMULA N. 443 DO TST.

Consoante a Súmula n. 443 deste Tribunal Superior: "Presume-se discriminatória a despedida de empregado portador do vírus HIV ou de outra doença grave que suscite estigma ou preconceito. Inválido o ato, o empregado tem direito à reintegração no emprego".

No caso vertente, incumbia à reclamada o ônus de provar que o reclamante não exercia suas atribuições e não cumpria metas em conformidade com a limitação física de que é acometido e da qual a empresa já tinha ciência à época da seleção e posterior contratação. Sendo a deficiência visual tipo de doença suscetível de causar estigma ou preconceito, presume-se discriminatória a dispensa do empregado deficiente, o que autoriza a reintegração no emprego.

Recurso de revista parcialmente conhecido e provido.

(Processo n. TST-RR-8.840-07-2006-5-23-0007 — Ac. 1ª Turma)

Vistos, relatados e discutidos estes autos de Recurso de Revista n. TST-RR-8840-07.2006.5.23.0007 (convertido de Agravo de Instrumento de mesmo número), em que é recorrente Ronei Sebastião do prado e recorrida Empresa Brasileira de Correios e Telégrafos — ECT.

Contra a decisão em que se denegou seguimento ao recurso de revista, o reclamante interpõe agravo de instrumento.

Foram apresentadas a contraminuta ao agravo de instrumento e as contrarrazões ao recurso de revista.

Dispensada a remessa dos autos ao Ministério Público do Trabalho, em face do disposto no art. 83, § 2º, II, do Regimento Interno do TST.

É o relatório.

VOTO

AGRAVO DE INSTRUMENTO

CONHECIMENTO

Satisfeitos os pressupostos de admissibilidade pertinentes à tempestividade (fls. 03-915) e à representação processual (fl. 179), e encontrando-se devidamente instruído, com o traslado das peças essenciais previstas no art. 897, § 5º, I e II, da CLT e no item III da Instrução Normativa n. 16/99 do TST, CONHEÇO do agravo de instrumento.

MÉRITO

Ante o recurso de revista interposto pelo reclamante às fls. 807-907, merece ser provido o presente agravo em face da configuração de divergência jurisprudencial com o paradigma oriundo do TRT da 9ª Região, transcrito à fl. 845, no tema referente à dispensa discriminatória de empregado deficiente físico, aprovado em concurso público.

Do exposto, configurada a hipótese prevista no art. 896, "a", da CLT, DOU PROVIMENTO ao agravo de instrumento para determinar o julgamento do recurso de revista, observado o procedimento estabelecido na Resolução Administrativa n. 928/2003 do Tribunal Superior do Trabalho.

RECURSO DE REVISTA

CONHECIMENTO

Satisfeitos os requisitos de admissibilidade, pertinentes à tempestividade (fls. 797 e 807) e à regularidade de representação (fl. 179), sendo dispensado o preparo (fl. 661). Atendidos os pressupostos extrínsecos de admissibilidade, passo ao exame dos intrínsecos do recurso de revista.

LAUDO PERICIAL. NULIDADE PROCESSUAL

O reclamante, ora recorrente, argui a nulidade do processo, sob a alegação de que houve cerceamento de seu direito de defesa, na medida em que o laudo pericial, utilizado como fundamento pela Corte *a quo*, teria sido elaborado sob o vício da parcialidade, com alteração da verdade dos fatos, em face de não ter demonstrado as sequelas e as lesões causadas pela deficiência física de que era portador. Indica violação dos arts. 5º, LV, e 93, IX, da Constituição Federal, 794 e 795, da CLT, 420, 427, 436, 437, 438 e 439, todos do CPC.

O recurso não alcança conhecimento.

No julgamento do recurso ordinário, o Tribunal Regional adotou a seguinte fundamentação, *verbis*:

"Ademais, impende gizar que a prova pericial realizada durante a fase de instrução processual é suficiente para afastar a tese obreira, merecendo realce a conclusão do vistor João José Aidamus de Lamônica Freire (fls. 201/207), *verbis*

CONCLUSÃO

Considerando que o exame pericial foi determinado para "se verificar a compatibilidade entre a capacidade labora do reclamante e a atividade de carteiro, para a qual foi aprovado em concurso público na reclamada", pela avaliação do reclamante realizada por este perito, em 16/10/06, pode-se afirmar que o obreiro, ainda que portador de deficiência visual do olho esquerdo, detém capacidade laborativa para o desempenho da função de carteiro, necessitando, contudo, fazer uso de lente corretivas (óculos) para a presbiopia (dificuldade de leitura de perto) do olho direito."

Como se observa, o Tribunal Regional valorou as provas testemunhal e pericial para firmar seu convencimento de que não restou demonstrado que, ao avaliar a capacidade laboral do reclamante, a reclamada tivesse excedido os limites impostos pela legislação, tampouco a alegada parcialidade do perito. Transcreveu o laudo pericial, segundo o qual, embora fosse portador de deficiência visual do olho esquerdo, o autor detinha capacidade laboral para o desempenho da função de carteiro, necessitando fazer uso de lente corretiva (óculos) para a presbiopia (dificuldade de leitura de perto) do olho direito.

Constata-se, portanto, que a arguição de nulidade do processo decorre do fato de a Corte Regional ter valorado o laudo pericial, e proferido decisão, de forma contrária aos interesses do recorrente. Isso não é causa de nulidade do processo, posto que a deliberação judicial tem amparo no art. 436 do CPC. Razão pela qual não se visualiza violação da literalidade dos dispositivos de lei federal e da Constituição indicados no apelo.

NÃO CONHEÇO do recurso de revista, no tema.

ECT. CARTEIRO. EMPREGADO PORTADOR DE DEFICIÊNCIA VISUAL APROVADO EM CONCURSO PÚBLICO. DISPENSA DISCRIMINATÓRIA. SÚMULA N. 443 DO TST

O Tribunal Regional proferiu decisão nos seguintes termos, *verbis*:

"REINTEGRAÇÃO AO EMPREGO

ATO DISCRIMINATÓRIO

DANOS MORAIS

A decisão revisanda indeferiu o pedido de reintegração do recorrente ao emprego, ao fundamento de não haver prova nos autos suficiente a caracterizar qualquer ato discriminatório no momento da rescisão contratual, razão pela qual indeferiu o pedido de indenização por danos morais, sobrevindo, daí, o presente apelo.

Razão não assiste ao recorrente.

O recorrente foi admitido em 22 de outubro de 2.004, por meio de concurso público para vaga destinada a portador de necessidades especiais, com rescisão contratual havida em 05 de novembro de 2004, quando constatada a sua inaptidão para o exercício das funções de carteiro I (fls. 155/161).

Ao contrário do que alega o vindicante, nenhuma prova robusta foi produzida no sentido de ter havido ato discriminatório pelo fato de ser portador de deficiência visual. As testemunhas ouvidas em juízo somente reproduziram fatos narrados pelo próprio recorrente, de cujos depoimentos transcrevo os seguintes trechos:

(...) que as funções desempenhadas por um carteiro é a triagem, de cerca de 2.000 correspondências, no período da manhã e a entrega no período da tarde; que não sabe a média de distribuição diária dos carteiros, sabendo apenas que este sai para a entrega com uma média de 15 kg, tendo mais o depósito auxiliar pesando 10 kg; que a entrega normalmente é feita de bicicleta ou a pé; que além do reclamante havia outros portadores de deficiências nos correios, sendo que a meta exigida deles era igual a dos outros carteiros 'normais'; que o depoente soube que houve um e-mail enviado pelo gerente de operações, aduzindo que em Mato Grosso havia contratação de cegos, deficientes e aleijados e que isso seria prejudicial à empresa; que o reclamante, na função de carteiro poderia trabalhar em atividade interna, na área de baixa de correspondências registradas, mesmo possuindo deficiência visual; que quando o reclamante foi admitido, este foi discriminado pelo reclamado, pois passou a participar do sistema de rodízio como qualquer outro carteiro 'normal'. Às perguntas formuladas pela patrona do reclamante respondeu: que a dificuldade em entregar correspondências em conjuntos habitacionais e 'grilos' ocorre devido ausência de numeração nas residências; que nesses locais há maior dificuldade na entrega das correspondências devido à falta de infraestrutura; que o critério para lotação dos carteiros é estabelecido pelas necessidades da empresa; que mesmo que tenha vaga em local próximo ao local onde o trabalhador more, raramente este é lotado como carteiro naquele local, que os carteiros que são lotados no CDD, fazem triagem de correspondências, sendo que em algumas unidades não há essa triagem, como por exemplo na prestação de serviços para a Sanecap, que a atividade da entrega de talonários da Sanecap é de mais fácil execução do que entrega de correspondências da unidade do Cristo Rei; que o carteiro trabalhando em atividade externa corre risco de vida; que não sabe dizer quantos empregados da empresa seriam deficientes, que só se recorda de pessoas que foram readaptadas ao trabalho; que acredita que o reclamante foi discriminado por seus superiores porque foi dispensado antes de completar 90 dias de contrato de experiência, sem acompanhamento; que os carteiros denominam o CDD Cristo Rei de corredor da morte, porque quem não passar um período de experiência por ele, será demitido, sendo taxado de improdutivo; que desconhece os critérios utilizados na avaliação de desempenho do reclamante, como também a equipe multiprofissional.

Às perguntas formuladas pela patrona do reclamado respondeu que viu o e-mail referido anteriormente no sindicato, sendo que lhe foi entregue por um empregado do reclamado; que ouviu dizer que esse e-mail teria sido enviado por Brasília — DF, na sede dos Correios, que não presenciou nenhum ato discriminatório praticado contra o reclamante; que as funções que o depoente citou como as que o carteiro poderia exercer também faz parte da função destes, e também de outras funções da empresa, que o exemplo citado pelo depoente não são de carteiros em desvio de função, pois no interior os carteiros fazem também serviços internos. Nada mais" — Testemunha Humberto José Moreira Brito, fls. 180/181.

"Trabalhou para o reclamado, exercendo a função de atendente e gerente da unidade do Distrito Industrial, que laborou para o reclamado de 25.02.1996 a 14.06.2005, que conheceu o reclamante na associação de empregados da empresa, que o reclamante queixou-se ao depoente que estava sendo discriminado no ambiente de trabalho quando ambos estavam jogando futebol na associação.

Às perguntas formuladas pela patrona do reclamante respondeu: que o CDD Cristo Rei teve alcunha de 'corredor da morte', porque quando o empregado 'não estava agradando' era lotado nesta unidade; que alguns empregados lotados no Cristo Rei diziam que tinham sido lotados neste local porque 'não estavam agradando os seus superiores'; que desconhece que os trabalhadores lotados na unidade Cristo Rei sejam 'mandados embora' com mais facilidade; que não conheceu outros carteiros com deficiência visual na empresa; que um trabalhador portador de deficiência tem maior grau de dificuldade para fazer entregas de correspondência, em relação a um trabalhador sem necessidades especiais; que não sabe dizer se há diferenciação entre trabalho exigido de um empregado portador de deficiência para outro, não portador.

Às perguntas formuladas pela patrona do reclamado respondeu: que não sabe dizer se haviam outras unidades da reclamada com dificuldades nas entregas de correspondências; que apenas ouviu do reclamante que este estava sendo discriminado; que só ouviu dizer que a unidade Cristo Rei tinha um apelido pejorativo, que era utilizado em tom de brincadeira pelos colegas. Nada mais." — testemunha Elizeu Gomes Vieira, fls. 181/182,

"Que não há nos quadros do reclamado outro empregado que seja deficiente visual, pelo que tem conhecimento o depoente; que existem outros carteiros com deficiência física trabalhando no reclamado, que estes possuem deficiência na perna, ou na mão, laborando normalmente nas ruas, na atividade de carteiro; que as atividades inerentes ao carteiro são a triagem geral, separação por logradouro e o ordenamento por numeração; que depois faz a distribuição das correspondências, que existem carteiros prestando serviços internos no reclamado, devido à readaptação após afastamento pelo INSS, que não existiam na época em que o depoente era o coordenador da distribuição, carteiros trabalhando em atividades internas, além dos readaptados.

O patrono do reclamado disse não ter perguntas à testemunha.

Às perguntas formuladas pela patrona do reclamante respondeu: que o tratamento entre os carteiros portadores de deficiência e os não portadores são tratados da mesma forma, com relação à produtividade, metas, etc.; que desconhece que haja distribuição de correspondências em locais inóspitos; que o reclamante distribuía correspondência em bairro de fácil acesso, na região do Cristo Rei; que não sabe dizer se o reclamado distribuía correspondência na Vila Vitória I e II e nem se estes bairros seriam 'grilos'; que existe no reclamado documentos que especificam aonde cada carteiro entrega correspondências, por logradouro, que não sabe dizer se o local onde o reclamante entregava correspondências são aqueles mostrados nas fotografias de fls. 60/61, que o reclamante fazia as entregas utilizando-se de bicicleta, as quais não eram adaptadas a portadores de necessidades especiais; que o critério para lotação do reclamante no CDD Cristo Rei observou a existência de vagas e ordem de classificação, que a princípio o reclamante foi lotado no CDD Verdão, provisoriamente, porque o reclamado tinha adquirido contrato de distribuição das contas de água e estava aguardando a contratação de trabalhadores específicos para desempenhar essa função, que os carteiros contratados para esse trabalho também eram carteiros do mesmo nível que o reclamante, e foram contratados após o reclamante, que esses carteiros não eram portadores de deficiência física, que os carteiros, inclusive os portadores de necessidades especiais, carreavam entre 5 e 10 kg de correspondência, que os carteiros, independentemente de ser ou não portadores de deficiência, entregam em média 700/800 correspondências por dia, que o reclamante procurou o depoente várias vezes, solicitando que fosse colocado numa função que observasse sua deficiência física, sendo que o depoente lhe disse que não havia esse critério na empresa.' Nada mais." — Testemunha Antonio João Paes de Proença, fls. 182/183

Ademais, impende gizar que a prova pericial realizada durante a fase de instrução processual é suficiente para afastar a tese obreira, merecendo realce a conclusão do vistor João José Aidamus de Lamônica Freire (fls. 201/207), *verbis*:

CONCLUSÃO

Considerando que o exame pericial foi determinado para 'se verificar a compatibilidade entre a capacidade labora do reclamante e a atividade de carteiro, para a qual foi aprovado em concurso público na reclamada', pela avaliação do reclamante realizada por este perito, em 16.10.06, pode-se afirmar que o obreiro, ainda que portador de deficiência visual do olho esquerdo, detém capacidade laborativa para o desempenho da função de carteiro, necessitando, contudo, fazer uso de lente corretivas (óculos) para a presbiopia (dificuldade de leitura de perto) do olho direito."

Portanto, não há prova no sentido de o recorrido ter excedido os limites da legalidade impostos pela legislação no sentido de avaliar a capacidade laborativa do recorrente, tampouco da ocorrência de qualquer prática de ato lesivo à sua honra a ensejar o deferimento de indenização por danos imateriais (art. 5º, V e X, da CRFB, art. 186 do CC/2002).

Em matéria de prova, o Juízo vale-se dos poderes instrutórios expressos nos arts. 125 e 130 do Código de Processo Civil, bem como a valorará livremente (art. 131 do digesto processual civil), com base na distribuição do encargo probatório estabelecido pelo art. 818 da CLT cc art. 333,1 e II, do CPC, os quais se referem à aptidão da parte em produzi-la.

(...)

Nego provimento."

O reclamante interpõe recurso de revista, sustentando que sua dispensa se deu em razão de discriminação, em virtude da deficiência visual de que era portador. Sustenta que foi aprovado em concurso público e ingressou na reclamada na função de carteiro I, para o exercício de atividades compatíveis com a limitação de que padecia em razão da deficiência visual. Argumenta que a reclamada atribuiu-lhe as mesmas responsabilidades e obrigações dos empregados contratados sem a referida deficiência, sendo-lhe cobradas as mesmas metas e produtividade, o que era incompatível com as limitações que seu estado de saúde lhe impunha. Defende que tais premissas são suficientes para evidenciar a discriminação presente na dispensa. Postula a reintegração no emprego ou indenização em dobro. Aponta a violação das Convenções ns. 100, 111, 159 e 168 da OIT, dos arts. 1º, III e IV, 5º, V, X, XXXV, XLI, LV, 7º, XXI, XXXI, 37, "*caput*", VII e 193 da Constituição Federal, 4º, I e II, 9º da CLT, 1º, 4º, I e II, da Lei n. 9.029/95,348, 349, 350, 354, 400, 407 e 408 do CPC, além de transcrever arestos para cotejo de teses.

À análise.

O paradigma oriundo do TRT da 9ª Região, transcrito à fl. 845, no tema referente à dispensa discriminatória de empregado deficiente físico, adota tese distinta da seguida pela Corte de origem, ao registrar o entendimento de que o direito potestativo de resilir o contrato de trabalho encontra limites nas demais normas componentes do ordenamento jurídico, e, assim, se a debilidade não importar em redução da capacidade laborativa, configurada está a despedida abusiva. Demonstra, portanto, divergência jurisprudencial necessária a autorizar o conhecimento do recurso de revista.

CONHEÇO do recurso de revista, na forma do art. 896, "a", da CLT.

EMPREGADO COM DEFICIÊNCIA VISUAL. DISPENSA DISCRIMINATÓRIA. INDENIZAÇÃO POR DANO MORAL

A Corte *a quo* negou provimento ao recurso ordinário, concluindo pela ausência de prova da ocorrência de qualquer ato lesivo à honra do reclamante, a ensejar o deferimento de indenização por danos morais, indicando como fundamento os arts. 5º, V e X, da Constituição Federal e 186 do Código Civil.

Nas razões do recurso de revista, o reclamante sustenta ter direito à indenização por dano moral, em virtude da dispensa discriminatória decorrente da deficiência visual de que é portador. Indica violação dos arts. 186 e 927, do Código Civil, 1º, III e IV, 5º, V e X, 7º, XXXI, 37, *caput*, 193, da Lei Maior, 1º e 4º, I e II, da Lei n. 9.029/95.

O recurso alcança conhecimento.

Consoante se registra no acórdão recorrido, o reclamante foi admitido em 22 de outubro de 2004 para trabalhar na reclamada, Empresa Brasileira de Correios e Telégrafos — ECT, após ser aprovado em concurso público, para exercer as funções de carteiro I, ocupando a vaga destinada aos portadores de necessidades especiais. Em 05 de novembro do mesmo ano, o reclamante foi dispensado, sob o fundamento de sua inaptidão para o exercício das funções.

A Corte *a quo* concluiu que não teria sido demonstrado o ato discriminatório na dispensa, pelo fato de o autor ser portador de deficiência visual.

Todavia, tenho que a dispensa do reclamante, sob a justificativa de que não possuía aptidão para a função de carteiro I, ainda que aprovado em concurso público, posto não cumprir as mesmas metas dos demais empregados, configura a discriminação vedada em normas Constitucionais, legais e em Convenções da Organização Internacional do Trabalho.

Nesse cenário, incumbia à reclamada o ônus de provar que o reclamante não exercia suas atribuições e não cumpria suas metas em conformidade com a limitação física de que é acometido, e da qual a empresa já tinha ciência à época da seleção e posterior contratação. Sendo a deficiência visual tipo de doença suscetível de causar estigma ou preconceito, presume-se discriminatória a dispensa do empregado deficiente, o que autoriza a sua reintegração no emprego, e consequente direito ao ressarcimento dos danos causados.

Não se trata, na espécie, de revisão de fatos e provas, mas de enquadramento jurídico dos fatos narrados no acórdão recorrido, operação admitida em recurso de revista, sem esbarrar no óbice da Súmula n. 126 deste Tribunal.

Acerca da presunção da dispensa discriminatória de empregado portador de doença grave ou estigmatizante, a jurisprudência desta Corte Superior uniformizou-se por meio da Súmula n. 443, de seguinte teor:

"DISPENSA DISCRIMINATÓRIA. PRESUNÇÃO. EMPREGADO PORTADOR DE DOENÇA GRAVE. ESTIGMA OU PRECONCEITO. DIREITO À REINTEGRAÇÃO — Res. 185/2012, DEJT divulgado em 25, 26 e 27.09.2012.

Presume-se discriminatória a despedida de empregado portador do vírus HIV ou de outra doença grave que suscite estigma ou preconceito. Inválido o ato, o empregado tem direito à reintegração no emprego."

Conforme o entendimento pacificado no referido Verbete sumular, presume-se discriminatória a dispensa do empregado portador de deficiência visual, o que acarreta ao ofensor o dever de compensar pela ofensa aos atributos valorativos da vítima.

Note-se que, em matéria de prova, o dano moral, de acordo com a teoria do *dannum in re ipsa*, é consequência da conduta antijurídica da empresa, que, na hipótese, foi a dispensa discriminatória de empregado portador de deficiência. Do que decorre a sua responsabilidade em pagar compensação pelo prejuízo de cunho imaterial causado à vítima (teoria do valor do desestímulo: punir, compensar e prevenir), nos termos dos arts. 186 e 927, *caput*, do Código Civil e 5º, V e X, da Constituição Federal.

Nesse sentido há precedente desta Primeira Turma, de minha lavra, transcrito a seguir:

"RECURSO DE REVISTA. INDENIZAÇÃO POR DANO MORAL. COMPROVAÇÃO DO PREJUÍZO MORAL. DESNECESSIDADE. 1. O dano moral em si não é suscetível de prova, em face da impossibilidade de fazer demonstração, em juízo, da dor, do abalo moral e da angústia sofridos. 2. Trata-se, pois, de *damnum in re ipsa*, ou seja, o dano moral é consequência do próprio fato ofensivo, de modo que, comprovado o evento lesivo, tem-se, como consequência lógica, a configuração de dano moral, exsurgindo a obrigação de pagar indenização, nos termos do art. 5º, X, da Constituição Federal. 3. Na hipótese, a Corte de origem asseverou que o reclamante foi mantido como refém durante rebelião dos internos de uma das unidades da reclamada. Desse modo, diante das premissas fáticas constantes do acórdão recorrido, tem-se por comprovado o evento danoso, ensejando, assim, a reparação do dano moral. Recurso de revista conhecido e provido." (RR — 230940-08.2004.5.02.0045, Relator Ministro: Walmir Oliveira da Costa, 1ª Turma, DEJT 02.07.2010).

Referenda tal posicionamento o doutrinador Sérgio Cavallieri Filho (cfr. Programa de Responsabilidade Civil, 4ª ed., p. 525, São Paulo: Malheiros, 2003):

"(...) por se tratar de algo imaterial ou ideal, a prova do dano moral não pode ser feita através dos mesmos meios utilizados para a comprovação do dano material. Seria uma demasia, algo até impossível, exigir que a vítima comprove a dor, a tristeza ou a humilhação através de depoimentos, documentos ou perícia; não teria ela como demonstrar o descrédito, o repúdio ou o desprestígio através dos meios probatórios tradicionais, o que acabaria por ensejar o retorno à fase da irreparabilidade do dano moral em razão de fatores instrumentais.

(...)

Em outras palavras, o dano moral existe *in re ipsa*; deriva inexoravelmente do próprio fato ofensivo, de tal modo que, provada a ofensa, *ipso facto* está demonstrado o dano moral à guisa de uma presunção natural, uma presunção *hominis* ou *facti*, que decorre das regras de experiência comum.

De modo que, ao negar a indenização por dano moral, quando o quadro fático delineado no acórdão recorrido evidencia tratar-se de dispensa discriminatória de empregado portador de necessidades especiais (deficiente visual), forçoso reconhecer que o Tribunal Regional violou os arts. 186 e 927, do Código Civil, razão pela qual CONHEÇO do recurso de revista, na forma do art. 896, "c", da CLT.

MÉRITO

ECT. CARTEIRO. EMPREGADO PORTADOR DE DEFICIÊNCIA VISUAL APROVADO EM CONCURSO PÚBLICO. DISPENSA DISCRIMINATÓRIA. SÚMULA N. 443 DO TST

Merece provimento o recurso.

É incontroverso que o reclamante foi admitido em 22 de outubro de 2004 para trabalhar na reclamada, Empresa Brasileira de Correios e Telégrafos — ECT, após ser aprovado em concurso público, para exercer as funções de carteiro I, ocupando a vaga destinada aos portadores de necessidades especiais. Em 05 de novembro do mesmo ano, o reclamante foi dispensado, sob o fundamento de sua inaptidão para o exercício das funções. A Corte *a quo* concluiu que não teria sido demonstrado o ato discriminatório na dispensa, pelo fato de o autor ser portador de deficiência visual.

Na análise da prova pericial, a Corte Regional transcreveu o laudo, em que o que o perito registrou que, embora fosse portador de deficiência visual do olho esquerdo, o reclamante detinha capacidade laboral para o desempenho da função de carteiro, necessitando, contudo, fazer uso de óculos para a presbiopia (dificuldade de leitura de perto) do olho direito.

Restou patente, portanto, que o autor era portador de deficiência visual, mas possuía aptidão para o exercício das funções de carteiro I, necessitando apenas de lentes corretivas. A Corte *a quo* fundamentou-se, ainda, em depoimentos testemunhais que evidenciavam ser o autor era submetido às mesmas metas e cobranças inerentes aos empregados que não possuíam a deficiência visual.

A Constituição Federal, no *caput* do art. 5º, assegura o direito à isonomia, veiculado por meio de norma principiológica. Interpretando essa norma constitucional, a doutrina reconhece que o princípio da isonomia consiste em tratar igualmente os semelhantes, e desigualmente aqueles que se diferenciam, na exata medida de sua desigualdade, de modo que, somente assim, pode-se dar efetividade à norma que garante a igualdade de todos perante a lei, sem distinção de qualquer natureza.

Nesse sentido, se o autor foi aprovado em concurso público para a função de carteiro I, sendo submetido a critérios classificatórios diferenciados, exatamente em razão de sua deficiência visual, não há dúvidas de que deveria exercer as suas atribuições e ter cobradas as suas metas em conformidade com a limitação física de que resta acometido e da qual a reclamada já tinha ciência à época da sua seleção e posterior contratação. Essa é a exegese que melhor observa o princípio hermenêutico da máxima efetividade da norma constitucional.

A dispensa do reclamante, sob a suposta justificativa de que não possuía aptidão para a função de carteiro I, por não cumprir as mesmas metas dos demais empregados, evidencia a discriminação, o que vai de encontro às normas Constitucionais, legais e às Convenções da Organização Internacional do Trabalho.

O art. 3º, III e IV, da Carta Magna elenca, dentre os objetivos fundamentais da República Federativa do Brasil, a redução das desigualdades sociais e a promoção do bem de todos, sem preconceitos de origem, raça, sexo, cor, idade e quaisquer outras formas de discriminação. Na mesma linha, o inciso XXXI do art. 7º da Constituição Federal proíbe qualquer discriminação do trabalhador portador de deficiência, no tocante a salário e critérios de admissão.

É certo que, ao vedar a discriminação nos critérios de admissão, a teleologia da norma constitucional também buscou proibir que a extinção contratual seja motivada pela limitação decorrente da própria deficiência física.

O art. 1º da Lei n. 9.029/95 proíbe a adoção de qualquer prática discriminatória e limitativa para efeito de acesso à relação de emprego, ou sua manutenção, por motivo de sexo, origem, raça, cor, estado civil, situação familiar ou idade, ressalvadas, neste caso, as hipóteses de proteção ao menor previstas no inciso XXXIII do art. 7º da Constituição Federal.

Embora a supracitada norma legal não especifique a proibição de prática discriminatória em razão de deficiência física, a partir de uma interpretação sistemática com a Constituição Federal, conclui-se que o referido rol é meramente exemplificativo, abrindo-se margem para incluir a vedação de qualquer discriminação do trabalhador portador de deficiência, em consonância com o art. 7º, XXXI, da Lei Maior.

A Convenção n. 159 da Organização Internacional do Trabalho, que trata da "Reabilitação Profissional e Emprego de Pessoas Deficientes", entrou em vigor no plano internacional em 20.06.1985, foi aprovada pelo Decreto Legislativo n. 51, de 25.08.1989, do Congresso Nacional, com vigência nacional a partir de 18 de maio de 1991. Na mesma linha protetiva, a Convenção n. 111 da OIT, com vigência nacional a partir de 26.11.1966, trata da "Discriminação em matéria de emprego e ocupação".

Referidos Diplomas demonstram a preocupação da comunidade internacional com a proteção dos direitos dos deficientes físicos no mercado de trabalho, e com a proibição de quaisquer formas de discriminação em razão, inclusive, dessa condição especial. Com a ratificação pelo Brasil e a consequente entrada em vigor no território nacional, após o processo legislativo respectivo, tais normas internacionais ingressaram no ordenamento jurídico brasileiro, à luz do disposto no art. 5º, § 2º, da Constituição Federal, devendo, portanto, ser observadas pelos aplicadores do Direito.

A jurisprudência desta Corte Superior, em sintonia com referidas normas protetivas, uniformizou-se no sentido da Súmula n. 443, de seguinte teor:

"DISPENSA DISCRIMINATÓRIA. PRESUNÇÃO. EMPREGADO PORTADOR DE DOENÇA GRAVE. ESTIGMA OU PRECONCEITO. DIREITO À REINTEGRAÇÃO — Res. 185/2012, DEJT divulgado em 25, 26 e 27.09.2012.

Presume-se discriminatória a despedida de empregado portador do vírus HIV ou de outra doença grave que suscite estigma ou preconceito. Inválido o ato, o empregado tem direito à reintegração no emprego."

Na hipótese sob exame, apesar de o Colegiado de origem ter concluído pela ausência de provas que demonstrassem que a dispensa do reclamante se deu de forma discriminatória, é certo que deixou claro que o autor se submeteu a prévio concurso público para ingressar na reclamada, tendo sido aprovado dentro das vagas relativas aos candidatos portadores de necessidades especiais, em razão da deficiência.

Assim, incumbia à reclamada o ônus de provar que o reclamante não exercia suas atribuições e não cumpria metas em conformidade com a limitação física de que é acometido e da qual a empresa já tinha ciência à época da seleção e posterior contratação. Sendo a deficiência visual tipo de doença suscetível de causar estigma ou preconceito, presume-se discriminatória a dispensa do empregado deficiente, o que autoriza a reintegração no emprego.

Dessarte, nos termos da Súmula n. 443 do TST, é de se presumir discriminatória a dispensa do reclamante, sendo, portanto, nulo o ato demissional, o que autoriza a reintegração no emprego.

DOU PROVIMENTO ao recurso de revista para julgar procedentes os pedidos formulados na reclamação trabalhista, decretando a nulidade da dispensa e condenando a reclamada a reintegrar o autor no emprego, com o pagamento de todos os direitos e vantagens do período de afastamento, corrigidos monetariamente e acrescidas dos juros legais. Todavia, na ausência do requisito presente no art. 273, I, do CPC, concernente ao fundado receio de dano irreparável ou de difícil reparação, bem como daquele contido no inciso II do mesmo dispositivo legal, por não restar evidenciado o abuso de direito de defesa ou o manifesto propósito protelatório do réu, e, finalmente, considerando que a reclamada goza dos privilégios da Fazenda Pública, *rejeito* o pedido de antecipação de tutela, aliás, de antecipação dos efeitos da sentença.

DISPENSA DISCRIMINATÓRIA. RESPONSABILIDADE CIVIL. INDENIZAÇÃO POR DANO MORAL

No mérito, conhecido o recurso de revista, por violação dos arts. 186 e 927, do Código Civil, DOU-LHE PROVIMENTO para, reformando o acórdão recorrido, condenar a reclamada a pagar ao reclamante a indenização por danos morais.

Considerando que a indenização mede-se pela extensão do dano (art. 944 do Código Civil), e em observância aos princípios da razoabilidade e da proporcionalidade, arbitra-se o valor da indenização por danos morais em R$ 20.000,00 (vinte mil reais), com juros e atualização apurados na forma da Súmula n. 439 deste Tribunal. Invertido o ônus da sucumbência, isenta-se a reclamada do pagamento das custas processuais (Decretos-Leis n. 509/69 e n. 779/69).

Isto posto,

Acordam os Ministros da Primeira Turma do Tribunal Superior do Trabalho, por unanimidade, conhecer do agravo de instrumento e, no mérito, dar-lhe provimento para determinar o julgamento do recurso de revista. Acordam, ainda, por unanimidade, conhecer do recurso de revista apenas em relação aos temas dispensa discriminatória e indenização por dano moral, respectivamente por divergência jurisprudencial e violação dos arts. 186 e 927, do Código Civil, e, no mérito, dar-lhe provimento para (I) julgar procedentes os pedidos formulados na reclamação trabalhista, decretando a nulidade da dispensa e condenando a reclamada a reintegrar o autor no emprego, com o pagamento de todos os direitos e vantagens do período de afastamento, corrigidos monetariamente e acrescidas dos juros legais; (II) rejeitar o pedido de antecipação de tutela; (III) deferir o pedido de indenização por danos morais arbitrada no valor de R$ 20.000,00 (vinte mil reais), com juros e atualização apurados na forma da Súmula n. 439 deste Tribunal. Invertido o ônus da sucumbência, isenta-se a reclamada do pagamento das custas processuais (Decretos-Leis n. 509/69 e n. 779/69).

Brasília, 20 de fevereiro de 2013. *Walmir Oliveira da costa*, relator.

EQUIPARAÇÃO SALARIAL. IDENTIDADE DE FUNÇÕES. ÔNUS DA PROVA

RECURSO DE REVISTA. EQUIPARAÇÃO SALARIAL. IDENTIDADE DE FUNÇÕES. ÔNUS DA PROVA.

No que concerne ao pedido de equiparação salarial, é do empregado o ônus de provar o requisito da identidade de funções, por se tratar de fato constitutivo de seu direito, nos termos do art. 818 da CLT. No caso concreto, a Corte Regional violou a norma de regência quando atribuiu ao reclamado o encargo probatório, e, ainda, contrariou a Súmula n. 06, VIII, deste Tribunal, na medida em que deferiu a equiparação salarial entre professores que, incontroversamente, detêm titulação de doutor, a paradigma, e de mestre, o reclamante, em desacordo com a regra do art. 461, § 1º, da CLT, que exige a presença dos pressupostos do trabalho de igual valor e idêntica perfeição técnica.

Recurso de revista parcialmente conhecido e provido.

(Processo n. TST-RR-37.000-51-2008-5-04-0702 — Ac. 1ª Turma)

Vistos, relatados e discutidos estes autos de Recurso de Revista n. TST-RR-37000-51.2008.5.04.0702 (convertido de Agravo de Instrumento de mesmo número), em que é recorrente Centro Universitário Franciscano — Unifra e recorrido José Luiz de Moura Filho.

Inconformado com a decisão do Ministro Relator que negou seguimento ao agravo de instrumento em recurso de revista, o reclamado interpõe agravo, às fls. 1.034-1.044.

É o relatório.

VOTO

AGRAVO

CONHECIMENTO

Satisfeitos os pressupostos legais de admissibilidade recursal, pertinentes à tempestividade e à representação processual, CONHEÇO do agravo.

MÉRITO

Irresignado com a decisão monocrática que denegou seguimento ao agravo de instrumento, o reclamado interpõe agravo, insistindo no cabimento do recurso de revista quanto ao tema "Equiparação salarial. Identidade de funções. Ônus da prova". Aduz que o Tribunal Regional entendeu que lhe cabia o ônus da prova da identidade de funções para fins de equiparação salarial, o que configura inversão do ônus probatório, em afronta ao art. 818 da CLT, além de contrariar a Súmula n. 06 do TST e divergir dos arestos colacionados.

Razão lhe assiste.

Com efeito, resta potencializada a violação do art. 818 da CLT, no tocante à inversão do ônus da prova quanto ao requisito da identidade de funções na hipótese de equiparação salarial.

Assim, demonstrado o equívoco da decisão monocrática que denegou seguimento ao agravo de instrumento em recurso de revista, deve o magistrado utilizar-se do juízo de retratação previsto no art. 557, § 1º, do CPC, e determinar o processamento do recurso.

DOU PROVIMENTO ao agravo para, afastado o óbice indicado na decisão agravada (art. 557, § 1º, do CPC), prosseguir no exame do agravo de instrumento em recurso de revista.

AGRAVO DE INSTRUMENTO

CONHECIMENTO

Satisfeitos os pressupostos de admissibilidade recursal pertinentes à tempestividade e à regularidade de representação, CONHEÇO do agravo de instrumento.

MÉRITO

A Vice-Presidência do Tribunal Regional do Trabalho negou seguimento ao recurso de revista interposto pelo reclamado, por não divisar violação e divergência.

Nas razões do agravo de instrumento, o reclamado insiste no conhecimento do seu recurso de revista em relação ao tema "Equiparação salarial. Identidade de funções. Ônus da prova". Aponta violação do art. 818 da CLT, contrariedade à Súmula n. 06, VIII, do TST e transcreve arestos à divergência jurisprudencial.

Existe, com efeito, potencial violação ao art. 818 da CLT quanto à inversão do ônus da prova, deve ser provido o agravo de instrumento para determinar o julgamento do recurso de revista.

Ante o exposto, DOU PROVIMENTO ao agravo de instrumento e determino o processamento do recurso de revista, observado o procedimento estabelecido na Resolução Administrativa n. 928/2003 do Tribunal Superior do Trabalho.

RECURSO DE REVISTA

CONHECIMENTO

Satisfeitos os requisitos extrínsecos de admissibilidade, pertinentes à tempestividade (fls. 894 e 896), à regularidade de representação (fl. 134) e ao preparo, passo ao exame dos intrínsecos do recurso de revista.

RECURSO ORDINÁRIO ADESIVO. NÃO CONHECIMENTO. PRINCÍPIO DA UNIRRECORRIBILIDADE

O Tribunal Regional, às fls. 864-865, assim dispôs sobre a matéria, *verbis*:

"NÃO CONHECIMENTO DO RECURSO ADESIVO DA RÉ

O autor argui, em contrarrazões, o não conhecimento do recurso adesivo do réu, com fundamento no art. 500 do CPC.

Analisa-se.

O réu interpõe recurso ordinário adesivo, às fls. 410-419, na busca da reforma do julgado relativamente às *diferenças salariais decorrentes da pretensa redução da carga horária havida em 2004, com reflexos sobre aviso-prévio, férias com 1/3 e 13º salário*.

O mesmo, entretanto, constitui-se de idêntica matéria postulada no seu recurso ordinário (fls. 381-386), não recebido na origem (fl. 394), por deserto.

Uma vez não conhecido o recurso ordinário interposto, não pode o réu interpor recurso adesivo sobre a mesma matéria, sob pena de afronta ao princípio da unirrecorribilidade recursal, segundo o qual é vedada a interposição de mais de um recurso para manifestar inconformidade contra a mesma decisão, devendo cada apelo possuir destinação específica e exclusiva no ataque à decisão objeto de inconformidade.

Além disso, o recurso adesivo encontra-se fulminado pela preclusão consumativa, porquanto já praticado o ato (recurso ordinário principal). Finalmente, o fato de o réu ter desistido do recurso ordinário, após o seu não conhecimento, igualmente não lhe confere o direito de recorrer de forma adesiva, pois já procedido o juízo de admissibilidade do referido recurso.

Assim sendo, acolhe-se a arguição do autor e deixa-se de conhecer o recurso adesivo interposto pela ré às fls. 410-419."

O recorrente afirma que o Tribunal Regional não decidiu com acerto ao não conhecer de seu recurso adesivo. Aduz que o fato de não ter recorrido da decisão denegatória do recurso principal que havia interposto, não o impede de ingressar, no momento oportuno, com o adesivo, ainda que este apresente objeto idêntico ao do anterior.

Assevera que, na hipótese, a regra genérica do art. 183, *caput*, do CPC, fica absorvida pela disposição específica do art. 500 do mesmo diploma processual. Aponta violação dos arts. 501 do CPC, 769 da CLT e 5º, LX, da Constituição Federal.

O recurso não alcança conhecimento, sendo que a tese do recorrente tangencia a litigância de má-fé, no aspecto, por fazer *tabula rasa* ao princípio da singularidade recursal, afora a preclusão consumativa, porquanto é de elementar conhecimento de que apenas é cabível *um único recurso* para impugnar a decisão judicial. E esse recurso já fora utilizado pela parte, tendo sido denegado na origem, de modo que a interposição de recurso pela parte contrária não reabre a possibilidade de a parte, que já fizera uso do meio recursal, se utilizar do apelo subordinado, ante a ocorrência da preclusão consumativa.

Com efeito, se a parte já se utilizou do recurso principal, inadmissível a interposição de recurso adesivo ou subordinado contra o mesmo ponto da decisão, sob pena de ofensa ao princípio da unirrecorribilidade, segundo o qual, para cada ato judicial recorrível há um único recurso previsto pelo ordenamento jurídico positivo, sendo proibida a interposição simultânea ou cumulativa de mais outro, com a finalidade de impugnar o mesmo ato de jurisdição, sobretudo quando já consumada a preclusão.

No mesmo sentido os seguintes precedentes desta Corte:

"RECURSO DE REVISTA INTERPOSTO PELA RECLAMADA. RECURSO ORDINÁRIO ADESIVO. PRINCÍPIO DA UNIRRECORRIBILIDADE. Ao interpor o recurso ordinário, a reclamada consumou seu direito processual, não lhe sendo permitida, porque preclusa, a possibilidade de aviar novo apelo contra a mesma decisão, ainda que em adesão ao recurso da parte contrária, na forma do art. 500 do CPC, que resta ileso. Ressalte-se que o não conhecimento do apelo por força do princípio da unirrecorribilidade não contraria a Súmula n. 283 do TST, cuja diretriz versa sobre hipótese diversa. Recurso de revista de que não se conhece." Processo: AIRR e RR — 740865-06.2001.5.03.5555, Data de Julgamento: 11.02.2009, Relator Ministro: Walmir Oliveira da Costa, 1ª Turma, Data de Publicação: DEJT 20.02.2009.

"DESISTÊNCIA DO RECURSO ORDINÁRIO AUTÔNOMO — INTERPOSIÇÃO DE RECURSO ADESIVO — UNIRRECORRIBILIDADE RECURSAL — PRECLUSÃO LÓGICA E CONSUMATIVA. Tendo o Reclamado interposto recurso ordinário autônomo e dele desistido, não poderia interpor novamente recurso ordinário, ainda que de forma adesiva, para atacar a mesma decisão, sob pena de violação do princípio da unirrecorribilidade ou da singularidade recursal, o qual apregoa que cada decisão só pode ser atacada por um único recurso. Por outro lado, a interposição de recurso adesivo também vulnerou o princípio da preclusão lógica, uma vez que a interposição do novo recurso é incompatível com a desistência anterior do recurso ordinário interposto de forma autônoma. No mesmo diapasão, o Reclamado também vulnerou o princípio da preclusão consumativa, porquanto, quando da interposição do primeiro recurso ordinário, consumou-se o direito de impugnar a sentença. Recurso de revista não conhecido." (RR — 653432-25.2000.5.02.5555, Relator Ministro: Ives Gandra Martins Filho, Data de Julgamento: 18.06.2003, 4ª Turma, Data de Publicação: 01.08.2003)

"RECURSO DE REVISTA. PRINCIPAL E ADESIVO. CUMULAÇÃO. UNIRRECORRIBILIDADE. Se o litigante já se utilizou do recurso principal, inadmissível a interposição de recurso adesivo ou subordinado contra o mesmo ponto da decisão, sob pena de ofensa ao princípio da unirrecorribilidade, segundo o qual, para cada ato judicial recorrível há um único recurso previsto pelo ordenamento jurídico positivo, sendo proibida a interposição simultânea ou cumulativa de mais outro, com a finalidade de impugnar o mesmo ato de jurisdição, sobretudo quando já consumada a preclusão. Recursos de Revista principal e adesivo não conhecidos." Processo: RR — 601121-21.1999.5.01.5555, Data de Julgamento: 14.03.2001, Relator Juiz Convocado: Walmir Oliveira da Costa, 5ª Turma, Data de Publicação: DJ 30.03.2001.

Assim, não diviso afronta aos arts. 501 do CPC, 769 da CLT e 5º, LX, da Constituição Federal, na forma do art. 896, "c", da CLT, razão pela qual NÃO CONHEÇO do recurso, no tema.

VÍNCULO EMPREGATÍCIO NO PERÍODO DE 10.03.2003 A 11.07.2003 E DIFERENÇA SALARIAL DECORRENTE DE REDUÇÃO DE CARGA HORÁRIA

Trata-se de matérias constantes do recurso ordinário adesivo, que não foi conhecido pelo Tribunal Regional.

Assim, em face da ausência de prequestionamento, nos termos da Súmula n. 297, I, do TST, fica inviabilizada admissão do recurso de revista.

NÃO CONHEÇO.

EQUIPARAÇÃO SALARIAL. IDENTIDADE DE FUNÇÕES. ÔNUS DA PROVA

O Tribunal Regional, às fls. 865-867, assim dispôs sobre a matéria, *verbis*:

"RECURSO ORDINÁRIO DO AUTOR

EQUIPARAÇÃO SALARIAL

O autor postula acrescer à condenação o pagamento de diferenças salariais por equiparação à empregada Andréia Narriman Cezne, afirmando ter exercido as mesmas atividades da modelo e recebido salário inferior, especialmente a contar de abril de 2006. Aduz que o réu não negou, na contestação, a identidade de funções, tendo se limitado a alegar a existência de quadro de carreira. Afirma, também, que não pode ser motivo ao pagamento de salário diferenciado o fato de constar da ficha da paradigma a titulação 'doutorado incompleto', pois tanto ela como o autor tinham titulação de mestre. Requer, assim, a condenação do réu ao pagamento de diferenças salariais por equiparação na forma do art. 461 da CLT.

Analisa-se.

O art. 461 da CLT dispõe:

Sendo idêntica a função, a todo trabalho de igual valor, prestado ao mesmo empregador, na mesma localidade, corresponderá igual salário, sem distinção de sexo, nacionalidade ou idade. (Redação dada pela Lei n. 1.723, de 8.11.1952)

§ 1º — Trabalho de igual valor, para os fins deste Capítulo, será o que for feito com igual produtividade e com a mesma perfeição técnica, entre pessoas cuja diferença de tempo de serviço não for superior a 2 (dois) anos. (Redação dada pela Lei n. 1.723, de 8.11.1952)

§ 2º — Os dispositivos deste artigo não prevalecerão quando o empregador tiver pessoal organizado em quadro de carreira, hipótese em que as promoções deverão obedecer aos critérios de antiguidade e merecimento (Redação dada pela Lei n. 1.723, de 8.11.1952).

O réu alega, na contestação, que o autor foi contratado como professor assistente em razão de sua titulação de mestre. Sustenta que a paradigma Andréia Narriman Cezne detém o título de doutora, e somente passou a receber salário maior do que o do autor em razão da comprovação do doutorado, quando passou ao cargo de professora.

Como bem observado na sentença, o réu não comprovou a existência de quadro de carreira homologado pelo Ministério do Trabalho, na forma prevista no item I da Súmula 06 do TST. Do mesmo modo, o item VIII da referida Súmula orienta:

É do empregador o ônus da prova do fato impeditivo, modificativo ou extintivo da equiparação salarial.

Assim, incumbia ao réu comprovar o fato impeditivo, modificativo ou extintivo da equiparação salarial, não tendo se desonerado da prova nesse sentido, uma vez que a nomenclatura da função não é óbice à equiparação, bastando, para tanto, que as atividades exercidas sejam idênticas.

Inexistindo prova da ausência de identidade entre as funções do autor e da paradigma, impõe-se condenar o réu ao pagamento das diferenças salariais pleiteadas.

Dá-se provimento o recurso ordinário para acrescer à condenação o pagamento de diferenças salariais por equiparação à paradigma Andréia Narriman Cezne, com reflexos em aviso-prévio, férias acrescidas de 1/3, 13s. salários, repousos feriados e horas extras."

O recorrente afirma que o Tribunal Regional entendeu que lhe cabia o ônus da prova da identidade de funções para fins de equiparação salarial, constando do acórdão regional que "Inexistindo prova da ausência de identidade entre as funções do autor e da paradigma, impõe-se condenar o réu ao pagamento das diferenças salariais pleiteadas", o que configurou inversão do ônus probatório. Aponta violação do art. 818 da CLT e contrariedade à Súmula n. 06, VIII, do TST, transcrevendo arestos à divergência jurisprudencial.

O recurso alcança conhecimento.

Da leitura dos fundamentos do acórdão recorrido, constata-se que o Tribunal Regional atribuiu ao reclamado o ônus da prova da existência de identidade de funções, quando se refere à inexistência "de prova da *ausência* de identidade entre as funções do autor e da paradigma".

Ocorre, no entanto, que, no tocante ao pedido de equiparação salarial, é do empregado o ônus de provar o requisito da identidade de funções, por se tratar de fato constitutivo de seu direito, nos termos do art. 818 da CLT.

Logo, no caso concreto, forçoso é reconhecer que a Corte Regional violou a norma quando atribuiu ao reclamado o encargo probatório, e, ainda, contrariou a Súmula n. 06, VIII, deste Tribunal, na medida em que deferiu a equiparação salarial entre professores que, incontroversamente, detêm titulação de doutor, a paradigma, e de mestre, o reclamante, em desacordo com a regra do art. 461, § 1º, da CLT, que exige a presença dos pressupostos do trabalho de igual valor e idêntica perfeição técnica.

Ressalte-se que é incontroversa a existência de titulação acadêmica diferenciada entre o reclamante-equiparando, mestre, e a modelo, doutora, o que possibilita o enquadramento jurídico da espécie na diretriz da Súmula n. 06, VIII, deste Tribunal Superior, no sentido de que o reclamado se desonerou do encargo de provar fato impeditivo do direito do reclamante.

Nesse sentido podem ser citados os precedentes desta Corte transcritos a seguir:

"EQUIPARAÇÃO SALARIAL. IDENTIDADE FUNCIONAL. ÔNUS DA PROVA. 1. O ônus de comprovar a identidade de funções em que se firma a equiparação salarial pretendida recai sobre o empregado, por se tratar de fato constitutivo do seu direito. 2. A regra consagrada no item VIII da Súmula n. 6 do TST alcança tão somente os fatos impeditivos, modificativos ou extintivos do direito à equiparação salarial. 3. Não resulta em afronta aos artigos 818 da Consolidação das Leis do Trabalho e 333, II, do Código de Processo Civil decisão pela qual se indefere o pedido de diferenças salariais por equiparação salarial, em virtude de o reclamante não haver logrado êxito em produzir prova eficaz da alegada identidade de funções. 4. Recurso de revista não conhecido." (RR — 117400-73.2004.5.04.0029, Relator Ministro: Lelio Bentes Corrêa, Data de Julgamento: 22.06.2011, 1ª Turma, Data de Publicação: 01.07.2011)

"RECURSO DE REVISTA DA RECLAMADA VIVO S.A. RITO SUMARÍSSIMO. (...) Ao empregado que alega a equiparação salarial cabe apresentar o paradigma e provar a identidade de funções, sendo que ao empregador incumbe a prova de que a igualdade de funções não existia, ou invocar fatos obstativos, impeditivos ou extintivos ao pleito equiparatório. (...) Recurso de revista não conhecido." (RR — 1351-27.2010.5.18.0003, Relator Ministro: Augusto César Leite de Carvalho, Data de Julgamento: 15.02.2012, 6ª Turma, Data de Publicação: 09.03.2012)

Como se pode notar, o acórdão regional dissentiu da jurisprudência desta Corte Superior, além de violar preceito de lei federal.

CONHEÇO, pois, do recurso de revista por violação do art. 818 da CLT.

MÉRITO

EQUIPARAÇÃO SALARIAL. IDENTIDADE DE FUNÇÕES. ÔNUS DA PROVA

No mérito, conhecido o recurso de revista por violação do art. 818 da CLT, e em face da ausência dos pressupostos previstos no art. 461 da CLT, DOU-LHE PROVIMENTO para excluir da condenação o pagamento das diferenças salariais decorrentes da equiparação salarial.

Isto posto,

Acordam os Ministros da Primeira Turma do Tribunal Superior do Trabalho, por unanimidade, conhecer do agravo e, no mérito, dar-lhe provimento para, na forma do art. 557, § 1º, do CPC, afastar o óbice imposto na decisão agravada; conhecer do agravo de instrumento e, no mérito, dar-lhe provimento para determinar o julgamento do recurso de revista. Acordam, ainda, por unanimidade, conhecer do recurso de revista apenas quanto ao tema "Equiparação salarial. Identidade de funções. Ônus da prova", por violação do art. 818 da CLT, e, no mérito, dar-lhe provimento para excluir o pagamento das diferenças salariais decorrentes da equiparação salarial, sem alteração do valor da condenação fixado na origem.

Brasília, 03 de abril de 2013. *Walmir Oliveira da Costa*, relator.

EXECUÇÃO. BEM DE FAMÍLIA. RENÚNCIA À IMPENHORABILIDADE

RECURSO DE REVISTA. EXECUÇÃO TRABALHISTA. BEM DE FAMÍLIA. OFERECIMENTO EM HIPOTECA. RENÚNCIA À IMPENHORABILIDADE.

Em regra, são impenhoráveis os bens de família, ressalvados os imóveis dados em garantia hipotecária da dívida exequenda (art. 3º, V, da Lei n. 8.009/90). Assim, o oferecimento do imóvel residencial em hipoteca para garantia de dívidas da empresa não configura hipótese legal de renúncia do proprietário, em virtude da interpretação restritiva da lei especial, de ordem pública, que tem por escopo dar segurança à família. Dessa orientação divergiu o acórdão regional, em afronta aos arts. 5º, XXII, e 6º, da Constituição Federal. Precedentes do TST e STJ.

Recurso de revista conhecido e provido.

(Processo n. TST-RR-126.040-15-1999-5-10-0016 — Ac. 1ª Turma)

Vistos, relatados e discutidos estes autos de Recurso de Revista n. TST-RR-126.040-15.1999.5.10.0016, em que é recorrente Pejota propaganda Ltda. e são recorridos Luciano Daniel Mendes e Paulo Gadelha Vianna.

Insatisfeito com a decisão monocrática da Presidência do TRT da 10ª Região que denegou seguimento ao recurso de revista na fase de execução, o sócio da executada interpõe agravo de instrumento.

Houve apresentação de contraminuta ao agravo de instrumento.

Dispensada a remessa dos autos ao Ministério Público do Trabalho, conforme permissivo regimental.

É o relatório.

VOTO

AGRAVO DE INSTRUMENTO

CONHECIMENTO

Presentes os pressupostos genéricos de admissibilidade, CONHEÇO do agravo de instrumento.

MÉRITO

EXECUÇÃO TRABALHISTA. BEM DE FAMÍLIA. OFERECIMENTO EM HIPOTECA. RENÚNCIA À IMPENHORABILIDADE

Insatisfeito com a decisão monocrática da Presidência do TRT da 10ª Região que denegou seguimento ao recurso de revista na fase de execução, o sócio da executada interpõe agravo de instrumento. Renova os argumentos acerca da impenhorabilidade do bem de família, não afastada pelo oferecimento espontâneo em hipoteca como garantia de empréstimo, sob pena de violação dos arts. 1º, III, 6º e 226, § 4º, da CF.

Em face de precedente desta Corte Superior acerca da matéria em debate nos autos, entendo ser prudente prover o presente agravo, com a finalidade de prevenir violação dos arts. 5º, XXII, e 6º, da Constituição Federal, liberando o recurso de revista trancado na origem.

Do exposto, configurada a hipótese prevista no art. 896, § 2º, da CLT, DOU PROVIMENTO ao agravo de instrumento para determinar o julgamento do recurso de revista, observado o procedimento estabelecido na Resolução Administrativa n. 928/2003 deste Tribunal Superior.

RECURSO DE REVISTA

CONHECIMENTO

Presentes os pressupostos extrínsecos de admissibilidade, analiso os específicos de cabimento do recurso de revista.

EXECUÇÃO TRABALHISTA. BEM DE FAMÍLIA. OFERECIMENTO EM HIPOTECA. RENÚNCIA À IMPENHORABILIDADE

A 1ª Turma do TRT da 10ª Região, mediante o acórdão prolatado às fls. 1788-1793 (PDF), complementado pela decisão às fls. 1810-1813 (PDF), negou provimento ao agravo de petição interposto pelo sócio da executada, mantendo a penhora que recaiu sobre bem imóvel de sua propriedade, mediante os seguintes fundamentos, *verbis*:

Contudo, o Exmo. Juiz Revisor, João Luis Rocha Sampaio apresentou divergência de fundamentação, na qual foi acompanhado pelos demais membros desta egrégia 1ª Turma, nos seguintes termos:

"Acompanho o r. voto condutor.

Apenas divirjo parcialmente quanto à fundamentação, isto no particular aspecto da comprovação de que o imóvel penhorado não constitui aquele da moradia do devedor e de sua família.

Quanto a isso, diferentemente de sua Excelência, tenho a compreensão de que os elementos produzidos nos autos são suficientes para demonstrar que se trata, sim, daquele onde o Executado reside.

Basta destacar que há declaração do Síndico do Condomínio nesse sentido, recibos de contas diversas indicando-o como endereço residencial e, além disto, a própria certidão lavrada pelo Oficial de Justiça que realizou o ato de constrição, que também assim o identifica no auto de depósito.

Creio que todos esses dados, convergentes que são, tornam inequívoco que o imóvel apreendido é mesmo aquele destinado à moradia do Agravante e de sua família.

Apesar disso, afasto a impenhorabilidade pelo fato de o referido imóvel, como bem destacado pela eminente Relatora, ter sido dado em hipoteca para garantir dívidas da empresa titularizada pelo Recorrente, ato que implica, penso, na renúncia da proteção conferida pela Lei n. 8.009/1990.

Mantenho, assim, a penhora e nego provimento ao agravo."

O recorrente, insatisfeito, argumenta, em suma, que a Lei n. 8.009/90, que regulamenta as hipóteses de impenhorabilidade do bem de família, consagra princípio de ordem pública e trata-se de benefício irrenunciável, não afastada a impenhorabilidade pelo fato de o imóvel ter sido dado em garantia de empréstimo a pessoa jurídica, nos termos de precedente da SDI-2 do TST. Nesse sentido, aponta violação dos arts. 1º, III, 6º e 226, § 4º, da CF.

Ao exame.

Cumpre registrar, de início que a admissibilidade do recurso de revista interposto de acórdão proferido em agravo de petição, na liquidação de sentença ou em processo incidente na execução, inclusive os embargos de terceiro, depende de demonstração inequívoca de violência direta à Constituição Federal (art. 896, § 2º, da CLT e Súmula n. 266 do TST).

Inviável, portanto, se cogitar de violação de lei federal e dissenso pretoriano, sendo restrito o exame do recurso à demonstração de afronta da Constituição Federal — arts. 5º, XXII, e 6º.

Como bem observa o recorrente, a redação da ementa *confronta* com os fundamentos do acórdão recorrido, o que poderia levar à conclusão equivocada. Isso porque a maioria do Colegiado Regional, vencida a Juíza Relatora quanto à fundamentação, acompanhou *o voto proferido pelo juiz revisor*, vindo a prevalecer o entendimento de que o *imóvel penhorado é utilizado como residência do executado*, fato, aliás, negado na ementa.

A Turma Regional, todavia, decidiu manter a penhora, entendendo que *o bem oferecido em hipoteca para garantir dívidas da empresa implica renúncia à* impenhorabilidade *conferida pela Lei n. 8.009/90*.

Encontram-se delimitadas, portanto, as seguintes premissas: a) o imóvel penhorado serve de residência do recorrente, portanto, impenhorável nos termos da Lei n. 8.009/90; b) o imóvel foi oferecido em hipoteca para garantir dívidas da empresa, gravame esse que o Tribunal *a quo* entendeu implicar renúncia à impenhorabilidade.

Contra esse entendimento o recorrente se insurge, alegando que o ônus hipotecário não exclui a impenhorabilidade do bem de família, inexistindo renúncia à garantia legal.

Razão lhe assiste, sendo inequívoco que se trata de questão de estrito direito, sem necessidade de revisão de fatos e provas.

Dispõe o art. 1º da Lei n. 8.009/1990 — inalterada pelo novo Código Civil — que o imóvel residencial próprio do casal, ou da entidade familiar, é impenhorável, sendo essa garantia oponível em qualquer processo de execução, inclusive na esfera trabalhista, salvo nas hipóteses previstas nos arts. 3º e 4º, da citada Lei Federal.

Com efeito, o art. 3º, V, da Lei n. 8.009 excluiu da impenhorabilidade na execução de hipoteca sobre o imóvel oferecido como garantia real pelo casal ou pela entidade familiar.

Em outras palavras: são impenhoráveis os bens de família, ressalvados os imóveis dados em garantia hipotecária da dívida exequenda, conforme é pacífica a jurisprudência do Superior Tribunal de Justiça, *verbis*:

"AGRAVO REGIMENTAL NO AGRAVO DE INSTRUMENTO. RECURSO ESPECIAL. EXECUÇÃO. ALEGAÇÃO DE IMPENHORABILIDADE DO BEM DE FAMÍLIA. HIPOTECA.

1. É autorizada a penhora do bem de família quando dado em garantia hipotecária da dívida exequenda, uma vez que, nesse caso, há renúncia ao direito da impenhorabilidade do bem.

2. Agravo Regimental improvido. (AgRg no Ag 1416196/RS, 3ª T., Rel. Min. Sidnei Beneti, DJe 18/09/2012).

CIVIL. HIPOTECA. BEM DE FAMÍLIA. Se foi dado em garantia do débito *sub judice*, o imóvel perde a condição de bem de família, ainda que nele resida o devedor. Recurso especial conhecido e provido. (REsp 256.085/SP, Rel. Ministro Ari Pargendler, DJ 5.8.02);

Agravo regimental. Recurso especial não admitido. impenhorabilidade. Bem de família. Execução hipotecária. Precedentes da Corte.

1. São impenhoráveis os bens de família, ressalvados os imóveis dados em garantia hipotecária da dívida exequenda. Artigo 3º, V, da Lei n. 8.009/90.

2. Agravo regimental desprovido. (AgRg no Ag 437.447/GO, Rel. Ministro Carlos Alberto Menezes Direito, DJ 25.11.02)."

É, pois, forçoso reconhecer que, em regra, são impenhoráveis os bens de família, ressalvados os imóveis dados em garantia hipotecária da dívida exequenda (art. 3º, V, da Lei n. 8.009/90). Assim, o oferecimento do imóvel residencial em hipoteca para garantia de dívidas da empresa não configura hipótese legal de renúncia do proprietário, em virtude da interpretação restritiva da lei especial, de ordem pública, que tem como escopo dar segurança à família.

Logo, o imóvel residencial do recorrente é impenhorável e, portanto, não responde pela dívida trabalhista, sob pena de negar-se vigência aos arts. 5º, XXII, e 6º da Constituição Federal, que asseguram o direito à propriedade e à moradia.

A matéria em discussão já foi objeto de decisão da e. SDI-2 desta Corte Superior, nos autos de ação rescisória, concluindo que o reconhecimento judicial de renúncia à impenhorabilidade, em situação análoga à dos autos, viola o disposto no art. 3º, V, da Lei n. 8.009/90, *verbis*:

"RECURSO ORDINÁRIO EM AÇÃO RESCISÓRIA. I. IMPENHORABILIDADE DE BEM DE FAMÍLIA. LEI N. 8.009/90. 1. OFENSA AO ART. 6º DA CARTA MAGNA. AUSÊNCIA DE APRECIAÇÃO NA DECISÃO RESCINDENDA. Embora a rescisória não se equipare a recurso de índole extraordinária, inaugurando, em verdade, nova fase de conhecimento, necessário será, em se evocando vulneração legal, que, no processo de origem e, em consequência, na decisão atacada, o tema correspondente seja manejado. Do contrário, agora com ofensa ao disposto no art. 474 do CPC, estar-se-ia repetindo a primeira ação, sob novo ângulo. É necessária a efetiva apreciação, na decisão rescindenda, do conteúdo da norma tida por vulnerada (Súmula 298, II), de forma a autorizar o corte rescisório, o que não ocorreu. 2. VIOLAÇÃO LITERAL DOS ARTS. 1º, *CAPUT*, E PARÁGRAFO ÚNICO, E 5º DA LEI N. 8.009/90. NÃO CONFIGURAÇÃO. O Regional, no acórdão rescindendo, não afastou o enquadramento do bem imóvel penhorado nas disposições dos arts. 1º, *caput*, e parágrafo único, e 5º da Lei n. 8.009/90, assim não se caracterizando as violações legais indicadas. 3. OFENSA AO ART. 3º, *CAPUT*, E INCISOS I A VII, DA LEI N. 8.009/90. CARACTERIZAÇÃO. 3.1. Decisão rescindenda mediante a qual o TRT, a despeito de reconhecer o enquadramento do imóvel objeto de constrição judicial nas disposições do art. 1º da Lei n. 8.009/90, afastou a impenhorabilidade arguida, *sob o fundamento da ocorrência de renúncia à impenhorabilidade, em face do oferecimento do bem em hipoteca, pela esposa do autor, como garantia de dívida de menor privilégio, contraída pela empresa executada, na qual ela figura como sócia, juntamente com o filho do casal, situação apta a permitir a constrição judicial para garantir créditos trabalhistas, de natureza privilegiada. 3.2. O inciso V do art. 3º da Lei n. 8.009/90 encerra hipótese em que o imóvel residencial é livremente ofertado em hipoteca, sujeitando-se à penhora para satisfação da dívida contraída. No contexto legalmente estabelecido, a impenhorabilidade não pode ser oposta em face do próprio credor hipotecário, e não, como entendeu o TRT, no acórdão rescindendo, perante outros credores, ainda que detentores de créditos de natureza privilegiada, não especificados entre as exceções taxativamente estabelecidas na Lei n. 8.009/90. 3.3. Ofensa ao art. 3º, caput e incisos I a VII, da Lei n. 8.009/90 caracterizada. II. EMBARGOS DE DECLARAÇÃO. INTUITO PROTELATÓRIO. NÃO CARACTERIZAÇÃO. Não evidenciado o intuito manifestamente protelatório no manejo de embargos de declaração, impositiva a exclusão da multa prevista no art. 538, parágrafo único, do CPC. Recurso ordinário conhecido e provido.* Processo: RO — 83100-48.2007.5.12.0000, Data de Julgamento: 19.04.2011, Relator Ministro: Alberto Luiz Bresciani de Fontan Pereira, Subseção II Especializada em Dissídios Individuais, Data de Publicação: DEJT 13.05.2011."

Resulta inequívoco, portanto, que a Corte Regional adotou entendimento dissonante da jurisprudência do TST e do STJ acerca da matéria em discussão.

Com apoio nesses fundamentos, CONHEÇO do recurso de revista por violação dos arts. 5º, XXII, e 6º, da Constituição Federal.

MÉRITO

Conhecido o recurso de revista por violação dos arts. 5º, XXII, e 6º, da Constituição Federal, em face da impenhorabilidade do bem de família, DOU-LHE PROVIMENTO para, reformando o acórdão regional, desconstituir a penhora efetivada na execução trabalhista sobre o imóvel de propriedade do recorrente, e determinar seu levantamento.

Isto posto,

Acordam os Ministros da Primeira Turma do Tribunal Superior do Trabalho, por unanimidade, conhecer do agravo de instrumento e, no mérito, dar-lhe provimento para determinar o julgamento do recurso de revista. Acordam, ainda por unanimidade, julgando o recurso de revista, na forma do art. 897, § 7º, da CLT, dele conhecer, por violação dos arts. 5º, XXII, e 6º, da Constituição Federal, e, no mérito, dar-lhe provimento para, reformando o acórdão regional, desconstituir a penhora efetivada na execução trabalhista sobre o imóvel de propriedade do recorrente, e determinar seu levantamento.

Brasília, 07 de novembro de 2012. *Walmir Oliveira da Costa*, relator.

EXECUÇÃO. PENHORA. PROTEÇÃO DO SALÁRIO

RECURSO DE REVISTA. EXECUÇÃO. ORDEM DE PENHORA SOBRE VALORES EXISTENTES EM CONTA SALÁRIO DE SÓCIO. OFENSA AO PRINCÍPIO CONSTITUCIONAL DA PROTEÇÃO DO SALÁRIO. ART. 7º, X, DA CONSTITUIÇÃO FEDERAL.

A decisão judicial que determina a penhora de valores existentes na conta de salários viola o princípio constitucional da proteção dos salários insculpido no art. 7º, X, da Carta Magna. Não se trata de violação indireta ou reflexa da Constituição da República, dependente da aplicação do art. 649, IV, do CPC, que, tornando concreta aquela proteção, estabelece a impenhorabilidade absoluta dos salários. A SBDI-2 do TST, na Orientação Jurisprudencial n. 153, já sedimentou entendimento acerca da nulidade da ordem de penhora de valores existentes na conta de salário do devedor trabalhista. Precedente da Turma.

Recurso de revista conhecido e provido.

(Processo n. TST-RR-272-11-2010-5-22-0000 Ac. 1ª Turma)

Vistos, relatados e discutidos estes autos de Recurso de Revista n. TST-RR-272-11.2010.5.22.0000 (Convertido de Agravo de Instrumento de mesmo número), em que é recorrente Nilson Cordeiro Ferreira e outra e são recorridas Ana Sávia de Araújo Santos e Cooperativa Parnaibana dos Educadores Ltda. — COPED.

Contra a decisão da Presidência do TRT da 22ª Região que negou seguimento ao recurso de revista (fls. 107-110), os coexecutados interpõem agravo de instrumento, conforme as razões às fls. 02-103, pretendendo o processamento do apelo cujo seguimento restou obstado.

Decorreu o prazo legal sem oferecimento de contraminuta e contrarrazões (certidão à fl. 521).

Os autos não foram remetidos ao Ministério Público do Trabalho, por não estar caracterizada hipótese prevista no art. 83, § 2º, do Regimento Interno do TST.

É o relatório.

VOTO

AGRAVO DE INSTRUMENTO

CONHECIMENTO

Presentes os pressupostos genéricos de admissibilidade, CONHEÇO do agravo de instrumento.

MÉRITO

EXECUÇÃO. ORDEM DE PENHORA SOBRE VALORES EXISTENTES EM CONTA SALÁRIO DE SÓCIO. OFENSA

AO PRINCÍPIO CONSTITUCIONAL DA PROTEÇÃO DO SALÁRIO. ART. 7º, X, DA CONSTITUIÇÃO FEDERAL

O Juízo *a quo* negou seguimento ao recurso de revista interposto pelos coexecutados, sócios da empresa devedora principal, por não constatar violação dos arts. 5º, XXII, e 7º, X, da Constituição da República, a teor do art. 896, § 2º, da CLT.

Os sócios da empresa executada, ora agravantes, insistem no processamento do recurso de revista, ao argumento de ausência de fundamento para a desconstituição da personalidade jurídica da Sociedade executada, uma vez que esta foi transformada em cooperativa. Aduzem que a ilegalidade da penhora em suas contas salário, em face do disposto no art. 649, IV, do CPC. Nesse sentido, apontam a violação dos arts. 649, IV, do CPC, 5º, XXII, e 7º, X, da Constituição da República e transcrevem arestos ao confronto de teses.

Com efeito, em face da natureza da matéria controvertida e das singularidades do caso concreto e considerando, ainda, o entendimento fixado pela SBDI-2 do TST na Orientação Jurisprudencial n. 153, entendo ser prudente mandar processar o recurso de revista, a fim de prevenir a violação do art. 7º, X, da Carta Magna.

Ante o exposto, configurada a hipótese prevista no art. 896, § 2º, da CLT, dou provimento ao agravo de instrumento e determino o julgamento do recurso de revista, observada a sistemática prevista na Resolução Administrativa n. 928/2003 do Tribunal Superior do Trabalho.

RECURSO DE REVISTA

CONHECIMENTO

Satisfeitos os pressupostos genéricos de admissibilidade, analiso os específicos do recurso de revista, que está sendo processado em virtude do provimento do agravo de instrumento.

EXECUÇÃO. ORDEM DE PENHORA SOBRE VALORES EXISTENTES EM CONTA SALÁRIO DE SÓCIO. OFENSA AO PRINCÍPIO CONSTITUCIONAL DA PROTEÇÃO DO SALÁRIO. ART. 7º, X, DA CONSTITUIÇÃO FEDERAL

O Tribunal Regional do Trabalho da 22ª Região, mediante o acórdão às fls. 373-379, negou provimento ao agravo de petição interpostos pelos executados, sócios da empresa devedora na execução trabalhista, conforme o fundamento sintetizado na ementa, *verbis*:

"PROCESSO DE EXECUÇÃO TRABALHISTA. TEORIA DA DESCONSIDERAÇÃO DA PESSOA JURÍDICA. APLICABILIDADE. E perfeitamente cabível no processo trabalhista a adoção da *teoria da desconsideração da pessoa jurídica*, a fim de responsabilizar os sócios da empresa executada pelos créditos trabalhistas devidos, no caso de haver a utilização de artifícios pela empresa para não pagar os seus credores, devendo recair a penhora sobre o patrimônio dos sócios Tal teoria encontra abrigo no art. 50 do Código Civil/2002, que prevê em havendo abuso da personalidade jurídica pelo desvio de finalidade ou confusão patrimonial, pode o juiz decidir que os efeitos de determinadas obrigações se estendam aos bens dos administradores ou sócios da pessoa jurídica, não havendo dúvida de que tal dispositivo e aplicável subsidiariamente no processo trabalhista, por força do art. 8º, parágrafo único, da CLT Como se vê, o ordenamento jurídico protege de todas as formas o credor, perseguindo sempre o devedor e seu patrimônio no propósito da quitação do credito devido, devendo tal proteção ser precipuamente almejada no caso de créditos trabalhistas, tendo em vista a sua natureza privilegiada, eis que revestido de caráter alimentar.

BLOQUEIO — CONTA DE SALÁRIO — PAGAMENTO DE VERBA ALIMENTÍCIA — LEGALIDADE

O art. 664, IV, do CPC protege o salário contra penhora, pois este possui natureza alimentícia, mas põe a salvo a satisfação de prestação alimentícia, à qual se equiparam as verbas trabalhistas devidas à reclamante."

Nas razões do recurso de revista, os executados sustentam a ausência de fundamento para a desconstituição da personalidade jurídica da Sociedade executada, uma vez que esta foi transformada em cooperativa. Aduzem que a ilegalidade da penhora em suas contas salário, em face do disposto no art. 649, IV, do CPC. Nesse sentido, apontam a violação dos arts. 649, IV, do CPC, 5º, XXII, e 7º, X, da Constituição da República e transcrevem arestos ao confronto de teses.

À análise.

O cabimento do recurso de revista interposto em execução de sentença, inclusive em processo incidente de embargos de terceiro, se restringe à demonstração de afronta direta e literal de norma da Constituição da República. Dessa forma, incabível o recuso, assim interposto em que se pretende a revisão da aplicação de norma infraconstitucional ou a demonstração de ofensa ao Texto Constitucional pela via indireta e reflexa, via essa em que se insere a indicação de divergência jurisprudencial. Incidência da Súmula n. 266 e do art. 896, § 2º, da CLT.

Nesse sentido, a utilização da teoria da desconsideração da personalidade jurídica da empresa devedora para tornar eficaz a execução do crédito trabalhista teve como escopo dispositivos de lei, cuja revisão, reitere-se, é inviável por força da previsão contida no art. 896, § 2º, da CLT e na Súmula n. 266 do TST.

Resta, portanto, analisar o cabimento do recurso de revista em execução de sentença à luz da indicada violação ao art. 7º, X, da Constituição Federal, que dispõe, *verbis*:

"Art. 7º São direitos dos trabalhadores urbanos e rurais, além de outros que visem à melhoria de sua condição social:

(...)

X — proteção do salário na forma da lei, constituindo crime sua retenção dolosa."

O princípio da proteção do salário que, antes de 05/10/1988, era consagrado apenas no texto de normas inferiores (art. 462 da CLT e art. 649, IV, do CPC), passou a constar explicitamente da Constituição da República (art. 7º, IV, VI e X).

A lei conferia proteção ao salário de vários modos: contra o empregador, contra os credores do empregador, contra o empregado e contra os credores do empregado.

Por conta dessa proteção é que, além de irredutíveis, os salários são impenhoráveis, irrenunciáveis e constituem créditos privilegiados na falência e na recuperação judicial da empresa, além de constituir crime a retenção dolosa do salário (apropriação indébita).

A impenhorabilidade absoluta dos salários tem previsão no art. 649, IV, do CPC, *verbis*:

"Art. 649. São absolutamente impenhoráveis:

(...)

IV — os vencimentos, subsídios, soldos, salários, remunerações, proventos de aposentadoria, pensões, pecúlios e montepios; as quantias recebidas por liberalidade de terceiro e destinadas ao sustento do devedor e sua família, os ganhos de trabalhador autônomo e os honorários de profissional liberal, observado o disposto no § 3º deste artigo. (Redação dada pela Lei n. 11.382, de 2006)."

No Projeto de Lei que foi convertido na Lei n. 11.382, de 2006, incluiu-se o § 3º do art. 649 do CPC, considerando penhorável até 40% do total recebido mensalmente a título de salários acima de 20 salários mínimos, após os descontos legais.

Entretanto, o citado dispositivo recebeu veto presidencial, fundado no fato de que "O Projeto de Lei quebra o dogma da impenhorabilidade absoluta de todas as verbas de natureza alimentar (...)", em ordem a proteger o salário na forma do disposto no art. 7º, X, da Constituição Federal.

Nesse contexto, forçoso é reconhecer que a decisão do Tribunal Regional violou o princípio constitucional da proteção dos salários insculpido no art. 7º, X, da Carta Magna.

Não se trata de violação indireta ou reflexa da Constituição da República, dependente da aplicação do art. 649, IV, do CPC que, tornando concreta aquela proteção, estabelece a impenhorabilidade absoluta dos salários. Nesse sentido o acórdão de minha lavra proferido no Proc. RR-94140-42.1998.5.10.0018, 1ª Turma, DJ de 27.03.2009.

O reconhecimento da invalidade da penhora da conta de salário, em face de impenhorabilidade absoluta, já se encontra pacificada no âmbito desta Corte Superior pela Orientação Jurisprudencial n. 153 da SBDI-2, *verbis*:

"MANDADO DE SEGURANÇA. EXECUÇÃO. ORDEM DE PENHORA SOBRE VALORES EXISTENTES EM CONTA SALÁRIO. art. 649, IV, do CPC. ILEGALIDADE. (DJe divulgado em 03, 04 e 05.12.2008)

Ofende direito líquido e certo decisão que determina o bloqueio de numerário existente em conta salário, para satisfação de crédito trabalhista, ainda que seja limitado a determinado percentual dos valores recebidos ou a valor revertido para fundo de aplicação ou poupança, visto que o art. 649, IV, do CPC contém norma imperativa que não admite interpretação ampliativa, sendo a exceção prevista no art. 649, § 2º, do CPC espécie e não gênero de crédito de natureza alimentícia, não englobando o crédito trabalhista."

A aplicação da jurisprudência iterativa, notória e atual da SBDI-2 do TST é plenamente cabível como fundamento do mérito do recurso de revista em execução, nos termos do art. 896, § 2º, da CLT, quando se verifica violação direta e literal da Constituição da República.

A ser admitida a discussão do tema somente em sede de recurso ordinário em mandado de segurança, estar-se-ia privilegiando a indevida utilização da ação mandamental, com rito procedimental e seus desdobramentos, para impugnar decisão na execução trabalhista, em substituição aos recursos cabíveis: agravo de petição e recurso de revista, em prejuízo do princípio da razoável duração do processo e da celeridade em sua tramitação (art. 5º, LXXVIII, da Constituição Federal).

Do exposto, CONHEÇO do recurso de revista por violação do art. 7º, X, da Constituição da República.

MÉRITO

EXECUÇÃO. ORDEM DE PENHORA SOBRE VALORES EXISTENTES EM CONTA SALÁRIO DE SÓCIO. OFENSA AO PRINCÍPIO CONSTITUCIONAL DA PROTEÇÃO DO SALÁRIO. ART. 7º, X, DA CONSTITUIÇÃO FEDERAL

No mérito, conhecido o recurso de revista por violação do art. 7º, X, da Constituição da República, DOU-LHE PROVIMENTO para, reformando o acórdão recorrido, decretar a nulidade da ordem judicial e determinar o levantamento da penhora que recaiu sobre a conta de salários dos recorrentes, cujos valores apreendidos devem ser imediatamente devolvidos aos seus titulares.

Isto posto,

Acordam os Ministros da Primeira Turma do Tribunal Superior do Trabalho, por unanimidade, conhecer do agravo de instrumento e, no mérito, dar-lhe provimento para determinar o julgamento do recurso de revista. Acordam, ainda, por unanimidade, julgando o recurso de revista, na forma do art. 897, § 7º, da CLT, dele conhecer, por violação do art. 7º, X, da Constituição da República, e, no mérito, dar-lhe provimento para, reformando o acórdão recorrido, decretar a nulidade da ordem judicial e determinar o levantamento da penhora que recaiu sobre a conta de salários dos recorrentes, cujos valores apreendidos devem ser imediatamente devolvidos aos seus titulares.

Brasília, 14 de dezembro de 2011. *Walmir Oliveira da Costa*, relator.

FÉRIAS. PAGAMENTO FORA DO PRAZO

RECURSO DE REVISTA. FÉRIAS. GOZO NA ÉPOCA PRÓPRIA. PAGAMENTO FORA DO PRAZO. DOBRA DEVIDA. ARTIGOS 137 E 145 DA CLT.

É devido o pagamento em dobro da remuneração de férias, incluído o terço constitucional, com base no art. 137 da CLT, quando, ainda que gozadas na época própria, o empregador tenha descumprido o prazo previsto no art. 145 do mesmo diploma legal. Inteligência da Orientação Jurisprudencial n. 386 da SBDI-1 desta Corte Superior.

Recurso de revista conhecido e provido.

(Processo n. TST-RR-60.200-71-2011-5-21-0003 — Ac. 1ª Turma)

Vistos, relatados e discutidos estes autos de Recurso de Revista n. TST-RR-60200-71.2011.5.21.0003, em que é recorrente Manoel Jusselino de Almeida e Silva e recorrida Companhia de Processamento de Dados do Rio Grande do Norte S.A. — Datanorte/RN.

O Tribunal Regional do Trabalho da 21ª Região, mediante o acórdão às fls. 230-234, negou provimento ao recurso ordinário do reclamante mantendo a sentença em que se entendeu indevido o pagamento em dobro das férias.

O reclamante interpõe recurso de revista (fls. 284-296), com amparo nas alíneas *a* e *c* do art. 896 da CLT, sustentando que, nos termos da jurisprudência desta Corte Superior, ainda que as férias sejam gozadas à época própria, é devido seu pagamento em dobro caso o empregador descumpra o prazo previsto no art. 145 da CLT.

Admitido o recurso de revista (fls. 358-360), a reclamada não apresentou as contrarrazões (certidão à fl. 366).

Dispensada a remessa dos autos ao Ministério Público do Trabalho, nos termos do art. 83, § 2º, II, do Regimento Interno do Tribunal Superior do Trabalho.

É o relatório.

VOTO

CONHECIMENTO

O recurso é tempestivo (fls. 236 e 240), tem representação regular (fl. 12), sendo dispensado o preparo. Atendidos os pressupostos genéricos de admissibilidade, passo ao exame dos específicos do recurso de revista.

FÉRIAS. GOZO NA ÉPOCA PRÓPRIA. PAGAMENTO FORA DO PRAZO. DOBRA DEVIDA. ARTS. 137 E 145 DA CLT

O Tribunal Regional negou provimento ao recurso ordinário do reclamante, adotando os seguintes fundamentos, *verbis* (fls. 231-233):

"No caso dos autos, não houve pagamento do direito do autor em data posterior ao estabelecido na Lei, haja vista que o terço constitucional e o abono do art. 134 eram pagos antes da fruição das férias, conforme se verifica dos contracheques colacionados aos autos (recibos de pagamento anexados pelo autor, às fls. 14-18, cotejados com as anotações da CTPS do autor — fl. 12/13), e as férias no curso da fruição do direito.

Dessa forma, verifica-se que o caso dos autos não se insere no que preceitua o art. 137 da CLT, que tem a seguinte redação:

'Sempre que as férias forem concedidas após o prazo de que trata o art. 134, o empregador pagará em dobro a respectiva remuneração.

§1º Vencido o mencionado prazo sem que o empregador tenha concedido as férias, o empregado poderá ajuizar reclamação pedindo a fixação, por sentença, da época de gozo das mesmas.

§ 2º A sentença cominará pena diária de 5% do salário-mínimo da região, devida ao empregado até que seja cumprida.

§ 3º Cópia da decisão judicial transitada em julgado será remetida ao órgão local do Ministério do Trabalho, para fins de aplicação da multa de caráter administrativo'.

O art. 134 estabelece que as férias sejam concedidas em um só período, nos 12 (doze) meses subsequentes à data de aquisição do direito, o que não se observa na presente demanda, conforme acima já narrado.

Portanto, não se trata de hipótese de incidência do art. 137, diante da própria afirmação da parte reclamante de que gozou as férias no período correto, pleiteando a cominação de multa apenas pelo não adiantamento do pagamento das mesmas.

A multa prevista no § 3º do citado artigo se trata de multa administrativa, aplicável em outra esfera de competência. Em se tratando de penalidade, o referido artigo deve ser interpretado restritivamente, não se aplicando, portanto, ao caso em tela, haja vista que o autor percebia o terço constitucional antes do início das férias e o restante da remuneração durante o seu gozo, conforme o permissivo do art. 142 da CLT, *in verbis*:

'Art. 142 — O empregado perceberá, durante as férias, a remuneração que lhe for devida na data de sua concessão'.

O artigo 142 é conclusivo no sentido de que a obrigação prevista no art. 145 da CLT, conforme entendimento do julgado recorrido, limita-se à obrigação de pagar o terço constitucional, sendo lícito ao empregador efetuar o pagamento do respectivo período após o referido prazo, durante o gozo das férias anuais, como no caso dos autos.

Ressalte-se que o pagamento adiantado é prática refutada pela maioria esmagadora dos empregados, que preferem evitar o longo período sem percepção de remuneração.

Não há, pois, violação aos dispositivos legais e constitucionais suscitados pelo autor.

Esse tem sido o entendimento de diversos julgados desta Corte, como o Acórdão n. 110.865, prolatado nos autos do Recurso Ordinário n. 52300-31.2011.5.21.0005, da lavra da Juíza Relatora Simone Medeiros Jalil, cuja ementa é a que segue:

'REMUNERAÇÃO DAS FÉRIAS. PAGAMENTO DO TERÇO CONSTITUCIONAL DOIS DIAS ANTES E O RES-

TANTE DA REMUNERAÇÃO DURANTE O PERÍODO DE GOZO DAS FÉRIAS. DOBRA INDEVIDA. MANUTENÇÃO DA SENTENÇA. A penalidade imposta no artigo 137 da CLT aplica-se apenas no caso de concessão de férias após o período legal de gozo, sendo indevida a dobra no caso de pagamento da remuneração das férias durante o gozo, se o terço constitucional era pago no prazo a que alude o artigo 145 da CLT e o salário no prazo previsto no art. 142 da CLT.'

No mesmo sentido o Acórdão da lavra do Exmº Desembargador José Barbosa Filho, cuja redação é a seguinte (Acórdão n. 110.663, Recurso ordinário n. 66100-32.2011.5.21.0004).

'FÉRIAS. PAGAMENTO DO ABONO DE 1/3 COM O SALÁRIO DO MÊS PRECEDENTE — AUSÊNCIA DE PREJUÍZO PARA O EMPREGADO. PAGAMENTO EM DOBRO INDEVIDO. Constata-se dos autos que o terço das férias era pago no mês anterior ao da concessão, e o salário correspondente às férias no próprio mês de fruição, evitando que o reclamante ficasse dois meses sem receber salário, o que inclusive poderia trazer-lhe prejuízos. A dobra prevista no artigo 137 da CLT é devida unicamente em caso de concessão das férias após o decurso do prazo legal, mas não na hipótese de o empregador deixar de efetuar o pagamento da remuneração das férias no prazo previsto no artigo 145 da CLT, quando é cabível apenas a aplicação da multa administrativa prevista no art. 153 da CLT.

Recurso não provido.'

Diante das argumentações expendidas, não há que se falar em condenação nos honorários sucumbenciais, haja vista a manutenção da improcedência dos pedidos.

O recurso não prospera."

Inconformado, o reclamante interpõe recurso de revista. Sustenta que, nos termos da jurisprudência desta Corte Superior, ainda que as férias sejam gozadas à época própria, é devido seu pagamento em dobro caso o empregador descumpra o prazo previsto no art. 145 da CLT. Aponta violação dos arts. 5º, II, 7º, XVII, da Constituição Federal e 129, 137 e 145 da CLT, contrariedade à Orientação Jurisprudencial n. 386 da SBDI-1, do TST e transcreve arestos para confronto de teses.

À análise.

O aresto transcrito às fls. 292-294, oriundo da 14ª Região, é apto a impulsionar o recurso de revista por divergência jurisprudencial, pois nele se adota a tese de que o pagamento das férias, fora do prazo previsto no art. 145 da CLT, deverá ser em dobro, tal como previsto no art. 137 da CLT.

CONHEÇO do recurso de revista por divergência jurisprudencial, na forma da alínea *a* do art. 896 da CLT.

MÉRITO

FÉRIAS. GOZO NA ÉPOCA PRÓPRIA. PAGAMENTO FORA DO PRAZO. DOBRA DEVIDA. ARTS. 137 E 145 DA CLT

Trata-se de discussão acerca do pagamento extemporâneo das férias que foram gozadas em seu tempo devido.

O Tribunal Regional adotou a tese de que o reclamante não tem direito ao pagamento em dobro das férias, uma vez que o pagamento se deu durante o período de fruição do direito.

Entretanto, a jurisprudência desta Corte uniformizadora se firmou no sentido de que a finalidade do instituto das férias é permitir que o empregado, ao se retirar do trabalho para descanso no período das férias, possa desfrutar do repouso, o que somente se torna possível se dispuser de recursos econômicos. Nesse contexto, a remuneração das férias fora do prazo de que trata o art. 145 da CLT enseja o pagamento, em dobro, do benefício, por aplicação analógica do art. 137 da CLT.

Sendo assim, a decisão recorrida foi proferida em contrariedade ao entendimento desta Corte, consubstanciado na Orientação Jurisprudencial n. 386 da SBDI-1, *verbis*:

"FÉRIAS. GOZO NA ÉPOCA PRÓPRIA. PAGAMENTO FORA DO PRAZO. DOBRA DEVIDA. ARTS. 137 E 145 DA CLT. (DEJT divulgado em 09, 10 e 11.06.2010)

É devido o pagamento em dobro da remuneração de férias, incluído o terço constitucional, com base no art. 137 da CLT, quando, ainda que gozadas na época própria, o empregador tenha descumprido o prazo previsto no art. 145 do mesmo diploma legal."

Impõe-se, no caso vertente, a reforma do acórdão regional para adequá-lo à jurisprudência desta Corte uniformizadora.

De exposto, DOU PROVIMENTO ao recurso de revista para, reformando o acórdão regional, julgar procedente o pedido formulado na petição inicial para condenar a reclamada ao pagamento em dobro da remuneração das férias, incluído o terço constitucional, porquanto ineficaz o pagamento feito a esse título.

Em face do provimento do recurso de revista, com pedido expresso nesse sentido, e com base no permissivo do art. 515, § 3º, do CPC, verificando-se a presença dos requisitos previstos na Lei n. 5.584/70 e nas Súmulas ns. 219 e 329 do TST, condeno a reclamada ao pagamento dos honorários advocatícios, no percentual de 15% (quinze por cento) calculados na forma da Orientação Jurisprudencial n. 348 da SBDI-1 do TST.

Isto posto,

Acordam os Ministros da Primeira Turma do Tribunal Superior do Trabalho, por unanimidade, conhecer do recurso de revista, por divergência jurisprudencial, e, no mérito, dar-lhe provimento para, reformando o acórdão regional, julgar procedente o pedido formulado na petição inicial para condenar a reclamada ao pagamento em dobro da remuneração das férias, incluído o terço constitucional, conforme valores a serem apurados em liquidação. Valor da condenação fixado, provisoriamente, em R$ 30.000,00 (trinta mil reais) e das custas em R$ 600,00 (seiscentos reais), a cargo da reclamada. Invertido o ônus da sucumbência, condena-se a reclamada ao pagamento dos honorários advocatícios assistenciais de 15% (quinze por cento), calculados na forma da Orientação Jurisprudencial n. 348 da SBDI-1 do TST.

Brasília, 20 de novembro de 2012. *Walmir Oliveira da Costa*, relator.

GESTANTE. ESTABILIDADE PROVISÓRIA

RECURSO DE REVISTA. PROCEDIMENTO SUMARÍSSIMO. GESTANTE. ESTABILIDADE PROVISÓRIA. CONCEPÇÃO NO CURSO DO CONTRATO DE TRABALHO. DIREITO AOS SALÁRIOS E ÀS DEMAIS VANTAGENS DO PERÍODO DE ESTABILIDADE.

Nos termos da Súmula n. 244 do TST, o fato gerador do direito à estabilidade provisória da empregada gestante, sem prejuízo dos salários, surge com a concepção na vigência do contrato de trabalho e se projeta até 5 meses após o parto (arts. 7º, VIII, da Constituição Federal e 10, II, "b", das Disposições Constitucionais Transitórias). Assim, atribui-se responsabilidade objetiva ao empregador que assume o ônus respectivo pela despedida sem justa causa de empregada gestante, sendo irrelevante a comunicação ao empregador no ato da rescisão contratual do estado gravídico, porquanto a própria empregada pode desconhecê-lo naquele momento. O escopo da garantia constitucional é não só a proteção da gestante contra a dispensa arbitrária, por estar grávida, mas principalmente, e, sobretudo, a tutela do nascituro. Precedentes do STF e do TST.

Recurso de revista conhecido e provido.

(Processo n. TST-RR-137.200-80-2007-5-02-0371 — Ac. 1ª Turma)

Vistos, relatados e discutidos estes autos de Recurso de Revista n. TST-RR-137200-80.2007.5.02.0371, em que é recorrente Solange Aparecida Bispo dos Santos Brigi e recorrida Expresso Pão de Queijo Ltda.

O Tribunal Regional do Trabalho da 2ª Região, mediante decisão, às fls. 92-94, deu provimento ao recurso ordinário da reclamada para excluir da condenação a obrigação à reintegração e à pena substitutiva de pagamento de indenização a título de salários desde a dispensa até o término da estabilidade provisória de empregada gestante, 13s. salários, FGTS (40%) e férias + 1/3, reconhecendo a improcedência da ação.

A reclamante interpõe recurso de revista, às fls. 97-110, postulando a reforma do julgado em relação ao pedido de indenização à estabilidade provisória, com base no art. 896, a e c, da CLT.

O recurso de revista foi admitido pela decisão às fls. 115-117.

Foi apresentada contrarrazões ao recurso de revista às fls. 119-132.

Os autos não foram remetidos ao Ministério Público do Trabalho, por não estar caracterizada hipótese prevista no art. 83, § 2º, do Regimento Interno do TST.

É o relatório.

VOTO

CONHECIMENTO

Satisfeitos os pressupostos genéricos de admissibilidade recursal quanto à regularidade de representação (fl. 06), à tempestividade (fls. 95-97), passa-se ao exame dos requisitos específicos de cabimento do recurso de revista.

GESTANTE. ESTABILIDADE PROVISÓRIA. CONCEPÇÃO NO CURSO DO CONTRATO DE TRABALHO. DIREITO AOS SALÁRIOS E ÀS DEMAIS VANTAGENS DO PERÍODO DE ESTABILIDADE

O Tribunal Regional do Trabalho da 2ª Região deu provimento ao recurso ordinário da reclamada para excluir da condenação a obrigação à reintegração e a pena substitutiva de pagamento de indenização a título de salários desde a dispensa até o término da estabilidade provisória de empregada gestante, 13s. salários, FGTS (40%) e férias + 1/3, reconhecendo a improcedência da ação. Manifestou-se, às fls. 92-94, textualmente, *verbis*:

MÉRITO

Insurge-se a reclamante contra o R. Julgado de origem alegando que a recorrida aceitou a rescisão contratual, tendo sido homologada sem qualquer ressalva; diz, ainda, que a dispensa se deu em 23.06.2007 e sem que tivesse a autora dado notícia da gravidez e que só foi confirmada três meses após a dispensa, restando descumprida a norma inserta no inciso II, alínea "b", do artigo 10 do Ato das Disposições Constitucionais Transitórias; pretende, assim, seja reformada a decisão de origem.

Constata-se, de todo o processado, que a foi a recorrida demitida em 23.06.2007, tendo recebido indenização relativa ao período do aviso prévio, e prova não há nos autos de que tivesse a autora dado ciência ao empregador da gravidez de duas semanas, como alegado na inicial.

Por outro lado, dúvida não há de que foi o estado gravídico conhecido pela recorrida apenas em 03.08.2007, conforme documento de fls. 11 dos autos, e do qual foi dada ciência ao empregador tão somente através da presente ação, já que não há confirmação de que o gerente da ré teria tomado conhecimento do fato anteriormente.

Observa-se, ainda, que a estabilidade perseguida tem fundamento na norma constitucional e que claramente dispõe sobre a "confirmação da gravidez", o que implica em ciência ao empregador. E, embora não tenha o legislador disposto sobre prazo para aquele ato, certo é que deve ser feito enquanto vigente o contrato de trabalho ou quando da homologação ou pagamento das verbas rescisórias.

No caso, contudo, assim não fez a recorrida, como já se viu e, não se pode entender tenha sido obstada a estabilidade, porquanto confirmada a gravidez quando já não era mais a reclamante empregada da reclamada.

Assim, sob todos os ângulos em que se analise a controvérsia, razão assiste à recorrente em seu inconformismo, restando acolhido o apelo para excluir da condenação a obrigação à reintegração, bem com a pena substitutiva de pagamento de indenização a título de salários desde a dispensa até o término da estabilidade, natalinas, FGTS (40%) e férias + 1/3, restando reconhecida a improcedência da ação.

Nas razões do recurso de revista, a reclamante sustenta ser incontroverso que já estava grávida quando da sua dispensa pela reclamada. Indicou violação do art. 10, II, *b*, do ADCT e contrariedade à Súmula n. 244 do TST. Transcreve arestos para demonstração de divergência jurisprudencial.

Razão lhe assiste.

O Tribunal Regional adotou o entendimento de que, para o reconhecimento do direito à estabilidade assegurada à gestante, é imprescindível que o estado gestacional tenha sido confirmado durante o desdobramento do vínculo, *in casu*, assenta que a gravidez foi confirmada quando já não era mais a reclamante empregada da reclamada.

É, pois, forçoso reconhecer que o Tribunal Regional entendeu que não é a *concepção* que assegura o direito da empregada grávida, mas sim a *confirmação* da gravidez perante o empregador, no curso do contrato de trabalho.

Nos termos da Súmula n. 244 do TST, o fato gerador do direito à estabilidade provisória da empregada gestante, sem prejuízo dos salários, surge com a concepção na vigência do contrato de trabalho e se projeta até 5 meses após o parto (arts. 7º, VIII, da CF e 10, II, "b", das Disposições Constitucionais Transitórias).

Assim, atribui-se responsabilidade objetiva ao empregador que assume o ônus respectivo pela despedida sem justa causa de empregada gestante, sendo irrelevante a comunicação ao empregador no ato da rescisão contratual do estado gravídico, porquanto a própria empregada pode desconhecê-lo naquele momento. O escopo da garantia constitucional é não só a proteção da gestante contra a dispensa arbitrária, por estar grávida, mas principalmente, e, sobretudo, a tutela do nascituro.

Em igual direção os seguintes precedentes deste Tribunal Superior: ERR-575.263/1999, Min. Milton de Moura França, DJ 02.06.2007, Decisão unânime; ERR-39.733/2002-900-02-00.7, Min. Maria Cristina Irigoyen Peduzzi, DJ 17.02.2006, Decisão unânime; ERR-2.094/2002-056-02-00.5, Juiz Conv. José Antônio Pancotti, DJ 22.04.2005, Decisão unânime; ERR-127.533/1994, Ac. 3828/1996, Min. Vantuil Abdala, DJ 07.03.1997, Decisão por maioria.

O Supremo Tribunal Federal, no exame da matéria, consagrou entendimento segundo o qual o art. 10, II, "b", do ADCT-CF/88 é norma transitória que não condiciona a fruição do benefício concedido à empregada gestante à comunicação de sua gravidez ao empregador, uma vez que se trata, em última análise, de garantia constitucional assegurada ao nascituro (RE-234.186/SP — São Paulo, recurso extraordinário, Rel. Min. Sepúlveda Pertence, Julgamento em 05.06.2001, Órgão Julgador Primeira Turma, Publicação DJ 31.08.2001, pp.65).

Com base em tais fundamentos, CONHEÇO do recurso de revista por contrariedade à Súmula n. 244 deste Tribunal Superior.

MÉRITO

GESTANTE. ESTABILIDADE PROVISÓRIA. CONCEPÇÃO NO CURSO DO CONTRATO DE TRABALHO. DIREITO AOS SALÁRIOS E ÀS DEMAIS VANTAGENS DO PERÍODO DE ESTABILIDADE

No mérito, conhecido o recurso de revista por contrariedade à Súmula n. 244 deste Tribunal Superior, DOU-LHE PROVIMENTO para restabelecer a sentença.

Isto posto,

Acordam os Ministros da Primeira Turma do Tribunal Superior do Trabalho, por unanimidade, conhecer do recurso de revista, por contrariedade à Súmula n. 244 do TST, e, no mérito, dar-lhe provimento para restabelecer a sentença.

Brasília, 08 de setembro de 2010. *Walmir Oliveira da Costa*, relator.

GORJETAS RETIDAS. EFEITO DEVOLUTIVO DO RECURSO ORDINÁRIO

RECURSO DE REVISTA. GORJETAS RETIDAS. "REFORMATIO IN PEJUS". EFEITO DEVOLUTIVO DO RECURSO ORDINÁRIO.

O efeito devolutivo do recurso ordinário, em extensão e em profundidade, devolve ao Tribunal Regional apenas a matéria objeto do recurso, sendo-lhe defeso condenar o réu em quantidade superior à deferida na sentença, no que concerne ao reconhecimento de que é devido valor mensal a título de gorjetas retidas, sem recurso do reclamante, agravando a situação processual da parte ("reformatio in pejus"). Inteligência dos arts. 128 e 515, do CPC.

Recurso de revista parcialmente conhecido e provido.

(Processo n. TST-RR-82.900-33-2006-5-01-0016 — Ac. 1ª Turma)

Vistos, relatados e discutidos estes autos de Recurso de Revista n. TST-RR-82900-33.2006.5.01.0016, em que é recorrente MG 4 Bebidas e Comestíveis Ltda. e recorrido Antônio Francisco da Fonseca.

O Tribunal Regional rejeitou a preliminar de cerceamento de defesa e deu provimento parcial ao recurso ordinário interposto pela reclamada, para determinar que seja observado o teor da Súmula n. 354 desta Corte, que exclui a gorjeta da base de cálculo para apuração do aviso prévio, adicional noturno, horas extras e repouso semanal remunerado, e para excluir a condenação ao pagamento de 9 (nove) horas extras. Além disso, a título de gorjetas retidas, concluiu ser devido o valor mensal de R$ 813,20 (oitocentos e treze reais e vinte centavos).

A reclamada interpõe recurso de revista, na forma do art. 896 da CLT, buscando a reforma do acórdão quanto às gorjetas retidas, ao cerceamento de defesa e quanto à integração das gorjetas.

Recebido o apelo, mediante decisão às fls. 1019-1021, foram apresentadas as contrarrazões ao recurso de revista.

Dispensada a remessa dos autos ao Ministério Público do Trabalho, em face do disposto no art. 83, § 2º, II, do Regimento Interno do TST.

É o relatório.

VOTO

CONHECIMENTO

O recurso é tempestivo (fls. 962 e 967), tem representação regular (fl. 947) e ao preparo (fls. 860, 862 e 971). Atendidos os pressupostos extrínsecos de admissibilidade, passa-se ao exame dos intrínsecos do recurso de revista.

GORJETAS RETIDAS. "REFORMATIO IN PEJUS". EFEITO DEVOLUTIVO DO RECURSO ORDINÁRIO

O Tribunal Regional do Trabalho, a título de gorjetas retidas, concluiu ser devido o valor mensal de R$ 813,20 (oitocentos e treze reais e vinte centavos), manifestando-se nos seguintes termos, *verbis:*

"Contudo, não se prestando esta Especializada a tutelar o enriquecimento sem causa, fixo a média de gorjeta, semanal em R$ 380,00 (trezentos e oitenta reais), considerando como parcela retida o percentual de 5% (cinco por cento).

Nestes termos a título de gorjetas retidas, tem-se como devido o valor mensal de R$ 813,20 (oitocentos e treze reais e vinte centavos) que corresponde a média semanal multiplicada pelo fator 4,21 (quatro inteiros e vinte e um centésimos)."

Nas razões do recurso de revista, a reclamada sustenta, em suma, que apenas ela interpôs recurso ordinário, no qual buscou a reforma da sentença quanto à condenação da integração da totalidade das gorjetas, de forma que o reconhecimento de valor devido a título de gorjetas retidas constitui "reformatio in pejus". O recurso fundamenta-se na violação dos arts. 5º, LIV e LV, da Constituição Federal, 128, 505 e 515, todos do CPC, além de divergência jurisprudencial.

À análise.

Trata-se de hipótese em que, na sentença, foi deferida a integração da totalidade das gorjetas, com reflexos nas parcelas contratuais e resilitórias.

Dessa decisão a reclamada interpôs recurso ordinário, no tema, todavia, o Tribunal Regional findou por agravar a condenação, ao reconhecer que é devido o valor mensal de R$ 813,20 (oitocentos e treze reais e vinte centavos), a título de gorjetas retidas.

Destaque-se que na sentença não houve manifestação acerca do pedido de diferenças de gorjetas, formulado sob a alegação de retenção indevida, de forma que incide o entendimento preconizado na Súmula n. 393 desta Corte, quanto à não devolutividade em relação a pedido não apreciado.

Ora, o efeito devolutivo do recurso ordinário, em extensão e em profundidade, previsto no art. 515 do CPC, devolve ao Tribunal Regional apenas a matéria objeto do recurso, sendo-lhe defeso condenar o réu em quantidade superior à deferida na sentença, no que concerne ao reconhecimento de que é devido valor mensal a título de gorjetas retidas, sem recurso do reclamante, agravando a situação processual da parte (*reformatio in pejus*).

Nos termos do art. 128 do CPC, "o juiz decidirá a lide nos limites em que foi proposta, sendo-lhe defeso conhecer de questões, não suscitadas, a cujo respeito a lei exige iniciativa da parte".

Logo, se a Corte Regional apreciou matéria não impugnada, pois sequer houve interposição de recurso ordinário pelo reclamante, incidiu em afronta aos arts. 128 e 515 do CPC, tratando-se de violação nascida na própria decisão recorrida.

CONHEÇO do recurso de revista, por violação dos arts. 128 e 515 do CPC.

CERCEAMENTO DE DEFESA

O Tribunal Regional rejeitou a preliminar de cerceamento de defesa, que foi embasada no indeferimento das perguntas da reclamada às testemunhas, manifestando-se nos seguintes termos, verbis:

CERCEIO DE DEFESA

Sustenta que, o MM Juízo *a quo*, ao indeferir todas as perguntas do reclamado às testemunhas, que visam elucidar a lide, violou o seu direito constitucional ao contraditório e ampla defesa.

Razão não lhe assiste.

Não há dúvida de que o juiz é o condutor absoluto do processo, condição esta que se mostra mais contundente em primeiro grau de jurisdição. Contudo, adstrito esta há de observar como pilar de qualquer decisão os princípios constitucionais, os quais dão o verdadeiro contorno de legitimidade a todas as decisões proferidas quer no âmbito judicial, quer no âmbito administrativo.

Neste sentido, primando também pelo princípio erigido a *status* constitucional, inserto no inciso LXXVIII do art. 5º da CF, por conta da EC 45/04, o juiz ao dirigir o processo compete-lhe velar pela rápida solução do litígio.

No caso em comento, observa-se que o julgador fez consignar em ata, às 417, o protesto de ambas as partes pelo indeferimento de perguntas após a delimitação da controvérsia. Contudo, como se vê às fls. 416, esclarecem que o MM Juízo de 1º grau delimitou a controvérsia, ante a prova documental e depoimentos pessoais, a existência ou não de dobras aos sábados e domingos.

Não há nos autos notícias de quais perguntas foram indeferidas. Aliás o recurso é pouco esclarecedor no particular, o que há segundo fls. 417 é apenas o protesto quase genérico.

Diante da limitação do ponto controvertido ficam as provas devidamente aquilatadas.

Ademais, compete ao juiz dirigir o processo velando pela rápida solução do litígio. Assim sendo, não há dúvida de que o juiz é o condutor absoluto do processo, condição esta que se mostra mais contundente em primeiro grau de jurisdição.

"Caberá ao juiz, de ofício ou a requerimento da parte, determinar as provas necessárias à instrução do processo, indeferindo as diligências inúteis ou meramente protelatórias." (Art. 130 do CPC)

Por fim se determinados fatos devam ser provados por documento ou confissão da parte, o juiz indeferirá a inquirição de testemunhas. Rejeito a preliminar

Nas razões do recurso de revista, a reclamada renova a arguição de cerceamento de defesa, sustentando que não lhe foi permitido produzir prova quanto aos fatos alegados na defesa, no que tange às gorjetas, no sentido de que não cobrava gorjetas diretamente dos clientes e de que aquelas dadas espontaneamente eram distribuídas entre todos os empregados. Indica violação do art. 5º, LIV e LV, da Constituição Federal.

O Tribunal Regional registrou que, considerando a prova documental e os depoimentos pessoais, a controvérsia se limitou à existência ou não de dobras aos sábados e domingos.

Conforme referido pelo Tribunal *a quo*, nos termos do art. 130 do CPC, "caberá ao juiz, de ofício ou a requerimento da parte, determinar as provas necessárias à instrução do processo, indeferindo as diligências inúteis ou meramente protelatórias". No mesmo sentido o art. 765 da CLT.

Cumpre destacar que, no exame do tema relativo à integração das gorjetas, o Tribunal *a quo* registrou que "ao contrário da negativa, do empregador, de que não cobrava os 10% (dez por cento) a título de gorjeta, extrai-se do depoimento do preposto, às fls. 416, a veracidade da prática de pagamento de gorjetas pelos clientes, posto que só pode haver distribuição daquilo que tenha sido arrecadado" (fl. 936).

Diante de tais aspectos fáticos, não se configura o alegado cerceamento de defesa. Incólume o art. 5º, LIV e LV, da Constituição Federal.

NÃO CONHEÇO do recurso de revista, no particular.

INTEGRAÇÃO DAS GORJETAS. ÔNUS DA PROVA

A Corte Regional manteve a decisão de primeiro grau quanto ao deferimento do pedido de integração das gorjetas, sob os seguintes fundamentos, *verbis*:

"DAS GORJETAS E REFLEXOS PLEITEADOS NA INICIAL

Insurge-se contra a decisão do MM Juízo *a quo* que, ao indeferir a prova testemunhal que pretendia produzir a fim de elidir a pretensão do recorrido, implicou na condenação das referidas gorjetas bem como nas verbas consectárias.

Razão lhe assiste parcialmente.

Enquanto salário é a soma de tudo quanto o empregado recebe, diretamente, do empregador, remuneração é montante que inclui, além do salário, outras parcelas recebidas de terceiros em função do contrato de trabalho, por exemplo, gorjetas.

Conforme advertem Humberto Piragibe Magalhães e Christóvão Piragibe Tostes Malta:

'A diferença entre salário e remuneração tem importância prática: a CLT manda que alguns pagamentos se façam na base do salário (aviso prévio, p. ex.) e outros no da remuneração (indenização e férias, p. ex.).

Compreendem-se na remuneração do empregado, para todos os efeitos legais, além do salário devido e pago diretamente pelo empregador, como contraprestação do serviço, as gorjetas que receber.' (Magalhães, Humberto Piragibe e Tostes Malta, Christóvão Piragibe, *Dicionário Jurídico*, Edições Trabalhistas, 2ºv., s.d.)

No caso em comento, o recorrido, foi admitido em 01.03.96 exercendo inicialmente a função de cumim e posteriormente a de garçom, função esta na qual foi despedido em 19.01.06. A remuneração alegada na exordial era composta do valor teto fixado em norma coletiva acrescido das gorjetas de 10% (dez por cento), sobre as vendas diárias que representavam em média R$ 1.500,00 (um mil e quinhentos reais). Contudo, em face da retenção de 30% do montante da gorjeta diária auferida, recebia somente, na prática, apenas 7% (sete por cento) em detrimento do valor previsto na norma coletiva, garantido a classe dos obreiros garçons.

O art. 818 nos conduz inicialmente a partir da premissa ser do obreiro a obrigação de provar que auferia a remuneração indicada na exordial. Contudo, o recorrente não só impugnou os documentos, carreados aos autos, em especial os cupons fiscais, às fls. 89, posto que não comprovam o recebimento de gorjetas, bem como posteriormente, de forma contraditória, afirmou que as gorjetas sempre foram pagas espontâneas quitadas pelos clientes. Assim sendo, o mesmo, atraiu para si a aplicação subsidiária do inciso II do art. 333 do CPC.

Contudo, ao contrário da negativa, do empregador, de que não cobrava dos clientes os 10% (dez por cento) a título de gorjeta, extrai-se do depoimento do preposto, às fls. 416, a veracidade da prática de pagamento de gorjetas pelos clientes, posto que só pode haver distribuição daquilo que tenha sido arrecadado, senão vejamos:

'(...) a distribuição das gorjetas era estipulada pelos próprios garçons (...)'

Por outro lado é fato notório que a prática do pagamento do acréscimo de 10% (dez por cento) sobre o valor da despesa, a título de gorjeta, em tese se dá no bojo da referida nota de despesa, como rotina de praxe adotada por bares, restaurantes, estabelecimentos hoteleiros, etc. Razão pela qual se torna falaciosa a assertiva de que o pagamento de gorjeta dos clientes se dá diretamente com os garçons.

Ademais, recaindo sobre si a responsabilidade do ônus probatório, nenhuma prova foi produzida, tal como comprovar o porte da empresa, o montante faturado diariamente, o número de empregado, enfim algo que pudesse mensurar os valores ora guerreados. Não se prestando para efeito de provas querer, em razões recursais, desconstituir os valores apresentados pelo recorrido ou pelos cálculos matemáticos apresentados, posto que faltam-lhe o suporte jurídico, ou seja, prova documental hábil, a fim de formar o convencimento do juízo.

Destarte a inércia do empregador em produzir prova a fim de sustentar suas razões recursais, tem-se que o mesmo não se desincumbiu do seu mister, razão pela qual não merece guarida sua pretensão."

Nas razões do recurso de revista, a reclamada afirma que, na contestação, simplesmente negou os fatos constitutivos do direito e que, assim, tais fatos deveriam ser comprovados pelo reclamante, nos termos dos arts. 818 da CLT e 333, I, do CPC, ônus do qual não se desincumbiu. Afirma que não alegou qualquer fato impeditivo, modificativo ou extintivo que justificasse a inversão do ônus da prova. Indica violação dos arts. 818 da CLT e 333, I, do CPC.

Destaque-se o registro do Tribunal Regional de que a reclamada admitiu, de forma contraditória, que havia pagamento de gorjetas pelos clientes, razão pela qual concluiu pela aplicação do art. 333, II, do CPC, que rege o ônus da prova do réu quanto aos fatos impeditivos, modificativos ou extintivos do direito do autor.

Do quadro fático referido constata-se que a Instância ordinária aplicou corretamente as regras processuais que regem a distribuição do encargo da prova, não se divisando violação direta e literal dos arts. 818 da CLT e 333, I, do CPC.

NÃO CONHEÇO do recurso de revista, quanto ao tema em epígrafe.

MÉRITO

GORJETAS RETIDAS. *REFORMATIO IN PEJUS*

No mérito, conhecido o recurso de revista por violação dos arts. 128 e 515 do CPC, DOU-LHE PROVIMENTO para, reformando o acórdão regional, absolver a reclamada da condenação ao pagamento de gorjetas retidas. Inalterado o valor da condenação.

Isto posto,

Acordam os Ministros da Primeira Turma do Tribunal Superior do Trabalho, por unanimidade, conhecer do recurso de revista quanto às gorjetas retidas, por violação dos arts. 128 e 515 do CPC, e, no mérito, dar-lhe provimento para, reformando o acórdão regional, absolver a reclamada da condenação ao pagamento de gorjetas retidas. Inalterado o valor da condenação.

Brasília, 04 de dezembro de 2012. *Walmir Oliveira da Costa*, relator.

HONORÁRIOS ADVOCATÍCIOS. AUSÊNCIA DE ASSISTÊNCIA SOCIAL

RECURSO DE REVISTA. HONORÁRIOS ADVOCATÍCIOS. AUSÊNCIA DE ASSISTÊNCIA SINDICAL.

A jurisprudência desta Corte Superior, consubstanciada nas Súmulas n. 219, I, e n. 329, firmou-se no sentido de que, mesmo após a promulgação da Constituição Federal de 1988, na Justiça do Trabalho, a condenação ao pagamento de honorários advocatícios não decorre pura e simplesmente da sucumbência, mas condiciona-se ao preenchimento dos requisitos previstos no art. 14 da Lei n. 5.584/70, referentes à assistência sindical e à hipossuficiência econômica. Na hipótese, o Tribunal Regional deferiu os honorários advocatícios, amparado, apenas, na hipossuficiência do autor. Não tendo sido satisfeitos os requisitos previstos na Lei n. 5.584/70, impõe-se o provimento do apelo para adequar-se a decisão recorrida à jurisprudência desta Corte, excluindo da condenação o pagamento dos honorários advocatícios.

Recurso de revista parcialmente conhecido e provido.

(*Processo n. TST-RR-15.100-36-2007-5-04-0382 — Ac. 1ª Turma*)

Vistos, relatados e discutidos estes autos de Recurso de Revista n. TST-RR-15100-36.2007.5.04.0382, em que é recorrente Calçados Azaleia S.A. e recorrido Vidalício Dias da Silva.

O Tribunal Regional do Trabalho da 4ª Região, mediante acórdão às fls. 1069-1107, deu provimento parcial ao recurso ordinário do reclamante para acrescer à condenação o pagamento: de adicional de insalubridade, em grau médio, no período imprescrito, com reflexos legais, fixando, como sua base de cálculo, o salário base contratual; de adicional de 50% sobre as horas irregularmente compensadas, até 24.07.2004, bem como seus reflexos; de diferenças de adicional noturno; de restituição dos descontos de mensalidades do plano de saúde no 13º salário; de honorários advocatícios arbitrados em 15% sobre o valor bruto do crédito do autor; e, ainda, estabelecer que na apuração das diferenças de horas extras deferidas deve ser observada a tolerância prevista no § 1º do art. 58 da CLT, permanecendo os demais aspectos da condenação.

A reclamada interpõe recurso de revista, às fls. 1113-1143, postulando a reforma do julgado, com base no art. 896, "a" e "c", da CLT.

O recurso de revista foi admitido pela decisão monocrática acostada às fls. 1155-1156.

Não foram apresentadas contrarrazões ao recurso de revista, conforme certidão exarada à fl. 1161.

Autos não remetidos ao Ministério Público do Trabalho, por não estar caracterizada hipótese prevista no art. 83 do RITST.

É o relatório.

VOTO

CONHECIMENTO

Satisfeitos os pressupostos genéricos de admissibilidade recursal quanto à regularidade de representação (fls. 53-55), à tempestividade (fls. 1109 e 1113 — dos autos digitalizados) e preparo (fls. 441, 495, 496, 558, 577 e 579 — dos autos originais), passa-se ao exame dos requisitos específicos de cabimento do recurso de revista.

HONORÁRIOS ADVOCATÍCIOS. AUSÊNCIA DE ASSISTÊNCIA SINDICAL

O Tribunal de origem manteve a condenação ao pagamento dos honorários advocatícios, fixados em 15% sobre o valor bruto do crédito do reclamante, pelos seguintes fundamentos exarados à fl. 1101, *litteris*:

"Busca a recorrente a reforma da sentença que indeferiu o pedido de honorários assistenciais.

Com razão.

Entende a Juíza Relatora que a assistência judiciária gratuita, na Justiça do Trabalho, decorre do preenchimento dos requisitos previstos na Lei n. 5.584/70, não implementados *in casu*, haja vista a ausência de credencial sindical concedida por sindicato que representa a categoria da autora. É este o entendimento jurisprudencial vertido na Súmula n. 219 do TST.

Nada obstante, o entendimento que prevalece na Turma, vencida a Juíza Relatora, é no sentido de que se considera cabível a condenação em honorários assistenciais pela aplicação da Lei n. 1.060/50, que dispõe que a assistência judiciária compreende, entre outros benefícios, os honorários de advogado, uma vez que não se pode atribuir aos sindicatos o monopólio sobre a assistência judiciária.

Assim, tendo sido apresentada a declaração de pobreza (fl. 12), vencida a Juíza Relatora, dá-se provimento ao recurso, para acrescer à condenação o pagamento de honorários advocatícios arbitrados em 15% sobre o valor bruto do crédito atribuído ao autor."

A reclamada, no recurso de revista, sustenta que a decisão proferida, *in casu*, não atendeu ao disposto na Lei n. 5.584/70. Indica contrariedade às Súmulas ns. 219, I e 329 do TST. Transcreve arestos à divergência.

À análise.

Na hipótese, consoante se observa do excerto acima transcrito, o Tribunal Regional condenou a reclamada ao pagamento dos honorários assistenciais, amparado, apenas, na hipossuficiência do autor.

Nesse contexto, a decisão do Tribunal Regional contrariou as supramencionadas Súmulas, uma vez que não foram satisfeitos os requisitos necessários para o deferimento dos honorários de advogado previstos na Lei n. 5.584/70, quais sejam a assistência pelo sindicato e o benefício da justiça gratuita. Nesse sentido a Orientação Jurisprudencial n. 305 da SBDI-1 do TST, *in litteris*:

"HONORÁRIOS ADVOCATÍCIOS. REQUISITOS. JUSTIÇA DO TRABALHO

Na Justiça do Trabalho, o deferimento de honorários advocatícios sujeita-se à constatação da ocorrência concomitante de dois requisitos: o benefício da justiça gratuita e a assistência por sindicato."

CONHEÇO do recurso, por contrariedade às Súmulas ns. 219, I, e 329 do TST.

FÉRIAS. FRACIONAMENTO. PAGAMENTO EM DOBRO

O Tribunal Regional manteve a condenação da reclamada à remuneração das férias em dobro, relativamente aos períodos em que a concessão se dá em período inferior a dez dias.

A fundamentação é a seguinte, *verbis*:

"O Julgador de origem considerou irregular o fracionamento de férias nos períodos relativos aos anos de 2001, 2002 e 2003, condenando a ré ao pagamento de 30 dias de férias, em dobro, em relação a cada período, com acréscimo de 1/3. Em relação aos períodos 2004, 2005 e 2006, reconheceu que houve o correto pagamento (fls. 436-437).

O autor se insurge contra a decisão em relação aos períodos de 2004 e 2005, asseverando que consoante amostragem realizada e quadro demonstrativo do laudo contábil, todas as férias do contrato foram fracionadas, contrariando as normas que regem a matéria, independente de serem por períodos superiores ou inferiores a dez dias. Aduz que somente em casos excepcionais é permitido o fracionamento, o que não ocorreu, devendo os dias irregularmente concedidos serem considerados como meras licenças remuneradas. Em conseqüência, pede a majoração da condenação para a integralidade das férias referentes aos períodos aquisitivos 2004 e 2005, em dobro, com acréscimo de 1/3.

Já a reclamada se volta contra a condenação imposta. Assevera que restou comprovado que o recorrido recebeu e gozou férias no prazo de concessão estabelecido no art. 134, com o adicional de 1/3, não restando diferenças a serem satisfeitas. Assevera que nos termos do art. 137 da CLT e Súmula n. 81 do TST, cabem férias em dobro se forem concedidas após o prazo de que trata o art. 134 do mesmo diploma legal, razão pela qual o fracionamento ou antecipação no gozo das férias não gera direito a novo pagamento, quanto mais na forma dobrada. Destaca que a adoção do ano civil possui autorização nas normas coletivas, e que o critério não traz prejuízo ao trabalhador, que sempre goza as férias de forma antecipada. Aduz, ainda, que inexiste base legal para o deferimento do acréscimo de 1/3, pois o art. 137 da CLT estabelece tão-somente a dobra. Requer seja absolvida da condenação imposta.

À análise. Inicialmente, há que se ter presente que a fruição das férias não é apenas direito, mas dever do empregado, proibindo a lei que se trabalhe durante o período, sob pena de inviabilizar-se o instituto. Tratando-se de férias coletivas, incide o disposto no parágrafo 1º do artigo 139 da CLT, *in verbis*:

'As férias poderão ser gozadas em 2 (dois) períodos anuais desde que nenhum deles seja inferior a 10 (dez) dias corridos'.

A par disso, a fim de assegurar ao trabalhador o descanso anual, o legislador dispôs, no artigo 137 da CLT, que as férias concedidas após o prazo legal sejam pagas em dobro.

Saliente-se, igualmente, que o abono previsto na lei, sem dúvida, tem por finalidade propiciar ao trabalhador melhores condições para a fruição do referido direito. E, a toda evidência, a dobra, quando devida, incide também sobre o abono, que integra o pagamento das férias para todos os efeitos.

No caso de férias coletivas — cuja concessão, na espécie, é demonstrada pelos comunicados das fls. 76 a 82, o artigo 140 da CLT dispõe que:

'Os empregados contratados há menos de 12 (doze) meses gozarão, na oportunidade, férias proporcionais, iniciando-se, então, novo período aquisitivo'.

A planilha da fl. 69 indica que os períodos aquisitivos das férias coletivas coincidiam com o ano civil.

Consideradas tais circunstâncias, constata-se, à luz da prova, que o autor, no período não prescrito (a partir de 07-02-2002), esteve em férias, considerados os períodos aquisitivos:

1º) relativamente ao ano de 2002 — em três períodos, de 15, 14 e 01 dias;

2º) relativamente ao ano de 2003 — em dois períodos, de 16 e 04 dias. Dez dias foram convertidos em abono pecuniário;

3º) relativamente ao ano de 2004 — em dois períodos, de 11 e 14 dias. Cinco dias foram convertidos em abono pecuniário;

4º) relativamente ao ano de 2005 — em dois períodos, de 17 e 13 dias (quesito n. 01, fl. 353).

Conclui-se, portanto, que, em algumas oportunidades, não restou observado o disposto pelo parágrafo 1º do artigo 139 da CLT. Verificada tal hipótese, os dias de férias irregularmente concedidos são considerados como licenças remuneradas.

Ante as peculiaridades das férias coletivas, as que iniciam em um determinado período concessivo podem invadir, sem solução de continuidade, o seguinte, sem, com isso, impedir a contagem contínua dos respectivos dias, como se observa da referida planilha da fl. 69.

Cumpre assinalar também que, ante os reiterados julgados envolvendo a reclamada, submetidos à apreciação desta Turma, é consabido que, ante as peculiaridades que envolvem o setor calçadista, a demandada concede férias coletivas nos dias anteriores ao Natal até os posteriores ao ano-novo. Nesse sentido, as comunicações de férias coletivas suprarreferidas.

Além disso, conforme o parágrafo 1º do artigo 134 da CLT, é possível o fracionamento das férias em dois períodos, em casos excepcionais, desde que um deles não seja inferior a dez dias. Atente-se que a excepcionalidade pode advir até mesmo da diminuição da produção, e as férias, consoante o artigo 136, são concedidas da forma que melhor atenda aos interesses do empregador.

Em outro aspecto, esta E. Turma tem entendido que o fracionamento das férias por mais de dois períodos ou por períodos inferiores a dez dias frustra a finalidade do instituto, devendo tais lapsos ser considerados como licença remunerada. Também este Colegiado, em sua composição majoritária, tem entendido que, quando frustrada a finalidade, é devido o pagamento dos períodos inferiores a dez dias ou irregularmente fracionados, inclusive em dobro quando já esgotado o período concessivo.

Feitas tais considerações, examina-se a fruição das férias segundo cada período aquisitivo.

No que se refere ao ano de 2001, foram fruídos 03 (três) períodos de férias, dois de 14 (quatorze) dias e um de 02 (dois) dias. Este último período é irregular, pois ultrapassado o número de vezes que admitido fracionamento e também o período mínimo de dez dias. *Assim, devido o pagamento em dobro em relação a 02 (dois) dias.*

No ano de 2002, houve a fruição de 03 (três) períodos, de 15 (treze), 14 (quatorze) e 01 (um) dia. Também irregular este último período, na medida em que ultrapassado o número de vezes que admitido fracionamento e também o período mínimo de dez dias. *Assim, devido o pagamento em dobro em relação a 01 (um) dia.*

Quanto ao ano de 2003, foram concedidas férias em 02 (dois) períodos, o primeiro de 16 (dezesseis) e o segundo de 4 (quatro dias). Dez dias convertidos em abono pecuniário. Irregular o segundo período, pois inferior a dez dias. É devido, em dobro, 04 (quatro) dias.

Em 2004, a autora fruiu dois períodos, de 11 e 14 dias, e, 10 (dez) dias convertido em abono pecuniário. Regular, portanto, a fruição das férias no período.

Em 2005, também foi regular a concessão (17 + 13 dias).

Em 2006, ano do rompimento contratual, as férias foram satisfeitas no ato da rescisão (TRCT, fl. 56)."

Assim, a soma dos períodos irregulares totaliza 07 (sete) dias, e não como deferido na origem. Vencidos os respectivos períodos concessivos, é devido o pagamento em dobro, e não apenas a dobra, haja vista que a concessão irregular se considera licença remunerada, resultando, assim, que não houve gozo de férias.

Sinale-se que todos os períodos acima mencionados são acrescidos de 1/3, *ex vi* do inciso XVII do artigo 7º da Constituição Federal. Nada obstante, se autoriza a dedução dos valores já pagos sob esse título em relação aos períodos que se considerou irregularmente fruídos.

Destarte, nega-se provimento ao recurso do autor e dá-se provimento parcial ao recurso da reclamada restringir a condenação imposta na origem para *07 dias de férias*, sendo: 02 dias do período aquisitivo 2001, 01 dia em relação às férias do período aquisitivo 2002 e 4 dias, no tocante às férias do período aquisitivo 2003, todos esses lapsos acrescidos do terço constitucional, autorizada a dedução dos valores já satisfeitos pelo terço, em relação aos períodos considerados irregularmente fruídos.

Nas alegações de recurso de revista, a reclamada sustenta ser indevida a condenação no pagamento das férias em dobro, na medida em que foram fracionadas nos limites da lei, pugnando, sucessivamente, pela remuneração apenas dos dias de férias usufruídos após o período legal de concessão. Tem por violado o art. 134, § 1º, da CLT e colaciona arestos para cotejo jurisprudencial.

Pelo prisma da divergência jurisprudencial o recurso de revista não se viabiliza, na medida em que os arestos colacionados para cotejo jurisprudencial discorrem tese sobre a diferença entre pagamento em dobro e a dobra das férias, a qual, entretanto, não foi enfrentada pelo Tribunal Regional.

De outra parte, também não persiste a alegação de afronta ao art. 134, § 1º, da CLT, o qual contrariamente ao alegado ampara a condenação, porquanto ficou incontroverso o fracionamento das férias em período inferior a dez dias em desarmonia com a norma proibitiva desse comando legal.

Razão pela qual, NÃO CONHEÇO do recurso de revista, no particular.

HORA EXTRA. TRINTA MINUTOS DE INTERVALO INTRAJORNADA SUPRIMIDO

O Tribunal Regional deu parcial provimento ao recurso ordinário do reclamante para condenar a reclamada ao pagamento de horas extras decorrentes do período do intervalo intrajornada suprimido, correspondente a trinta minutos, declarando a invalidade do acordo coletivo de trabalho, no particular.

Eis a íntegra da fundamentação, *verbis*:

"O pedido formulado pelo autor foi julgado parcialmente procedente, sendo a ré condenada ao pagamento, no período imprescrito até 16.11.06, de 30 minutos diários, de segundas a sextas-feiras, com adicional de 50%, em razão da concessão irregular do intervalo.

O autor se insurge contra a decisão, alegando que em conformidade com a Orientação Jurisprudencial n. 307 do C. TST, o correto seria o deferimento da hora integral. Requer, em decorrência, que a condenação seja acrescida.

A ré, ao seu turno, invoca a cláusula n. 22 do dissídio coletivo da categoria, que autoriza a redução do intervalo para descanso e alimentação. Assevera ser desnecessária a autorização mediante inspeção prévia do Ministério do Trabalho. Aduz que o intervalo de 30 minutos não importou em excesso de jornada, bem como que o restante das horas trabalhadas, o que inclui os 30 minutos da condenação, foram devidamente remuneradas, inexistindo base para a condenação. Por fim, refere que a empresa possui refeitório em convênio com o Ministério do Trabalho (PAT).

Sem razão os recorrentes.

É incontroverso que o intervalo entre turnos era de apenas trinta minutos, conforme previsão em norma coletiva. Contudo, o artigo 71, *caput*, da CLT dispõe que:

'Em qualquer trabalho contínuo, cuja duração exceda de 6 (seis) horas, é obrigatória a concessão de um intervalo para repouso e alimentação, o qual será, no mínimo, de 1 (uma) hora e, salvo acordo escrito ou contrato coletivo em contrário, não poderá exceder de 2 (duas) horas.'

Resulta claro, da leitura do dispositivo, que a negociação coletiva pode somente ampliar a duração máxima do intervalo, mas não reduzir a mínima.

Esta, nos termos do parágrafo 3º do mesmo dispositivo, somente pode ser reduzida por ato do Ministério do Trabalho e Emprego, observadas as condições do estabelecimento, hipótese não comprovada na espécie. Ineficaz, assim, a disposição normativa que reduz o horário de intervalo.

De outra parte, em caso de redução irregular do intervalo, entende-se ser devido, tão-somente, o pagamento do período que falta para completar o mínimo legal. Assim, a Orientação Jurisprudencial n. 307 da SDI-I do TST, ao prescrever que: "a não-concessão total ou parcial do intervalo intrajornada mínimo, para repouso e alimentação, implica o pagamento total do *período correspondente*" (sublinhou-se), refere-se ao período de intervalo não concedido. Tal entendimento é o que melhor atende ao disposto no parágrafo 4º do artigo 71 da CLT.

Nada a reparar na sentença, portanto, enquanto defere o pagamento, com adicional de 50%, de trinta minutos diários, correspondente ao período de intervalo não fruído pelo autor.

Nega-se provimento a ambos os recursos."

Irresigna-se a reclamada quanto à condenação imposta, argumentando com a validade do acordo coletivo de trabalho, fundamentando-se na indicação de ofensa ao art. 7º, XXVI, da CF/88, cuja matriz constitucional sustenta sobrepor-se às normas de caráter infraconstitucional regulamentadoras da matéria. Pugna, sucessivamente, pela redução da condenação apenas ao adicional, uma vez que a redução do intervalo não importou excesso de jornada. Colaciona arestos para cotejo jurisprudencial.

Não procede.

O acórdão recorrido, ao reconhecer a invalidade da norma coletiva, mostra-se em conformidade com a jurisprudência pacífica desta Corte Superior, sedimentada na Súmula n. 342, cujo teor declara a invalidade de toda cláusula de acordo ou convenção coletiva de trabalho contemplando a supressão ou redução do intervalo intrajornada, ao fundamento de que este constitui medida de higiene, saúde e segurança do trabalho, garantido por norma de ordem pública (art. 71 da CLT e art. 7º, XXII, da CF/88), por isso mesmo, infenso à negociação coletiva, inexistindo afronta ao princípio da hierarquia das normas.

Controvérsia superada pela iterativa, notória e atual jurisprudência desta Corte Superior não enseja o conhecimento do recurso de revista, nos moldes do § 4º do art. 896 da CLT, porque solucionada a partir da interpretação sistêmica das normas constitucionais e infraconstitucionais de regência.

NÃO CONHEÇO.

ADICIONAL DE INSALUBRIDADE

O Tribunal Regional deu, ainda, provimento parcial ao recurso ordinário do reclamante, a fim de condenar a reclamada ao pagamento de adicional de insalubridade em grau médio, em razão do contato com querosene na realização de tarefas de limpeza de cilindro.

Eis os fundamentos, *verbis*:

"O autor se volta contra a decisão de origem que afastou a conclusão do sr. Perito Engenheiro e rejeitou o pedido de adicional de insalubridade. Assevera que o laudo pericial foi conclusivo quanto ao enquadramento das atividades como insalubres em grau médio, pelo contato com querosene e, em máximo, pelo contato com óleo mineral e graxa. Aduz que o representante na empresa, presente na inspeção, não divergiu das informações tendo anuído com a informação de que ele participava da limpeza de cilindros e lubrificação das máquinas. Sustenta que o *expert* relatou que as atividades de lubrificação e limpeza ocorriam periodicamente (semanalmente e quinzenalmente) o que afasta qualquer alegação de que se tratariam de atividades eventuais, na forma da Súmula n. 47 do TST. Aduz que os equipamentos de proteção recebidos eram insuficientes ou inadequados. Requer a reforma do julgado.

À análise.

Consta no laudo pericial ter o autor declarado que 'fazia a limpeza do cilindro às sextas-feiras, usando luvas, com AZ-800, querosene, óleo; quinzenalmente lubrificava nas graxeiras (pontos de lubrificação pré-determinados nas máquinas), usando bomba de graxa manual, atividades essas que faziam parte da TPM — Manutenção Total Produtiva.' O representante da reclamada, presente na inspeção, acrescentou que a TPM é feita em rodízio entre os dois turnos de trabalho, um a cada quinze dias (fl. 329).

O sr. Perito Engenheiro concluiu que as tarefas exercidas se caracterizavam como insalubres em graus médio, devido a manipulação de querosene, produto que contém hidrocarboneto aromático (Anexo 13 da NR-15), e máximo, nas tarefas de lubrificar as máquinas, durante a TPM, em razão da manipulação de graxa e óleo mineral (Anexo 13 da NR-15) (fls. 327-336).

As atividades desenvolvidas pelo obreiro são aquelas informadas pelo *expert*, na medida em que as partes, quando da elaboração do laudo, não divergiram em relação às informações prestadas (item 4.0, fl. 329). Além disso, não há comprovação de que o autor não realizava estas tarefas.

Em relação ao uso de EPIs, no item 4.0.1 do laudo (fls. 330-331), o *expert* relacionou alguns utilizados, referindo que o seu uso *não elide* a insalubridade por agentes químicos.

A controvérsia principal que se estabelece diz respeito à caracterização de eventualidade no desempenho das tarefas relacionadas. Uma vez por semana o reclamante realizava a limpeza de cilindros e, a cada quinze dias, lubrificava as máquinas durante a TPM.

A orientação da Súmula n. 47 do C. TST, invocada pelo recorrente, diz que 'O trabalho executado em condições insalubres, em caráter intermitente, não afasta, só por essa circunstância, o direito à percepção do respectivo adicional.'

As tarefas de limpeza de cilindro, realizadas semanalmente, se enquadram na orientação transcrita. Com efeito, uma vez por semana havia manipulação de querosene, sem o uso de EPIs adequados, produto que contém hidrocarbonetos aromáticos e enseja o pagamento de adicional de insalubridade em grau médio, conforme parecer exarado nos autos.

Sinale-se que os equipamentos de proteção necessários não se restringem aos alcançados pelo empregador, pois o *expert* refere que o contato com o produto se dá também por inalação ou absorção (fl. 332).

Entretanto, o contato com óleos e graxas minerais, que ensejaria o pagamento do adicional em grau máximo, se dava nas tarefas de lubrificação das máquinas (durante a Manutenção Total Produtiva — TPM), que, segundo informado pelo próprio autor no laudo, ocorria quinzenalmente, o que, efetivamente, representa contato eventual com o agente insalutífero. Não há falar, neste caso, em intermitência, na medida em que o contato com óleos e graxas se dava apenas cerca de duas vezes ao mês.

Dá-se parcial provimento ao recurso para condenar a ré no pagamento de adicional de insalubridade, em grau médio, no período imprescrito, com reflexos em repousos semanais remunerados e feriados (o autor percebia salário por hora), horas extras, aviso prévio, férias com 1/3, 13º salários e FGTS com 40%."

Nas razões de recurso de revista, a reclamada sustenta que o direito ao adicional de insalubridade cessa com a eliminação do risco à saúde, nos termos das normas expedidas pelo Ministério do Trabalho, consoante o item 15.4.1 da NR-15 da Portaria n. 3.214/78, que se refere expressamente ao fornecimento e utilização de equipamentos de proteção individual, cuja eficácia não pode ser questionada pelo perito, quando aprovado pelo órgão competente. Colaciona aresto para cotejo jurisprudencial.

De início, esclareça-se que a indicação de afronta à norma regulamentar do Ministério do Trabalho não enseja o conhecimento do recurso de revista, nos moldes da alínea c do art. 896 da CLT, a qual se adstringe à indicação de lei federal e da Constituição da República.

De outra parte, o aresto colacionado na íntegra para cotejo jurisprudencial não esboça a mesma identidade fática dos presentes autos, na medida em que, embora se refira ao fornecimento de equipamento de proteção individual pelo empregador (no caso, protetores auriculares), não discorre tese sobre a sua eficácia para a neutralização da insalubridade, hipótese amplamente refutada pelo Tribunal Regional, na espécie. Incidência da Súmula n. 296 do TST.

NÃO CONHEÇO.

ADICIONAL DE INSALUBRIDADE. BASE DE CÁLCULO

A Corte Regional considerou o salário contratual do reclamante como base de cálculo do adicional de insalubridade, asseverando à fl. 1.089, *in verbis*:

"Requer, o reclamante, a utilização de sua remuneração como base de cálculo do adicional de insalubridade. Sucessivamente, postula a adoção do salário normativo.

Com razão.

O entendimento prevalente na Turma é no sentido de que o adicional de insalubridade deve ser calculado com base no salário contratual, como já decidido por este Colendo Colegiado no Processo n. 00526-2002-251-04-00-7 RO, em julgamento realizado no dia 14 de dezembro de 2005, com acórdão de lavra da Exmª. Juíza Ione Salin Gonçalves, *in verbis*:

'A partir da vigência da atual Constituição Federal, o adicional de insalubridade passou a incidir sobre o salário contratual, pois, de um lado, a Lei Maior proíbe a vinculação ao salário-mínimo legal para qualquer finalidade e, de outro, prevê o direito ao adicional de remuneração para atividades insalubres, sendo remuneração um conceito técnico-jurídico, de significação precisa no Direito do Trabalho, que não se presta a interpretações ambíguas.

Ao prever o direito ao adicional de remuneração para atividades insalubres e perigosas, o legislador constituinte quis dar igual tratamento legal aos dois adicionais, cujo tratamento diferenciado era injustificável.'

Neste passo, impende acolher o recurso, para fixar, como base de cálculo do adicional de insalubridade, o salário contratual."

A recorrente, nas razões do recurso de revista, persiste na argumentação de que o salário-mínimo deve ser adotado como referência para o cálculo do adicional em foco, tanto mais face à restrição prevista em norma coletiva de adoção de parâmetro dissociado do salário-mínimo nacional. Invoca violação do artigo 192 da CLT e divergência jurisprudencial.

Os dois primeiros arestos colacionados à fl. 1139, oriundos da 2ª e da 12ª Região, afiguram-se aptos para o conhecimento do tema, pois consagram tese no sentido de que o salário-mínimo há que ser considerado como base para a respectiva incidência do adicional de insalubridade.

CONHEÇO do recurso por divergência jurisprudencial.

ADICIONAL DE HORA EXTRA SOBRE AS HORAS IRREGULARMENTE COMPENSADAS

Por fim, insurge-se a reclamada contra a condenação ao pagamento do adicional sobre as horas extras irregularmente compensadas, sustentando a validade do acordo de compensação de jornada. Tem por violados os arts. 7º, XIII, da Constituição Federal e 60 da CLT e colaciona arestos para cotejo jurisprudencial.

Sobre o tema, consta do acórdão recorrido (fls. 1089-1093):

"DA NULIDADE DO REGIME COMPENSATÓRIO

O recorrente assevera que no período que laborou em condições insalubres, faz jus ao pagamento de adicional de horas extras, consoante o que preceitua o art. 60 da CLT, haja vista a irregularidade do regime de compensação de horário. Aduz que a Súmula n. 349 do TST não pôs fim à controvérsia sobre a validade ou não da jornada compensatória. Acrescenta ser incontroverso que o obreiro foi submetido à jornada suplementar além do regime compensatório, sendo inaplicável o pacto coletivo, na forma da Súmula n. 85, IV, do TST. Pede a reforma da sentença.

Com razão, em parte.

Inicialmente destaca-se que a prática de jornada compensatória perdurou até 24.07.2004, consoante termo aditivo ao contrato de trabalho da fl. 54. Os registros horários a partir desta data (fls. 181-199 e 202-222) comprovam a alteração da jornada. Assim, o exame da pretensão limita-se até a data em que perdurou o regime em comento.

O trabalho em regime de compensação é facultado pela Constituição Federal (artigo 7º, inciso XIII) mediante acordo ou convenção coletiva de trabalho. No caso vertente, as normas coletivas juntadas (fls. 241-292), com vigência a partir de 01.08.01, abrangendo todo o período contratual não abrangido pela prescrição pronunciada, prevêem a compensação semanal (cláusula décima quarta — fls. 242, verso, 251, carmim, 262, 268, verso, 275, verso e 284).

Conforme se observa dos registros de horário juntados às fls. 148-180, relativos ao período em exame, houve prestação de horas extras em quase todos os meses do contrato. Considerando a média das horas extras prestadas, tem-se por configurada a habitualidade. Resta assim, descaracterizado o regime compensatório, atraindo, portanto, a aplicação do inciso IV da Súmula n. 85 do TST, *in verbis*:

'A prestação de horas extras habituais descaracteriza o acordo de compensação de jornada. Nesta hipótese, as horas que ultrapassarem a jornada semanal normal deverão ser pagas como horas extraordinárias e, quanto àquelas destinadas à compensação, deverá ser pago a mais apenas o adicional por trabalho extraordinário.'

Nesse contexto, nada obstante as normas coletivas juntadas, que abrangem todo o período não prescrito do contrato de trabalho em que houve regime compensatório (cláusula 14), autorizarem a adoção do regime de compensação, inclusive para as atividades consideradas insalubres (Súmula n. 349 do TST), faz jus, o recorrente, ao pagamento do adicional de horas extras decorrentes da nulidade da jornada compensatória em razão da prestação habitual de horas extras no período imprescrito até 24.07.2004 (inclusive), com reflexos em repousos semanais remunerados e feriados, aviso prévio, férias com acréscimo de 1/3, 13s.alários e FGTS com multa de 40%.

Recurso provido. Destacou-se.

Não prospera a tese recursal.

Segundo se extrai da decisão recorrida, não se trata de mera irregularidade, mas sim de nulidade da compensação de jornada, pois houve prestação de horas suplementares habituais e labor nos dias destinados à compensação, o que descaracteriza o regime de compensação, nos termos da Súmula n. 85, IV, do TST, com a qual, portanto, guarda consonância o acórdão recorrido, atraindo o óbice do art. 896, § 4º, da CLT à cognição da revista.

Nesse sentido, afasta-se a alegação de afronta aos arts. 7º, XIII, da Constituição Federal e 60 da CLT.

Nenhum dos arestos colacionados para cotejo jurisprudencial atende a diretriz da alínea a do art. 896 da CLT, porquanto oriundos de Turmas do Tribunal Superior do Trabalho.

Ante o exposto, NÃO CONHEÇO.

MÉRITO

ADICIONAL DE INSALUBRIDADE. BASE DE CÁLCULO. SÚMULA VINCULANTE N. 04

O Supremo Tribunal Federal, na sessão plenária de 30.04.2008, julgando o Recurso Extraordinário n. 565.714, entendeu que a vinculação do adicional de insalubridade ao salário-mínimo ofende o art. 7º, IV, da Constituição Federal. Na ocasião, aprovou o texto da Súmula Vinculante n. 04, nos seguintes termos:

'Salvo nos casos previstos na Constituição, o salário-mínimo não pode ser usado como indexador de base de cálculo de vantagem de servidor público ou de empregado, nem ser substituído por decisão judicial.'

Segundo o disposto no art. 103-A da Constituição Federal, o efeito vinculante da súmula opera-se a partir da sua publicação na imprensa oficial. Portanto, para os créditos posteriores à edição da Súmula Vinculante n. 04 do STF, o adicional de insalubridade deve ser calculado sobre o salário-base percebido pelo empregado, salvo norma coletiva mais benéfica; permanecendo, para os créditos anteriores, a incidência sobre o salário-mínimo ou piso salarial estipulado em norma coletiva, nos termos da jurisprudência então preponderante na Justiça do Trabalho (Súmulas ns. 17 e 228 do TST).

Acresça-se que o STF proclamou a impossibilidade de a Justiça do Trabalho estabelecer, como base de cálculo para o adicional de insalubridade, a remuneração ou salário-base em substituição ao salário-mínimo, por ser inviável ao Poder Judiciário modificar tal indexador, sob o risco de atuar como legislador positivo. Transcreve-se, a seguir, a ementa da decisão proferida pela Suprema Corte:

> DIREITO DO TRABALHO. AGRAVO REGIMENTAL EM RECURSO EXTRAORDINÁRIO. ADICIONAL DE INSALUBRIDADE. SUBSTITUIÇÃO. IMPOSSIBILIDADE. SÚMULA VINCULANTE 4. 1. Conforme asseverado pelo Plenário do Supremo Tribunal Federal ao julgar o RE 565.714/SP, não é possível estabelecer, como base de cálculo para o adicional de insalubridade a remuneração ou salário base em substituição ao salário-mínimo, pois é inviável ao Poder Judiciário modificar tal indexador, sob o risco de atuar como legislador positivo. Precedentes. 2. Agravo regimental improvido. RE-AgR 488240 / ES — ESPÍRITO SANTO — AG.REG.NO RECURSO EXTRAORDINÁRIO — Relator(a): Min. ELLEN GRACIE — Julgamento: 28.10.2008 — Órgão Julgador: Segunda Turma — Publicação DJe-222 DIVULG 20-11-2008 PUBLIC 21.11.2008."

Nesse contexto, a decisão do Tribunal Regional, no sentido de estabelecer o salário normativo do reclamante como base de cálculo do adicional de insalubridade, contrariou a Súmula n. 228 do TST e dissentiu da jurisprudência da Corte Constitucional.

Pelo exposto, DOU PROVIMENTO ao recurso de revista para, reformando o acórdão recorrido, determinar a observância do salário-mínimo como base de cálculo do adicional de insalubridade deferido ao reclamante.

HONORÁRIOS ADVOCATÍCIOS. AUSÊNCIA DE ASSISTÊNCIA SINDICAL

Conhecido o recurso de revista por contrariedade às Súmulas ns. 219, I, e 329 do TST, DOU-LHE PROVIMENTO para, reformando o acórdão recorrido, excluir da condenação o pagamento dos honorários advocatícios, mantido o valor atribuído à condenação.

Isto posto,

Acordam os Ministros da Primeira Turma do Tribunal Superior do Trabalho, por unanimidade, conhecer do recurso de revista quanto aos temas "Base de cálculo do adicional de insalubridade", por divergência jurisprudencial, e "Honorários advocatícios. Ausência de assistência sindical", por contrariedade às Súmulas n. 219, I, e n. 329 do TST, e, no mérito, dar-lhe provimento para determinar a observância do salário-mínimo como base de cálculo do adicional de insalubridade e excluir da condenação o pagamento dos honorários advocatícios, mantido o valor atribuído à condenação.

Brasília, 08 de fevereiro de 2012. *Walmir Oliveira da Costa*, relator.

HORAS EXTRAS. FLEXIBILIZAÇÃO. IMPOSSIBILIDADE

RECURSO DE REVISTA. HORAS EXTRAS. MINUTOS QUE ANTECEDEM E SUCEDEM À JORNADA DE TRABALHO. NOMA COLETIVA. FLEXIBILIZAÇÃO. IMPOSSIBILIDADE.

Esta Corte pacificou o entendimento de que, mesmo que a Constituição Federal, em seu artigo 7º, XXVI, tenha conferido alta relevância aos acordos e às convenções coletivas de trabalho, é inaceitável a negociação coletiva por meio da qual se propõe o aumento do limite de tolerância da contagem da jornada de trabalho, quando esse elasticemento contraria expressa disposição de lei — § 1º do art. 58 da CLT —, causando evidentes prejuízos aos trabalhadores. Hipótese da Súmula n. 366 do Tribunal Superior do Trabalho.

Recurso de revista conhecido e provido.

(Processo n. TST-RR-175.700-24-2006-5-04-0331 — Ac. 1ª Turma)

Vistos, relatados e discutidos estes autos de Recurso de Revista n. TST-RR-175700-24.2006.5.04.0331, em que é recorrente Lisnara Fabiana da Silva e recorrida Calçados Azaléia S.A.

O Tribunal Regional do Trabalho da 4ª Região, mediante acórdão às fls. 315-347, deu provimento parcial ao recurso ordinário da reclamada, para excluir da condenação o pagamento das horas extraordinárias excedentes de cinco minutos que antecedem e sucedem a jornada de trabalho.

A reclamante interpõe recurso de revista, às fls. 335-159, postulando a reforma do julgado com base no art. 896, *a*, da CLT.

O recurso de revista foi admitido pela decisão às fls. 379-380.

Foi apresentada contrarrazões ao recurso de revista, às fls.385-395.

Dispensada a remessa dos autos ao Ministério Público do Trabalho, em face do disposto no art. 83, § 2º, II, do Regimento Interno do Tribunal Superior do Trabalho.

É o relatório.

VOTO

CONHECIMENTO

Satisfeitos os pressupostos genéricos de admissibilidade recursal quanto à regularidade de representação (fls. 19), à tempestividade (fls. 329 e 355), passa-se ao exame dos requisitos específicos de cabimento do recurso de revista.

HORAS EXTRAS. MINUTOS QUE ANTECEDEM E SUCEDEM À JORNADA DE TRABALHO. NORMA COLETIVA. FLEXIBILIZAÇÃO. IMPOSSIBILIDADE

O Tribunal Regional deu provimento parcial ao recurso ordinário da reclamada, para excluir da condenação o pagamento das horas extraordinárias excedentes de cinco minutos que antecedem e sucedem a jornada de trabalho, pelos seguintes fundamentos exarados às fls. 323-325, *verbis*:

"Irresigna-se a demandada contra a sentença de primeiro grau que a condenou ao pagamento de horas extras, excedentes a 5 minutos anterior ou posterior ao registro do cartão, até o limite de 10 minutos diários, desprezando a convenção coletiva da categoria da recorrida, bem como as normas constantes na Lei 10.243/01. Sinala que tal entendimento afronta o disposto no art. 7º, inciso XXVI, da Constituição Federal.

Com respeito ao entendimento vertido na origem, tem-se que deve prevalecer a vontade coletiva, por ter, esta, força de lei entre os acordantes por expressa previsão na CLT — artigo 611, § 1º, e na Constituição Federal — artigo 7º, inciso XXVI As cláusulas inseridas nos instrumentos coletivos decorrem de ajuste entre as categorias profissional e econômica, sendo fruto da manifestação da livre autonomia das vontades coletivas, que deve ser sempre acatada, respeitados os limites desta flexibilização Assim, o ajuste permitindo o registro do cartão-ponto com o lapso de tempo de quinze minutos que antecederem ao início do expediente (v. cláusula 09 1, fl. 57), sem que seja computado como hora trabalhada, é plenamente válido e deve ser respeitado, mesmo com a redação dada ao parágrafo 1º do art. 58 da CLT, pela Lei 10.243/2001, já que as negociações coletivas, realizadas depois desta data, por certo já tiveram em conta a nova regra e, ainda assim, resolveram compor a questão de forma diversa Ressalte-se que a norma coletiva em análise apenas reflete a realidade fática da prestação de trabalho, uma vez que é inviável a marcação do ponto de todos os empregados no mesmo momento. Agora, quanto à condenação de horas extras excedentes aos 05 (cinco) minutos posteriores à marcação do ponto, descabe a insurgência da ré, já que na cláusula 09 01 (fl. 57), antes refenda, não há, a respeito, qualquer alusão de tolerância, mantendo-se, neste particular, intocada a decisão

Desta forma, dá-se provimento parcial ao recurso para aplicar no cálculo das horas extras a cláusula 09 1 da norma coletiva."

A reclamante interpõe recurso de revista, às fls. 335-347, postulando a quitação, como horas extras, dos minutos que antecediam e sucediam à jornada de trabalho, tendo em vista o disposto no art. 58, § 1º, da CLT, com redação emprestada pela Lei n. 10.243/2001, que fixa o limite diário de dez minutos para as variações de registro de ponto, não havendo falar na observância de condições previstas nos instrumentos normativos. Alega violação do art. 58, § 1º, da CLT e contrariedade à Súmula n. 366 do TST.

À análise.

Esta Corte pacificou o entendimento de que, mesmo que a Constituição Federal, em seu artigo 7º, XXVI, tenha conferido alta relevância aos acordos e às convenções coletivas de trabalho, é inaceitável a negociação coletiva por meio da qual se propõe o aumento do limite de tolerância da contagem da jornada de trabalho, quando esse elastecimento contraria expressa disposição de lei — § 1º do artigo 58 da CLT —, causando evidentes prejuízos aos trabalhadores.

Reforça a mencionada tese a jurisprudência contida na Súmula n. 366 do TST, *verbis*:

"CARTÃO DE PONTO. REGISTRO. HORAS EXTRAS. MINUTOS QUE ANTECEDEM E SUCEDEM A JORNADA DE TRABALHO (conversão das Orientações Jurisprudenciais ns. 23 e 326 da SBDI-1) — Res. 129/2005, DJ 20, 22 e 25.04.2005. Não serão descontadas nem computadas como jornada extraordinária as variações de horário do registro de ponto não excedentes de cinco minutos, observado o limite máximo de dez minutos diários. Se ultrapassado esse limite, será considerada como extra a totalidade do tempo que exceder a jornada normal." (ex-Ojs da SBDI-1 ns. 23 — inserida em 03.06.1996 — e 326 — DJ 09.12.2003)

Ressalta-se, ainda, o disposto na Orientação Jurisprudencial n. 372 da SBDI-1, no sentido de que a partir da vigência da Lei n. 10.243, de 27.06.2001, que acrescentou o parágrafo 1º ao art. 58 da CLT, não mais prevalece cláusula prevista em convenção ou acordo coletivo que elastece o limite de 5 minutos que antecedem e sucedem a jornada de trabalho para fins de apuração das horas extras.

Desse modo, a decisão do Tribunal Regional ao emprestar validade à norma coletiva que previa a desconsideração como trabalho extraordinário de quinze minutos em cada registro de jornada contrariou exegese inscrita na Súmula n. 366 do TST.

Por conseguinte, CONHEÇO do recurso de revista por contrariedade à Súmula n. 366 do TST.

HONORÁRIOS ADVOCATÍCIOS

O Tribunal Regional, às fls. 321-323, manteve a condenação em honorários advocatícios, com base nos seguintes fundamentos, *verbis*:

"Com base na Lei 1.060/50, pretende a autora o deferimento de honorários advocatícios. Colaciona jurisprudência que entende confortar sua tese. Em relação aos honorários assistenciais, subsiste no direito laboral o direito a tais honorários em virtude da concessão do benefício da assistência judiciária, regulado pela Lei n. 5.584/70, nos termos das Súmulas ns. 219 e 329 do TST. Ou seja, a assistência judiciária e os honorários advocatícios decorrentes são devidos somente quando preenchidos os requisitos do art. 14 da Lei n. 5.584/70, a saber, declaração de pobreza ou percepção de salário inferior ao dobro do mínimo legal e credencial sindical, pois o art. 133 da Constituição Federal de 1988 não revogou o *jus postulandi* das partes nesta Justiça Especializada. No entanto, *in casu*, a demandante não preenche integralmente os citados requisitos legais, pois seu procurador não se encontra credenciado pelo sindicato da categoria profissional respectiva, embora exista declaração de insuficiência econômica à fl. 11. Mantida a sentença."

No recurso de revista, sustenta a reclamada que a assistência judiciária, no processo do trabalho, não constitui monopólio sindical, incidindo na hipótese o preconizado na Lei n. 1.060/50, segundo a qual são cabíveis os honorários advocatícios quando comprovada insuficiência econômica do autor.

O Tribunal Regional manteve a decisão de 1ª instância, registrando o não cabimento da condenação em honorários advocatícios, porquanto não preenchidos os requisitos da Lei

n. 5.584/70, em especial, a assistência da parte por sindicato representante de sua categoria profissional.

O acórdão recorrido foi proferido em consonância com a jurisprudência desta Corte, consubstanciada nas Súmulas ns. 219 e 329 e na Orientação Jurisprudencial n. 305 da Subseção I Especializada em Dissídios Individuais, que preconizam, textualmente:

"*Súmula n. 219 do TST*

HONORÁRIOS ADVOCATÍCIOS. HIPÓTESE DE CABIMENTO (incorporada a Orientação Jurisprudencial n. 27 da SBDI-2) — Res. 137/2005, DJ 22, 23 e 24.08.2005

I — Na Justiça do Trabalho, a condenação ao pagamento de honorários advocatícios, nunca superiores a 15% (quinze por cento), não decorre pura e simplesmente da sucumbência, devendo a parte estar assistida por sindicato da categoria profissional e comprovar percepção de salário inferior ao dobro do salário-mínimo ou encontrar-se em situação econômica que não lhe permita demandar sem prejuízo do próprio sustento ou da respectiva família. (ex-Súmula n. 219 — Res. 14/1985, DJ 26.09.1985)

II — É incabível a condenação ao pagamento de honorários advocatícios em ação rescisória no processo trabalhista, salvo se preenchidos os requisitos da Lei n. 5.584/1970. (ex-OJ n. 27 da SBDI-2 — inserida em 20.09.2000)

Súmula n. 329 do TST

HONORÁRIOS ADVOCATÍCIOS. ART. 133 DA CF/1988 (mantida) — Res. 121/2003, DJ 19, 20 e 21.11.2003

Mesmo após a promulgação da CF/1988, permanece válido o entendimento consubstanciado na Súmula n. 219 do Tribunal Superior do Trabalho.

Orientação Jurisprudencial n. 305 da SBDI-1

HONORÁRIOS ADVOCATÍCIOS. REQUISITOS. JUSTIÇA DO TRABALHO (DJ 11.08.2003)

Na Justiça do Trabalho, o deferimento de honorários advocatícios sujeita-se à constatação da ocorrência concomitante de dois requisitos: o benefício da justiça gratuita e a assistência por sindicato."

Dessa forma, nos termos do § 4º do art. 896 da CLT, não há falar em conhecimento do recurso de revista por divergência jurisprudencial.

Diante do exposto, NÃO CONHEÇO do recurso de revista.

MÉRITO

HORAS EXTRAS. MINUTOS QUE ANTECEDEM E SUCEDEM À JORNADA DE TRABALHO. NORMA COLETIVA. FLEXIBILIZAÇÃO. IMPOSSIBILIDADE

Conhecido o recurso de revista por contrariedade à Súmula n. 366 do Tribunal Superior do Trabalho, deve se dado provimento ao recurso para restabelecer a sentença apenas no pertinente ao reconhecimento da invalidade da norma coletiva que flexibilizava o tempo para marcação do ponto. Todavia, no cálculo do trabalho extraordinário, tendo em vista a descaracterização do regime de compensação face à prestação de horas extraordinárias, razão assiste à reclamante quanto à aplicação do item IV, da Súmula n. 85, do TST.

Ante o exposto, DOU PROVIMENTO ao recurso de revista para restabelecer a sentença apenas no pertinente ao reconhecimento da invalidade da norma coletiva que flexibilizava o tempo para marcação do ponto, determinando, ainda, a observância da Súmula 85, IV, do TST, no cálculo do trabalho suplementar.

Isto posto,

Acordam os Ministros da Primeira Turma do Tribunal Superior do Trabalho, por unanimidade, conhecer do recurso de revista, por contrariedade à Súmula n. 366 do TST, e, no mérito, dar-lhe provimento para restabelecer a sentença no pertinente ao reconhecimento da invalidade da norma coletiva que flexibilizava o tempo para marcação do ponto, determinando, ainda, a observância da Súmula 85, IV, do TST, no cálculo do trabalho suplementar.

Brasília, 18 de abril de 2012. *Walmir Oliveira da Costa*, relator.

HORAS EXTRAS. GRATIFICAÇÃO DE FUNÇÃO. ALTERAÇÃO DA JORNADA DE TRABALHO

RECURSO DE REVISTA. HORAS EXTRAS ALÉM DA SEXTA DIÁRIA. TÉCNICO DE FOMENTO. ACEITAÇÃO DE FUNÇÃO PREVISTA NO REGULAMENTO DE PESSOAL DA EMPRESA. GRATIFICAÇÃO DE FUNÇÃO. ALTERAÇÃO DA JORNADA DE TRABALHO. QUALIFICAÇÃO DAS PROVAS.

O Tribunal Regional, reformando a sentença, julgou improcedente o pedido de horas extras e reflexos ao fundamento de que a reclamante ocupava cargo de confiança e percebia gratificação pelo exercício da função, estando sujeita à jornada diária de 8 horas, em face da opção que realizou para cumprir a referida jornada. Nesse contexto, o acórdão recorrido contém premissas que possibilitam outra qualificação jurídica dos fatos, de forma a justificar o reconhecimento do não enquadramento da autora na exceção prevista no art. 224, § 2º, da CLT, por não ser suficiente a declaração das partes de exercício da função de confiança, sendo indispensável a correspondência da declaração de vontade à prática efetiva, nos termos da jurisprudência sedimentada na SBDI-1 deste Tribunal.

Recurso de revista conhecido e provido.

(Processo n. TST-RR-194.140-72-2004-5-07-0002 — Ac. 1ª Turma)

Vistos, relatados e discutidos estes autos de Recurso de Revista n. TST-RR-194140-72.2004.5.07.0002 (convertido de Agravo de Instrumento de mesmo número), em que é recorrente Maria do Perpétuo Socorro Coelho Dias e recorrida Caixa Econômica Federal — CEF.

Inconformada com a decisão, mediante a qual se denegou seguimento ao seu recurso de revista (fls. 124-125), a reclamante interpõe agravo de instrumento às fls. 02-14.

Foram apresentadas, em peça única, a contraminuta ao agravo de instrumento e as contrarrazões ao recurso de revista, às fls. 135-150.

Dispensada a remessa dos autos ao Ministério Público do Trabalho, em face do disposto no art. 83, § 2º, II, do Regimento Interno do TST.

É o relatório.

VOTO

AGRAVO DE INSTRUMENTO

CONHECIMENTO

Satisfeitos os pressupostos de admissibilidade pertinentes à tempestividade (fls. 02 e 127) e à representação processual (fls. 25 e 79), e encontrando-se devidamente instruído, com o traslado das peças essenciais previstas no art. 897, § 5º, I e II, da CLT e no item III da Instrução Normativa n. 16/99 do TST, CONHEÇO do agravo de instrumento.

MÉRITO

HORAS EXTRAS ALÉM DA SEXTA DIÁRIA. TÉCNICO DE FOMENTO. ACEITAÇÃO DE FUNÇÃO PREVISTA NO REGULAMENTO DE PESSOAL DA EMPRESA. GRATIFICAÇÃO DE FUNÇÃO. ALTERAÇÃO DA JORNADA DE TRABALHO. QUALIFICAÇÃO DAS PROVAS

O presente agravo de instrumento merece ser provido para melhor exame de tema veiculado no recurso de revista, qual seja horas extras do bancário além da sexta, diante da configuração da divergência jurisprudencial com o décimo aresto transcrito às fls. 114-115, oriundo do Tribunal Regional do Trabalho da 3ª Região, em que se adota tese diametralmente oposta à do acórdão recorrido, no sentido da realização de atividades meramente técnicas quando do exercício do cargo de técnico de fomento e de que a opção pelo cargo com jornada de oito horas não implica o reconhecimento da validade da alteração contratual que se operou.

Do exposto, configurada a hipótese prevista na alínea *a* do art. 896 da CLT, DOU PROVIMENTO ao agravo de instrumento para determinar o julgamento do recurso de revista, observado o procedimento estabelecido na Resolução Administrativa n. 928/2003 do Tribunal Superior do Trabalho.

RECURSO DE REVISTA

CONHECIMENTO

O recurso é tempestivo (fls. 101 e 102), tem representação regular (fls. 25 e 79), sendo dispensado o preparo. Atendidos os requisitos extrínsecos de admissibilidade, passa-se ao exame dos intrínsecos do recurso de revista.

NULIDADE DO ACÓRDÃO PROFERIDO PELO TRIBUNAL REGIONAL. NEGATIVA DE PRESTAÇÃO JURISDICIONAL

No recurso de revista, o reclamante argui preliminar de nulidade do acórdão recorrido, por negativa de prestação jurisdicional, ao argumento de que a Corte de origem, mesmo instada por intermédio de embargos de declaração, deixou de se pronunciar sobre as atividades por ela desempenhadas, a fim de qualificá-las ou não como de confiança apta ao enquadramento na exceção da jornada bancária. Apontou ofensa aos arts. 832 da CLT, 458, II, do CPC, 93, IX, da Constituição da República, bem como divergência jurisprudencial.

Todavia, considerando-se que os argumentos suscitados guardam pertinência com a questão relativa ao pagamento de horas extras além da sexta diária decorrentes do não enquadramento na exceção do art. 224, § 2º, da CLT, com provável êxito da parte a quem aproveita a declaração de nulidade, deixa-se de analisar a preliminar arguida, com fundamento no art. 249, § 2º, do CPC.

HORAS EXTRAS ALÉM DA SEXTA DIÁRIA. TÉCNICO DE FOMENTO. ACEITAÇÃO DE FUNÇÃO PREVISTA NO REGULAMENTO DE PESSOAL DA EMPRESA. GRATIFICAÇÃO DE FUNÇÃO. ALTERAÇÃO DA JORNADA DE TRABALHO. QUALIFICAÇÃO DAS PROVAS

O Tribunal Regional do Trabalho da 7ª Região deu provimento ao recurso ordinário interposto pela reclamada, reformando a sentença em que se entendeu que eram devidas as horas extras e reflexos.

A decisão foi proferida, às fls. 91-92, nos seguintes termos, *verbis*:

"Inconformada com o r. decisório "a quo" que julgou procedente a reclamação trabalhista, a promovida recorreu ordinariamente, no prazo legal, apresentando as razões de fato e de direito lançadas em sua peça de contrariedade.

Razão assiste à recorrente.

As provas trazidas à colação demonstram, com clareza, que a recorrida exerce cargo de confiança (técnico de fomento), auferindo, a partir de dezembro de 1999, o valor referente a gratificação pelo exercício da função.

Diferentemente do gerente, o cargo de confiança Bancário, com enquadramento legal no § 2º do art. 224 da CLT, é aquele que se caracteriza por uma fidúcia especial do empregador, uma confiança técnica, que não se pode confundir com a confiança gerencial, propiciando gratificação de 1/3 do salário efetivo. A caracterização do cargo de confiança não pressupõe os amplos poderes de mando e gestão atinentes ao Gerente, conforme se depreende do Enunciado n. 204 do TST.

Antes de 1994, o conceito de cargo de confiança era mais restrito, pelo que se exigia que o empregado fosse investido de um mandato, ou seja, ocupava cargos de confiança somente o empregado de altíssima hierarquia. Após a modificação do art. 62 da CLT, passou-se a considerar, também, como cargo de confiança, a chefia de departamentos e filiais. Na realidade, ocupam cargo de confiança os bancários que exercem cargos de direção, gerência, fiscalização, chefia e equivalentes, ou, ainda, que desempenhem outros cargos de confiança, como o da reclamante, e percebam a gratificação equivalente.

Ainda que não fosse este o meu entendimento, as pretensões da demandante restariam fulminadas pelo conteúdo do documento de fl. O Termo de Opção ali acostado — e devidamente assinado — revela que a parte autora expressou sua preferência pela jornada de 8 (oito) horas, quando designada para cumprir apenas 6 (seis), no exercício da mesma função.

Portanto, não há se falar em horas extras e seus reflexos."

Nas razões do recurso de revista, a reclamante sustenta que o exercício da função de "técnico de fomento" não exigia qualquer grau de fidúcia, tendo em vista a natureza técnica do cargo. Aduz que o regulamento interno da CEF prevê para o cargo em comento jornadas de seis ou oito horas, o que torna inviável enquadrá-lo como cargo de confiança. Alega que a alteração da jornada de trabalho para oito horas lhe foi prejudicial, uma vez que passou a trabalhar mais, auferindo contraprestação inferior a devida. Aponta violação do art. 468 da CLT, contrariedade à Súmula n. 51 do TST e divergência jurisprudencial.

À análise.

O décimo aresto transcrito às fls. 114-115, oriundo do Tribunal Regional do Trabalho da 3ª Região, que adota tese diametralmente oposta à do acórdão recorrido, no sentido de que a realização de atividades meramente técnicas quando do exercício do cargo de técnico de fomento e de que a opção pelo cargo com jornada de oito horas não implica o reconhecimento da validade da alteração contratual que se operou.

Desse modo, CONHEÇO do recurso de revista, por divergência jurisprudencial.

MÉRITO

HORAS EXTRAS ALÉM DA SEXTA DIÁRIA. TÉCNICO DE FOMENTO. ACEITAÇÃO DE FUNÇÃO PREVISTA NO REGULAMENTO DE PESSOAL DA EMPRESA. GRATIFICAÇÃO DE FUNÇÃO. ALTERAÇÃO DA JORNADA DE TRABALHO. QUALIFICAÇÃO DAS PROVAS

No mérito, merece acolhida a pretensão recursal.

O Tribunal Regional, reformando a sentença, julgou improcedente o pedido de horas extras e reflexos ao fundamento de que a reclamante ocupava cargo de confiança e percebia gratificação pelo exercício da função, estando sujeita à jornada diária de 8 horas, em face da opção que realizou para cumprir a referida jornada. Registrou-se, ainda, a adesão da reclamante ao Plano de Trabalho, pelo qual houve o elastecimento da sua jornada de trabalho para oito horas, quando era designada para cumprir apenas seis horas, no exercício da mesma função.

Nesse contexto, o acórdão recorrido contém premissas que possibilitam outra qualificação jurídica dos fatos, de forma a justificar o reconhecimento do não enquadramento da autora na exceção prevista no art. 224, § 2º, da CLT, por não ser suficiente a declaração das partes de exercício da função de confiança, sendo indispensável a correspondência da declaração de vontade à prática efetiva, nos termos da jurisprudência sedimentada na SBDI-1 deste Tribunal.

Vale ressaltar que, não obstante a orientação prevista nas Súmulas ns. 102, I, e 126 do TST, não se trata, na espécie, de revolvimento de fatos e provas, por ser caracteristicamente de direito a operação judicial de qualificação ou enquadramento jurídico dos fatos delineados no acórdão recorrido.

A propósito, vale destacar os seguintes precedentes da SBDI-1 deste Tribunal, proferidos em situações similares, *verbis*:

"RECURSO DE EMBARGOS. BANCÁRIO. TÉCNICO DE FOMENTO. JORNADA DE TRABALHO. ALTERAÇÃO CONTRATUAL. JORNADA DE OITO HORAS. TERMO DE OPÇÃO. VALIDADE. VIGÊNCIA DA LEI 11.496/2007. A opção do empregado da Caixa Econômica Federal, em face do Plano de Cargos e Salários, da jornada de 6 para a de 8 horas, ainda que se mostrasse livre de coação, não seria apta a impedir a incidência da jornada insculpida no *caput* do art. 224 da CLT, que excetua da jornada de seis horas apenas os empregados que exercem função de confiança. Tratando-se de empregado que exercia função técnica, não é possível atribuir jornada de oito horas como previsto no Plano, porque contrária à norma legal que disciplina a jornada dos bancários. Embargos conhecidos e providos." (E-RR-383/2006-006-19-00, Relator Ministro Aloysio Corrêa da Veiga, DJ de 13.6.2008).

"BANCÁRIO. HORAS EXTRAS. CARGO DE CONFIANÇA. ART. 224, § 2º, DA CLT. CARACTERIZAÇÃO. TERMO DE OPÇÃO. A opção do empregado pela jornada de oito horas, com a percepção de gratificação de função, conforme previsto no Plano de Cargos e Salários não afasta a incidência do disposto no *caput* do art. 224 da CLT que tem como exceção apenas os empregados que exercem cargo de confiança. Assim, em que pese ter a reclamante optado pela jornada de oito horas, devem estar presentes os requisitos para a caracterização do exercício de cargo de confiança, hipótese que não ficou comprovada no presente caso. Portanto, não há falar na incidência do art. 224, § 2º, da CLT, sendo devido o pagamento da sétima e oitava horas diárias como extraordinárias. Recurso de Embargos de que se conhece e a que se dá provimento." (E-ED-RR — 857/2005-021-03-00.7, Min. João Batista Brito Pereira, Subseção I Especializada em Dissídios Individuais, DJ de 29.08.2008).

"RECURSO DE EMBARGOS DA RECLAMANTE. HORAS EXTRAORDINÁRIAS. CARGO DE CONFIANÇA. VIOLAÇÃO DO ARTIGO 896 DA CLT RECONHECIDA. MÁ APLICAÇÃO DA SÚMULA N. 126 DO TST. No caso dos autos desnecessário o reexame da prova tendo em vista que, da leitura da decisão proferida pelo Juízo *a quo*, se extrai que efetivamente a reclamante não exercia função de confiança, tampouco os poderes necessários de modo a enquadrá-la na exceção do § 2º do artigo 224 da CLT. A não existência de subordinados demonstra a inexistência de chefia, notadamente quando se trata, sem qualquer dúvida, de mera nomenclatura o cargo exercido de chefe de seção pela reclamante. Recurso de embargos conhecidos e providos." (E-RR-368359/1997.5, Min. Aloysio Corrêa da Veiga, Subseção I Especializada em Dissídios Individuais, DJ de 03.03.2006)

"HORAS EXTRAS. CARGO DE CONFIANÇA. ART. 224, § 2º, DA CLT. Afronta o artigo 896 da CLT a decisão da colenda Turma embargada, que deixa de conhecer do recurso de revista do Reclamado por violação do artigo 224, § 2º, da CLT, a despeito de a decisão regional expressamente consignar que o empregado exercia função de chefia, possuindo subordinado, estando inclusive liberado do controle de horário, aliado ao fato de perceber gratificação de função. A decisão do Tribunal Regional, fundada na premissa de que o Reclamante não estava investido de poderes para admitir ou dispensar funcionários, ou ainda, no fato de que ele não possuía assinatura autorizada, nem amplos poderes de mando e gestão, violou literalmente o artigo 224, § 2º, da CLT, autorizando a veiculação dos Embargos, por ofensa ao art. 896, c, da norma consolidada. Embargos a que se dá provimento, a fim de restabelecer a ordem jurídica malferida." (E-RR — 533547/1999.1, Min. Lelio Bentes Corrêa, Subseção I Especializada em Dissídios Individuais, DJ 21.11.2003).

"EMBARGOS — CAIXA ECONÔMICA FEDERAL PLANO DE CARGOS E SALÁRIOS CARGO DE CONFIANÇA BANCÁRIO OPÇÃO DO EMPREGADO POR JORNADA DE OITO HORAS CONTRARIEDADE AOS PRINCÍPIOS DA IRRENUNCIABILIDADE E DA PRIMAZIA DA REALIDADE ARTIGOS 9º E 444 DA CLT 1. A discussão dos autos cinge-se à validade da opção do Reclamante pelo cargo em comissão com jornada de oito horas, em confronto com o que dispõe o art. 224 da CLT. 2. As peculiaridades da consolidação e institucionalização do direito do trabalho, no contexto do Estado Social, refletiram na formação de seus princípios basilares, como os da proteção do trabalhador, da irrenunciabilidade dos direitos trabalhistas e da primazia da realidade. 3. O princípio da irrenunciabilidade decorre do próprio caráter cogente e de ordem pública do direito do trabalho. Significa, nessa esteira, que o trabalhador inclusive pela desigualdade econômica em que se encontra perante o empregador não pode abrir mão dos direitos legalmente previstos. Esse princípio tem por fim protegê-lo não apenas perante o empregador, mas também com relação a si mesmo. Ou seja, o trabalhador não pode se despojar, ainda que por livre vontade, dos direitos que a lei lhe assegura. 4. Por sua vez, o princípio da primazia da realidade orienta no sentido de que deve ser privilegiada a prática efetiva, a par do que eventualmente tenha sido estipulado em termos formais entre as partes. Aliás, é justamente esse princípio ao lado do princípio protetor — que matiza a aplicação do princípio da boa-fé às relações trabalhistas. 5. Não se trata, nesse último caso, de um conflito entre princípios. Ao revés, necessário é, como propõe Ronald Dworkin, buscar a decisão correta para o caso concreto, a partir da conformação que os princípios abraçados pelo ordenamento jurídico devem adquirir. 6. Nesse sentido, dois parâmetros são importantes. O primeiro é afirmar a carga deontológica dos direitos, como condição necessária e indispensável para levá-los a sério. O segundo é encarar o direito a partir da premissa da integridade. 7. A premissa do direito como integridade é relevante sobretudo quando se enfrenta uma questão jurídica como a presente em uma perspectiva principiológica, o que, a seu turno, mostra-se ainda mais importante no atual paradigma do Estado Democrático de Direito. 8. No caso dos autos, a alegação de boa-fé das partes não tem o condão de conferir validade à opção efetuada pelo Reclamante. A premissa do direito como integridade impõe, com todas as suas conseqüências, a aplicação dos princípios protetivo, da irrenunciabilidade e da primazia da realidade, os quais conformam e justificam, de modo coerente, o direito do trabalho em nosso ordenamento jurídico. 9. Assim, se os princípios protetivo e da primazia da realidade matizam a aplicação do princípio da boa-fé às relações trabalhistas, não há falar em boa-fé quando exatamente esses mesmos princípios são contrariados. Em outras palavras, não há, na espécie, como reconhecer boa-fé em prática que ofende os princípios protetivo e da primazia da realidade. 10. A validade da opção discutida in casu encontra óbice imediato no art. 444 da CLT, um dos corolários do princípio da irrenunciabilidade. De fato, o preceito veda a estipulação de relações contratuais de trabalho que contrariem as disposições de proteção ao labor ainda que aparentem ser favoráveis ao empregado. Nesse sentido, é importante recordar que a jornada do bancário está prevista no título III da CLT, que trata exatamente Das Normas Especiais de Tutela do Trabalho. 11. A prática narrada nos autos contraria também o art. 9º da CLT, que corresponde a um desdobramento do princípio da primazia da realidade. A conduta adotada pelas partes na hipótese vertente volta-se diretamente contra a aplicação dos preceitos contidos na Consolidação das Leis do Trabalho. 12. Aliás, foi exatamente o referido princípio que ensejou, no âmbito desta Corte, a edição da Súmula n. 102, I: a configuração, ou não, do exercício da função de confiança a que se refere o art. 224, § 2º, da CLT, dependente da prova das reais atribuições do empregado, é insuscetível de exame mediante recurso de revista ou de embargos (grifei). 13. Não é suficiente, assim, a declaração das partes de exercício da função de confiança; indispensável é, portanto, a correspondência da declaração de vontade à prática efetiva. 14. Entender diversamente implicaria afastar, de forma casuística, os princípios da irrenunciabilidade e da primazia da realidade, em detrimento, ainda, da coerência do próprio direito do trabalho. 15. Vale acrescentar que não é relevante à solução da controvérsia o valor eventualmente percebido pelo Reclamante, na espécie, em contrapartida à opção pelo cargo em comissão com jornada de oito horas. Tal argumento acarretaria nítido prejuízo à carga deontológica do direito e à normatividade dos artigos 9º e 444 da CLT. 16. Assim, na hipótese vertente, a opção feita pelo Reclamante é nula de pleno direito, por contrariar os artigos 9º e 444 da CLT e os princípios da irrenunciabilidade e da primazia da realidade. 17. Devido é, portanto, o pagamento, como extras, das sétima e oitava horas diárias, em face do reconhecimento do direito à jornada prevista no art. 224, caput, da CLT. Embargos conhecidos e providos." (E-RR-1454/2005-103-03-40, Relatora Ministra Maria Cristina Irigoyen Peduzzi, DJ de 29.2.2008).

Do exposto, DOU PROVIMENTO ao recurso de revista para, reformando o acórdão recorrido, restabelecer a sentença quanto à condenação ao pagamento, como extras, das 7ª e 8ª horas trabalhadas, mais reflexos, autorizados os descontos fiscais e previdenciários, nos termos da Súmula n. 368 do TST, e deferir os honorários advocatícios assistenciais, fixados em 15% (quinze por cento) do valor da condenação (OJ n. 348), ante a comprovação dos requisitos previstos na Súmula n. 219 do TST. Invertido o ônus da sucumbência.

Isto posto,

Acordam os Ministros da Primeira Turma do Tribunal Superior do Trabalho, por unanimidade, conhecer do agravo de instrumento e, no mérito, dar-lhe provimento para determinar o julgamento do recurso de revista. Acordam, ainda, julgando o recurso de revista, na forma do art. 897, § 7º, da CLT, dele conhecer quanto tema afeto à jornada de trabalho, por divergência jurisprudencial, e, no mérito, dar-lhe provimento para, reformando o acórdão recorrido, restabelecer a sentença quanto à condenação ao pagamento, como extras, das 7ª e 8ª horas trabalhadas, mais reflexos, autorizados os descontos fiscais e previdenciários, nos termos da Súmula n. 368 do TST, e deferir os honorários advocatícios assistenciais, no percentual de 15% (quinze por cento) do valor da condenação (OJ n. 348), ante a comprovação dos requisitos previstos na Súmula n. 219 do TST. Invertido o ônus da sucumbência.

Brasília, 25 de agosto de 2010. *Walmir Oliveira da Costa*, relator.

HORAS EXTRAS. REFLEXOS. FÉRIAS. PACTUAÇÃO. DESCONTOS FISCAIS E PREVIDENCIÁRIOS. RESPONSABILIDADE PELO PAGAMENTO

RECURSO DE REVISTA. CONTRIBUIÇÕES SINDICAIS.

A Constituição da República, em seus arts. 5º, XX, e 8º, V, assegura o direito de livre associação e sindicalização. É ofensiva a essa modalidade de liberdade cláusula constante de acordo, convenção coletiva ou sentença normativa estabelecendo contribuição em favor de entidade sindical a título de taxa para custeio do sistema confederativo, assistencial, revigoramento ou fortalecimento sindical e outras da mesma espécie, obrigando trabalhadores não sindicalizados. Sendo nulas as estipulações que inobservem tal restrição, tornam-se passíveis de devolução os valores irregularmente descontados. (Precedente Normativo n. 119 da SDC e Orientação Jurisprudencial n. 17 da SDC).

HORAS EXTRAS E REFLEXOS.

O Tribunal Regional, ao deferir o pagamento das horas e reflexos, valorou o conjunto fático-probatório constante dos autos, uma vez que os cartões de ponto não retratam a real jornada de trabalho. Desse modo, para se decidir de forma diversa, far-se-ia necessário o reexame dos fatos e das provas, o que é vedado nesta instância processual, a teor da Súmula n. 126 do TST.

FÉRIAS. PACTUAÇÃO.

Não se conhece do recurso porque desfundamentado, quando a parte não indica violação a dispositivo constitucional ou de lei federal ou divergência jurisprudencial, nos termos do art. 896 da CLT.

COMPENSAÇÃO DE VALORES PAGOS.

Não se conhece do recurso de revista quando a matéria carece do devido prequestionamento. Incidência da Súmula n. 297, I, do TST.

DESCONTOS FISCAIS E PREVIDENCIÁRIOS. RESPONSABILIDADE PELO PAGAMENTO.

A decisão recorrida, ao determinar a responsabilidade exclusiva da Reclamada em relação aos descontos fiscais e previdenciários, contrariou o disposto na Súmula n. 368, II e III, desta Corte, ensejando o conhecimento do recurso, com espeque no art. 896, "a", da CLT.

Recurso de revista parcialmente conhecido e provido.

(*Processo n. TST-RR-6.848-2002-900-02-00-5 — Ac. 1ª Turma*)

Vistos, relatados e discutidos estes autos de Recurso de Revista n. TST-RR-6848/2002-900-02-00.5 em que é recorrente Condomínio Edifício Diego Mitsuo e recorrido João Batista dos Santos.

O Tribunal Regional do Trabalho da 2ª Região, mediante o acórdão de fls. 229-233, deu provimento ao recurso ordinário interposto pelo Reclamante para, no que interessa, determinar o pagamento das horas extras e reflexos, férias, devolução dos descontos efetuados a título de contribuições sindicais, confederativas e assistenciais e "coibir os descontos fiscais e previdenciários no crédito do autor" (fl. 233).

O Reclamado interpõe recurso de revista às fls. 251-265 com fulcro no art. 896, alíneas "a" e "c" da CLT. Aduz, em síntese, que os descontos fiscais e previdenciários não devem ser suportados exclusivamente pelo empregador e devem ser realizados nos termos das Orientações Jurisprudenciais ns. 32 e 141 da SBDI-1. Afirma, ainda, que os descontos efetuados a título de contribuição confederativa, assistencial ou sindical são legais porque autorizados por convenção coletiva, não devendo ser devolvidos. Pugna, por fim, pela exclusão da condenação ao pagamento das horas extras e reflexos e férias, e que sejam compensados os valores pagos ao Reclamante duas vezes. Reputa violados os arts. 462, 513, alínea "e", 578 e 610 da CLT, 8º IV, da Constituição Federal, 334, III e 131 do CPC e 964 do Código Civil, bem como às Orientações Jurisprudenciais ns. 32 e 141 da SBDI-1, ambas do TST. Traz arestos para confronto de teses.

O recurso foi admitido pelo despacho de fl. 290.

Contrarrazões apresentadas às fls. 292-293.

Os autos não foram remetidos à douta Procuradoria-Geral do Trabalho, em virtude do estatuído no artigo 83, II, do Regimento Interno desta Corte.

É o relatório.

VOTO

CONHECIMENTO

Atendidos os pressupostos extrínsecos do recurso, quanto à tempestividade (fls. 250 e 251), regularidade de representação processual (fl. 62) e preparo satisfeito (fls. 197, 228, 287-289), passa-se ao exame dos pressupostos intrínsecos do apelo.

CONTRIBUIÇÕES SINDICAIS

O Tribunal Regional modificou a decisão de primeiro, para determinar que a contribuição confederativa não pode ser descontada de toda a categoria profissional, independentemente de filiação. Para tanto adotou os seguintes fundamentos, consignados à fl. 231, *verbis*:

Respeitável corrente jurisprudencial e doutrinária que até pouco tempo estava filiada, entende pela ampla autonomia das normas pactuadas em convenções coletivas, através das entidades sindicais, inclusive para fixação de contribuições devidas por todos os membros integrantes da categoria, independentemente de filiação.

Contudo, após análise mais profunda do tema, firmo posicionamento no sentido de que aos empregados não associados não pode ser impingido o pagamento de contribuição destinada ao custeio da atividade sindical, senão aquela legalmente prevista e obrigatória.

De fato, os dispositivos constitucionais e legais citados pela recorrida em sede de contestação, estabelecem a autonomia sindical, bem como o respeito máximo às estipulações normativas. Contudo, o princípio maior que rege todo o Direito Coletivo do Trabalho é da ampla liberdade de associação profissional ou sindical, insculpido nos artigos 5º, XX, e 8º, V, da Lei Maior, segundo o qual ninguém é obrigado a filiar-se ou manter-se filiado a associação ou sindicato. Nesse passo, se não há obrigatoriedade de filiação, quanto mais de pagamento de taxas ou contribuições para manutenção da entidade.

No mesmo sentido, já se manifestou o C. Tribunal Superior do Trabalho, através de sua Seção de Dissídios Coletivos, com a edição do Precedente n. 119.

Também o Supremo Tribunal Federal já acena para posicionamento nesse sentido, quando de sua manifestação concernente à cobrança de contribuição confederativa, entendendo não ter a mesma caráter compulsório para os empregados não filiados (RE 198.092-3, ac. 2ª. Turma, Ministro Veloso, *LTr* 60-12/1632).

Nas razões da Revista, o Reclamado defende a possibilidade de tal desconto por autorização em convenção coletiva. Aponta ofensa aos arts. 462, 513, alínea "e", 578 e 610 da CLT e 8º, IV, da Constituição Federal, bem como colaciona arestos para demonstrar o conflito de teses.

O apelo não merece prosperar.

Esta Colenda Corte entende que não há como estender a exigência da contribuição confederativa aos empregados da categoria, não sindicalizados, porque, conquanto autorizada por assembleia geral, a cobrança seria ofensiva ao princípio da liberdade de associação e de sindicalização insculpidos nos arts. 5º, inciso XX, e 8º, inciso V, da Constituição Federal. Isso porque, diferentemente da contribuição sindical que tem origem legal e natureza tributária determinadas pela Carta Magna (art. 149), e, portanto, reveste-se de compulsoriedade, a contribuição confederativa não é tributo, pois é instituída pela assembleia geral da entidade sindical (art. 8º, IV, da Constituição da República) e deve ser cobrada tão-somente dos filiados do sindicato.

Nesse sentido, o Precedente Normativo n. 119 (com nova redação dada pela C. SDC, mediante a Resolução n. 82, de 20.08.98) e Orientação Jurisprudencial n. 17 da SDC (*inserida em 25.05.1998*) nos seguintes termos, respectivamente:

"CONTRIBUIÇÕES SINDICAIS — INOBSERVÂNCIA DE PRECEITOS CONSTITUCIONAIS

A Constituição da República, em seus arts. 5º, XX, e 8º, V, assegura o direito de livre associação e sindicalização. É ofensiva a essa modalidade de liberdade cláusula constante de acordo, convenção coletiva ou sentença normativa estabelecendo contribuição em favor de entidade sindical a título de taxa para custeio do sistema confederativo, assistencial, revigoramento ou fortalecimento sindical e outras da mesma espécie, obrigando trabalhadores não sindicalizados. Sendo nulas as estipulações que inobservem tal restrição, tornam-se passíveis de devolução os valores irregularmente descontados.

CONTRIBUIÇÕES PARA ENTIDADES SINDICAIS. INCONSTITUCIONALIDADE DE SUA EXTENSÃO A NÃO ASSOCIADOS.

As cláusulas coletivas que estabeleçam contribuição em favor de entidade sindical, a qualquer título, obrigando trabalhadores não sindicalizados, são ofensivas ao direito de livre associação e sindicalização, constitucionalmente assegurado, e, portanto, nulas, sendo passíveis de devolução, por via própria, os respectivos valores eventualmente descontados."

Também a c. SBDI-1 deste TST tem entendido que a contribuição confederativa não pode alcançar os empregados não sindicalizados:

"CONTRIBUIÇÕES ASSISTENCIAIS E CONFEDERATIVAS. Fere o direito à plena liberdade de associação e de sindicalização cláusula constante de Acordo, Convenção Coletiva ou Sentença Normativa, fixando contribuição a ser descontada dos salários dos trabalhadores não filiados a sindicato profissional, sob a denominação de taxa assistencial ou para custeio confederativo. A Carta Constitucional, nos arts. 5º, XX e 8º, V, assegura ao trabalhador o direito de livre associação e sindicalização." (ERR-362.159/97, Relator Ministro Carlos Alberto Reis de Paula, DJ 14.09.2001).

Por fim, cumpre mencionar o julgado do Excelso STF sobre a matéria, no mesmo sentido da jurisprudência deste Tribunal:

"AGRAVO REGIMENTAL EM AGRAVO DE INSTRUMENTO. CONTRIBUIÇÃO FIXADA EM ASSEMBLÉIA GERAL. COMPULSORIEDADE. ASSOCIADOS. Firmou-se o entendimento, nesta Corte, de que a compulsoriedade da contribuição confederativa, instituída por assembleia-geral de sindicato, circunscreve-se apenas aos associados. Agravo regimental a que se nega provimento." (AGRAG-351.764/MA, Relator Min. Maurício Corrêa, DJ 02.02.2002).

Assim, estando a decisão recorrida em consonância com a iterativa, notória e atual jurisprudência desta Corte, restam superadas as teses divergentes colacionadas, nos termos do Enunciado n. 333 do TST e art. 896, § 4º, da CLT, bem como, diante da fundamentação supra, inocorrentes as ofensas a textos legais e constitucionais invocadas no Recurso, nos termos da Orientação Jurisprudencial n. 336 da SBDI-1 desta Corte.

NÃO CONHEÇO do recurso de revista, no particular.

HORAS EXTRAS E REFLEXOS

O Tribunal Regional deu provimento a recurso ordinário interposto pelo Reclamante para deferir o pagamento das horas extras e reflexos, consignando que, à fl. 230, *verbis*:

"Negado o fato pela reclamada e juntados os controles de frequência, foram eles impugnados pelo reclamante, em sua réplica, sob a fundamentação de não retratarem a real jornada laborada.

A prova oral não favorece a reclamada, na medida em que as testemunhas do reclamante são uníssonas em afirmar que viam o reclamante trabalhando em horário anterior àquele registrado nos cartões de ponto.

Por sua vez, do depoimento das testemunhas da reclamada, verifica-se que a terceira testemunha apenas informa que o reclamante usufruía intervalo para descanso e alimentação das 12:00 às 14:00 horas, enquanto são contraditórios os da primeira, que em visitas à reclamada que tendo comparecido às 8:00 horas, teve que esperar o reclamante para atende-lo até as 8:30 horas, enquanto pelo contrário a segunda que trabalhava com vigia noturno para a empresa, das 22:00 até as 6:00 horas, afirmou *in verbis*: 'que diariamente às 06h, entregava a chave para o recte.', ficando pois confessa a reclamada quanto ao horário inicial da jornada do reclamante.

Quanto ao intervalo intrajornada não se desvencilhou o reclamante em fazer prova constitutiva do seu não usufruto integral. Da mesma forma, não se desvencilhou em fazer prova do trabalho em domingos e feriados.

Considerando o acima exposto, hei de reformar a sentença *a quo*, para condenar a reclamada a pagar as horas extras pelo excedimento da jornada diária, considerando-se o horário de início da jornada às 6:00 horas, que pela habitualidade deverão refletir nas demais verbas salariais, rescisórias e fundiárias, exceto quanto aos DSR's, tendo em vista ser o autor mensalista (item 5, de fls. 3, da inicial).

O adicional de 75% será considerado apenas nos períodos em que os instrumentos normativos colacionados aos autos preverem esse percentual, no mais ser considerado o adicional legal."

Ao recorrer de revista o Reclamado sustenta que o Reclamante não provou o labor extraordinário, sem a devida contraprestação financeira. Afirma que os depoimentos colhidos foram contraditórios e que o Reclamante, de fato, não cumpria sequer seu horário de trabalho a fim de fazer jus a horas extras. Alega que os fatos que demonstram a ausência do direito do Autor são incontroversos, não foram impugnados na defesa e independem de provas. Indica violação dos arts. 131, e 334, III, e 348 do CPC.

O Tribunal Regional ao deferir o pagamento das horas e reflexos valorou o conjunto fático-probatório constantes dos autos, uma vez que os cartões de ponto não retratam a real jornada de trabalho. Dessa forma, para se decidir de forma diversa, far-se-ia necessário o reexame dos fatos e das provas, o que é vedado nesta instância processual, a teor da Súmula n. 126 do TST. Ilesos, portanto, os dispositivos de lei federal tidos por violados, dado que o Tribunal Regional firmou sua convicção na prova produzida.

NÃO CONHEÇO do recurso de revista, no tema.

FÉRIAS. PACTUAÇÃO

O Tribunal *a quo* entendeu devidas as férias ao Reclamante. Consignou, à fl. 230, *verbis*:

"(...) o termo de rescisão contratual acostado a fl. 66 não indica pagamento do descanso anual relativo ao período aquisitivo 97/98, mas somente aponta quitação das férias proporcionais."

Neste aspecto o apelo apresenta-se desfundamentado, pois a parte não indicou qualquer violação de dispositivo constitucional ou de lei federal ou divergência jurisprudencial, nos termos do art. 896 da CLT.

NÃO CONHEÇO do recurso de revista, no particular.

COMPENSAÇÃO DE VALORES

Insurge-se o Reclamado, em suas razões recursais, afirmando que os valores pagos duas vezes ao Reclamante devem ser compensados, conforme o comando previsto no art. 964 do Código Civil.

Ocorre, todavia, que o Tribunal Regional não se pronunciou acerca da matéria, carecendo o tema do devido prequestionamento conforme a determinação da Súmula n. 297, I, do TST.

NÃO CONHEÇO do recurso de revista, neste tópico.

DESCONTOS FISCAIS E PREVIDENCIÁRIOS. RESPONSABILIDADE PELO PAGAMENTO

Sobre o tema em epígrafe, assim decidiu o Tribunal Regional, às fls. 232-233, *verbis*:

"No tocante às contribuições previdenciárias, nos termos do artigo 33, da Lei 8.212/91, regulamentado pelo artigo 39, parágrafo 4º, do Decreto 612/92, é empregador diretamente responsável pelos recolhimentos não efetuados nas épocas oportunas, restando impossível a dedução determinada pela MM. Vara de Origem.

Quanto aos recolhimentos fiscais, tivesse a empresa efetuado os corretos pagamentos às épocas próprias, possibilitaria ao empregado a utilização do benefício da progressividade concedido pela Constituição Federal (artigo 153) e pela legislação fiscal. Diante de sua omissão, causou dano ao empregado, devendo repará-lo na forma estabelecida pelo artigo 159, do Código Civil. Sem dúvidas que todo contribuinte deve recolher as importâncias devidas pelo imposto sobre rendas. Contudo, o acerto deve ser feito diretamente pelo contribuinte junto à Receita Federal, no momento oportuno, qual seja, o ajuste anual, sendo indevida a retenção imediata.

Oportuno salientar que, a observância das disposições contidas no Provimento n. 01/96 da Corregedoria da Justiça do Trabalho, conforme esclarece o Provimento n. 01/96 da

Corregedoria da Justiça do Trabalho, conforme esclarece o Provimento n. 01/97, do mesmo Órgão Judiciário, tem aplicação somente às hipóteses de execução processada mediante precatório, o que não ocorre no presente caso."

Conforme relatado, o Reclamado aduz, em síntese, que os descontos fiscais e previdenciários não devem ser suportados exclusivamente pelo empregador e devem ser realizados nos temos das Orientações Jurisprudenciais ns. 32 e 141 da SBDI-1 do TST. Colaciona arestos para divergência de julgados.

Razão lhe assiste.

A decisão recorrida, ao determinar a responsabilidade exclusiva do Reclamado em relação aos descontos fiscais e previdenciários, contrariou o disposto na Súmula n. 368, II e III, desta Corte (ex-OJ 32), *verbis*:

"DESCONTOS PREVIDENCIÁRIOS E FISCAIS. COMPETÊNCIA. RESPONSABILIDADE PELO PAGAMENTO. FORMA DE CÁLCULO. (conversão das Orientações Jurisprudenciais ns. 32, 141 e 228 da SDI-1) (inciso I alterado pela Res. 138/2005, DJ 23.11.05)

I. A Justiça do Trabalho é competente para determinar o recolhimento das contribuições fiscais. A competência da Justiça do Trabalho, quanto à execução das contribuições previdenciárias, limita-se às sentenças condenatórias em pecúnia que proferir e aos valores, objeto de acordo homologado, que integrem o salário-de-contribuição. (ex-OJ n. 141 — Inserida em 27.11.1998)

II. É do empregador a responsabilidade pelo recolhimento das contribuições previdenciárias e fiscais, resultante de crédito do empregado oriundo de condenação judicial, devendo incidir, em relação aos descontos fiscais, sobre o valor total da condenação, referente às parcelas tributáveis, calculado ao final, nos termos da Lei n. 8.541/1992, art. 46, e Provimento da CGJT n. 03/2005. (ex-OJ n. 32 — Inserida em 14.03.1994 e OJ n. 228 — Inserida em 20.06.2001)

III. Em se tratando de descontos previdenciários, o critério de apuração encontra-se disciplinado no art. 276, § 4º, do Decreto n. 3.048/99, que regulamenta a Lei n. 8.212/91 e determina que a contribuição do empregado, no caso de ações trabalhistas, seja calculada mês a mês, aplicando-se as alíquotas previstas no art. 198, observado o limite máximo do salário de contribuição. (ex-OJ n. 32 — Inserida em 14.03.1994 e OJ 228 — Inserida em 20.06.2001)"

Assim, CONHEÇO do recurso, quanto aos descontos fiscais e previdenciários, por conflito com a Súmula n. 368, II e III, do TST, amparado no art. 896, "a", da CLT.

MÉRITO

DESCONTOS FISCAIS E PREVIDENCIÁRIOS. RESPONSABILIDADE PELO PAGAMENTO

No mérito, conhecido o recurso de revista por conflito com a Súmula n. 368, II e III, do TST, DOU-LHE PROVIMENTO para determinar a incidência dos descontos fiscais sobre o valor total da condenação, e calculado ao final, observadas as parcelas de natureza salarial e, portanto, tributáveis, excluídas as verbas indenizatórias, inclusive quanto aos juros de mora e determinar o recolhimento das contribuições previdenciárias, calculadas mês a mês, aplicando-se as alíquotas previstas no art. 198 do Decreto n. 3.048/1999, que regulamentou a Lei n. 8.212/1991.

Isto posto,

Acordam os Ministros da Primeira Turma do Tribunal Superior do Trabalho, por unanimidade, conhecer do recurso de revista apenas quanto ao tema "Descontos Fiscais e Previdenciários. Responsabilidade pelo Pagamento", por contrariedade à Súmula n. 368, II e III, do TST, e, no mérito, dar-lhe provimento para determinar a incidência dos descontos fiscais sobre o valor total da condenação, e calculado ao final, observadas as parcelas de natureza salarial e, portanto, tributáveis, excluídas as verbas indenizatórias, inclusive quanto aos juros de mora, e determinar o recolhimento das contribuições previdenciárias, calculadas mês a mês, aplicando-se as alíquotas previstas no art. 198 do Decreto n. 3.048/1999, que regulamentou a Lei n. 8.212/1991.

Brasília, 03 de setembro de 2008. *Walmir Oliveira da Costa*, relator.

IMUNIDADE DE JURISDIÇÃO. ORGANISMO INTERNACIONAL

RECURSO DE REVISTA. IMUNIDADE ABSOLUTA DE JURISDIÇÃO. ORGANISMO INTERNACIONAL. UNESCO.

Esta Corte Superior, em sintonia com a jurisprudência do Supremo Tribunal Federal, tem se firmado no sentido de reconhecer aos Organismos Internacionais a imunidade absoluta de jurisdição. O Tribunal Regional, ao desconsiderar a imunidade de jurisdição aplicável à UNESCO negou vigência a direito expresso em tratado internacional do qual a República Federativa do Brasil foi parte, violando o art. 5º, § 2º, da Constituição Federal. Recurso de revista conhecido e provido.

(Processo n. TST-RR-4.940-14-2008-5-10-0005 — Ac. 1ª Turma)

Vistos, relatados e discutidos estes autos de Recurso de Revista n. TST-RR-4940-14.2008.5.10.0005 (convertido de Agravo de Instrumento de mesmo número), em que é recorrente Organização das Nações Unidas para Educação, Ciência e Cultura — UNESCO e recorrida Lúcia Regina Ferraz.

Inconformada com a decisão em que se denegou seguimento ao recurso de revista (fls. 257-261), a reclamada UNESCO interpõe agravo de instrumento (fls. 03-49).

Não foi apresentada a contraminuta ao agravo de instrumento, tampouco as contrarrazões ao recurso de revista, conforme certidão exarada à fl. 281.

O Ministério Público do Trabalho opinou, em Sessão, pelo conhecimento do agravo e do recurso de revista por violação de norma constitucional e seu provimento.

É o relatório.

VOTO

AGRAVO DE INSTRUMENTO

CONHECIMENTO

O agravo de instrumento é tempestivo (fls. 03 e 269), tem representação regular (nos termos da Orientação Jurisprudencial n. 52, da SBDI-1, do TST) e se encontra devidamente instruído, com o traslado das peças essenciais previstas no art. 897, § 5º, I e II, da CLT e no item III da Instrução Normativa n. 16/99 do TST. Atendidos os pressupostos legais de admissibilidade, CONHEÇO do agravo de instrumento.

MÉRITO

IMUNIDADE ABSOLUTA DE JURISDIÇÃO. ORGANISMO INTERNACIONAL. UNESCO

Ante o recurso de revista interposto pela reclamada UNESCO às fls. 221-251, merece ser provido o presente agravo de instrumento a fim de prevenir violação do art. 5º, § 2º, da Constituição Federal, diante da necessidade de melhor exame do tema referente à imunidade de jurisdição, com o escopo de preservar direitos e garantias expressos em tratados internacionais em que a República Federativa do Brasil é parte.

Do exposto, configurada a hipótese prevista no art. 896, "c", da CLT, DOU PROVIMENTO ao agravo de instrumento para determinar o julgamento do recurso de revista, observado o procedimento estabelecido na Resolução Administrativa n. 928/2003 do Tribunal Superior do Trabalho.

RECURSO DE REVISTA

CONHECIMENTO

Satisfeitos os requisitos extrínsecos de admissibilidade, pertinentes à tempestividade (fls. 221 e 255), à regularidade de representação (na forma da Orientação Jurisprudencial n. 52, da SBDI-1, do TST), sendo dispensado o preparo. Atendidos os pressupostos genéricos de admissibilidade, passa-se ao exame dos específicos do recurso de revista.

IMUNIDADE ABSOLUTA DE JURISDIÇÃO. ORGANISMO INTERNACIONAL. UNESCO

No julgamento do recurso ordinário interposto pela UNESCO, a Corte Regional adotou a seguinte fundamentação, fls. 215-217, *verbis*:

"Decisões anteriores desta Corte, curvavam-se à interpretação ampla do art. II, seção 2, da Convenção sobre Privilégios e Imunidade das Nações Unidas, chanceladas pelo governo brasileiro, através do Decreto n. 27.784/50, onde a imunidade de jurisdição da ONU era absoluta, salvo se houvesse renúncia, especialmente em face do precedente estabelecido pelo julgamento do IUJ n. 00031-2004-000-10-00-8."

Ocorre que este Regional, recentemente, por meio do Tribunal Pleno, revisou o Incidente de Uniformização de Jurisprudência citado e editou o verbete n. 17, publicado no DJ-3 em 17.01.2006, que assim dispôs:

'IMUNIDADE DE JURISDIÇÃO. ORGANISMO INTERNACIONAL. MATÉRIA TRABALHISTA. INEXISTÊNCIA. PRINCÍPIO DA RECIPROCIDADE. Em respeito ao princípio da reciprocidade, não há imunidade de jurisdição para Organismo Internacional, em processo de conhecimento trabalhista, quando este ente não promove a adoção de meios adequados para solução das controvérsias resultantes dos contratos com particulares, nos exatos termos da obrigação imposta pelo artigo VIII, Seção 29, da Convenção de Privilégios e Imunidades das Nações Unidas.'

Nesta esteira, sobre a competência da Justiça do Trabalho, em relação aos entes de direito público externo, especificamente quanto aos Organismos Internacionais, o Colendo TST, adotou posicionamento no sentido de afastar a imunidade de jurisdição, entendendo que a Justiça do Trabalho é competente para dirimir qualquer relação de trabalho, inclusive contra eles, conforme se verifica em recente julgado, abaixo transcrito:

'AÇÃO RESCISÓRIA. ENTES DE DIREITO PÚBLICO EXTERNO. MATERIAL. Esta Corte vem reiteradamente decidindo pela competência da Justiça do Trabalho para julgar demandas envolvendo organismos internacionais. Isso porque a Justiça do Trabalho tem competência para dirimir conflitos decorrentes de qualquer relação de Trabalho, inclusive contra entes de direito público externo, nos termo do artigo 114 da Constituição Federal. AÇÃO RESCISÓRIA. VIOLAÇÃO DE LEI. AUSÊNCIA DE PRONUNCIAMENTO. É requisito para a desconstituição de decisão rescindenda por violação de lei o pronunciamento sobre o conteúdo da norma reputada como violada, a fim de permitir ao Tribunal rescindente o exame da matéria como exposta. Incidência da Súmula n. 298 do Tribunal Superior do Trabalho. Na hipótese dos autos, ainda que pudesse ser superado o entendimento preconizado no acórdão recorrido, no sentido de ser a matéria debatida nos autos de interpretação controvertida nos Tribunais, ocorre que a decisão rescindenda não examinou a questão à luz da Convenção sobre Privilégios e Imunidades das Nações Unidas promulgada pelo Decreto n. 27.784, de 16 de fevereiro de 1950, mas o fez por aplicação do direito pátrio ao caso concreto, acompanhando a orientação do Supremo Tribunal Federal no que concerne à relatividade da teoria da imunidade de jurisdição no direito do trabalho. Recurso conhecido e desprovido.' Relator Ministro EMMANOEL PEREIRA PROC: ACÓRDÃO SBDI-2 N. TST-ROAR- 467/2002-000-23-40 Pub.: DJ — 17.03.2006.

Neste mesmo sentido, tratam os seguintes acórdãos: RO 00510-2005-014-10-00-8, julgado em 15.2.2006 e RO 00723-2007-004-10-00-4, julgado em 13.6.2008, ambos por mim revisados. Portanto, mantenho a sentença de origem, que afastou a possibilidade de imunidade de jurisdição da reclamada ao caso concreto.

Nas razões do recurso de revista, a reclamada UNESCO assevera que a Convenção sobre Privilégios e Imunidades das Nações Unidas e o Acordo de Assistência Técnica com as Nações Unidas e suas Agências Especializadas, regulam as prerrogativas e privilégios das Organizações das Nações Unidas — ONU, dentre as quais se encontra a imunidade de jurisdição e de execução, consubstanciando o princípio da dupla imunidade.

Com fulcro em tais argumentos, argumenta que, ao afastar sua imunidade de jurisdição, a Corte Regional violou os arts. 5º, II, XXXVI, LIII e § 2º, 49, da Constituição Federal, 2º do Decreto n. 27.784/50 e do Decreto n. 59.308/66. Transcreve arestos para a demonstração de divergência jurisprudencial.

À análise.

Na hipótese vertente, o Tribunal Regional assinalou que não se configura a imunidade absoluta de jurisdição do Organismo Internacional, concluindo que a natureza do vínculo discutido, a saber, trabalho prestado a programa direcionado ao estabelecimento de cooperação técnica entre o Brasil e outros países, pela UNESCO, atrai o pleno exercício da jurisdição brasileira.

Esta Corte Superior, em sintonia com a jurisprudência do Supremo Tribunal Federal, tem se firmado no sentido de reconhecer aos Organismos Internacionais a imunidade absoluta de jurisdição, na medida em que decorre de Tratados internacionais dos quais o Brasil foi parte signatária, consoante se extrai dos seguintes precedentes, *verbis*:

"RECURSO DE EMBARGOS. ORGANISMO INTERNACIONAL. IMUNIDADE DE JURISDIÇÃO. RECONHECIMENTO DO TRATADO INTERNACIONAL INSERIDO NO ORDENAMENTO JURÍDICO. Fonte de Direito Internacional o tratado nasce no ordenamento jurídico pela manifestação autônoma e soberana dos sujeitos que o celebram. É pela ratificação que o tratado passa a integrar o direito interno, depois de aprovado pelo Congresso Nacional. A autoridade do tratado apenas é mitigada, por entendimento ainda não pacificado, quando ingressa no ordenamento jurídico norma legal de direito interno, que revogue o seu conteúdo. Os fundamentos que nortearam o rompimento com a imunidade absoluta de jurisdição não podem ser aplicados, nem por analogia, aos organismos internacionais. A análise da origem Estado estrangeiro x organismo internacional, em face do alcance da imunidade de jurisdição, deve ter como norte os princípios de direito internacional, em especial os relativos à reciprocidade e à natureza da constituição do privilégio. Quanto ao primeiro, a imunidade de jurisdição funda-se no costume e, quanto ao segundo, a imunidade funda-se no tratado internacional de que o Brasil, em sendo signatário, pela ratificação, tem inserido no ordenamento jurídico interno e não pode descumprir. Deve ser reformado o entendimento da c. Turma que relativizou a imunidade de jurisdição do organismo internacional, em face do mandamento constitucional inserido no art. 5º, § 2º, da Constituição Federal, que prevê, no capítulo relativo aos direitos fundamentais, o reconhecimento do tratado internacional. Embargos conhecidos e providos." (E-ED-ED-RR — 33600-36.2004.5.10.0012, Relator Ministro: Aloysio Corrêa da Veiga, Subseção I Especializada em Dissídios Individuais, DEJT 12.11.2010).

"EMBARGOS EM RECURSO DE REVISTA. ACÓRDÃO PUBLICADO NA VIGÊNCIA DA LEI N. 11.496/2007. ORGANISMO INTERNACIONAL. IMUNIDADE DE JURISDIÇÃO. A controvérsia acerca da existência ou não de imunidade absoluta de jurisdição de organismos internacionais já foi superada diante do recente posicionamento desta e. Subseção (TST-E-ED-RR-900/2004-019-10-00-9; Redator Designado Min. Guilherme Augusto Caputo Bastos, DEJT 4.12.2009), no sentido de que os organismos internacionais gozam de imunidade absoluta de jurisdição. Recurso de embargos provido." (E-ED-RR-71800-42.2004.5.10.0003, Relator Ministro: Horácio Raymundo de Senna Pires, Subseção I Especializada em Dissídios Individuais, DEJT 08.10.2010).

"AGRAVO DE INSTRUMENTO EM RECURSO DE REVISTA. ORGANISMO INTERNACIONAL. IMUNIDADE DE JURISDIÇÃO. Esta Corte superior, revendo posicionamento anteriormente adotado, ao apreciar os Embargos n. 900/2004-019-10-00.9, uniformizou o entendimento da imunidade de jurisdição dos organismos internacionais, deixando assentado que esses gozam de imunidade absoluta, pois, diferentemente dos Estados estrangeiros, a imunidade de jurisdição não encontra amparo na praxe internacional. Decorre, sim, de expressa previsão em norma internacional, de sorte que sua inobservância representaria, em última análise, a quebra de um pacto internacional. Além disso, consignou ser inviável a relativização da imunidade dos organismos internacionais com base no critério adotado em relação aos Estados estrangeiros pautado na distinção entre atos de império e de gestão, pois esses entes, por não serem detentores de soberania, elemento típico dos Estados, nem sequer são capazes de praticar atos de império. Agravo de instrumento desprovido." (AIRR-120740-18.2007.5.10.0008, Relator Ministro: José Roberto Freire Pimenta, 2ª Turma, DEJT 12.11.2010).

"RECURSO DE REVISTA — ORGANISMO INTERNACIONAL — JURISDIÇÃO BRASILEIRA — IMUNIDADE — CONTRATO DE TRABALHO FIRMADO COM CIDADÃO NACIONAL. Consoante entendimento assente no Supremo Tribunal Federal, a imunidade de jurisdição dos Estados estrangeiros somente afigura-se passível de ser relativizada, quando tais entidades atuarem despidas da soberania que lhes é elementar. Em relação aos organismos internacionais, por carecerem de tal atributo, a aludida imunidade decorre de tratados internacionais firmados pelo Presidente da República e ratificados pelo Congresso Nacional. Dessa forma, sem que haja previsão no compromisso internacional firmado pela República Federativa do Brasil, inviável o afastamento, via Poder Judiciário, da referida imunidade, sob pena de se vilipendiar o art. 60, § 4º, III, da Constituição da República. Precedentes da SBDI-1. Recurso de revista provido." (RR — 33041-64.2008.5.10.0004, Relator Ministro: Luiz Philippe Vieira de Mello Filho, 1ª Turma, DEJT 18.06.2010).

"RECURSO DE REVISTA — INSTITUTO INTERAMERICANO DE COOPERAÇÃO PARA A AGRICULTURA — IICA — ORGANISMO INTERNACIONAL — IMUNIDADE DE JURISDIÇÃO. Consoante entendimento assente no Excelso Supremo Tribunal Federal, a imunidade de jurisdição dos Estados estrangeiros somente afigura-se passível de ser relativizada, quando tais entidades atuarem despidas da soberania que lhes é elementar. Em relação aos organismos internacionais, por carecerem de tal atributo, a aludida imunidade decorre de tratados internacionais firmados pelo Presidente da República e ratificados pelo Congresso Nacional. Dessa forma, sem que haja previsão no compromisso internacional firmado pela República Federativa do Brasil, inviável o afastamento, via Poder Judiciário, da referida imunidade, sob pena de se vilipendiar o art. 60, § 4º, inciso III, da Constituição da República. Recurso de revista conhecido e provido." (RR — 186500-77.2002.5.07.0005, Relator Ministro: Luiz Philippe Vieira de Mello Filho, 1ª Turma, DEJT 06.11.2009).

"RECURSO DE REVISTA — (...) ORGANISMO INTERNACIONAL — IMUNIDADE DE JURISDIÇÃO. Consoante entendimento assente no Excelso Supremo Tribunal Federal, a imunidade de jurisdição dos Estados estrangeiros somente afigura-se passível de ser relativizada, quando tais entidades atuarem despidas da soberania que lhes é elementar. Em relação aos organismos internacionais, por carecerem de tal atributo, a aludida imunidade decorre de tratados internacionais firmados pelo Presidente da República e ratificados pelo Congresso Nacional. Dessa forma, sem que haja previsão no compromisso internacional firmado pela República Federativa do Brasil, inviável o afastamento, via Poder Judiciário, da referida imunidade, sob pena de se vilipendiar o art. 60, § 4º, inciso III, da Constituição da República. Recurso de revista conhecido e desprovido." (RR — 14800-42.2004.5.10.0017, Relator Ministro: Luiz Philippe Vieira de Mello Filho, 1ª Turma, DEJT 23.10.2009).

"RECURSO DE EMBARGOS REGIDO PELA LEI N. 11.496/2007. IMUNIDADE DE JURISDIÇÃO. ORGANISMO INTERNACIONAL (ONU/PNUD). Nas hipóteses como a dos autos, em que foi reconhecida a existência de tratado internacional celebrado entre a República Federativa do Brasil e o Programa das Nações Unidas para o desenvolvimento (ONU/PNUD), tratado este que se submeteu a todos os trâmites necessários à sua incorporação ao ordenamento jurídico brasileiro — ratificação pelo Congresso Nacional e disposição por Decreto Executivo — não tem pertinência a regra do Direito Consuetudinário, referente à natureza dos atos praticados, eis que expressamente prevista cláusula de imunidade jurisdicional. Significa dizer que, neste caso, não há que se perquirir quanto à prática de atos de gestão ou atos de império, a pautar a imunidade jurisdicional, posto que estipulada voluntariamente por ambas as partes no documento firmado pelo ente internacional (Organismo Internacional) e a República Federativa do Brasil. Precedentes da SBDI1 desta Corte. Recurso de embargos conhecido e desprovido." (E-RR — 108400-42.2003.5.23.0001, Relator Ministro: Renato de Lacerda Paiva, Subseção I Especializada em Dissídios Individuais, DEJT 11.03.2011).

"RECURSO DE EMBARGOS REGIDO PELA LEI N. 11.496/2007. IMUNIDADE DE JURISDIÇÃO. ORGANISMO INTERNACIONAL (ONU/PNUD). Nas hipóteses como a dos autos, em que foi reconhecida a existência de tratado internacional celebrado entre o Governo Federal e o Programa das Nações Unidas para o desenvolvimento (ONU/PNUD), tratado este que se submeteu a todos os trâmites necessários à sua incorporação ao ordenamento jurídico brasileiro — ratificação pelo Congresso Nacional e disposição por Decreto Executivo — não tem pertinência a regra do Direito Consuetudinário, referente à natureza dos atos praticados, eis que expressamente prevista cláusula de imunidade jurisdicional. Significa dizer que, neste caso, não há que se perquirir quanto à prática de atos de gestão ou atos de império, a pautar a imunidade jurisdicional, posto que estipulada voluntariamente por ambas as partes no documento firmado pelo ente internacional (Organismo Internacional) e o Governo Federal. Precedentes da SBDI1 desta Corte. Recurso de embargos conhecido e desprovido." (E-RR — 63300-64.2003.5.23.0001, Relator Ministro: Renato de Lacerda Paiva, Subseção I Especializada em Dissídios Individuais, DEJT 25.02.2011).

"RECURSO DE EMBARGOS REGIDO PELA LEI N. 11.496/2007. IMUNIDADE DE JURISDIÇÃO. ORGANISMO INTERNACIONAL (ONU/PNUD). Nas hipóteses como a dos autos, em que foi reconhecida a existência de tratado internacional celebrado entre o Governo Federal e o Programa das Nações Unidas para o desenvolvimento (ONU/PNUD), tratado este que se submeteu a todos os trâmites necessários à sua incorporação ao ordenamento jurídico brasileiro — ratificação pelo Congresso Nacional e disposição por Decreto Executivo — não tem pertinência a regra do Direito Consuetudinário, referente à natureza dos atos praticados, eis que expressamente prevista cláusula de imunidade jurisdicional. Significa dizer que, neste caso, não há que se perquirir quanto à prática de atos de gestão ou atos de império, a pautar a imunidade jurisdicional, posto que estipulada voluntariamente por ambas as partes no documento firmado pelo ente internacional (Organismo Internacional) e o Governo Federal. Precedentes da SBDI1 desta Corte. Recurso de embargos conhecido e desprovido." (E-RR — 11800-37.2004.5.10.0016, Relator Ministro: Renato de Lacerda Paiva, Subseção I Especializada em Dissídios Individuais, DEJT 18.02.2011).

Por meio do Decreto n. 27.784/1950, publicado no DOU em 14.03.1950, o Brasil promulgou a Convenção sobre Privilégios e Imunidades das Nações Unidas, adotada em Londres, em 13 de fevereiro de 1946, na Assembleia Geral das Nações Unidas.

Com efeito, as Seções 2 e 3 do art. II, da referida Convenção assim dispõem, *verbis*:

"Seção 2 — A Organização das Nações Unidas, seus bens e haveres, qualquer que seja sua sede ou o seu detentor, gozarão de imunidade de jurisdição, salvo na medida em que a Organização a ela tiver renunciado em determinado caso. Fica entendido, porém, que a renúncia não pode compreender medidas executivas.

Seção 3 — Os locais da Organização são invioláveis. Seus bens e haveres, qualquer que seja a sua sede ou o seu detentor, estarão isentos de buscas, requisição, confisco, expropriação ou de toda forma de coação executiva, administrativa, judiciária ou executiva."

Verifica-se, claramente, a disciplina para a imunidade de jurisdição da Organização das Nações Unidas em diploma internacional ratificado pelo Brasil.

Dessarte, o Tribunal Regional, ao desconsiderar a imunidade absoluta de jurisdição inerente à UNESCO, negou vigência a direito expresso em tratado internacional do qual a República Federativa do Brasil é parte, violando o art. 5º, § 2º, da Constituição Federal.

Ante o exposto, CONHEÇO do recurso de revista, por violação do art. 5º, § 2º, da Constituição Federal.

MÉRITO

Conhecido o recurso de revista por violação do art. 5º, § 2º, da Constituição Federal, DOU-LHE PROVIMENTO para reconhecer a imunidade absoluta de jurisdição em relação à UNESCO e, por consequência, extinguir o processo sem resolução do mérito, com fulcro no art. 267, VI, do CPC.

Isto posto,

Acordam os Ministros da Primeira Turma do Tribunal Superior do Trabalho, por unanimidade, conhecer do agravo de instrumento e, no mérito, dar-lhe provimento para determinar o julgamento do recurso de revista. Acordam, ainda, por unanimidade, julgando o recurso de revista, na forma do art. 897, § 7º, da CLT, dele conhecer, por violação do art. 5º, § 2º, da Constituição Federal, e, no mérito, dar-lhe provimento para reconhecer a imunidade absoluta de jurisdição em relação à UNESCO e, por consequência, extinguir o processo, sem resolução do mérito, com fulcro no art. 267, VI, do CPC.

Brasília, 15 de agosto de 2012. *Walmir Oliveira da Costa*, relator.

INDENIZAÇÃO POR DUMPING SOCIAL. JULGAMENTO EXTRA PETITA

RECURSOS DE REVISTA DAS RECLAMADAS J.M. EMPREENDIMENTOS E COMPANHIA DE BEBIDAS DAS AMÉRICAS — AMBEV. IDENTIDADE DE MATÉRIAS. ANÁLISE CONJUNTA. INDENIZAÇÃO POR DUMPING SOCIAL. CONDENAÇÃO DE OFÍCIO. JULGAMENTO "EXTRA PETITA".

Em decorrência do princípio da estabilização da demanda e dos limites legais da atuação judicial, preconizados nos arts. 128 e 460 do CPC, é defeso ao juiz proferir sentença, a favor do autor, de natureza diversa da pedida, bem como condenar o réu em quantidade superior ou em objeto diverso do que lhe foi demandado.

Na hipótese, o Tribunal Regional manteve a sentença em que se julgou improcedente o pedido de reconhecimento de vínculo empregatício e seus consectários, condenando, de ofício, as reclamadas ao pagamento de indenização por "dumping social", não obstante a ausência de pedido nesse sentido. A condenação extrapolou os limites objetivos da demanda, violando, portanto, os arts. 128 e 460 do CPC, 5º, LIV e LV, da Constituição Federal.

Recursos de revista conhecidos, nesse particular, e providos.

(Processo n. TST-RR-11.900-32-2009-5-04-0291 — Ac. 1ª Turma)

Vistos, relatados e discutidos estes autos de Recurso de Revista n. TST-RR-11900-32.2009.5.04.0291, em que é recorrente J.M. Empreendimentos, Transportes e Serviços Ltda. e Companhia de Bebidas das Américas — Ambev e são recorridos Paulo César Rodrigues e Copper Forte Sul — Cooperativa Prestadora de Serviços Civis Ltda.

O Tribunal Regional de Trabalho da 4ª Região, mediante o acórdão prolatado às fls. 370-397, complementado pela decisão às fls. 452-457, proferida em sede de embargos de declaração, manteve a sentença em que o Juízo de 1º grau condenou as reclamadas, de ofício, ao pagamento de indenização por dumping social, concluindo, ainda, não se tratar de julgamento *extra petita*.

Inconformadas, as reclamadas interpõem recursos de revista, respectivamente, às fls. 402-412 e 462-474, com amparo no art. 896, "a" e "c", da CLT.

Admitidos os recursos de revista (fls. 500-507), não foram apresentadas as contrarrazões, conforme certidão à fl. 511.

Dispensada a remessa dos autos ao Ministério Público do Trabalho, em face do disposto no art. 83, § 2º, II, do Regimento Interno do TST.

É o relatório.

VOTO

RECURSOS DE REVISTA INTERPOSTOS PELAS RECLAMADAS. IDENTIDADE DE MATÉRIAS. EXAME CONJUNTO

Não obstante a interposição de recursos de revista autônomos, considerando a identidade de matérias articuladas em ambos os recursos, passo à análise conjunta dos apelos.

CONHECIMENTO

Satisfeitos os pressupostos genéricos de admissibilidade recursal quanto à tempestividade (fls. 398-400 — J.M. EMPREENDIMENTOS TRANSPORTE E SERVIÇOS LTDA. e fls. 458-460 — AMBEV), à regularidade de representação (fls. 332-336 e 26-28), e, preparo (fls. 229, 284, 476, 414), passa-se ao exame dos requisitos específicos de cabimento dos recursos de revista.

INDENIZAÇÃO POR DUMPING SOCIAL. CONDENAÇÃO DE OFÍCIO. JULGAMENTO *EXTRA PETITA*

No julgamento do recurso ordinário interposto pelas reclamadas, o Tribunal Regional negou-lhes provimento, mantendo a sentença que as condenou, de ofício, ao pagamento de indenização pela prática de *dumping social*, no valor de R$ 100.000,00 (cem mil reais).

O Tribunal de origem adotou, em síntese, a seguinte fundamentação, *verbis*:

"(...) A *sentença* (fls. 176/184) condenou as reclamadas nos seguintes termos: "Condeno, assim, as reclamadas, solidariamente, ao pagamento de indenização em valor que *fixo* em *R$ 100.000,00* (cem mil reais), a ser corrigido na proporção dos créditos trabalhistas, a partir da data de publicação da presente decisão. O valor deverá ser depositado em conta à disposição do Juízo e será utilizado *para pagamento dos processos arquivados com dívida nesta Unidade Judiciária*, com prioridade aqueles que envolvam condenação de cooperativas de trabalhadores que prestaram serviços em condições similares e causaram lesões de igual porte, a iniciar pelo mais antigo, observada a ordem cronológica, na proporção de no máximo *R$ 5.000,00 para cada exequente.*" (grifos atuais)

Examina-se.

Primeiramente, cabe referir que no processo trabalhista, tendo em vista os princípios da celeridade e do aproveitamento dos atos processuais, o julgamento *extra petita* não acarreta a nulidade da Sentença. Apenas se exclui parte excedente ao postulado, quando se verifica sua ocorrência.

Tendo por base as considerações iniciais expostas na Sentença e reproduzidas no item 1 e o conteúdo constante dos presentes autos, coaduna-se com o entendimento do juízo de origem acerca da conduta das reclamadas no que se refere ao agir de forma *reiterada* e *sistemática* na precarização e violação de direitos, principalmente os trabalhistas.

Destaca-se, em relação a essa questão, o enunciado aprovado na *1º Jornada de Direito Material e Processual*, em 2007, realizada no *Tribunal Superior do Trabalho*, com a seguinte redação:

"4. *'DUMPING SOCIAL'. DANO À SOCIEDADE. INDENIZAÇÃO SUPLEMENTAR.* As agressões reincidentes e inescusáveis aos direitos trabalhistas geram um dano à sociedade, pois como tal prática desconsidera-se, propositalmente, a estrutura do Estado social e do próprio modelo capitalista com a obtenção de vantagem indevida perante a concorrência. A prática, portanto, reflete o conhecido "dumping social", motivando a necessária reação do Judiciário trabalhista para corrigi-la. O dano à sociedade configura ato ilícito, por exercício abusivo do direito, já que extrapola limites econômicos e sociais, nos exatos termos dos arts. 186, 187 e 927 do Código Civil. Encontra-se no art. 404, parágrafo único do Código Civil, o fundamento de ordem positiva para impingir ao agressor contumaz uma indenização suplementar, como, aliás, já previam os arts. 652, 'd', e 832, § 1º, da CLT."

Como bem exposto pelo juízo a quo, o entendimento inovador acima mencionado *é plenamente aplicável e socialmente justificável para a situação que estabeleceu na presente demanda.* Como já referido na sentença, "a atividade jurisdicional não pode ser conivente com tamanho abuso praticado por aqueles que exploram atividades econômicas que visam essencialmente o lucro em detrimento de relações sociais (...)".

Lembra-se, para tanto, os fundamentos constantes do processo n. 0058800-58.2009.5.04.0005, da lavra da Juíza Valdete Souto Severo, nos seguintes termos: "(...) considerando o número expressivo de processos relatando realidade de contumaz e reiterada inobservância dos mais elementares direitos humanos (nem sequer refiro os trabalhistas, mas apenas aqueles decorrentes do necessário respeito à integridade moral dos trabalhadores), entendo esteja a reclamada a praticar o que a jurisprudência trabalhista vem denominando "dumping social". (...) Ao desrespeitar o mínimo de direitos trabalhistas que a Constituição Federal garante ao trabalhador brasileiro, a empresa não apenas atinge a esfera patrimonial e pessoal desse ser humano, mas também compromete a própria ordem social. Atua em condições de desigualdade com as demais empresas do mesmo ramo, já que explora mão de obra sem arcar com o ônus daí decorrente, praticando concorrência desleal.

Em um país fundado sob a lógica capitalista, em que as pessoas sobrevivem daquilo que recebem pelo seu trabalho, atitudes como aquela adotada pela reclamada se afiguram ofensivas à ordem axiológica estabelecida. Isso porque retiram do trabalhador, cuja mão de obra reverte em proveito do empreendimento, a segurança capaz de lhe permitir uma interação social minimamente programada. (...) Ou seja, ao colocar o lucro do empreendimento acima da condição humana daqueles cuja força de trabalho justifica e permite seu desenvolvimento como empresa. Na 1ª Jornada de Direito Material e Processual na Justiça do Trabalho, realizada pelo TST, em 23.11.2007, da qual participaram operadores de todas as áreas do direito do trabalho, foi aprovado Enunciado dispondo: *DUMPING SOCIAL. DANO À SOCIEDADE. INDENIZAÇÃO SUPLEMENTAR.* (...)

O professor Eugênio Facchini Neto, ao tratar da função social da responsabilidade civil, refere que "se o Direito, muitas vezes, sente-se incapaz para evitar e neutralizar os riscos, se os danos são inevitáveis, frutos inseparáveis da convivência social e do desenvolvimento tecnológico, ao menos o Direito deve buscar formas de fornecer segurança jurídica, no sentido de que todo o dano injusto (entendendo-se por dano injusto todo aquele para o qual a vítima não deu causa) deve ser, na maior medida possível, reparado". O autor conclui o texto declarando: a ideia de função social, no âmbito do direito privado, está ligada ao valor da solidariedade. A própria solidariedade, na verdade, nada mais é do que uma consequência jurídica da inerente socialidade da espécie humana. Se a pessoa humana não consegue sobreviver senão em sociedade, se dependemos diuturnamente de outras pessoas, não só para vivermos com qualidade de vida, mas até mesmo para sobrevivermos, então resta claro que o que quer que façamos tem repercussão na vida de outrem. O Direito deve levar isso em consideração". Esse é o fundamento axiológico da noção de reparação do dano social, que atinge não apenas a esfera individual, mas também essa sociedade, que pretendemos seja justa e solidária. (FACCHINI NETO, Eugênio. A função social do direito privado. Revista da Ajuris: doutrina e jurisprudência. Porto Alegre, v.34, n.105, p. 153-188, mar. 2007)." Portanto, entende-se que, no caso, as reclamadas cometeram o denominado dumping social.

Dessa forma, afigura-se razoável, diante da situação posta no processo, manter a Sentença que condenou as reclamadas, solidariamente, ao pagamento de indenização a título de *dumping social*. Entende-se razoável, também, diante das circunstâncias, manter o valor da condenação que foi arbitrado em *R$ 100.000,00*.

Registre que a condenação solidária das reclamadas se justifica como forma de se coibir a conduta reiterada e sistemática de contratação de mão de obra irregular e precária, bem como para se coibir o agir do qual resulte em outras violações como as constatadas nos presentes autos e já referidas.

Salienta-se, ainda, e de conformidade com o já exposto pelo juízo de primeiro grau, que não há falar em julgamento *extra petita*, diante dos fundamentos retro expendidos. Não há falar, também, em violação de dispositivos legais e constitucionais, principalmente os referidos nos recursos.

Em relação à destinação do valor arbitrado a título de dumping social, é razoável que tal valor seja destinado ao "Fundo de Defesa dos Direitos Difusos", criado pela Lei 7.437/85, cujo objetivo é promover a reparação dos bens lesados e não sendo mais possível, os valores devem ser destinados a uma finalidade compatível. Sobre a questão, lembre-se o artigo do Juiz Rodrigo Trindade de Souza, "*PUNITIVE DAMAGES* E O DIREITO DO TRABALHO BRASILEIRO: adequação das condenações punitivas para a necessária repressão da delinquência patronal.".

Condenação mantida.

Interpostos embargos de declaração, postulando-se prequestionamento, dentre outras matérias, do tema relativo ao julgamento *extra petita* e à legitimidade para a imposição de condenação por dumping social, a Corte Regional adotou, no que interessa, a seguinte fundamentação, *verbis*:

CONTRADIÇÃO. FUNDAMENTAÇÃO INAPLICÁVEL AO CASO

A terceira reclamada argumenta pela existência de contradição no acórdão embargado. Sustenta que, após transcrever trecho da decisão embargada, se a decisão *extra petita* não gera nulidade no feito, devendo-se excluir a "parte excedente ao postulado", deveria, pois, se excluir do comando decisório a condenação por "dumping social", a teor do mesmo fundamento do Acórdão. Aduz que sequer existe o pedido em tela, pelo que a exclusão da "parte excedente ao postulado" redundaria na absolvição da embargante relativamente a pedido inexistente. Requer seja sanada a contradição com a exclusão da condenação por "dumping social".

Examina-se.

Quanto à questão referente ao julgamento *extra petita*, além do trecho transcrito pela terceira reclamada, nas razões de embargos, o acórdão proferiu, sobre a questão, a seguinte fundamentação (fl. 315): "Salienta-se, ainda, e de conformidade com o já exposto pelo juízo de primeiro grau, que *não há falar em julgamento extra petita*, diante dos fundamentos retro expendidos. Não há falar, também, em violação de dispositivos legais e constitucionais, principalmente os referidos nos recursos". (grifos atuais)

Diante do exposto, não há falar em contradição, quanto ao aspecto levantado.

Negado provimento aos embargos.

OMISSÃO. LEGITIMIDADE DO JUÍZO A QUO PARA IMPOR O PAGAMENTO DE INDENIZAÇÃO POR "*DUMPING SOCIAL*"

Sustenta a terceira reclamada que, consoante se verifica no item I do seu recurso ordinário, discute-se no apelo a legitimidade do Juízo *a quo* para impor o pagamento da multa por *dumping social* de ofício, sem a provocação das partes e, especialmente, do Ministério Público do Trabalho. Requer, sob pena de negativa de prestação de tutela jurisdicional, seja manifestado o posicionamento da E. Turma a respeito desta temática, sanando-se a omissão apontada e excluindo-se tal parcela da condenação.

Examina-se.

A legitimidade do juiz, para deferir o pagamento de multa por *dumping social*, se justifica pela necessidade de coibir as práticas reiteradas de agressões aos direitos trabalhistas, por meio do reconhecimento da expansão dos poderes do julgador no momento da prestação jurisdicional, nas reclamatórias trabalhistas em que se verifica a ocorrência do referido dano.

Diante do exposto, dá-se provimento parcial aos embargos de declaração da terceira reclamada.

Inconformadas, as reclamadas interpõem recursos de revista, insurgindo-se contra a decisão que manteve a condenação ao pagamento de indenização pela prática de "dumping social", sob os argumentos de que não houve pedido do autor nesse sentido, e, assim, a decisão teria sido proferida fora dos limites da lide. No mais, sustentam não ter sido caracterizado o "dumping social", além de defenderem a ilegitimidade da condenação e a ausência de previsão legal para tanto. Indicam, nos respectivos apelos, a violação dos arts. 2º, 128, 293, 460 do CPC, 5º, LIV, LV da Constituição Federal, além de transcreverem arestos para cotejo de teses.

À análise.

A pretensão recursal de ambos os recursos cinge-se ao reconhecimento de que houve julgamento *extra petita*.

Com efeito, em decorrência do princípio da estabilização da demanda e dos limites legais da atuação judicial, preconizados nos arts. 128 e 460 do CPC, é defeso ao juiz proferir sentença, a favor do autor, de natureza diversa da pedida, bem como condenar o réu em quantidade superior ou em objeto diverso do que lhe foi demandado.

Na sentença, foram julgados improcedentes os pedidos constantes na exordial, relativos ao reconhecimento de vínculo empregatício e seus consectários, além de o autor, solidariamente com seus procuradores, serem declarados litigantes de má-fé.

A Corte Regional, por concluir que havia necessidade de coibir a reiteração de agressões aos direitos trabalhistas, concernente à contratação de mão de obra de forma irregular e precária, manteve a sentença, em que as reclamadas foram condenadas, solidariamente, ao pagamento de indenização pela prática de dumping social.

Contudo, resulta incontroverso a ausência de pedido do reclamante nesse sentido e, por consequência, as reclamadas não se defenderam, oportunamente, em relação aos fatos suscitados na sentença. Assim, é cristalino que o contraditório se firmou estritamente em relação aos pedidos constantes na reclamação trabalhista, concernentes, em síntese, ao reconhecimento de vínculo empregatício, à percepção das parcelas dele decorrentes e à natureza da responsabilização das reclamadas.

Ora, é certo que a atividade jurisdicional não pode ser conivente com possíveis práticas abusivas de realizar contratações precárias de mão de obra, em inobservância às garantias trabalhistas, para, em contrapartida, proporcionar aumentos de lucros. Contudo, para eventual condenação pela prática de "*dumping* social", há necessidade de ser observado o procedimento legal cabível, máxime em que se assegure o contraditório e a ampla defesa em todas as fases processuais, o que, no caso concreto, não ocorreu, ante a ausência de pedido, de contestação e de instrução processual, nesse sentido.

Não se trata de adequação do pedido, tampouco se há falar em livre atuação judicial no enquadramento jurídico dos fatos da causa, na medida em que a *litiscontestatio* era restrita ao reconhecimento de vínculo empregatício e à percepção das parcelas trabalhistas que dele seriam decorrentes.

Assim, ao condenar solidariamente as reclamadas ao pagamento de indenização por "*dumping* social", mesmo sem pedido do autor nesse sentido, o Tribunal Regional violou os arts. 128 e 460 do CPC, que estabelecem, respectivamente, que o juiz decidirá a lide nos limites em que foi proposta, sendo-lhe defeso conhecer de questões, não suscitadas, a cujo respeito a lei exige a iniciativa da parte, e que é defeso ao juiz proferir sentença, a favor do autor, de natureza diversa da pedida, bem como condenar o réu em quantidade superior ou em objeto diverso do que lhe foi demandado.

Logo, CONHEÇO dos recursos de revista por violação dos arts. 128 e 460 do CPC, 5º, LIV e LV, da Constituição Federal.

MÉRITO

Conhecidos os recursos de revista por violação dos arts. 128 e 460 do CPC, 5º, LIV e LV, da Constituição Federal, no mérito, DOU-LHES PROVIMENTO para, reformando o acórdão recorrido, excluir a condenação das reclamadas ao pagamento de indenização por "dumping social", no valor de cem mil reais. Resta prejudicado, em consequência, o exame dos temas recursais remanescentes. Invertido o ônus da sucumbência, custas pelo reclamante, das quais fica isento (fl. 134).

Isto posto,

Acordam os Ministros da Primeira Turma do Tribunal Superior do Trabalho, por unanimidade, conhecer de ambos os recursos de revista, quanto ao tema relativo ao julgamento *extra petita*, por violação dos arts. 128 e 460 do CPC, 5º, LIV e LV, da Constituição Federal, e, no mérito, dar-lhes provimento para, reformando o acórdão recorrido, excluir a condenação das reclamadas ao pagamento de indenização por dumping social. Resta prejudicado, em consequência, o exame dos temas recursais remanescentes. Invertido o ônus da sucumbência, isentando-se o reclamante do pagamento das custas processuais.

Brasília, 21 de agosto de 2012. *Walmir Oliveira da Costa*, relator.

INTERVALO INTRAJORNADA. CONCESSÃO IRREGULAR. APOSENTADORIA POR INVALIDEZ. SUSPENSÃO DO CONTRATO. PRESCRIÇÃO BIENAL

RECURSO DE REVISTA DO RECLAMANTE. INTERVALO INTRAJORNADA. CONCESSÃO IRREGULAR. PAGAMENTO INTEGRAL DO PERÍODO MÍNIMO.

Conforme a diretriz da Orientação Jurisprudencial n. 307 da SBDI-1 desta Corte Superior, a concessão parcial do intervalo intrajornada confere direito ao recebimento integral, como hora extra, do período mínimo assegurado no art. 71 da CLT, razão pela qual merece reforma a decisão da Corte Regional que manteve a limitação da condenação ao pagamento apenas do lapso não usufruído efetivamente pelo empregado.

Recurso de revista conhecido parcialmente e provido.

RECURSO DE REVISTA DA RECLAMADA SANEPAR. APOSENTADORIA POR INVALIDEZ. SUSPENSÃO DO CONTRATO DE TRABALHO. PRECRIÇÃO BIENAL. INAPLICÁVEL.

Ao manter a sentença que rejeitou a prescrição bienal, o Tribunal Regional deslindou a controvérsia em sintonia com a jurisprudência pacífica desta Corte Superior, segundo a qual a fluência do prazo previsto no art. 7º, XXIX, da Constituição Federal pressupõe a extinção do vínculo de emprego, premissa não observada na hipótese de suspensão do contrato de trabalho em decorrência da aposentadoria por invalidez, razão pela qual a pretensão recursal da reclamada encontra óbice na Súmula n. 333 do TST e no art. 896, § 4º, da CLT.

Recurso de revista de que não se conhece.

(Processo n. TST-RR-41.600-06-2005-5-09-0016 — Ac. 1ª Turma)

Vistos, relatados e discutidos estes autos de Recurso de Revista n. TST-RR-41600-06.2005.5.09.0016, em que são recorrentes Waldemar Martins e Companhia de Saneamento do Paraná — Sanepar e é recorrida Fundação Sanepar de Previdência e Assistência Social — Fusan.

O Tribunal Regional do Trabalho da 9ª Região, mediante o acórdão às fls. 1311-1329 (autos eletrônicos), complementado às fls. 1373-1378, negou provimento ao recurso ordinário interposto pela reclamada Sanepar, deu provimento parcial ao recurso ordinário interposto pelo reclamante e negou provimento aos embargos de declaração.

Inconformado, o reclamante interpõe o recurso de revista às fls. 1381-1449, postulando a reforma do julgado, quanto à prescrição, ao auxílio alimentação, ao adicional de insalubridade, às horas extras, ao intervalo intrajornada e à compensação.

Por sua vez, a reclamada Sanepar interpõe recurso de revista às fls. 1451-1493, arguindo nulidade por negativa de prestação jurisdicional e postulando a reforma do julgado, quanto à competência material, à ilegitimidade passiva, ao intervalo intrajornada, ao sobreaviso, à prescrição, ao abatimento e à multa por embargos de declaração protelatórios.

Admitidos ambos os recursos às fls. 1505-1511, foram apresentadas razões de contrariedade às fls. 1519-1559 e 1567-1597.

Dispensada a remessa dos autos ao Ministério Público do Trabalho, nos termos do art. 83, §2º, II, do Regimento Interno do Tribunal Superior do Trabalho.

É o relatório.

VOTO

RECURSO DE REVISTA DO RECLAMANTE

CONHECIMENTO

O apelo é tempestivo (fls. 1331 e 1381) e a representação regular (fl. 25), não tendo sido o reclamante condenado ao pagamento de custas processuais. Satisfeitos os pressupostos extrínsecos de recorribilidade, analisam-se os específicos de admissibilidade do recurso de revista.

PRESCRIÇÃO. SUSPENSÃO

A Corte Regional manteve a pronúncia da prescrição quinquenal, nos seguintes termos:

PRESCRIÇÃO — INTERRUPÇÃO/SUSPENSÃO

É incontroverso nos autos que o contrato entre as partes está suspenso desde 23.04.2001, em virtude do afastamento do reclamante por enfermidade, com percepção de auxílio doença até 31.10.2002 e de aposentadoria por invalidez a partir de 01.11.2002 (fl. 161).

Ocorre que esse fato não prejudica a contagem do prazo prescricional quinquenal. A lei não prevê a suspensão do contrato por concessão de auxílio-doença ou aposentadoria por invalidez como causa suspensiva ou interruptiva da prescrição (artigos 197 e seguintes do Código Civil). Nesse sentido, a jurisprudência:

"PRESCRIÇÃO QUINQUENAL — SUSPENSÃO DO CONTRATO DE TRABALHO — AUXÍLIO-DOENÇA — APOSENTADORIA POR INVALIDEZ — NÃO SUSPENSÃO DO PRAZO PRESCRICIONAL — É inegável que o recebimento do auxílio-doença a partir do 16º dia de afastamento suspende o curso do contrato de trabalho, por força do artigo 476 da CLT. Da mesma forma, a aposentadoria por invalidez em razão do artigo 475, caput, da CLT. No entanto, o fato destes afastamentos suspenderem o contrato de trabalho não significa que também acarretem a suspensão do prazo prescricional. A actio nata surge quando ocorre a violação do direito trabalhista. A partir deste momento, o trabalhador tem o prazo de cinco anos para acionar a empresa na Justiça do Trabalho até o limite de dois anos da extinção do contrato de trabalho (artigo 7º, XXIX, da CF). O referido prazo prescricional de cinco anos não se suspende em razão do afastamento do obreiro por motivo de doença ou aposentadoria por invalidez (não obstante estas sejam causas de suspensão do contrato de trabalho). Isto porque, durante o período de afastamento, o empregado não está impedido de produzir os atos relativos ao ajuizamento da ação. Não há amparo legal para a pretensão da recorrente, já que o ordenamento, no caso, somente prevê que os referidos afastamentos são causas de suspensão do contrato de trabalho e não de suspensão do prazo prescricional." (TRT — 9ª Reg. — 18595-2004-652-09-00-0-ACO-12031-2006 — Rel. Sérgio Murilo Rodrigues Lemos — DJPR 02.05.2006).

"EMBARGOS. AUXÍLIO DOENÇA. SUSPENSÃO DO PRAZO PRESCRICIONAL. Suspenso o contrato de trabalho, em virtude de o empregado haver sido acometido de doença profissional, com percepção de auxílio-doença, não se pode afirmar que ocorra, igualmente, a suspensão do fluxo prescricional, porque esta hipótese não está contemplada no art. 199 do Código Civil, como causa interruptiva ou suspensiva do instituto prescricional. O referido preceito legal não comporta interpretação extensiva ou analógica para a inclusão de outras causas de suspensão não previstas pelo legislador ordinário, sob pena de ofensa ao princípio da segurança jurídica. Embargos conhecidos e providos." (TST — SDI-1 — E-RR-3319/1999-070-02-00.0 — Rel. Min. Carlos Alberto Reis de Paula — DJ 27.04.2007).

É verdade que o artigo 199, I, do Código Civil dispõe que a prescrição não flui 'pendendo condição suspensiva'. Ocorre que esse dispositivo não estabelece que a suspensão do contrato de trabalho pela concessão de auxílio doença caracteriza condição suspensiva do prazo prescricional.

Nada a reparar."

Nas razões do recurso de revista, o reclamante insiste que a aposentadoria por invalidez decorrente de doença profissional, acompanhada da concessão do auxílio-doença, por configurar condição suspensiva do contrato de trabalho, suspende o prazo para ajuizamento da reclamação trabalhista. Aponta ofensa ao art. 170, I, do CC/1916 (19 do CC/2002) e 7º, XXIX, da Constituição Federal e arestos para o cotejo de teses.

Analiso.

A decisão recorrida foi proferida em plena sintonia com o entendimento adotado pela jurisprudência pacífica desta Corte Superior, conforme perfilhado na diretriz da Orientação Jurisprudencial n. 375 da SBDI-1 do TST, verbis:

"375. AUXÍLIO-DOENÇA. APOSENTADORIA POR INVALIDEZ. SUSPENSÃO DO CONTRATO DE TRABALHO. PRESCRIÇÃO. CONTAGEM. (DEJT divulgado em 19, 20 e 22.04.2010). A suspensão do contrato de trabalho, em virtude da percepção do auxílio-doença ou da aposentadoria por invalidez, não impede a fluência da prescrição quinquenal, ressalvada a hipótese de absoluta impossibilidade de acesso ao Judiciário."

Portanto, tendo sido alcançada a uniformização da jurisprudência trabalhista, fim precípuo do recurso de revista, a pretensão recursal encontra óbice na Súmula n. 333 do TST e no art. 896, § 4º, da CLT, restando ilesos os dispositivos indicados.

NÃO CONHEÇO do recurso de revista quanto ao tema.

AUXÍLIO ALIMENTAÇÃO. NAUREZA JURÍDICA. NORMA COLETIVA

O Tribunal Regional manteve o indeferimento do pedido de integração da parcela auxílio alimentação, adotando os seguintes fundamentos, *verbis*:

"AUXÍLIO ALIMENTAÇÃO

As convenções coletivas preveem o pagamento de auxílio-alimentação e estabelecem expressamente a natureza indenizatória da parcela. Assim, cite-se a cláusula terceira do Acordo Coletivo de Trabalho, vigência 2003/2004, que prevê que

'A Sanepar concederá tal benefício a todos os seus empregados, a partir de 01.03.2004, com base no programa de Alimentação do Trabalho — PAT e sem que a parcela tenha natureza salarial, através de cartão magnético ou sistema equivalente. O benefício corresponderá ao valor diário de R$ 15,00 (quinze reais) ou mensal de R$ 330,00 (trezentos e trinta reais), sendo que tal valor, enquanto vigente o presente instrumento, será atualizado com base nos reajustes coletivos, legais ou normativos, atribuídos aos salários da categoria, excetuado o previsto no parágrafo único desta cláusula. Fica autorizado, pelo presente instrumento, o desconto salarial, na rubrica, à base de R$ 0,50 (cinquenta centavos) diários ou R$ 11,00 (onze reais) mensais.' (fl. 59)

Tratando-se de benefício previsto em norma coletiva, resultante de negociação entre os sindicatos, necessário respeitar a natureza indenizatória a ela atribuída. Nesse sentido a jurisprudência do c. TST:

'INTEGRAÇÃO DA UTILIDADE ALIMENTAÇÃO — Tendo sido atribuída à verba natureza indenizatória, mediante livre negociação coletiva, não há como considerá-la de natureza salarial neste momento processual, como pretende o Reclamante. A vigente Carta Constitucional, em seu art. 7º, inc. XXVI, privilegia a negociação coletiva. Assim sendo, se as categorias profissional e patronal estabeleceram o benefício do auxílio alimentação, mas não reconheceram sua natureza salarial, a manifestação coletiva deve prevalecer, sob pena de se violar o mencionado dispositivo constitucional.' (TST — RR 772.340/01.9 — 6ª T. — Rel. Min. Horácio Senna Pires — DJU 28.04.2006)

MANTENHO."

No recurso de revista, o reclamante sustenta que o auxílio alimentação tem natureza salarial, alegando ser incontroversa a percepção habitual por todo o pacto laboral. Indica ofensa ao art. 458 da CLT, contrariedade à Súmula n. 241 do TST e transcreve julgados para o cotejo de teses.

Analiso.

Os arestos indicados se mostram inespecíficos, na forma das Súmulas n. 23 e 296 do TST, uma vez que não registram a existência de norma coletiva que estabelece a natureza indenizatória da parcela, hipótese que não se confunde com a fornecimento mediante adesão ao Programa de Alimentação ao Trabalhador.

Da mesma forma, não se verifica contrariedade à Súmula n. 241 do TST, que versa a natureza jurídica da vale refeição quando fornecido por força do contrato de trabalho, mas não em decorrência de previsão em Acordo Coletivo de Trabalho.

Constata-se, em verdade, inviável a própria análise da ofensa ao dispositivo indicado, uma vez que as razões recursais não impugnam de forma específica o único fundamento adotado pelo Tribunal Regional, repita-se, de que a natureza indenizatória da parcela decorre da previsão expressa da norma coletiva que a instituiu, o que atrai o óbice da Súmula n. 422 do TST, *verbis*:

"RECURSO. APELO QUE NÃO ATACA OS FUNDAMENTOS DA DECISÃO RECORRIDA. NÃO CONHECIMENTO. ART. 514, II, do CPC (conversão da Orientação Jurisprudencial n. 90 da SBDI-2) — Res. 137/2005, DJ 22, 23 e 24.08.2005.

Não se conhece de recurso para o TST, pela ausência do requisito de admissibilidade inscrito no art. 514, II, do CPC, quando as razões do recorrente não impugnam os fundamentos da decisão recorrida, nos termos em que fora proposta. (ex-OJ n. 90 da SBDI-2 — inserida em 27.05.2002).

Não conheço do recurso de revista quanto ao tema.

ADICIONAL DE INSALUBRIDADE. BASE DE CÁLCULO

A Corte de origem manteve o salário-mínimo como base de cálculo do adicional de insalubridade. A decisão foi proferida nos seguintes termos:

"ADICIONAL DE INSALUBRIDADE — BASE DE CÁLCULO

Sustenta o reclamante que o adicional de insalubridade deve ter como base a remuneração paga ao empregado ou seu salário normativo, requerendo a reforma da r. sentença.

Decidiu o i. Juízo a quo que 'De acordo com o artigo 192 da CLT e Súmula 228 do TST, o adicional de insalubridade deve ser calculado sobre o salário-mínimo, e não sobre o total de remuneração do trabalhador. Pelo que, indefere-se a pretensão obreira' (fl. 569).

Correta a decisão de Primeiro Grau, eis que a alegada vedação à vinculação do salário-mínimo estabelecida no artigo 7º, inciso IV, da CF/88, não se aplica ao preceituado no artigo 192 da CLT. Idêntico é o entendimento manifestado pelo E. STF, in verbis:

'O que a Constituição veda, no art. 7º, IV, é a utilização do salário-mínimo para servir, por exemplo, como fator de indexação. O salário-mínimo pode ser utilizado como base de incidência da percentagem do adicional de insalubridade.' Precedentes do STF: Ags. 169.269 (AgRg)-MG e 179.844 (AgRg)-MG, Galvão, 1ª Turma; Ags. 177.959 (AgRG)-MG, Marco Aurélio, 2ª Turma e RE 230.528 (AgRg)-MG, Velloso, 2ª Turma" (RE 458.802, Ellen Gracie, 06.09.2005).

Além disso, a norma constitucional assegura a percepção de adicional de remuneração e não sobre a remuneração (art. 7º, XXIII, da CF/88). Assim, o adicional de insalubridade calculado sobre o salário-mínimo e somado à remuneração atende ao contido no dispositivo constitucional acima mencionado.

Não havendo impedimento constitucional para que o salário-mínimo sirva de base de cálculo do adicional de insalubridade, conforme acima fundamentado. Assim, não há de se cogitar de aplicação analógica do disposto no art. 193, § 1º, CLT e utilizar a base de cálculo do adicional de periculosidade. O art. 192, caput, da CLT prevê expressamente a base de cálculo do adicional de insalubridade, afastando assim a possibilidade de recorrer à analogia (art. 8º da CLT).

Ademais, o entendimento sumulado do C. TST (Súmula 228), com redação da Resolução n. 121/2003, é no sentido de que o percentual do adicional de insalubridade incide sobre o salário-mínimo legalmente fixado (art. 76 da CLT), ou sobre o salário profissional (Súmula 17 do C. TST).

Ressalte-se que, no caso dos autos não há nos ACTs da categoria salário profissional estabelecido.

Enfim, correto o MM. Juízo *a quo* ao indeferir o pagamento do adicional de insalubridade com base na remuneração paga ao reclamante."

MANTENHO.

No recurso de revista, o reclamante sustenta que o adicional de insalubridade deve ser calculado com base na remuneração. Indica violação do art. 7º, IV, XXIII, da Constituição Federal, contrariedade à Súmula n. 17 do TST e compila julgados para comprovar dissenso pretoriano.

Analiso.

O Supremo Tribunal Federal, mediante o julgamento do RE 565.714/SP, editou a Súmula Vinculante n. 04, concluindo que o art. 7º, IV, da Constituição Federal veda a utilização do salário-mínimo como base de cálculo de vantagem de servidor público ou de empregado.

Entretanto, conquanto reconheça ser inconstitucional a utilização do salário-mínimo como indexador da base de cálculo do referido adicional, o STF tem decidido que é defeso ao Poder Judiciário estabelecer novos parâmetros como base de cálculo da parcela. Transcreve-se, a seguir, a ementa do julgado:

"DIREITO DO TRABALHO. AGRAVO REGIMENTAL EM RECURSO EXTRAORDINÁRIO. ADICIONAL DE INSALUBRIDADE. SUBSTITUIÇÃO. IMPOSSIBILIDADE. SÚMULA VINCULANTE 4. 1. Conforme asseverado pelo Plenário do Supremo Tribunal Federal ao julgar o RE 565.714/SP, não é possível estabelecer, como base de cálculo para o adicional de insalubridade a remuneração ou salário base em substituição ao salário-mínimo, pois é inviável ao Poder Judiciário modificar tal indexador, sob o risco de atuar como legislador positivo. Precedentes. 2. Agravo regimental improvido." (STF-RE-AgR 488240 / ES, Rel. Min. Ellen Gracie, 2ª Turma, DJE 21.11.2008).

Nessa linha de raciocínio, depreende-se que, enquanto não houver lei ou norma coletiva prevendo nova base de cálculo para o adicional de insalubridade, o salário-mínimo é o parâmetro a ser adotado.

Esse entendimento consagra o princípio da segurança jurídica e vem sendo reiteradamente confirmado por esta Corte Superior, consoante os seguintes precedentes da SBDI-1:

"EMBARGOS REGIDOS PELA LEI N. 11.496/2007. ADICIONAL DE INSALUBRIDADE. BASE DE CÁLCULO. SALÁRIO NORMATIVO. IMPOSSIBILIDADE Conforme entendimento do Supremo Tribunal Federal, Reclamação n. 6.830 MC/PR — Paraná, publicada no DJE n. 217, em 21.10.2008, até que sobrevenha lei que disponha sobre a base de cálculo do adicional de insalubridade e não havendo previsão normativa nesse sentido, essa parcela deve ser calculada com base no salário-mínimo nacional. Embargos não conhecidos." (TST-E-ARR-51500-26.2008.5.04.0831, Rel. Min. José Roberto Freire Pimenta, DEJT 10.02.12).

"RECURSO DE EMBARGOS REGIDO PELA LEI 11.496/2007. ADICIONAL DE INSALUBRIDADE. BASE DE CÁLCULO. SALÁRIO-MÍNIMO. 1 — Inviável cogitar-se de contrariedade à Súmula 17 do TST, em virtude do seu cancelamento operado pela Resolução 148/2008 (DJ de 04 e 07.07.2008, com republicação no DJ de 8, 9 e 10.07.2008). 2 — A decisão embargada encontra-se em estrita consonância com a Súmula Vinculante 4 do STF, cujo alcance ficou definido pelo então Ministro Presidente daquela Corte ao deferir medida liminar requerida na Reclamação 6.266-0/DF, no sentido da permanência do salário-mínimo como base de cálculo do adicional de insalubridade, até que lei ou norma coletiva institua novo parâmetro. Incidência do óbice contido no art. 894, II, in fine, da CLT. Recurso de embargos não conhecido." (TST-E-RR-84200-41.2000.5.17. 0001, Rel. Min. Delaíde Miranda Arantes, DEJT 02.09.2011).

"RECURSO DE EMBARGOS INTERPOSTO SOB A ÉGIDE DA LEI N. 11.496/2007. ADICIONAL DE INSALUBRIDADE. BASE DE CÁLCULO. SÚMULA VINCULANTE N. 4 DO SUPREMO TRIBUNAL FEDERAL. 1. O Supremo Tribunal Federal, em sessão plenária realizada no dia 30/4/2008, aprovou a Súmula Vinculante n. 4, consagrando entendimento no sentido de que o salário-mínimo não pode ser usado como indexador de base de cálculo de vantagem de servidor público ou de empregado, nem ser substituído por decisão judicial. 2. Mais recentemente, o Exmo. Sr. Presidente da Excelsa Corte, ao conceder liminar na Reclamação n. 6.266, suspendeu a aplicação da Súmula n. 228 do Tribunal Superior do Trabalho na parte em que determinava a incidência do adicional de insalubridade sobre o salário básico. 3. Ante a impossibilidade de adoção de outra base de cálculo para o adicional de insalubridade por meio de decisão judicial, impõe-se manter a sua incidência sobre o salário-mínimo, até que a incompatibilidade seja superada mediante lei ou norma coletiva. 4. Recurso de embargos conhecido e não provido, com ressalva do entendimento pessoal do Relator. (...). Recurso de embargos não conhecido." (TST-E-ED- RR-454300-44.1999.5.09.0020, Rel. Min. Lelio Bentes Corrêa, DEJT 17.06.2011).

"RECURSO DE EMBARGOS INTERPOSTO DEPOIS DA EDIÇÃO DA LEI N. 11.496/2007 — ADICIONAL DE INSALUBRIDADE — BASE DE CÁLCULO — SÚMULA VINCULANTE N. 4 DO EXCELSO STF — SUSPENSÃO DA SÚMULA N. 228 DO TST — DECLARAÇÃO DE INCONSTITUCIONALIDADE SEM DECLARAÇÃO DE NULIDADE — MANUTENÇÃO DO SALÁRIO-MÍNIMO COMO BASE DE CÁLCULO ATÉ A EDIÇÃO DE NOVA LEI EM SENTIDO CONTRÁRIO OU CELEBRADO DE CONVENÇÃO COLETIVA. O Supremo Tribunal Federal, mediante o julgamento do RE 565.714/SP, editou a Súmula Vinculante n. 4, em que concluiu, quanto aos termos do art. 7º, IV, da Constituição Federal, ser vedada a utilização do salário mínimo como base de cálculo do adicional de insalubridade. Apesar de reconhecer a inconstitucionalidade da utilização do salário-mínimo como indexador da base de cálculo do referido adicional, vedou a substituição desse parâmetro por decisão judicial. Assim, ressalvado meu entendimento no que tange às relações da iniciativa privada, o adicional de insalubridade deve permanecer sendo calculado com base no salário-mínimo enquanto não superada a inconstitucionalidade por meio de lei ordinária ou convenção coletiva. Precedentes da SBDI-1. Recurso de embargos não conhecido." (TST-E-RR- 17600-14.2007.5.04.0661, Rel. Min. Luiz Philippe Vieira de Mello Filho, DEJT 26.02.2010).

Nesse contexto, em que pese os fundamentos adotados, infere-se a sintonia entre o resultado da decisão proferida pelo Tribunal Regional e a iterativa e notória jurisprudência desta Corte Superior, razão pela qual a pretensão recursal encontra óbice nos termos da Súmula n. 333 do TST e do art. 896, § 4º, da CLT.

NÃO CONHEÇO do recurso de revista quanto ao tema.

HORAS EXTRAS. JORNADA LABORAL. REGISTRO

A Corte Regional manteve o indeferimento das horas extras para os meses em que não foram apresentados registros de horário, nos seguintes termos:

"HORA EXTRA — ÔNUS DA PROVA

Pede o reclamante a reforma da decisão de primeiro grau que determinou a apuração das horas extras, para os meses em que deixou a reclamada de apresentar os cartões ponto, pela média das horas extras constantes dos demais cartões. Requer, assim, a aplicação da Súmula 338, do C. TST, a fim de que seja fixada a jornada em tal período conforme apresentada na inicial.

Não assiste razão ao recorrente.

De acordo com a análise dos cartões ponto juntados as fls. 280/294, verifica-se que, no período imprescrito, qual seja, a partir de 10.01.2000, a reclamada não juntou aos autos os cartões ponto dos meses de abril a julho de 2000, janeiro de 2001, bem como apresentou apenas alguns cartões referente ao período posterior a abril de 2001.

De acordo com os documentos de fl. 161 e 383/388, o reclamante esteve afastado de suas atividades profissionais no período 25.02.2000 a 20.08.2000, período no qual percebeu auxílio-doença previdenciário. Conforme documentos de fls. 161, 165-verso e 397/414, de 23.04.2001 a 30.10.2002, novamente o autor foi afastado, recebendo auxílio-doença previdenciário, o qual foi convertido em aposentadoria por invalidez em 31.10.2001 (fls. 16, 161 e 164-verso).

Portanto, o único cartão ponto não apresentado pela reclamada refere-se ao mês de janeiro de 2001, tendo sido apresentado apenas o registro referente à jornada de sobreaviso.

Da não apresentação injustificada dos cartões ponto decorre a confissão ficta (presunção relativa de veracidade dos horários descritos na inicial), nos termos do que dispõe o item I, da Súmula 338 do TST. Entretanto, tal presunção pode ser elidida por meio de prova produzida nos autos.

Conforme bem exposto pelo MM. Juiz de Primeiro Grau, 'a prova oral produzida não se mostra suficiente a desconstituir os controles de jornada' (fl. 570), eis que os depoimentos das testemunhas apresentadas pelo reclamante são contraditórios quanto ao horário de saída, pois afirmou a primeira testemunha que 'é frequente o trabalho após as 22 horas ou mais; isso na jornada normal e não na do sobreaviso' (fl. 548), enquanto que a segunda testemunha afirmou que 'o normal era não trabalhar depois das 22 horas se não estivesse de sobreaviso' (fl. 549). Por sua vez, a testemunha ouvida a convite da reclamada afirmou que 'o horário normal de trabalho era das 8 as 12 e das 13h30 as 17h30; (...) fora do sobreaviso não ficavam depois das 22 horas' (fl. 549).

Confrontando os depoimentos prestados com a jornada declinada na inicial, tem-se que restou desconstituída a confissão ficta relativa à jornada cumprida pelo reclamante no mês de janeiro de 2001, pelo o que, tendo sido declarada a validade dos cartões ponto juntados aos autos, correta a decisão recorrida que determinou a apuração das horas extras prestadas no referido mês com base na média das horas apuradas nos demais meses, no curso do período imprescrito."

Nada a reformar.

O recorrente insiste na condenação em horas extras e reflexos referentes ao mês de janeiro de 2001, alegando inexistência dos cartões de ponto. Aponta contrariedade à Súmula n. 338, I, do TST.

À análise.

Constata-se, ao contrário do alegado pelo reclamante, que a Corte de origem deslindou a controvérsia em plena conformidade com a Súmula n. 338, I, do TST, uma vez que o indeferimento das horas extras decorreu do convencimento de que foi elidida, pela prova oral em sentido contrário, a presunção relativa de veracidade da jornada de trabalho, decorrente da não apresentação injustificada dos cartões ponto.

Registre-se que não caberia a esta Corte Superior concluir em sentido oposto quanto à veracidade da jornada laboral, em face da necessidade de reexame do conjunto fático probatório dos autos, o que é vedado em sede de recurso de revista, a teor da Súmula n. 126 do TST.

Portanto, *não conheço* do recurso de revista no tema.

INTERVALO INTRAJORNADA. CONCESSÃO IRREGULAR. PAGAMENTO INTEGRAL DO PERÍODO MÍNIMO

O Tribunal Regional manteve a condenação ao pagamento apenas do período não usufruído do intervalo intrajornada, adotando os seguintes fundamentos, *verbis*:

"HORA EXTRA — INTERVALO INTRAJORNADA

Pleiteia o reclamante a reforma da r. sentença, afirmando que:

'Do conjunto probatório dos autos, restou evidenciado que o autor não usufruía o intervalo mínimo de 01h00min para alimentação e descanso, conforme previsto no artigo 71 da CLT, tendo o juízo deferido como extras, o tempo faltante a completar 1:00 hora diária.

Nesse passo, merece ser reformada a r. decisão de fundo, para acrescer a condenação imposta, o pagamento da hora integral devida pela infração do artigo 71, § 4º da CLT.' (fl. 597).

Sem razão.

Conforme bem decidido na origem, a supressão do intervalo intrajornada enseja o direito ao pagamento do tempo suprimido e não de todo o intervalo (tempo usufruído + tempo suprimido), acrescido do adicional. Ao dispor que a supressão do intervalo '(...) implica o pagamento total do período correspondente (...)', a OJ/SDI-1 n. 307 consagrou o entendimento de que o valor devido pela supressão do intervalo corresponde ao tempo suprimido acrescido do adicional (e não apenas do adicional). A ideia da referida orientação é a de que a supressão do intervalo implica o pagamento total do período correspondente ao tempo suprimido acrescido do adicional.

A esse respeito, vale a transcrição da seguinte ementa:

'INTERVALO INTRAJORNADA — VULNERAÇÃO — CONDENAÇÃO QUANTO AO TEMPO FALTANTE — A vulneração do intervalo intrajornada, rende ensejo à condenação quanto ao tempo faltante para se completar o tempo mínimo de 01 hora, não havendo fundamento para simplesmente se desconsiderar o tempo efetivamente concedido. Nesse sentido, a interpretação que se extrai da OJ n. 307, da e. SDI I, do c. TST. Ao se referir a pagamento 'total', a orientação apenas pode estar aludindo ao pagamento do valor da hora e adicional, quanto ao 'total' do período não concedido — e não quanto à duração mínima legalmente fixada para o intervalo. Nesse sentido, ensina Sérgio Pinto Martins: "Assim, o adicional de 50% será devido apenas no tocante ao intervalo que não foi concedido, pois o 2º do artigo 71 da CLT estabelece que os intervalos de descanso não serão computados na duração do trabalho. O próprio o 4º do artigo 71 da CLT menciona que o adicional é devido pelo 'período correspondente' ao intervalo não concedido, que quer dizer que o período concedido de intervalo, ainda que não integral, será válido e não será remunerado como hora extra.' (TRT, 9ª Reg., Processo 19321-2003-652-09-00-8, Acórdão 15214/2005, Rel. Rosalie Michaele Bacila Batista, Publicado no DJPR em 21.06.2005).

O entendimento desta e. Turma é de que a supressão do intervalo intrajornada deve ser remunerada como hora extra, assim considerado o tempo que faltou para completar o mínimo de uma hora previsto no art. 71, caput, da CLT. Do contrário, estar-se-ia aplicando a mesma sanção para o empregador que não concedeu qualquer intervalo e para o que concedeu, por exemplo, 45 minutos. Não se pode tratar com o mesmo pagamento o empregado que não usufruiu descanso e aquele que o usufruiu parcialmente, tampouco o empregador que concedeu parcialmente e aquele que não concedeu qualquer intervalo.

Quando a OJ 307 da SBDI-1 do c. TST menciona o pagamento total, está se referindo à forma de remuneração (com adicional e reflexos), não ao tempo a ser remunerado; este será o período correspondente (total ou parcial) do descanso não usufruído.

Mantenho."

No recurso de revista, o reclamante sustenta que a concessão parcial do intervalo intrajornada enseja o recebimento, como extra, do total do período mínimo de uma hora, r reflexos. Aponta violação do art. 71, § 4º, da CLT, contrariedade à Orientação Jurisprudencial n. 307 da SBDI-1 do TST e transcreve arestos para a comprovação de dissenso pretoriano.

Analiso.

Sendo incontroverso que o reclamante não usufruía uma hora de descanso para repouso e alimentação, a decisão recorrida encontra-se em desarmonia com o entendimento firmado na Orientação Jurisprudencial n. 307 da SBDI-1 do TST, segundo o qual a concessão parcial do intervalo intrajornada mínimo implica o pagamento integral do período assegurado em lei, *verbis*:

"307. INTERVALO INTRAJORNADA (PARA REPOUSO E ALIMENTAÇÃO). NÃO CONCESSÃO OU CONCESSÃO PARCIAL. LEI N. 8.923/94 (DJ 11.08.2003). Após a edição da Lei n. 8.923/94, a não concessão total ou parcial do intervalo intrajornada mínimo, para repouso e alimentação, implica o pagamento total do período correspondente, com acréscimo de, no mínimo, 50% sobre o valor da remuneração da hora normal de trabalho (art. 71 da CLT)."

Dessa forma, CONHEÇO do recurso de revista, neste tópico, por contrariedade à Orientação Jurisprudencial n. 307 da SBDI-1.

HORAS EXTRAS. CRITÉRIO DE DEDUÇÃO. ABATIMENTO GLOBAL

A decisão recorrida foi proferida nos seguintes termos, *verbis*:

"COMPENSAÇÃO/ABATIMENTO — VERBAS PAGAS

Requer o reclamante que a compensação das parcelas pagas seja feita pelo critério mês a mês.

Decidiu o i. Juízo de primeiro grau que 'Deverão ser compensadas as parcelas pagas sob os mesmos títulos, pena de enriquecimento ilícito do autor' (fls. 572/573).

Esta C. Turma se posiciona no sentido de que o abatimento deve ser da totalidade dos valores pagos, devendo ser considerado o total de horas extras quitadas ao longo do período correspondente ao de apuração das horas extras, sob pena de enriquecimento sem causa do trabalhador.

Portanto, não merece reforma a r. sentença.

Mantenho."

No recurso de revista, o reclamante sustenta que o abatimento das horas extras deve se limitar ao mês de competência e à parcela de mesma natureza. Indica violação do art. 459 da CLT e arestos para o confronto de teses.

Analiso.

À luz do art. 459 da CLT, que prevê o período máximo de um mês para o pagamento do salário, prevalecia nesta Corte Superior o entendimento de que as horas extras reconhecidas em juízo deveriam ser pagas e compensadas no próprio mês da prestação, por força da natureza salarial da parcela.

Entretanto, a Subseção I da Seção de Dissídios Individuais do Tribunal Superior do Trabalho, ao julgar o recurso de embargos E-ED-RR-322000-34.2006.5.09.0001, na seção de 18.11.2010, deliberou que a dedução das horas extras comprovadamente pagas não pode ser limitada ao mês da apuração, devendo ser integral e aferida pelo total das horas extras quitadas durante o período não prescrito do contrato de trabalho. Uma vez demonstrado o pagamento sob o mesmo título, não se impõe a limitação ao mês de vencimento da obrigação, devendo ser abatidas de forma global, do total das horas reconhecidamente prestadas em sobrejornada, todas as horas extras efetivamente pagas.

Nesse sentido, os seguintes precedentes da SBDI-1:

"RECURSO DE EMBARGOS REGIDO PELA LEI N. 11.496/2007. DEDUÇÃO DOS VALORES PAGOS. CRITÉRIO. HORAS EXTRAS. O abatimento das horas extras comprovadamente pagas sob o mesmo título deve observar a totalidade do labor extraordinário quitado durante o período imprescrito, sem a restrição fixada pelo critério mensal, para que o enriquecimento sem causa do obreiro não se configure, tendo em vista a possibilidade do pagamento das horas extras prestadas num determinado mês ser realizado no mês subsequente conjuntamente com as horas extras correspondentes ao referido mês ulterior, de modo que, o prevalecimento do critério de abatimento mês a mês acarreta a não dedução das horas extras prestadas em certo mês e pagas juntamente com as correspondentes ao mês seguinte. Recurso de embargos conhecido e provido. (...) Recurso de embargos não conhecido." (TST-E-ED-RR-2021800-33.2006.5.09.0012, Rel. Min. Renato de Lacerda Paiva, DEJT 02.12.11).

"RECURSO DE EMBARGOS INTERPOSTO NA VIGÊNCIA DA LEI N. 11.496/2007. (...) HORAS EXTRAS — CRITÉRIO DE DEDUÇÃO — ABATIMENTO GLOBAL — POSSIBILIDADE. O atual entendimento desta SDI-1 é que a dedução dos valores pagos a maior não pode ser limitada ao mês da apuração, devendo ser integral e aferido pelo total das horas extraordinárias quitadas durante o período não prescrito do contrato de trabalho. Precedentes da SDI-1. Recurso conhecido e desprovido." (TST-E-ED-RR-511000-36.2008.5.09.0663, Rel. Min. Carlos Alberto Reis de Paula, DEJT 04.11.2011).

"RECURSO DE EMBARGOS REGIDO PELA LEI 11.496/2007. HORAS EXTRAS. DEDUÇÃO DOS VALORES COMPROVADAMENTE PAGOS NO CURSO DO CONTRATO DE TRABALHO REFERENTE ÀS HORAS EXTRAS RECONHECIDAS EM JUÍZO. CRITÉRIO DE DEDUÇÃO GLOBAL. Até pouco tempo, prevalecia o entendimento nesta Subseção no sentido de que a periodicidade mensal do salário, fixada no art. 459 da CLT, poderia ser usada como fundamento para que a dedução das horas extraordinárias fosse realizada mês a mês, tal qual deferido pelo Regional. Todavia, a partir da sessão realizada no dia 18.11.2010, revendo posicionamento anterior, esta Subseção passou a entender que o critério de dedução das parcelas salariais deve observar o critério global pelo período não prescrito do título em discussão. Os fundamentos que serviram à SBDI-1 são de manifesta judiciosidade: a dedução mês a mês inibe o pagamento voluntário, não se justificando a sua imposição quando não há evidência de quitação fraudulenta.

Ademais, a própria lei (art. 59, § 2º, da CLT) regula o pagamento de horas extras não compensadas com periodicidade diversa da mensal, cabendo ao juízo da prova verificar se tal se deu em observância, no caso, a regular banco de horas. Recurso de embargos conhecido e provido." (TST-E-RR-2035600-42.2003.5.09.0010, Rel. Min. Augusto César Leite de Carvalho, DEJT 23.09.2011).

"RECURSO DE EMBARGOS EM RECURSO DE REVISTA. ACÓRDÃO EMBARGADO PUBLICADO SOB A ÉGIDE DA LEI 11.496/2007. (...) HORAS EXTRAORDINÁRIAS QUITADAS. CRITÉRIO DE DEDUÇÃO. ABATIMENTO GLOBAL. Esta Subseção Especializada em Dissídios Individuais, ao julgamento do E-ED-RR- 322000-34.2006.5.09.0001, DEJT de 03.12.2010, da relatoria do Ministro Aloysio Corrêa da Veiga, revendo posicionamento anterior, deliberou no sentido de que o abatimento das horas extras pagas não se limita ao mês da apuração, devendo ser integral, com o cômputo, para tal fim, da totalidade das horas extras comprovadamente quitadas no período do contrato de trabalho não alcançado pelos efeitos da prescrição. Recurso de embargos conhecido e não provido." (TST-E-ED-RR-644400-89.2004.5.09.0016, Rel. Min. Rosa Maria Weber, DEJT 12.08.2011).

Portanto, o Tribunal Regional decidiu em sintonia com a iterativa e notória jurisprudência desta Corte Superior, razão pela qual a pretensão recursal encontra óbice nos termos da Súmula n. 333 do TST e do art. 896, § 4º, da CLT, restando ileso o art. 459 da CLT.

Assim, NÃO CONHEÇO do recurso de revista, no tema.

MÉRITO

INTERVALO INTRAJORNADA. CONCESSÃO IRREGULAR. PAGAMENTO INTEGRAL DO PERÍODO MÍNIMO

Conhecido o recurso de revista por contrariedade à Orientação Jurisprudencial n. 307 da SBDI-1 do TST, DOU-LHE PROVIMENTO para deferir o pagamento de uma hora extra por dia de trabalho decorrente da redução do intervalo intrajornada e reflexos.

RECURSO DE REVISTA DA RECLAMADA SANEPAR
CONHECIMENTO

O apelo é tempestivo (fls. 1379 e 1451) e a representação regular (fls. 1365 e 1495), encontrando-se devidamente preparado, com custas recolhidas (fls. 1241) e depósito recursal complementado em valor que supera o total da condenação (fls. 1239 e 1497). Satisfeitos os pressupostos extrínsecos de recorribilidade, analisam-se os específicos de admissibilidade do recurso de revista.

NEGATIVA DE PRESTAÇÃO JURISDICIONAL

No recurso de revista, a reclamada Sanepar sustenta que, mesmo diante dos embargos de declaração interpostos, a Corte Regional se manteve omissa quanto à exclusão do polo passivo da reclamada FUSAN, condenada solidariamente. Argumenta deter legitimidade para impugnar a matéria. Aponta violação do art. 5º, XXXV, da Constituição Federal.

Analiso.

A pretensão recursal, amparada unicamente na indicação de ofensa ao art. 5º, XXXV, da Constituição Federal, encontra óbice na Orientação Jurisprudencial n. 115 da SBDI-1 do TST, *verbis*:

"115. RECURSO DE REVISTA OU DE EMBARGOS. NULIDADE POR NEGATIVA DE PRESTAÇÃO JURISDICIONAL (nova redação) — DJ 20.04.2005. O conhecimento do recurso de revista ou de embargos, quanto à preliminar de nulidade por negativa de prestação jurisdicional, supõe indicação de violação do art. 832 da CLT, do art. 458 do CPC ou do art. 93, IX, da CF/1988."

Portanto, no tema, o recurso de revista encontra-se desfundamentado, em desatenção ao disposto no art. 896 da CLT.

NÃO CONHEÇO do recurso de revista, no particular.

COMPETÊNCIA MATERIAL. COMPLEMENTAÇÃO DE APOSENTADORIA

Ao apreciar os embargos de declaração, a Corte de origem manifestou-se nos seguintes termos:

"INCOMPETÊNCIA DA JUSTIÇA DO TRABALHO COMPLEMENTAÇÃO

Embarga a primeira reclamada, COMPANHIA DE SANEAMENTO DO ESTADO DO PARANÁ, alegando que '*O acórdão recorrido julgou que a Justiça do Trabalho é competente para julgar as causas envolvendo pedido de complementação de aposentadoria, contudo, tal decisão deve ser reformada*' (fl. 670). Requer, assim, "*o recebimento dos embargos de declaração e provimento do mérito para excluir a condenação para complementação de aposentadoria, ou pelo menos esclarecer porque a Justiça do Trabalho é competente para julgar a questão*' (fl. 675).

Trata-se de evidente inovação recursal perpetrada em sede de embargos de declaração.

Isso porque tal matéria não foi analisada no acórdão embargado, pois sequer foi ventilado no recurso ordinário (fls. 616/621). Observo que a questão não foi suscitada nem mesmo quando apresentou a embargante a sua contestação (fls. 128/144).

Nada a acolher."

No recurso de revista, a reclamada insiste que a Justiça do Trabalho não detém competência material para apreciar o pedido de complementação de aposentadoria. Aponta ofensa aos arts. 105, I, *d*, 114 e 202 da Constituição Federal e transcreve arestos.

À análise.

Verifica-se que o apelo tece argumentações de mérito, não cuidando de atacar o único fundamento da decisão regional, no sentido de que configurou inovação recursal a arguição de incompetência material apenas em sede de embargos de declaração em recurso ordinário.

Nesse passo, o recurso de revista tropeça no óbice da Súmula n. 422 do TST, segundo a qual não preenche os requisitos de admissibilidade do art. 514, II, do CPC o apelo que não impugna devidamente os fundamentos da decisão recorrida.

Não conheço do recurso de revista quanto ao tema.

ILEGITIMIDADE PASSIVA

Ao apreciar os embargos de declaração, o Tribunal Regional asseverou que "restaram analisadas todas as questões relacionadas à legitimidade passiva da primeira reclamada e não incidência de prescrição no presente caso, ainda que de forma desfavorável ao interesse da embargante".

No recurso de revista, a reclamada insiste ser parte ilegítima para figurar no polo passivo da presente reclamação, no tocante ao pedido de complementação de aposentadoria, sob a alegação de que não se configura grupo econômico. Aduz tratar-se de sociedade de economia mista, cujo objetivo social é fornecer água potável e saneamento básico, sendo vedada a participação em fundos de previdência privada com personalidade jurídica própria.

Analiso.

O recurso de revista encontra-se desfundamentado, uma vez que a reclamada, em descumprimento das exigências do art. 896 da CLT, não indica em suas razões recursais nenhum artigo como violado ou arestos que sirvam ao cotejo de teses.

Assim, não conheço do recurso de revista no tema.

INTERVALO INTRAJORNADA

A Corte de origem manteve a condenação ao pagamento do intervalo intrajornada nos seguintes termos:

"INTERVALO INTRAJORNADA — ADICIONAL DE HORA EXTRA

Recorre a primeira reclamada quanto ao intervalo intrajornada deferido, requerendo que seja determinado o pagamento apenas do adicional previsto no art. 71, § 4º da CLT com afastamento dos reflexos ante o caráter indenizatório da parcela.

O tempo faltante para completar o intervalo intrajornada mínimo a que tem direito o empregado deve ser remunerado mediante o pagamento da hora normal acrescida do adicional extraordinário, conforme determina a Lei n. 8.923/94, que deu redação ao parágrafo quarto do artigo 71 da CLT. No mesmo sentido dispõe a Orientação Jurisprudencial 307 da SDI-1 do C. TST.

Inviável, portanto, a limitação ao pagamento tão somente do adicional, pois o período deve ser remunerado como hora normal de trabalho acrescida do adicional de 50%. Assim, a posição do C. TST:

'(...) a inovação advinda com a Lei n. 8.923/1994 — que acresceu ao artigo 71 da CLT o § 4º — fez nascer para o trabalhador o direito de ter remunerado, com acréscimo de 50% (cinquenta por cento), o período correspondente ao intervalo intrajornada na hipótese de sua não concessão, nestes termos: '§ 4º. Quando o intervalo para repouso e alimentação, previsto neste artigo, não for concedido pelo empregador, este ficará obrigado a remunerar o período correspondente com um acréscimo de no mínimo cinquenta por cento sobre o valor da remuneração da hora normal de trabalho'. Não prospera a tese de que é devido apenas o acréscimo de 50% (cinquenta por cento). O dispositivo é taxativo ao mencionar a obrigatoriedade de remuneração do 'período correspondente', exigindo, ainda, o aludido acréscimo. Nesse sentido, a Orientação Jurisprudencial n. 307 da C. SBDI-1, que confirma o pagamento do período do intervalo acrescido do adicional: Intervalo intrajornada (para repouso e alimentação). Não concessão ou concessão parcial. Lei n. 8.923/1994. Após a edição da Lei n. 8.923/1994, a não concessão total ou parcial do intervalo intrajornada mínimo, para repouso e alimentação, implica o pagamento total do período correspondente, com acréscimo de, no mínimo, 50% sobre o valor da remuneração da hora normal de trabalho (art. 71 da CLT)' (E-RR-477.533/98, SBDI-1, Rel. Min. Maria Cristina Irigoyen Peduzzi, DJU de 06.05.2005).

(...)

Portanto, correta a r. sentença.

Nada a reparar."

No recurso de revista, a reclamada sustenta que a supressão do intervalo intrajornada enseja apenas o pagamento do adicional de 50%, sob pena de enriquecimento ilícito. Indica ofensa ao art. 71 da CLT e transcreve arestos para o cotejo de teses.

Analiso.

Ao indeferir o pedido de limitação da condenação ao pagamento tão somente do adicional de 50%, no tocante à concessão irregular do intervalo intrajornada, a Corte Regional deslindou a controvérsia em sintonia com a Orientação Jurisprudencial n. 307 da SBDI-1 do TST, *verbis*:

"307. INTERVALO INTRAJORNADA (PARA REPOUSO E ALIMENTAÇÃO). NÃO CONCESSÃO OU CONCESSÃO PARCIAL. LEI N. 8.923/94 (DJ 11.08.2003). Após a edição da Lei n. 8.923/94, a não concessão total ou parcial do intervalo intrajornada mínimo, para repouso e alimentação, implica o pagamento total do período correspondente, com acréscimo de, no mínimo, 50% sobre o valor da remuneração da hora normal de trabalho (art. 71 da CLT)."

Nesse passo, tendo sido alcançada a uniformização da jurisprudência trabalhista, fim precípuo do recurso de revista, a pretensão recursal encontra óbice na Súmula n. 333 do TST e no art. 896, § 4º, da CLT, restando ileso o dispositivo indicado.

SOBREAVISO

A Corte Regional manteve a condenação em sobreaviso, adotando os seguintes fundamentos, *verbis*:

"HORA EXTRA — SOBREAVISO

Sustenta a primeira reclamada que indevido o pagamento de sobreaviso, tendo em vista que a primeira testemunha ouvida em audiência afirmou que durante o período de sobreaviso, portavam bip ou celular.

Restou decidido em sentença que

'Ante o colocado no item 6 desta decisão, conclui o juízo que efetivamente o reclamante laborou em regime de sobreaviso no período constante nas escalas juntadas com a defesa, apenas nos dias e nos horários nelas fixados, sendo que há diferenças a serem pagas ao autor.

Registre-se que as duas testemunhas obreiras, de forma uníssona, confirmaram que somente quem estava em escala poderia atender aos chamados, evidenciando a obrigatoriedade da permanente disposição. Outrossim, a própria exigência de assinaturas do empregado nas referidas escalas demonstram que havia determinação e obrigação ao cumprimento dos plantões estipulados (fls. 226/266).

Destarte, defere-se o pagamento de diferenças de horas de sobreaviso, conforme descritas nas escalas juntadas com a defesa, que deverão ser calculadas à razão de 1/3 do salário normal (artigo 244, parágrafo 2º), assim considerado o salário base + adicional por tempo de serviço + insalubridade, observada a correta evolução salarial dos recibos salariais, utilizando-se o divisor 220.

Deverão ser desconsiderados os horários efetivamente trabalhados (conforme consignados nos cartões de ponto), pois estes são devidos como extras, sob pena de *bis in idem*.

Também não refletem nos RSRs, sob pena de duplicidade, pois o cálculo do sobreaviso incide sobre o salário normal (1/3). O autor, na condição de empregado mensalista, já tinha os dias de repouso semanal remunerados, por força do § 2º do art. 7º da Lei n. 605/49.

Reflexos no décimo terceiro salário, férias +1/3 e FGTS (8%).

Deverão ser compensadas as parcelas pagas sob os mesmos títulos, pena de enriquecimento ilícito do autor.' (fls. 572/573)

Reconheceu a primeira reclamada em defesa que o reclamante participou das jornadas de sobreaviso, tendo sustentado apenas o correto pagamento dos valores a tal título (fl. 140).

Em audiência, afirmou a primeira testemunha ouvida que 'durante 15 dias por mês o autor ficava de sobreaviso, usando bip ou celular; se tivesse vazamento o autor seria chamado quantas vezes fosse preciso; não podia mandar alguém no lugar dele porque era ele o escalado' (fl. 548), sendo que a segunda testemunha afirmou que 'quando tinha sobreaviso não tinha hora para sair, mas em média, às 19 horas; o sobreaviso era duas semanas por mês; o sobreaviso era 24 horas', afirmando ainda que 'na escala de sobreaviso não podia substituir ninguém; (...) o normal era não trabalhar depois das 22 horas se não estivesse de sobreaviso' (fls. 548/549). Inclusive a testemunha ouvida a convite da reclamada afirmou que 'ocorriam emergências e ele poderia ser acionado em casa para consertar uma rede; (...) no sobreaviso era feito uma divisão entre os interessados e a empresa pagava um terço das horas; e vinha designado no holerite como sobreaviso; o que ocorre ainda hoje' (fl. 549).

De acordo com as 'escalas de horários, programação e manutenção' (fls. 226/266), as quais são assinadas pelos empregados da reclamada, consta horário específico para atendimento pelo funcionário designado, o que implica em efetiva jornada em regime de sobreaviso.

A testemunha da reclamada deixou claro a existência de regime de sobreaviso, inclusive com pagamento da jornada em questão no valor de um terço da hora normal de trabalho. Logo, impossível descaracterizar as horas de sobreaviso, pelo que se observa dos contracheques constantes dos autos, em confronto com as escalas, que as horas não foram corretamente pagas.

Correto, pois, o Juízo *a quo* em determinar o pagamento das horas de sobreaviso segundo as escalas juntadas com a defesa.

O fato de o reclamante portar celular não tem o condão de afastar a condenação na medida em que estava obrigado aos referidos plantões de sobreaviso, estando ajustado o pagamento da referida parcela.

MANTENHO o julgado."

A reclamada sustenta que o uso do aparelho celular não enseja o recebimento de sobreaviso. Aduz que o sobreaviso pressupõe a impossibilidade de locomoção. Indica contrariedade à Orientação Jurisprudencial n. 49 da SBDI-1 do TST e transcreve arestos.

Analiso.

Não se verifica contrariedade à OJ 49 da SBDI-1 do TST, em face das premissas fáticas que embasaram o acórdão recorrido. Com efeito, do quadro fático delineado pelo Tribunal Regional, a condenação ao pagamento do sobreaviso não decorreu unicamente da verificação do uso de aparelho celular pelo empregado, tendo sido asseverado expressamente que o conjunto probatório dos autos demonstrou a sujeição à efetiva jornada laboral em regime de sobreaviso, com a previsão de escalas de horários e registro do pagamento da parcela nos contracheques.

Da mesma forma, os arestos trazidos a cotejo se mostram inespecíficos, à luz da Súmula n. 296, I, do TST, porque não abordam fatos idênticos aos que ensejaram a tese adotada pelo acórdão recorrido.

Portanto, não conheço do recurso de revista no tema.

PRESCRIÇÃO BIENAL

O Tribunal Regional manteve a sentença quanto ao entendimento de que a aposentadoria por invalidez suspende a contagem da prescrição bienal. A decisão foi proferida nos seguintes termos, *verbis*:

"PRESCRIÇÃO BIENAL

A primeira reclamada requer a reforma da r. sentença de Primeiro Grau. Alega que o reclamante se aposentou em 01.11.2002, tendo sido ação ajuizada apenas em 10.01.2005, estando, portanto, todos os direitos pleiteados na inicial atingidos pela prescrição bienal (art. 7, XXIX, da CF).

Sem razão.

Isso porque, o prazo prescricional de dois anos é contado da data da extinção do contrato de trabalho até o ajuizamento, sendo que, no presente caso, o contrato de trabalho estava suspenso, eis que o reclamante foi aposentado por invalidez em 30.10.2002, conforme documento de fl. 164-verso.

A aposentadoria por invalidez não extingue o contrato de trabalho, mas tão somente o suspende, conforme previsão expressa no art. 475 da CLT, pois é assegurado ao empregado que recuperar a capacidade o direito à função que ocupava quando da aposentadoria.

Ademais, os documentos juntados com a defesa comprovam a inexistência de rescisão do contrato de trabalho. Cite-se, por exemplo, a ficha funcional de fls. 157/161, na qual consta que o reclamante está afastado por invalidez (fl. 161).

Observe-se que, diferentemente do que ocorre em relação à prescrição quinquenal, a qual flui a partir do momento em que os créditos resultantes das relações de trabalho se tornam exigíveis, o prazo da prescrição bienal flui a partir da extinção do contrato de trabalho (art. 7, XXIX, da CF).

Assim, estando o contrato de trabalho suspenso em razão da aposentadoria por invalidez, não incide a prescrição bienal.

REJEITO."

No recurso de revista, a reclamada insiste que a aposentadoria por invalidez não configura hipótese de suspensão da contagem do prazo prescricional bienal. Afirma que não há impedimento para o ajuizamento da reclamação. Aponta ofensa aos arts. 197, 198, 199 do CC e 7º, XXIX, da Constituição Federal, contrariedade à Súmula n. 278 do Superior Tribunal de Justiça e transcreve arestos para o cotejo de teses.

Analiso.

Consoante a Orientação Jurisprudencial n. 375 da SBDI-1 do TST, a suspensão do contrato de trabalho, em virtude da percepção do auxílio-doença ou da aposentadoria por invalidez, não impede a fluência da prescrição quinquenal.

Idêntico raciocínio não se aplica, todavia, à contagem da prescrição bienal, cuja fluência pressupõe a extinção do vínculo de emprego, premissa não observada quando suspenso o contrato de trabalho em decorrência da aposentadoria por invalidez.

Nesse sentido, convergem os seguintes precedentes da SBDI-1 desta Corte Superior:

"RECURSO DE EMBARGOS INTERPOSTO ANTERIORMENTE À EDIÇÃO DA LEI N. 11.496/2007. EMBARGOS. APOSENTADORIA POR INVALIDEZ. SUSPENSÃO DO CONTRATO DE EMPREGO. PRESCRIÇÃO QUINQUENAL. VIOLAÇÃO DO ARTIGO 896 DA CONSOLIDAÇÃO DAS LEIS DO TRABALHO NÃO CARACTERIZADA. 1. A suspensão do contrato de trabalho, em virtude da percepção do auxílio-doença ou da aposentadoria por invalidez, não impede a fluência da prescrição quinquenal, ressalvada a hipótese de absoluta impossibilidade de acesso ao Judiciário.- (Orientação Jurisprudencial n. 375 da SBDI-I desta Corte superior). 2. Não incide, portanto, a prescrição bienal extintiva quando o contrato de emprego encontra-se suspenso em razão de aposentadoria por invalidez, visto que sua incidência está estritamente vinculada à extinção do vínculo empregatício. 3. Ajuizada a reclamação trabalhista antes de transcorridos cinco anos da suspensão do contrato de emprego e da configuração da lesão ao direito pretendido, não há incidência de prescrição extintiva da pretensão obreira. Contrariedade à Súmula n. 294 do TST não caracterizada. 4. Decisão embargada que se mantém, ainda que por fundamento diverso do esposado pela egrégia Turma. 5. Recurso de embargos de que não se conhece. (...) Recurso de embargos não conhecido." (TST-E-RR-123000-52.2002.5.03.0036, Rel. Juiz Convocado Hugo Carlos Scheuermann, DEJT 03.02.2012).

"RECURSO DE EMBARGOS INTERPOSTO SOB A ÉGIDE DA LEI N. 11.496/2007. AUXÍLIO-DOENÇA. SUSPENSÃO DO CONTRATO DE EMPREGO. COMPLEMENTA-

ÇÃO DE APOSENTADORIA. PRESCRIÇÃO. Não encontra respaldo legal a tese da suspensão do curso da prescrição quinquenal pela intercorrência da concessão do auxílio-doença ou aposentadoria por invalidez. Apenas em casos excepcionais, quando caracterizada a absoluta impossibilidade material de o autor buscar no Poder Judiciário reparação pela lesão sofrida, afigura-se justificável a suspensão da contagem do prazo prescricional. Destaca-se, contudo, que, nessas hipóteses, não há cogitar na aplicação do prazo prescricional bienal extintivo, que pressupõe, nos termos do artigo 7º, XXIX, da Constituição da República, a extinção do contrato de emprego. Precedentes desta Corte superior. Recurso de embargos conhecido e parcialmente provido." (TST-E-ED-RR- 159500-36.2002.5.15.0052, Rel. Min. Lelio Bentes Corrêa, DEJT 10.06.2011).

"RECURSO DE EMBARGOS EM RECURSO DE REVISTA. ACÓRDÃO EMBARGADO PUBLICADO ANTES DA VIGÊNCIA DA LEI 11.496/2007. APOSENTADORIA POR INVALIDEZ. SUSPENSÃO DO CONTRATO DE TRABALHO. PRESCRIÇÃO BIENAL. 1. Não há falar em violação do art. 896 da CLT sob o prisma da indigitada violação dos arts. 198, 199, 200 e 202 do Código Civil e 168, 169, 170 e 172 do Código Civil de 1916, porquanto os preceitos não constaram das razões do recurso de revista, indicados apenas em sede de embargos. 2. Igualmente ileso o art. 896 da CLT em relação à alegada violação do art. 197 do Código Civil, uma vez que o referido dispositivo, ao tratar da suspensão da prescrição entre os cônjuges, ascendentes, descendentes, tutelados e curatelados, não aborda a questão discutida nos autos, que diz respeito ao curso da prescrição na hipótese de aposentadoria por invalidez. 3. Não procede a alegação de afronta ao art. 5º, II, da Lei Maior, pois, na esteira do entendimento do Supremo Tribunal Federal (Súmula 636/STF), eventual ofensa ao princípio da legalidade, na espécie, somente se mostra passível de caracterização pela via reflexa, o que desatende às disposições do art. 896, 'c', da CLT. 4. Havendo expressa previsão legal no sentido de que a aposentadoria por invalidez suspende o contrato de trabalho, não transcorre o prazo prescricional bienal antes de sua conversão em aposentadoria definitiva e a consequente extinção do contrato de trabalho. Incólume, pois, o art. 7º, XXIX, da Carta Política. 5. A divergência jurisprudencial ensejadora da admissibilidade, do prosseguimento e do conhecimento do recurso há de ser específica, revelando a existência de teses diversas na interpretação de um mesmo dispositivo legal, embora idênticos os fatos que as ensejaram" (Súmula 296, I, do TST). Recurso de embargos integralmente não conhecido. (TST-E-RR-162600-33.2005.5.18.0012, Redatora Min. Rosa Maria Weber, DEJT 03.06.2011).

"RECURSO DE EMBARGOS INTERPOSTO ANTERIORMENTE À VIGÊNCIA DA LEI 11.496/2007. RECURSO DE REVISTA NÃO CONHECIDO. PRESCRIÇÃO. PLANO DE SAÚDE. RESTABELECIMENTO. ALTERAÇÃO CONTRATUAL. APOSENTADORIA POR INVALIDEZ. SUSPENSÃO DO CONTRATO DE TRABALHO. AFRONTA AO ART. 896 DA CLT NÃO CONFIGURADA. 1. A Reclamante, com o ajuizamento da presente Reclamação Trabalhista, pretende o restabelecimento de plano de saúde que foi unilateralmente rompido pelo empregador em abril de 1998. 2. Partindo-se das premissas fáticas delineadas pela Corte de origem, verifica-se no caso concreto a seguinte situação: a) a alteração contratual lesiva ocorreu em abril de 1998; b) a aposentadoria por invalidez concedida em 25/10/2000 é causa de suspensão da contagem do prazo prescricional bienal, de acordo com a jurisprudência desta Corte; c) estando em vigência o contrato de trabalho, tem o empregado o prazo de cinco anos para questionar a alteração contratual lesiva; e d) a presente demanda foi proposta em 31.03.2003. 3. Ora, tendo sido observado o quinquênio posterior à alteração contratual lesiva, não há como se cogitar da incidência da prescrição total da pretensão obreira. Correta, portanto, a decisão turmária que entendeu observada a diretriz inserta no art. 7º, XXIX, da Constituição Federal. 6. Afronta ao art. 896 da CLT não configurada. Recurso de Embargos não conhecido." (TST-E-RR-37500-81.2003.5.03.0036, Rel. Min. Maria de Assis Calsing, DEJT 06.11.2009).

"EMBARGOS — RECURSO DE REVISTA CONHECIDO E DESPROVIDO — COMPETÊNCIA DA JUSTIÇA DO TRABALHO — INDENIZAÇÃO — DANOS MATERIAL E MORAL DECORRENTES DE ACIDENTE DE TRABALHO 1. Se a obrigação de indenizar os danos material e moral decorre diretamente do vínculo empregatício, a Justiça do Trabalho é competente para conhecer e julgar a Reclamação Trabalhista. 2. Com esse entendimento, o Eg. Tribunal Superior do Trabalho, na vigência da disposição constitucional anterior à Emenda Constitucional n. 45/2004, já afirmava a competência material da Justiça do Trabalho (Orientação Jurisprudencial n. 327 da C. SBDI-1, convertida na Súmula n. 392). 3. Após a aludida Emenda, deve-se manter o mesmo posicionamento. Conforme assentado pelo Excelso Supremo Tribunal Federal, nos autos do CC-7204/MG, a Justiça do Trabalho é competente para apreciar e julgar pedidos de reparação de danos materiais e morais resultantes de acidente de trabalho. EMBARGOS — APOSENTADORIA POR INVALIDEZ — SUSPENSÃO DO CONTRATO DE TRABALHO — PRESCRIÇÃO BIENAL EXTINTIVA — NÃO- OCORRÊNCIA Segundo as legislações previdenciária e trabalhista, a aposentadoria por invalidez importa em suspensão do contrato de trabalho. Dessa forma, não há falar, com o seu advento, em início do prazo prescricional nuclear a que se refere a parte final do inciso XXIX, do artigo 7º, da Constituição da República. Inteligência dos artigos 475, da CLT e 42, 46 e 101, da Lei n. 8.213/91." Precedente desta C. SBDI-1. (TST-E-RR-769126-78.2001.5.03.5555, Rel. Min. Maria Cristina Irigoyen Peduzzi, DEJT 19.05.2006).

Nesse passo, tendo sido alcançada a uniformização da jurisprudência trabalhista, fim precípuo do recurso de revista, a pretensão recursal encontra óbice na Súmula n. 333 do TST e no art. 896, § 4º, da CLT, restando ilesos os dispositivos indicados.

Não conheço do recurso de revista quanto ao tema.

ABATIMENTO GLOBAL

Em resposta aos embargos de declaração, o Tribunal Regional manifestou-se nos seguintes termos:

"ABATIMENTO GLOBAL

Sustenta a embargante que 'abatimento de parcelas pagas sob o mesmo título não é a mesma coisa que abatimento do total pago *versus* total devido", requerendo "seja determinado o abatimento da forma postulada' (fl. 683).

Consta do v. acórdão embargado que:

'Requer a primeira reclamada 'a reforma da sentença no sentido de que as compensações/deduções não se limitem ao mesmo mês, mas seja feita diante do valor total recebido versus valor total devido' (fl. 621).

A MM. Juíza de origem decidiu que 'Deverão ser compensadas as parcelas pagas sob os mesmos títulos, pena de enriquecimento ilícito do autor' (fls. 572/573), não limitando a compensação aos valores pagos no mesmo mês.

Portanto, em relação ao ponto em análise, há falta de interesse de recorrer da reclamada, pois a MM. Juíza de Primeiro Grau deferiu o pleito nestes mesmos limites' (fl. 661-verso).

Em razões de recurso ordinário, aduziu a ora embargante que:

'O Juízo *a quo* determinou que devem ser deduzidos de todos os pedidos deferidos, os valores pagos sob o mesmo título, mês a mês.

Entretanto, para que não ocorra o enriquecimento ilícito do empregado, requer a reforma do julgado no sentido de que a compensação/dedução não se limite ao mês da competência. Por exemplo: em um determinado mês o autor prestou 20 horas extras e recebeu o equivalente a 25 horas extras. Se no mês seguinte ele trabalhou 5 horas extras e não recebeu o pagamento, esse valor deve ser compensado com o mês anterior.

Desta forma requer-se a reforma da sentença no sentido de que as compensações/deduções não se limitem ao mesmo mês, mas seja feita diante do valor total recebido versus valor total devido' (fls. 620/621).

Conforme se observa das razões de recurso da primeira reclamada não houve pedido de 'abatimento global' das verbas pagas, mas sim para que não fosse limitado ao abatimento mensal, conforme se verifica do exemplo citado pela própria embargante (fl. 620).

Assim, não há que se falar em omissão do v. julgado embargado, pois ausente interesse recursal da parte embargante vez que o pedido 'de que as compensações/deduções não se limitem ao mesmo mês' (fl. 621) restou deferido em sentença.

Nada a acolher."

No recurso de revista, a reclamada postula que as verbas sejam compensadas de forma global, abatendo-se o total pago do total devido, alegando enriquecimento ilícito do reclamante.

À análise.

Também em relação à compensação, o recurso de revista encontra-se desfundamentado, uma vez que a reclamada, em descumprimento das exigências do art. 896 da CLT, não indica em suas razões recursais nenhum artigo como violado ou arestos que sirvam ao cotejo de teses.

Não conheço do recurso de revista no tema.

MULTA POR EMBARGOS DE DECLARAÇÃO PROTELATÓRIOS

O Tribunal Regional aplicou à reclamada multa, por entender que os embargos de declaração opostos eram protelatórios. Adotou os seguintes fundamentos:

"MULTA POR EMBARGOS PROTELATÓRIOS

Os embargos de declaração ora examinados têm inegável natureza protelatória. Primeiro, porque não se verifica qualquer das hipóteses previstas nos artigos 897-A da CLT e 535 do CPC, que nem mesmo foram invocadas pela reclamada. Segundo, porque a reclamada apenas manifesta seu inconformismo, tentando obter a reforma do julgado.

Diante disso, declaram-se protelatórios os embargos apresentados e, em consequência, condena-se a primeira reclamada, Companhia de Saneamento do Estado do Paraná — SANEPAR, ao pagamento da multa de 1% sobre o valor da causa devidamente atualizado, em favor do reclamante, com fundamento no artigo 538, parágrafo único, do CPC."

A reclamada sustenta que os embargos de declaração foram opostos para sanar omissão quanto à competência material. Argumenta, ainda, que a aplicação da multa deveria ser precedida de oportunidade para o exercício do direito ao contraditório. Transcreve julgado do Superior Tribunal de Justiça.

Analiso.

A indicação de aresto oriundo do Superior Tribunal de Justiça não fundamenta adequadamente o apelo, porque não se enquadra nas hipóteses do art. 896, a, da CLT.

Novamente, portanto, o recurso de revista encontra-se desfundamentado, uma vez que a reclamada, em desatenção às exigências do art. 896 da CLT, não indica em suas razões recursais nenhum artigo como violado ou arestos que sirvam ao cotejo de teses.

Registre-se, por oportuno, que a admissibilidade do recurso de revista por violação depende da indicação expressa do dispositivo da Constituição tido como violado.

Ante o exposto, não conheço do recurso de revista.

Isto posto,

Acordam os Ministros da Primeira Turma do Tribunal Superior do Trabalho, por unanimidade, conhecer do recurso de revista interposto pelo reclamante, apenas quanto ao intervalo intrajornada, por contrariedade à Orientação Jurisprudencial n. 307 da SBDI-1 do TST, e, no mérito, dar-lhe provimento para deferir o pagamento de uma hora extra por dia de trabalho decorrente da redução do intervalo intrajornada, e reflexos; e não conhecer do recurso de revista interposto pela reclamada SANEPAR. Valor da condenação acrescido em R$10.000,00 (dez mil reais), com custas de R$200,00 (duzentos reais), pela reclamada.

Brasília, 29 de fevereiro de 2012. *Walmir Oliveira da Costa*, relator.

JULGAMENTO *EXTRA PETITA*. HONORÁRIOS ADVOCATÍCIOS

RECURSO DE REVISTA. JULGAMENTO "EXTRA PETITA". HONORÁRIOS ADVOCATÍCIOS OBRIGACIONAIS. CONCESSÃO DE OFÍCIO PELO TRIBUNAL REGIONAL. IMPOSSIBILIDADE. "REFORMATIO IN PEJUS".

1. Em decorrência do princípio da estabilização da demanda e dos limites legais da atuação judicial, preconizados nos arts. 128 e 460 do CPC, é defeso ao juiz proferir sentença, a favor do autor, de natureza diversa da pedida, bem como condenar o réu em quantidade superior ou em objeto diverso do que lhe foi demandado.

2. Na hipótese, na sentença foi julgado improcedente o pedido de honorários advocatícios, com base nas Súmulas n. 219 e n. 329 do TST. Não obstante o autor não ter recorrido dessa decisão, e apenas a reclamada ter interposto recurso ordinário, o Tribunal Regional agravou a condenação, ao acrescer, de ofício, a obrigação de efetuar o pagamento dos honorários advocatícios, violando, portanto, os arts. 128 e 460 do CPC, ao extrapolar os limites da lide.

Recurso de revista parcialmente conhecido e provido.

(Processo n. TST-RR-192.400-97-2009-5-03-0040 — Ac. 1ª Turma)

Vistos, relatados e discutidos estes autos de Recurso de Revista n. TST-RR-192400-97.2009.5.03.0040, em que é recorrente Manchester Serviços Ltda. e recorrido Aldemir Martins.

O Colegiado de origem, no que interessa, negou provimento ao recurso ordinário interposto pela reclamada e declarou, de ofício, a hipoteca judicial sobre seus bens, em quantia suficiente para garantir a execução, facultando ao reclamante o levantamento do depósito.

Inconformada, a reclamada interpõe recurso de revista, na forma do art. 896, "a" e "c", da CLT.

Recebido o apelo, mediante decisão às fls. 400-402, não foram apresentadas as contrarrazões, consoante certidão à fl. 403.

Dispensada a remessa dos autos ao Ministério Público do Trabalho, em face do disposto no art. 83, § 2º, II, do Regimento Interno do TST.

É o relatório.

VOTO

CONHECIMENTO

Satisfeitos os requisitos extrínsecos de admissibilidade, pertinentes à tempestividade (fl. 400), à regularidade de representação (fl. 45), encontrando-se regular o preparo (fls. 371, 372, 391, 392, 394, 395), passa-se ao exame dos intrínsecos do recurso de revista.

JULGAMENTO *EXTRA PETITA*. HONORÁRIOS ADVOCATÍCIOS OBRIGACIONAIS. CONCESSÃO DE OFÍCIO PELO TRIBUNAL REGIONAL. IMPOSSIBILIDADE. *REFORMATIO IN PEJUS*

No julgamento do recurso ordinário interposto pela reclamada, o Tribunal Regional negou-lhe provimento, mas acresceu à condenação, de ofício, o valor relativo aos honorários advocatícios obrigacionais, no percentual de 20% do valor da condenação, correspondendo ao montante de R$ 12.000,00 (doze mil reais).

A fundamentação do Tribunal de origem pode ser sintetizada na seguinte ementa, *verbis*:

"EMENTA: 1 — Os honorários, desde o Direito Romano, é uma retribuição que se paga ao advogado pelo serviço que presta a seu cliente. Nele se misturam ingredientes privados, do contrato de mandato, e públicos, em razão do exercício da advocacia diretamente ligada à Administração da justiça pela Constituição.

2 — O CPC de 73, dissipando dúvidas anteriores, estabeleceu justa e equilibrada regulamentação dos honorários, determinando, no art. 20, que a sentença condenará o vencido nos honorários advocatícios e nas despesas que efetuou. Vê-se aqui sua natureza claramente ressarcitória de prejuízo suposto na condução do processo.

3 — A CLT não dispôs sobre honorários advocatícios, determinando apenas que as custas serão pagas pelo vencido após o trânsito em julgado e em caso de recurso.

4 — A doutrina e a jurisprudência, com base no art. 791 da CLT, que permite a empregados e empregadores reclamar pessoalmente perante a Justiça do Trabalho e acompanhar a reclamação até o final, fixou entendimento de que o advogado não é essencial ao processo do trabalho, mesmo depois da Constituição de 88, em razão deste *jus postulandi* outorgado às partes.

5 — Mesmo nos casos de assistência judiciária, prevista no art. 14 da Lei 5.584/70, prestada por sindicato, os honorários são pagos ao sindicato patrocinador da demanda e vencedor na ação.

6 — O Código Civil de 2002, no Capítulo I, do Título IV (inadimplemento) das obrigações, art. 389, estabeleceu que o descumprimento da obrigação importa, além de perdas e danos, nos juros de mora, atualização monetária e honorários de advogado. No art. 395, deixou claro que o devedor responde pelos prejuízos que sua mora causar, acrescida de juros e atualização monetária e, no art. 404, completou que nas obrigações em dinheiro, as perdas e danos serão pagas com atualização monetária, custas e honorários advocatícios, sem prejuízo de pena convencional.

7 — Ficou claro que o Código Civil associou os honorários advocatícios, não apenas à sucumbência processual, mas também à mora e ao inadimplemento das obrigações, localizando-a nos Direito das Obrigações e dando-lhe sentido mais amplo, para ressarcimento pleno das perdas e danos. Por isto, depois do CC de 2002, a parte vencedora pode receber da parte vencida, não só os honorários sucumbenciais, como também os honorários obrigacionais, que são complementares e sucessivos e não opostos.

8 — Como a mora e o inadimplemento das obrigações são institutos inerentes a todos os ramos da Ciência do Direi-

to, incidem eles também no Direito e no Processo do Trabalho, pois o descumprimento e a mora trabalhista tem a mesma natureza do descumprimento e da mora do Direito Civil, diferenciando-se apenas pelo conteúdo e não pela essência.

9 — Portanto os honorários advocatícios obrigacionais podem também ser exigidos em caso de descumprimento e mora da obrigação trabalhista, ficando livre o reclamante-empregado para contratar advogado a fim de pleitear os direitos provenientes da dissolução do contrato de trabalho, em razão da mora e do descumprimento da obrigação trabalhista não adimplida no momento apropriado. Os honorários serão pagos pelo vencido, ou seja, pelo empregador. À igual obrigação fica sujeito o empregado, que poderá requerer a assistência judiciária caso se encontre nas condições de sua concessão — art. 15 da Lei 5.584/70.

10 — A presunção estabelecida pela jurisprudência e pela doutrina de que não há necessidade de advogado porque o empregado pode reclamar pessoalmente — art. 791 da CLT — não existe mais, porque está superada pelos fatos e agora pelo Código Civil que previu expressamente a inclusão de honorários advocatícios na recomposição das perdas e danos em caso de descumprimento e mora de qualquer obrigação.

11 — Embora o *jus postulandi* deva ser preservado como instituto democrático e facilitador do acesso ao Judiciário, não é esta a realidade que hoje vivemos, em que a grande maioria das ações trabalhistas são propostas por advogados. De resto, a presença obrigatória de advogado foi exigida, em decisão recente, perante o TST, o que mostra uma tendência à universalização da representação por advogado na Justiça do Trabalho.

12 — Por se tratar de *ius cogens* e de agregado natural da sentença (Pontes de Miranda), os honorários advocatícios obrigacionais dela constarão necessariamente, independentemente de requerimento ou vontade das partes. Por isto não precisam estar expressamente requeridos, pois a lei já os tem como subentendidos na sentença.

13 — Se o cidadão comum pode contratar advogado, independentemente de estar sujeito à Lei 1.090/50 e ressarcir-se da despesa na forma da lei civil, com igual ou maior razão há de poder também o empregado, cujo advogado será pago pela parte vencida, preservando-se de prejuízo o crédito alimentar obtido na demanda.

14 — Os honorários advocatícios obrigacionais são uma justa e necessária recomposição das perdas e danos em razão da mora do crédito trabalhista, de natureza alimentar e necessário à sobrevivência digna do trabalhador — art. 1º, III, da Constituição. A jurisdição do trabalho deve tomar todas as providências legais e interpretativas para que a mora e o descumprimento do crédito trabalhista, não pago no momento previsto pelo legislador, não seja causa de agravamento da situação do trabalhador dispensado que, correndo o risco do desemprego crônico, ainda tem seu pequeno patrimônio diminuído por ter que pagar advogado para recebê-lo."

Tendo sido interpostos embargos de declaração, postulando-se prequestionamento, dentre outras matérias, do tema relativo aos honorários advocatícios à luz das Súmulas ns. 219 e 329 do TST, assim como em face da vedação de *reformatio in pejus*, ante sua condenação ao pagamento dos referidos honorários, sem que o reclamante tivesse interposto recurso ordinário, o Tribunal de origem negou-lhes provimento e condenou a reclamada ao pagamento de multa por apelo protelatório, nos seguintes termos:

"O juízo *ad quem* não incidiu em julgamento *extra e ultra petita* em relação à questão dos honorários advocatícios contratuais (violação do princípio dispositivo — arts. 128 e 460/CPC): o que cumpria ao reclamante era narrar o fato jurídico com clareza e precisão (art. 840/CLT), a fim de deduzir pretensão lógica correspondente, incumbência da qual se desincumbiu sem dificuldades; sua obrigação técnico-jurídica se limita à descrição fiel da *causa petendi* remota (matéria fática, teoria da substanciação) e não à *causa petendi* próxima (matéria jurídica: premissa maior); a circunstância de a causa de pedir e o pedido serem omissos nesta matéria não impede a condenação respectiva, tudo porque fato modificativo deduzido diretamente dos autos não induz a julgado *extra et ultra petita* (vide por analogia, a Súmula 293/TST); preenchidos tais requisitos, a decisão sobre a condenação em honorários advocatícios contratuais cabe à esfera do convencimento jurídico do julgador, uma vez alicerçado no realismo empírico dos autos (art. 131/CPC: (...) ainda que não alegado pelas partes (...)', o que foi observado pela 2ª instância.

Os honorários de advogado são agregados da sentença e devem ser deferidos *ex officio*.

O deferimento de honorários advocatícios na Justiça do Trabalho não tem natureza de sucumbência, mas tão-somente de proteger o crédito obreiro de caráter alimentar do pagamento da verba honorária advocatícia, que por certo reduziria em pelo menos 20% do crédito a ser recebido nesta Justiça.

A reclamada deve ser condenada ao pagamento de indenização correspondente aos honorários advocatícios, no valor equivalente a 20% da condenação, tratando-se a hipótese de honorários advocatícios contratuais, tendo em vista a condição de hipossuficiente do autor que não tem condições de arcar com as despesas oriundas do processo.

Mesmo que na Justiça do Trabalho a presença do advogado seja desnecessária, por força do *Jus Postulandi* (artigo 791 da CLT), não se pode negar ao empregado a contratação de advogado de sua confiança para patrocinar seus interesses de forma profissional."

Verifica-se, portanto, que a Corte Regional, extrapolando os limites que lhes foram devolvidos pelo recurso ordinário, concedeu, de ofício, honorários advocatícios obrigacionais, com fundamento no Código Civil, entendendo que seria consequência da sentença condenatória, dispensando pedido expresso nesse sentido.

Com efeito, em decorrência do princípio da estabilização da demanda e dos limites legais da atuação judicial, preconizados nos arts. 128 e 460 do CPC, é defeso ao juiz proferir sentença, a favor do autor, de natureza diversa da pedida, bem como condenar o réu em quantidade superior ou em objeto diverso do que lhe foi demandado.

Na hipótese, na sentença foi julgado improcedente o pedido aos honorários advocatícios, com base nas Súmulas ns. 219 e 329 do TST, ante a ausência de assistência sindical. Não obstante o autor não ter recorrido dessa decisão e apenas a reclamada ter interposto recurso ordinário, o Tribunal Regional agravou-lhe a condenação, ao acrescer, de ofício, a obrigação de efetuar o pagamento dos honorários advocatícios.

Ora, o art. 515, *caput,* do CPC, ao estabelecer que a apelação devolverá ao tribunal o conhecimento da matéria impugnada, limita o exame, pelo Tribunal *ad quem,* à matéria que foi objeto de recurso, sendo-lhe defeso, ainda, rever, de ofício, questão sobre a qual tenha havido a preclusão, ante a ausência de recurso da parte interessada.

Em convergência com o exposto, indicam-se os seguintes precedentes, *verbis:*

"RECURSO DE REVISTA. JULGAMENTO *EXTRA PETITA* — *REFORMATIO IN PEJUS* — HONORÁRIOS DE ADVOGADO E CONTRIBUIÇÕES PREVIDENCIÁRIAS E FISCAIS. Não foi interposto recurso ordinário pela reclamante, visando à condenação da empresa reclamada em honorários de advogado e a alteração da forma de cálculo e da responsabilidade pelo pagamento das contribuições previdenciárias e fiscais. Note-se que sequer a própria reclamada (Unimed) tratou dessas questões em seu recurso ordinário. Significa dizer, o eg. TRT incorreu, efetivamente, em julgamento *extra petita,* o qual resultou prejudicial à reclamada. Nos termos dos artigos 128e 515 do Código de Processo Civil, — O juiz decidirá a lide nos limites em que foi proposta, sendo-lhe defeso conhecer de questões, não suscitadas, a cujo respeito a lei exige a iniciativa da parte, sendo que A apelação devolverá ao tribunal o conhecimento da matéria impugnada-. Recurso de revista conhecido e provido." (RR — 115000-60.2007.5.01.0063 Data de Julgamento: 07.03.2012, Relator Ministro: Renato de Lacerda Paiva, 2ª Turma, Data de Publicação: DEJT 16.03.2012).

"RECURSO DE REVISTA. (...) HONORÁRIOS ADVOCATÍCIOS OBRIGACIONAIS. PERDAS E DANOS EM RAZÃO DO DESCUMPRIMENTO E MORA DAS OBRIGAÇÕES. APLICAÇÃO DE OFÍCIO. A decisão regional condenou a reclamada — a indenização fixada em R$ 50,00, como compensação pelos honorários advocatícios que o autor terá de pagar ao procurador que constituiu e que lhe assistiu no caso. Considerando a natureza da parcela em comento, sua concessão há de resultar de pedido expresso e inequívoco da parte demandada, não sendo admitida sua aplicação de ofício. Não havendo pedido expresso da parte adversa, tem-se que a decisão recorrida incorreu em julgamento *ultra petita,* o que ofende a norma contida no art. 128 do CPC. Recurso de revista conhecido e provido." (RR — 79100-88.2008.5.03.0139, Data de Julgamento: 29.06.2011, Relator Ministro: Aloysio Corrêa da Veiga, 6ª Turma, Data de Publicação: DEJT 05.08.2011).

Assim, ao condenar a reclamada ao pagamento de honorários advocatícios obrigacionais, mesmo sem pedido expresso nesse sentido, ante a ausência de recurso interposto pelo reclamante, o Tribunal Regional incorreu em afronta ao princípio que veda a *reformatio in pejus,* violando os arts. 128 e 460 do CPC, que estabelecem, respectivamente, que o juiz decidirá a lide nos limites em que foi proposta, sendo-lhe defeso conhecer de questões, não suscitadas, a cujo respeito a lei exige a iniciativa da parte, e que é defeso ao juiz proferir sentença, a favor do autor, de natureza diversa da pedida, bem como condenar o réu em quantidade superior ou em objeto diverso do que lhe foi demandado.

Logo, CONHEÇO do recurso de revista por violação dos arts. 128 e 460 do CPC.

HIPOTECA JUDICIAL. CONSTITUIÇÃO DE OFÍCIO. POSSIBILIDADE. JULGAMENTO *ULTRA PETITA* NÃO CARACTERIZADO

Ao negar provimento ao recurso ordinário interposto pela reclamada, o Tribunal de origem determinou a constituição de hipoteca judiciária, fundamentando-se no art. 466 do CPC e nas razões de decidir resumidas na seguinte ementa, *verbis:*

"EMENTA: GARANTIA DE EXECUÇÃO — HIPOTECA JUDICIÁRIA — Em tendo havido condenação, incide o artigo 466 do CPC que determina: "A sentença que condenar o réu no pagamento de uma prestação, consistente em dinheiro ou coisa, valerá como título constitutivo de hipoteca judiciária, cuja inscrição será ordenada pelo juiz na forma prescrita na Lei de Registros Públicos. Parágrafo único: A condenação produz a hipoteca judiciária:

I — embora a condenação seja genérica

II — pendente arresto de bens do devedor

III — ainda quando o credor possa promover a execução provisória da sentença."

Portanto, havendo condenação em prestação de dinheiro ou coisa, automaticamente se constitui o título da hipoteca judiciária, que incidirá sobre os bens do devedor, correspondentes ao valor da condenação, gerando o direito real de sequela, até seu pagamento. A hipoteca judiciária é de ordem pública, independe de requerimento da parte e visa garantir o cumprimento das decisões judiciais, impedindo o desbaratamento dos bens do réu, em prejuízo da futura execução. Ao Juiz cabe envidar esforços para que as decisões sejam cumpridas, pois, a realização concreta dos comandos judiciais é uma das principais tarefas do Estado Democrático de direito, sendo responsabilidade do juiz de qualquer grau determiná-la, em nome do princípio da legalidade. Para o cumprimento da determinação legal, o juiz oficiará os cartórios de registro de imóveis. Onde se encontrar imóveis registrados em nome da reclamada, sobre eles deverá incidir, até o valor da execução, a hipoteca judiciária.

Nas razões do recurso de revista, a reclamada postula o afastamento da hipoteca judiciária sobre seus bens, defendendo a tese de que o Tribunal Regional incorreu em julgamento *ultra petita,* na medida em que não houve pedido nesse sentido. Sustenta que houve inobservância à regra que veda o "reformatio in pejus". Indica a violação dos arts. 128, 460 e 466 do CPC.

Os argumentos da reclamada não prosperam.

Trata-se de hipótese em que a Corte Regional, de ofício, determinou a constituição de hipoteca judiciária sobre os bens da reclamada, de forma a garantir, em quantia suficiente, a execução, na forma do art. 466 do CPC, aplicado subsidiariamente ao processo do trabalho.

O art. 466 do Código de Processo Civil tem a seguinte redação:

"Art. 466. A sentença que condenar o réu no pagamento de uma prestação, consistente em dinheiro ou em coisa, valerá como título constitutivo de hipoteca judiciária, cuja inscrição será ordenada pelo juiz na forma prescrita na Lei de Registros Públicos."

De acordo com a dicção legal, confere-se ao provimento judicial condenatório a eficácia inerente à hipoteca em bens do devedor, em ordem a assegurar o efetivo cumprimento da obrigação. A inscrição da hipoteca judiciária no registro público acautela o credor contra o réu e terceiros.

Assim sendo, o provimento mandamental independe de pedido, porquanto ao juiz incumbe, sem provocação das partes e aplicando norma de ordem pública (CPC, art. 466), adotar providências no sentido de assegurar o resultado prático equivalente ao provimento condenatório, não existindo julgamento fora dos limites objetivos da demanda.

O direito ao contraditório e ampla defesa será exercido pelo réu ao interpor o recurso, no qual terá a seu dispor os meios legais para tentar infirmar os fundamentos da decisão que conferiu à sentença o efeito secundário de hipoteca judiciária.

A matéria em debate já foi objeto de exame por esta Corte uniformizadora, conforme se observa dos seguintes julgados, abaixo transcritos:

"AGRAVO DE INSTRUMENTO EM RECURSO DE REVISTA. VIOLAÇÃO AO PRINCÍPIO DA CONGRUÊNCIA. HIPOTECA JUDICIÁRIA. CONCESSÃO DE OFÍCIO. POSSIBILIDADE. 1. A teor do art. 466 do Código de Processo Civil: 'A sentença que condenar o réu no pagamento de uma prestação, consistente em dinheiro ou em coisa, valerá como título constitutivo de hipoteca judiciária, cuja inscrição será ordenada pelo juiz na forma prescrita na Lei de Registros Públicos'. 2. Confere-se ao provimento judicial condenatório a eficácia inerente à hipoteca em bens do devedor, em ordem a assegurar o efetivo cumprimento da obrigação. A inscrição da hipoteca judiciária no registro público acautela o credor contra o réu e terceiros. 3. O provimento mandamental independe de pedido, porquanto ao juiz incumbe, sem provocação das partes e aplicando norma de ordem pública, adotar providências no sentido de assegurar o resultado prático equivalente ao provimento condenatório, não existindo julgamento fora dos limites objetivos da demanda. 4. O direito ao contraditório e ampla defesa será exercido pelo réu ao interpor o recurso, no qual terá a seu dispor os meios legais para tentar infirmar os fundamentos da decisão que conferiu à sentença o efeito secundário de hipoteca judiciária. 5. Violação de dispositivos de lei federal e divergência jurisprudencial não configuradas. Decisão agravada que se mantém. Agravo de instrumento a que se nega provimento." (AIRR-151340-76.2005.5.03.0011, Relator Ministro: Walmir Oliveira da Costa, 1ª Turma, DEJT 06.08.2010).

"RECURSO DE REVISTA. (...) HIPOTECA JUDICIÁRIA. PRESSUPOSTOS. DECRETAÇÃO DE OFÍCIO. DECISÃO *EXTRA PETITA. BIS IN IDEM*. I. O Tribunal Regional negou provimento ao recurso ordinário interposto pela Reclamada e, de ofício, decretou a hipoteca judiciária sobre os bens da empresa na quantia suficiente à garantia da execução-. II. A decisão regional está de acordo com o entendimento que tem sido reiterado por esta Corte Superior, no sentido de que a disposição do art. 466 do CPC é compatível com o Processo do Trabalho e de que a hipoteca judiciária sobre os bens da parte demandada pode ser declarada de ofício pelo julgador. III. A parte recorrente não apontou ofensa do art. 769 da CLT, o que afasta do exame do recurso de revista eventual tese de incompatibilidade do regramento processual comum com o Processo do Trabalho. Por esse motivo, inviável o exame da apontada violação dos arts. 2º, 457-I, §1º, 620, 655, do CPC. IV. A declaração de hipoteca judiciária tampouco viola a regra do art. 899 da CLT, porque os depósitos recursais efetuados na Justiça do Trabalho têm a função precípua de pressuposto extrínseco de admissibilidade dos recursos e não excluem outras formas de garantia da execução. V. Não demonstrada violação dos arts. 128 e 460 do CPC, pois a hipoteca judiciária pode ser declarada de ofício pelo magistrado, independentemente de pedido expresso da parte interessada, segundo a jurisprudência desta Corte Superior. VI. A indicação de violação dos arts. 872 da CLT, 5º, *caput*, II, XXII, XLV, LIV, LV, 37, da CF/88, 2º, 457-I, §1º, 620, 655, do CPC, 8º do Pacto de San José da Costa Rica é impertinente e não viabiliza o conhecimento do recurso, pois esses dispositivos não tratam da matéria em questão. Recurso de revista de que não se conhece." (RR-84600-94.2007.5.03.0067, Relator Ministro: Fernando Eizo Ono, 4ª Turma, DEJT 03.02.2012).

"HIPOTECA JUDICIÁRIA. Ao lançar mão do instituto da hipoteca judiciária, o eg. TRT visou à garantia dos créditos devidos ao reclamante em que foi condenada a reclamada, exatamente como preveem os artigos 466 do CPC e 899 da CLT que tratam, respectivamente, da hipoteca judiciária e da garantia do juízo recursal na esfera trabalhista, não havendo impedimento para que o Juiz do Trabalho adote as práticas do direito processual para garantir às partes a efetividade da decisão proferida, não se exigindo, para sua decretação, que as partes a requeiram. Não demonstrada violação literal de dispositivos de lei e da Constituição Federal. Recurso de revista não conhecido." (RR-79100-88.2008.5.03.0139, Relator Ministro: Aloysio Corrêa da Veiga, 6ª Turma, DEJT 05.08.2011).

"HIPOTECA JUDICIÁRIA. O Tribunal Regional declarou, de ofício, a hipoteca judiciária, prevista no artigo 466 do CPC, em relação aos bens da primeira reclamada. A segunda ré não tem interesse processual em rever tal decisão. Ainda que assim não fosse, a iterativa e notória jurisprudência desta Corte Superior considera que o aludido instituto é plenamente aplicável ao processo do trabalho, nos termos do artigo 769 da CLT, diante da ausência de incompatibilidade com as normas da legislação trabalhista, podendo ser declarada de ofício pelo Magistrado." (RR-124700-12.2009.5.03.0103, Relator Ministro: Pedro Paulo Manus, 7ª Turma, DEJT 09.03.2012).

"RECURSO DE REVISTA — HIPOTECA JUDICIÁRIA A jurisprudência desta Corte orienta no sentido de que é cabível a declaração de ofício da hipoteca judiciária para garantia da execução. Precedentes. (...) Recurso de Revista parcialmente conhecido e provido." (RR — 89000-67.2009.5.03.0137 Data de Julgamento: 09.06.2010, Relatora Ministra: Maria Cristina Irigoyen Peduzzi, 8ª Turma, Data de Divulgação: DEJT 11.06.2010).

Nesse contexto, restaram ilesos os arts. 128, 460 e 466 do CPC.

NÃO CONHEÇO do recurso de revista, no tema.

LIBERAÇÃO DO DEPÓSITO RECURSAL. ART. 475-O, III, § 2º, I, DO CPC

No julgamento do recurso ordinário, a Corte Regional adotou a seguinte fundamentação no exame do tema, verbis:

Conheço do recurso, por ser próprio e tempestivo e o recebo no efeito devolutivo, conforme o art. 899 da CLT, facultando-se a execução provisória até a penhora.

O art.475-O do CPC, com redação dada pela Lei 11.232/05, diz, no § 2º, que "A caução a que se refere o inciso III do caput deste artigo poderá ser dispensada:

I — quando, nos casos de crédito de natureza alimentar (...) até sessenta vezes o valor do salário-mínimo, o exequente demonstrar situação de necessidade".

O crédito trabalhista, conforme reconhecimento expresso da Constituição brasileira, art. 100, § 1º, tem natureza alimentar, pois envolve salário ou parcelas a ele conexas, mesmo quando são impropriamente designadas de "verbas indenizatórias".

A situação de necessidade do empregado é presumida no Direito do Trabalho, que existe, como ramo da Ciência do Direito, exatamente para supri-la, dotando o trabalhador de vantagens jurídicas para compensar a superioridade econômica do empregador. Tutela jurídica para compensar a desigualdade social foi sempre na História a finalidade do Direito do Trabalho.

O artigo 475-O do CPC tem plena compatibilidade com o processo do trabalho e contribui efetivamente para dinamizar a execução trabalhista, dotando-a de maior rapidez, eficiência e dinamismo.

A aplicação analógica do art. 455-O (art. 769 da CLT), além de modernizar a execução trabalhista, compatibiliza-a com o mandamento constitucional do art. 5º, LXXVIII, que diz "A todos, no âmbito judicial e administrativo, são assegurados a razoável duração do processo e os meios que garantam a celeridade de sua tramitação". Tem total pertinência o art. 769 da CLT.

Se, por razões de solidariedade social, o próprio Processo Civil permitiu a dispensa de caução para levantamento de depósito, com muito mais razão se deve aplicar o mesmo princípio no âmbito da execução trabalhista, que trata da realização de crédito tipicamente alimentar, resultado de trabalho humano, que a Constituição brasileira colocou como fundamento da República (art. 1º, IV da CF), bem como da ordem econômica, que se funda "na valorização do trabalho humano e da livre iniciativa" (art. 170) e da ordem social, "que tem como base o primado do trabalho e como objetivo o bem estar social".

É dever do intérprete aplicar tais princípios de forma que sejam uma realidade da vida e não apenas um programa constitucional.

Com base em tais considerações, faculto ao reclamante autor a levantar, do depósito que existe nos autos, quantia até 60 salários mínimos.

Caso haja recurso de revista, fica-lhe facultado requerer carta de sentença para cumprir o presente despacho na instância inferior. Se não houver a interposição de recurso, poderá efetivar o levantamento, que ora se defere, perante o juiz do primeiro grau imediatamente após o retorno dos autos.

No recurso de revista, a reclamada defende a inaplicabilidade do art. 475-O, III, § 2º, I, do CPC ao processo do trabalho, ante a existência de disciplina específica para a matéria na CLT, assim como em face da incompatibilidade com as normas e princípios que regem o processo do trabalho. Aponta a violação dos arts. 769, 818, 889, 899 da CLT, 2º, 128, 262, 333, I, 460, 475-O, caput, III, § 2º, I, 620 do CPC, 5º, II, XXXV, LIV, LV, LXXVIII da Constituição Federal e contrariedade à Súmula n. 417, III, do TST.

A reclamada não consegue demonstrar a admissibilidade do apelo na forma do at. 896, "a" e "c", da CLT.

No caso vertente, a Corte Regional entendeu compatíveis com o Processo do Trabalho as disposições do art. 475-0 do CPC, dispositivo que autoriza a liberação de crédito de natureza alimentar até o limite de 60 salários mínimos em execução provisória.

Nesse contexto, tratando-se de discussão em torno da aplicação supletiva de normas do CPC ao processo do trabalho, e, ainda, tendo em conta o caráter interpretativo da controvérsia relativa ao cabimento de normas processuais civis na execução provisória trabalhista, sobretudo em face do disposto nos arts. 769 e 889 da CLT, segundo os quais o processo comum é fonte subsidiária do processo trabalhista, não se reconhece afronta à literalidade dos dispositivos invocados pela recorrente.

A diretriz da Súmula 636 do STF constitui impedimento à afronta da literalidade do art. 5º, II, da CF, por pressupor maltrato a normas inferiores.

Os princípios do acesso ao Poder Judiciário, do devido processo legal e da ampla defesa inscritos no art. 5º, XXXV, LIV e LV restaram plenamente observados, na medida em que a parte teve acesso ao Poder Judiciário e dispôs dos meios e recursos inerentes à defesa de seus interesses em regular processo.

Note-se que as Instâncias ordinárias não subtraíram da recorrente à ampla defesa, mas apenas proferiram decisão aplicando normas inferiores com a finalidade de imprimir maior celeridade e eficácia à execução trabalhista.

Assinale-se, ainda, que a inaplicabilidade do art. 475-O, III, § 2º, I, do CPC ao processo do trabalho, como pretendido pela reclamada, importaria, em última análise, em lesão à isonomia, ao se conferir ao crédito trabalhista, revestido de natureza privilegiada ante o seu caráter alimentar, tratamento distinto ao legalmente assegurado ao crédito de natureza civil.

Dessarte, o acórdão regional, ao determinar a incidência do art. 475-O do CPC ao caso concreto, autorizando a liberação de crédito de natureza alimentar até o limite de 60 salários mínimos, em prol da efetividade da execução, não viola a literalidade dos dispositivos indicados no recurso de revista para fundamentar o tema.

Acrescente-se, ainda, que a reclamada ampara o apelo em indicação genérica a diversas normas legais e constitucionais, como se uma decisão judicial pudesse, a um só tempo, violar todos os preceitos indicados.

Por outro lado, a Súmula n. 417, III, do TST, tida como contrariada, estabelece que "Em se tratando de execução provisória, fere direito líquido e certo do impetrante a determinação de penhora em dinheiro, quando nomeados outros bens à penhora, pois o executado tem direito a que a execução se processe da forma que lhe seja menos gravosa, nos termos do art. 620 do CPC".

Infere-se, portanto, que referido Verbete não guarda pertinência com a matéria ora em debate, relativa à possibilidade de se autorizar a liberação de crédito alimentar até o limite de sessenta salários mínimos, razão pela qual não há como se divisar a alegada contrariedade.

Não conheço do recurso de revista.

DIFERENÇAS SALARIAIS. FUNDAMENTAÇÃO DEFICIENTE. SÚMULA N. 422 DO TST

O Tribunal Regional negou provimento ao recurso ordinário interposto pela reclamada, no tema, sob os seguintes fundamentos, *verbis*:

O Juízo de origem acolheu o pedido exordial quanto às diferenças salariais devidas na vigência do contrato de trabalho do autor, tendo em vista de que foi contratado em janeiro de 2004, como supervisor III, com salário de R$1.206,74, o qual foi reduzido em março do mesmo ano, tendo sido cancelada a anotação em sua CTPS, apesar de permanecer na mesma função, prestando serviços ao Ministério do Trabalho.

A reclamada não concorda e afirma ter havido equívoco material na contratação obreira, tendo sido retificado para constar sua real função de atendente, com remuneração de R$ 615,27.

Alega ausência de insurgência do reclamante ao longo contratual o que significa com sua concordância com as condições laborais.

Diz, ainda, que não existiu no local de trabalho do autor funcionária contratada na mesma ocasião, sendo que a supervisora do local teve contratação anterior, e que as provas nos autos não apresentam identidade de funções com a Sra. Dediane.

Não tem razão.

A reclamada não logrou desconstituir a prova documental e oral produzida nos autos, tampouco provou o erro material alegado.

A fls. 08, a CTPS obreira registra a anotação de contratação do reclamante pela reclamada como supervisor III, com salário de R$1.206,74.

Os recibos salariais dos meses de janeiro e fevereiro/2004 indicam o cargo de supervisor III e o salário mensal de R$1.206,74, em sintonia com os termos contratuais expostos (fls. 19).

Também quanto às funções decorrentes da atividade de supervisor III, a prova oral foi favorável ao reclamante. A Sra. Dediane, que prestou serviços à reclamada de abril/2002 a setembro/2009, disse que quanto foi contratada, o autor já prestava serviços no Ministério do Trabalho, no setor de requerimento de seguro desemprego e emissão de carteiras, funções que passou a exercer. Esclareceu que, contratada como atendente, permaneceu na mesma função atendendo empregados, assim como o recorrido, quando foi promovida a supervisor III. E, também, que o autor respondia por dois atendentes do seu setor, passando-lhes as orientações recebidas em Belo Horizonte. Ou seja, a necessidade de um supervisor desmente a alegação patronal de sua inexistência.

A prova testemunhal ainda noticiou que a reclamada assumiu o atendimento do seguro-desemprego e emissão de carteiras de trabalho, havendo equipes supervisionadas pela Sra. Dediane e outra pelo reclamante. A prova documental (fls. 192 e fls. 213) também corrobora neste sentido.

Tem-se, assim, que o cancelamento procedido pela reclamada, dois meses após a contratação do recorrido, não pode ser admitida senão como uma redução unilateral patronal, não permitida pelo artigo 468 da CLT.

Privilegia-se a irredutibilidade salarial, princípio consagrado no Direito do Trabalho.

Condenação mantida, nos termos sentenciais já expostos.

Nada a prover.

Inconformada, a reclamada interpõe recurso de revista, defendendo a tese de que o reclamante e o paradigma indicado não exerciam as mesmas funções, nem desempenhavam as respectivas atribuições com a mesma perfeição técnica. Assim, ausentes os pressupostos do art. 461 da CLT, argumenta que seria indevida a equiparação salarial deferida. Ampara o apelo em ofensa aos arts. 7º, XXX, da Constituição Federal, 460, 461 da CLT, contrariedade à Súmula n. 6, III, VII, do TST, além de transcrever arestos para cotejo de teses.

O apelo não alcança conhecimento.

Com efeito, o princípio processual da dialeticidade é pressuposto de regularidade formal dos recursos de fundamentação vinculada (art. 514, II, do CPC, c/c art. 769 da CLT) e pressupõe a argumentação lógica, com a exposição dos fundamentos de fato e de direito, destinada a evidenciar o equívoco da decisão recorrida. A fundamentação do recurso de revista, com a indicação dos fatos e do direito, é requisito indispensável e condição *sine qua non* de sua admissibilidade, não se conhecendo de recurso desprovido de fundamentação, ou seja, de apelo que não combate os fundamentos da decisão recorrida.

Ora, no caso vertente, o Tribunal Regional deferiu ao reclamante as diferenças salariais postuladas, por concluir a reclamada não logrou desconstituir a prova documental e oral produzida nos autos, tampouco provou o erro material alegado. A Corte *a quo* aferiu, ainda, que os recibos salariais evidenciavam o exercício do cargo de supervisor III, com salário de R$1.206,74. Assim, entendeu que o cancelamento do enquadramento das atividades do autor, dois meses após sua contratação, não poderia ser admitido, com fulcro no princípio da irredutibilidade salarial e da vedação da alteração contratual unilateral e lesiva, nos moldes do art. 468 da CLT.

No recurso de revista, a reclamada não impugnou tais fundamentos nucleares nos quais o Tribunal Regional se baseou no exame do tema. Limitou-se a alegar que o reclamante e o paradigma indicado não exerciam as mesmas funções, nem desempenhavam as respectivas atribuições com a mesma perfeição técnica, pretendendo demonstrar ser indevida a equiparação salarial, o que sequer foi discutido no julgamento do recurso ordinário.

Logo, diante da ausência de impugnação específica dos fundamentos adotados pelo Tribunal Regional, revela-se obstada a verificação do acerto ou desacerto do acórdão recorrido.

Dessa forma, não tendo sido observado o pressuposto da regularidade formal, mostra-se pertinente, como óbice à revisão pretendida, a incidência da diretriz traçada na Súmula n. 422 desta Corte Superior, verbis:

"RECURSO. APELO QUE NÃO ATACA OS FUNDAMENTOS DA DECISÃO RECORRIDA. NÃO CONHECIMENTO. ART. 514, II, do CPC. (conversão da Orientação Jurisprudencial n. 90 da SDI-II, Res. 137/05 — DJ 22.08.05) Não se conhece de recurso para o TST, pela ausência do requisito de admissibilidade inscrito no art. 514, II, do CPC, quando as razões do recorrente não impugnam os fundamentos da decisão recorrida, nos termos em que fora proposta." (ex-OJ n. 90 — inserida em 27.05.02)

No tema, encontrando-se desfundamentado o recurso de revista, NÃO CONHEÇO do apelo.

MÉRITO

JULGAMENTO *EXTRA PETITA*. HONORÁRIOS ADVOCATÍCIOS OBRIGACIONAIS. CONCESSÃO DE OFÍCIO PELO TRIBUNAL REGIONAL. IMPOSSIBILIDADE. "REFORMATIO IN PEJUS"

Conhecido o recurso de revista por violação dos arts. 128 e 460 do CPC, no mérito, DOU-LHE PROVIMENTO para, reformando o acórdão recorrido, excluir da condenação o pagamento dos honorários advocatícios.

A teor da Súmula 457 do STF, "O Tribunal Superior do Trabalho, conhecendo da revista, julgará a causa, aplicando o direito à espécie".

No caso concreto, a reclamada interpôs embargos de declaração perante a Corte Regional, postulando prequestionamento, dentre outras matérias, do tema relativo aos honorários advocatícios à luz das Súmulas ns. 219 e 329 do TST, assim como em face da vedação de "*reformatio in pejus*", ante sua condenação ao pagamento dos referidos honorários, sem que o reclamante tivesse interposto recurso ordinário.

Ora, no julgamento dos embargos de declaração, o Tribunal de origem condenou a reclamada ao pagamento de multa por considerá-los como protelatórios e de indenização por litigância de má-fé.

Assim, tem-se como consequência do provimento do presente recurso de revista, especificamente no tema que foi objeto dos embargos de declaração, a exclusão da multa por embargos de declaração tidos como protelatórios e da indenização por litigância de má-fé.

Isto posto,

Acordam os Ministros da Primeira Turma do Tribunal Superior do Trabalho, por unanimidade, conhecer do recurso de revista, apenas em relação à caracterização de julgamento *extra petita* no tema relativo aos honorários advocatícios, por violação dos arts. 128 e 460 do CPC, e, no mérito, dar-lhe provimento para, reformando o acórdão recorrido, excluir da condenação os honorários advocatícios, assim como a multa por embargos de declaração protelatórios e a indenização por litigância de má-fé, deles consequentes.

Brasília, 25 de abril de 2012. *Walmir Oliveira da Costa*, relator.

JUROS DE MORA. FAZENDA PÚBLICA

RECURSO DE REVISTA. PRELIMINAR DE NULIDADE DO ACÓRDÃO REGIONAL POR NEGATIVA DE PRESTAÇÃO JURISDICIONAL.

A Constituição Federal, no inciso IX do art. 93, não exige que a decisão seja extensamente motivada, bastando que o juiz ou tribunal dê as razões de seu convencimento, conforme procedeu o Tribunal de origem ao explicitar os motivos de convencimento quanto ao percentual dos juros de mora a ser utilizado nas condenações impostas à Fazenda Pública e a não observância ao regime de precatório na condenação imposta ao recorrente, razão pela qual não se divisa nulidade por negativa de prestação jurisdicional, estando ileso o art. 93, IX, da Constituição Federal/88.

DÉBITO DE PEQUENO VALOR. PROVA DA EXISTÊNCIA DE LEI ESTADUAL E DE SUA PUBLICAÇÃO. OFENSA À CONSTITUIÇÃO FEDERAL NÃO CARACTERIZADA.

A admissibilidade de recurso de revista em execução de sentença depende de demonstração inequívoca de violação direta e literal de norma da Constituição da República, a teor do art. 896, § 2º, da CLT e da Súmula n. 266 do Tribunal Superior do Trabalho. No caso vertente, a discussão em torno da prova, da existência de lei estadual e de sua publicação, para efeitos de definição de débito de pequeno valor, não configura matéria de índole constitucional, uma vez que foi resolvida pela Instância ordinária, à luz da legislação infraconstitucional (art. 331 do CPC). Ilesos os arts. 5º, II, XXXVI, LIV e LV, e 100, § 5º, da Constituição Federal/88. Precedente.

JUROS DE MORA. CONDENAÇÃO DA FAZENDA PÚBLICA. LEI N. 9.494, DE 10.09.1997, ART. 1º-F (DJ 25.04.2007). ORIENTAÇÃO JURISPRUDENCIAL N. 07 DO TRIBUNAL PLENO DO TST.

São aplicáveis, nas condenações impostas à Fazenda Pública, os juros de mora de 0,5% (meio por cento) ao mês, a partir de setembro de 2001, conforme determina o art. 1º-F da Lei n. 9.494, de 10.09.1997, introduzido pela Medida Provisória n. 2.180-35, de 24.08.2001, procedendo-se a adequação do montante da condenação a essa limitação legal. Dissentindo o acórdão recorrido desse entendimento, viola o princípio da legalidade (art. 5º, II, da Constituição Federal/88).

Recurso de revista parcialmente conhecido e provido.

(Processo n. TST-RR-12.840-45-2005-5-20-0920 — Ac. 1ª Turma)

Vistos, relatados e discutidos estes autos de Recurso de Revista n. TST-RR-12.840-45.2005.5.20.0920 (convertido de Agravo de Instrumento de mesmo número), em que é recorrente Estado de Sergipe e recorrida Maria Elianai dos Santos Rocha.

A Presidência do Tribunal Regional do Trabalho da 20ª Região, mediante a decisão, às fls. 56-59, negou seguimento ao recurso de revista interposto pelo Estado executado, o que ensejou o presente agravo de instrumento (fls. 02-08).

Não foram apresentadas a contraminuta ao agravo de instrumento e as contrarrazões ao recurso de revista.

O Ministério Público do Trabalho, em parecer, às fls. 66-67, opinou pelo desprovimento do agravo de instrumento.

É o relatório.

VOTO

AGRAVO DE INSTRUMENTO

CONHECIMENTO

Satisfeitos os pressupostos de admissibilidade pertinentes à tempestividade (fls. 002 e 60), à representação processual (Orientação Jurisprudencial n. 52 da SBDI-I do TST), e se encontrando devidamente instruído, com o traslado das peças essenciais previstas no art. 897, § 5º, I e II, da CLT e no item III da Instrução Normativa n. 16 do TST, CONHEÇO do agravo de instrumento.

MÉRITO

JUROS DE MORA. CONDENAÇÃO DA FAZENDA PÚBLICA. LEI N. 9.494, DE 10.09.1997, ART. 1º-F (DJ 25.04.2007). ORIENTAÇÃO JURISPRUDENCIAL N. 07 DO TRIBUNAL PLENO DO TST

O Juízo primeiro de admissibilidade negou seguimento ao recurso de revista interposto pelo Estado executado, conforme os seguintes fundamentos (fls. 56-59), *verbis*:

"PRESSUPOSTOS INTRÍNSECOS

DOS JUROS MORATÓRIOS

(...)

Posicionou-se o acórdão no sentido de que a Lei n. 8.177/91, em seu art. 39 § 1º, e que estabelece incidência dos juros de mora, na Justiça do Trabalho, de forma uniforme, não havendo distinção entre o devedor, seja ele empresa privada ou Administração Publica, direta ou indireta. Registrou, ainda, o acórdão que a norma inserida no art. 1º, 'f', da Lei n. 9.494/97, ao atribuir privilégio a Fazenda Publica, não assegurado pela Carta Magna, a esta afronta em face da inobservância do princípio da igualdade, previsto no art. 5º, *caput*."

Nas razões de agravo de instrumento, o Estado executado sustenta que demonstrou em seu recurso de revista, ter direito à aplicação de juros de mora no percentual de 0,5% ao mês, nos termo do art. 1º-F da Lei n. 9.494/97. Nesse sentido, aponta ofensa ao art. 5º, II, da Constituição Federal.

A jurisprudência do Tribunal Superior do Trabalho tem admitido o recurso de revista, na execução, quanto ao tema "juros de mora — fazenda pública — Medida Provisória n. 2.180-35/2001 — aplicabilidade", por ofensa ao art. 5º, II, da Carta Política. Nessa linha, os seguintes precedentes da SBDI-1 desta Corte:

"RECURSO DE EMBARGOS. RECURSO DE REVISTA CONHECIDO, POR OFENSA AO ART. 5º, II, DA CF/88. FAZENDA PÚBLICA. JUROS DE MORA. LEI N. 9.494/97 QUE ESTABELECE O PERCENTUAL MÁXIMO DE 6% AO ANO. O artigo 1º F da Lei n. 9.494/97 estabelece que os juros de mora, nas condenações impostas à Fazenda Pública para pagamento de verbas remuneratórias devidas a servidores e empregados públicos, não poderão ultrapassar o percentual de 6% ao ano ou 0,5% ao mês. Não resta caracterizada a violação do artigo 62, § 1º, I, 'b', e § 3º, da Constituição Federal e contrariada a Orientação Jurisprudencial n. 300 da SDI-1 eis que o artigo 1º-F da Lei n. 9.494/97 é norma de ordem pública, de caráter cogente, cuja observância pelos intérpretes do direito é obrigatória. Embargos não conhecidos." (E-ED-RR-3369/1991-005-03-00, Rel. Min. Aloysio Corrêa da Veiga, DJ de 14.12.2007)

"JUROS DE MORA ARTIGO 1º, 'F', DA LEI N. 9.494/97 PROCESSO EM EXECUÇÃO VIOLAÇÃO AOS ARTS. 5º, INCISO II, e 62 DA CONSTITUIÇÃO DA REPÚBLICA. Nas condenações impostas à Fazenda Pública, são aplicáveis os juros de mora de 0,5% ao mês, a partir de setembro de 2001, conforme determina o art. 1º-F da Lei n. 9.494, de 10.09.97, acrescido pelo art. 4º da Medida Provisória n. 2.180-35, de 24.08.2001. Recurso de Embargos não conhecido" (E-ED-RR — 533/1993-005-10-40, Rel. Min. Carlos Alberto Reis de Paula, DJ de 13.06.2008)

Por outro lado, o Tribunal Pleno deste Tribunal Superior do Trabalho editou a Orientação Jurisprudencial n. 7, que considerou aplicável o limite legal juros de mora, nas condenações impostas à Fazenda Pública, no percentual de 0,5% a.m., *verbis*:

"7. PRECATÓRIO. JUROS DE MORA. CONDENAÇÃO DA FAZENDA PÚBLICA. LEI N. 9.494, DE 10.09.1997, ART. 1º — F (DJ 25.04.2007) São aplicáveis, nas condenações impostas à Fazenda Pública, os juros de mora de 0,5% (meio por cento) ao mês, a partir de setembro de 2001, conforme determina o art. 1º — F da Lei n. 9.494, de 10.09.1997, introduzido pela Medida Provisória n. 2.180-35, de 24.08.2001, procedendo-se a adequação do montante da condenação a essa limitação legal, ainda que em sede de precatório."

Assim, estando configurada a violação do art. 5º, II, da Constituição Federal, em face do entendimento firmado pelo Pleno desta Corte Superior na Orientação Jurisprudencial n. 7, dá-se provimento ao agravo de instrumento para processamento do recurso de revista.

Do exposto, DOU PROVIMENTO ao agravo de instrumento, e, em consequência, determino o processamento do recurso de revista, no efeito devolutivo, nos termos da Resolução Administrativa n. 928/2003 do TST.

RECURSO DE REVISTA

CONHECIMENTO

Satisfeitos os pressupostos genéricos de admissibilidade quanto à regularidade de representação (Orientação Jurisprudencial n. 52 da SBDI-I do TST), tempestividade (conforme registrado pelo Juízo de admissibilidade, à fl. 56), dispensado o preparo (art. 790-A da CLT e art. 1º, IV, do Decreto-Lei n. 779/69), passa-se ao exame dos requisitos específicos do recurso.

PRELIMINAR DE NULIDADE DO ACÓRDÃO DO TRIBUNAL REGIONAL POR NEGATIVA DE PRESTAÇÃO JURISDICIONAL

No acórdão às fls. 37-41, o Tribunal Regional negou provimento ao agravo de petição do Estado executado, conforme os seguintes fundamentos, *verbis*:

"DÉBITO DE PEQUENO VALOR — CONSTITUCIONALIDADE

(...)

Quanto a matéria em discussão, esta Relatoria, após decisão do STF na ADI-2868, passou a considerar que o ente federado pode, de acordo com sua capacidade orçamentária, estabelecer valor inferior ao constante do art. 87 da ADCT para exclusão do sistema de precatório.

Na hipótese dos autos, contudo, em que pese a nova linha de entendimento adotada, desnecessário adentrar no mérito da controvérsia, porque o Município não juntou cópia da referida Lei Estadual, cerne da discussão em apreço.

De logo, ressalte-se que o art. 337 do CPC, aplicável subsidiariamente na seara trabalhista, dispõe que o teor e a vigência do direito estadual deve ser provado pela parte que o alega.

Entretanto, constata-se que o agravante não trouxe aos autos cópia da lei, sequer, prova da publicação, condição essencial a demonstração de sua vigência e eficácia.

Neste mesmo sentido, o parecer do Representante do Ministério Público, consoante se vê às fls. 167/168, in *verbis*:

DOS JUROS MORATÓRIOS APLICÁVEIS À FAZENDA PÚBLICA

(...)

A Lei n. 8.177/91 disciplina a incidência dos juros de mora, na Justiça do Trabalho, de modo uniforme, não fazendo distinção entre o devedor, seja ele empresa privada ou Administração Pública, direta ou indireta, dispondo, em seu art. 39, § 1º (ratificado pela Lei 9.069/95, em seu 27, § 6º), que, in *verbis*:

Há de se observar que a norma inserida no art. 1º-F da Lei n. 9.494/97(redação estabelecida pela Medida Provisória n. 2.180-35/2001), ao atribuir privilegio a Fazenda Pública, não assegurado pela Carta Magna, a esta afronta, pois inobserva o principio da igualdade previsto no art. 5º, *caput*, ao passo em que institui tratamento desigual entre as partes, sem que se vislumbre qualquer justificativa para tanto."

A Corte Regional negou provimento aos embargos de declaração interpostos pelo executado, ao fundamento de que não existiu omissão no acórdão embargado (fls. 43-46). Registrou o seguinte entendimento, *verbis*:

"Observa-se que o objetivo do embargante e, unicamente, o de ver modificado o entendimento firmado no acórdão embargado, que, alias, manifestou, de forma expressa, o seu posicionamento quanta a aplicabilidade na Justiça do Trabalho da Lei n. 8.177/91, que disciplina a incidência dos juros de mora, apenas não expendendo decisão favorável ao recorrente, consoante se vê as fls. 184/188, in *verbis*:

A Lei n. 8.177/91 disciplina a incidência dos juros de mora, na Justiça do Trabalho, de modo uniforme, não fazendo distinção entre o devedor, seja ele empresa privada ou Administração Pública, direta ou indireta, dispondo, em seu art. 39, § 1º (ratificado pela Lei 9.069/95, em seu art. 27, § 6º), que, in *verbis*:

Há de se observar que a norma inserida no art. 1º-F da Lei 9.494/97(redação estabelecida pela Medida Provisória 2.180-35/2001), ao atribuir privilegio a Fazenda Pública, não assegurado pela Carta Magna, a esta afronta, pois inobserva o principio da igualdade previsto no art. 5º, *caput*, ao passo em que institui tratamento desigual entre as partes, sem que se vislumbre qualquer justificativa para tanto.

(...)

De igual forma, improcede o inconformismo do embargante no tocante a não aplicabilidade ao caso em apreço da suposta Lei Complementar n. 66/01.

Em que pese a parte final do art. 337 condicionar a prova do direito municipal, estadual, estrangeiro ou consuetudinário à determinação judicial, importa lembrar que, a luz do art. 331 do mesmo diploma legal, o ônus da prova incumbe a quem alega, cabendo a parte interessada trazer aos autos elementos que comprovem e sirvam de esteio à sua pretensão, independentemente de haver ou não determinação do Juiz.

Aliás, causa estranheza a recalcitrância da Municipalidade em trazer aos autos o mencionado instrumento normativo, insistindo na tese de Lei Complementar que ampara a sua pretensão, sem, contudo, comprovar a sua existência.

Ressalte-se, por outro lado, que não cabe ao Tribunal servir de instrumento de explicação ou ser destinatário de consulta, não lhe sendo obrigado adentrar em pontos que não digam respeito, diretamente, a obscuridade, contradição ou omissão no acórdão.

Cumpre registrar que o prequestionamento pressupõe a omissão do acórdão quanto aos temas ventilados em razões e contrarrazões recursais, situação em que os embargos deverão ser opostos, visando obter pronunciamento expresso sobre as matérias omitidas no julgamento. Não e este, contudo, o caso dos autos.

Patente, pois, que a pretensão do embargante, muito embora legitima, não pode ser exercida em sede de embargos declaratórios. O remédio processual esclarecedor não e a via adequada para o reexame da matéria que foi satisfatoriamente analisada.

Desta forma, não há como serem acolhidos os embargos, ainda que para fins de prequestionamento."

Nas razões de recurso de revista, sustenta o Estado executado que o Tribunal Regional incidiu em negativa de prestação jurisdicional, haja vista que deixou de apreciar as questões relativas à necessidade de determinação do Juízo para que a parte faça prova da existência e vigência da lei estadual, nos termos do art. 337 do CPC e à necessidade de precatório para pagamento de obrigações inferiores a 40 salários mínimos, à luz da Lei Complementar Estadual n. 66/01. Nesse sentido, aponta ofensa aos arts. 5º, LIV e LV, e 93, IX, da Constituição Federal.

À análise.

Inicialmente, vale ressaltar que a preliminar será apreciada, nos limites do contido na Orientação Jurisprudencial n. 115 da SDI-I desta Corte, que só admite o conhecimento do recurso de revista interposto na fase de execução quanto à preliminar de nulidade por negativa de prestação jurisdicional, quando há indicação de violação do art. 93, IX, da Constituição Federal. Fica, portanto, afastada a violação do art. 5º, LIV e LV, da Constituição Federal.

Não se constatam os vícios de omissão apontados pelo recorrente, tendo em vista que, ao fundamentar o não provimento do agravo de petição e dos embargos de declaração, o Tribunal Regional, expressamente, expôs os fundamentos pelos quais entendeu utilizável o percentual de juros de mora de 1% ao mês nas condenações da Fazenda Pública e não aplicável o regime de precatório à condenação imposta ao Estado executado.

A Constituição Federal, no inciso IX do art. 93, não exige que a decisão seja extensamente motivada, bastando que o juiz ou tribunal dê as razões de seu convencimento, conforme procedeu o Tribunal de origem ao explicitar os motivos de convencimento quanto aos juros de mora aplicáveis à Fazenda Pública e a não observância do regime de precatório na condenação imposta ao recorrente, estando ileso o art. 93, IX, da Constituição Federal.

NÃO CONHEÇO do recurso de revista.

DÉBITO DE PEQUENO VALOR. PROVA DA EXISTÊNCIA DE LEI ESTADUAL E DE SUA PUBLICAÇÃO. OFENSA À CONSTITUIÇÃO FEDERAL NÃO CARACTERIZADA

A Corte Regional negou provimento ao agravo de petição (fls. 37-41) e aos embargos de declaração (fls. 43-46) interpostos pelo Estado executado, quanto ao tema em epígrafe, ao fundamento de que "Em que pese a parte final do art. 337 condicionar a prova do direito municipal, estadual, estrangeiro ou consuetudinário à determinação legal, importa lembrar que, a luz do art. 331 do mesmo diploma legal, o ônus da prova incumbe a quem alega, cabendo à parte interessada trazer aos autos elementos que comprovem e sirvam de esteio à sua pretensão, independentemente de haver ou não determinação do Juiz" (fl. 46).

No recurso de revista, o Estado executado sustenta que foi negado o seu direito de provar a existência e a vigência da Lei Estadual Complementar n. 66, de 05.11.2001, que define o débito de pequeno valor, nos termos do que dispõe o art. 337 do CPC. Nesse sentido, aponta ofensa aos arts. 5º, II, XXXVI, LIV, LV, e 100, § 5º, da Constituição Federal e 337 do CPC.

À análise.

A admissibilidade do recurso de revista contra acórdão proferido em execução de sentença depende de demonstração inequívoca de violação direta da Constituição Federal, nos termos da Súmula n. 266 do TST e no art. 896, § 2º, da CLT, ficando afastada a tese de violação de dispositivo infraconstitucional.

Infere-se do acórdão em embargos de declaração, às fls. 43-46, que a matéria relativa ao "Débito de pequeno valor — constitucionalidade da Lei Complementar Estadual n. 66/2001", restou solucionada na Instância ordinária à luz da legislação infraconstitucional que trata da necessidade de prova da existência de lei estadual e de sua publicação, pela parte que a alega (art. 331 do CPC).

Ocorre, todavia, que o recurso de revista em execução exige demonstração inequívoca de violação direta e literal da Constituição da República, sendo a matéria resolvida à luz de normas inferiores (CPC, arts. 331 e 337). Ilesos os arts. arts. 5º, II, XXXVI, LIV, LV, e 100, § 5º, da Constituição Federal/88.

Nesse sentido, o seguinte precedente, *verbis*:

PRECATÓRIO *PEQUENO VALOR*. LEI ESTADUAL. PROVA. Não demonstrada a alegada violação direta e literal de dispositivo da Constituição da República, única hipótese autorizada pelo legislador ordinário para o processamento do recurso de revista no processo em execução, forçoso concluir-se pela inadmissibilidade do apelo. A discussão acerca da determinação judicial de produção de prova da existência de Lei Estadual — reveste-se de contornos nitidamente infraconstitucionais, fator que impossibilita, no caso, a constatação de ofensa direta e literal a dispositivos das Constituição da República, de modo que assegure o processamento da revista. Recurso de revista não conhecido. (RR — 119/2005-920-20-40, 1ª Turma, Rel. Min. Lelio Bentes Corrêa, DJ — 14.12.2007)

A diretriz da Súmula 636 do STF constitui impedimento à afronta da literalidade do art. 5º, II, da Constituição Federal/88, por pressupor maltrato a normas infraconstitucionais.

Os princípios do devido processo legal e da ampla defesa, inscritos no art. 5º, LIV e LV, da Constituição Federal, foram plenamente observados, na medida em que o recorrente teve a seu dispor os meios e recursos inerentes à defesa de seus interesses, em regular processo.

NÃO CONHEÇO do recurso de revista.

JUROS DE MORA. CONDENAÇÃO DA FAZENDA PÚBLICA. LEI N. 9.494, DE 10.09.1997, ART. 1º-F (DJ 25.04.2007). ORIENTAÇÃO JURISPRUDENCIAL N. 07 DO TRIBUNAL PLENO DO TST

O Tribunal Regional do Trabalho da 20ª Região negou provimento ao agravo de petição interposto pelo Estado executado, considerando aplicável aos débitos da Fazenda Pública o percentual de juros de mora de 1% ao mês.

Nas razões de recurso de revista, o Estado executado reafirma aplicável a incidência de juros moratórios nas condenações contra a Fazenda Pública, calculados à base de 6% ao ano. Aponta ofensa ao art. 5º, II, da Constituição Federal.

Razão lhe assiste.

A jurisprudência desta Corte Superior se firmou no sentido de que, após a publicação da Medida Provisória n. 2.180-35, de 2001, a qual acresceu o art. 1º-F à Lei n. 9.494/97, os juros de mora aplicáveis às condenações da Fazenda Pública não poderão ultrapassar o percentual de seis por cento ao ano.

Acerca dessa matéria o Pleno do Tribunal Superior do Trabalho consolidou entendimento na Orientação Jurisprudencial n. 07 do Tribunal Pleno, *verbis*:

"PRECATÓRIO. JUROS DE MORA. CONDENAÇÃO DA FAZENDA PÚBLICA. LEI N. 9.494, DE 10.09.1997, ART. 1º — F (DJ 25.04.2007)

São aplicáveis, nas condenações impostas à Fazenda Pública, os juros de mora de 0,5% (meio por cento) ao mês, a partir de setembro de 2001, conforme determina o art. 1º — F da Lei n. 9.494, de 10.09.1997, introduzido pela Medida Provisória n. 2.180-35, de 24.08.2001, procedendo-se a adequação do montante da condenação a essa limitação legal, ainda que em sede de precatório."

Vale ressaltar que o Supremo Tribunal Federal, julgando o RE n. 575.397-2/DF, reconheceu a constitucionalidade do art. 1º-F da Lei n. 9.494/97.

Nesse contexto, como a Corte Regional deixou de aplicar os juros de mora estabelecidos no art. 1º-F da Lei n. 9.494/97, violou o art. 5º, II, da Constituição Federal.

Pelo exposto, CONHEÇO do recurso de revista, em execução, na forma do art. 896, § 2º, da CLT.

MÉRITO

JUROS DE MORA. CONDENAÇÃO DA FAZENDA PÚBLICA. LEI N. 9.494, DE 10/09/1997, ART. 1º-F (DJ 25.04.2007). ORIENTAÇÃO JURISPRUDENCIAL N. 07 DO TRIBUNAL PLENO DO TST

Conhecido o recurso de revista por violação do art. 5º, II, da Constituição Federal, DOU-LHE PROVIMENTO para determinar que sejam observados, na cobrança do débito trabalhista da Fazenda Pública, os juros de mora de 6% ao ano, incidentes a partir de setembro de 2001, conforme determina o art. 1º-F da Lei n. 9.494/97.

Isto posto,

Acordam os Ministros da Primeira Turma do Tribunal Superior do Trabalho, por unanimidade, conhecer do agravo de instrumento e, no mérito, dar-lhe provimento para determinar o julgamento do recurso de revista. Acordam, ainda, julgando o recurso de revista, na forma do art. 897, § 7º, da CLT, dele conhecer, apenas quanto ao tema "Juros de mora. Condenação da Fazenda Pública", por violação do art. 5º, II, da Constituição Federal, e, no mérito, dar-lhe provimento para que sejam observados, na cobrança do débito trabalhista da Fazenda Pública, os juros de mora de 6% ao ano, incidentes a partir de setembro de 2001.

Brasília, 04 de agosto de 2010. *Walmir Oliveira da Costa*, relator.

MULTA. VINCULAÇÃO AO PAGAMENTO EFETIVO. HOMOLOGAÇÃO DA RESCISÃO

RECURSO DE REVISTA. MULTA DO ART. 477, § 8º, DA CLT. PRAZO. VINCULAÇÃO AO EFETIVO PAGAMENTO. HOMOLOGAÇÃO DA RESCISÃO CONTRATUAL.

A Subseção I Especializada em Dissídios Individuais desta Corte Superior, ao interpretar o art. 477 da CLT, firmou entendimento de que o fato gerador da multa prevista no § 8º está vinculado, exclusivamente, ao descumprimento dos prazos estipulados em seu § 6º, e não ao atraso da homologação da rescisão contratual. Assim, feito o pagamento das verbas rescisórias no prazo a que alude o art. 477, § 6º, da CLT, tem-se por cumprida a obrigação legal por parte do empregador, sendo indevida a incidência da multa prevista no § 8º, ao fundamento de que a homologação da rescisão contratual ocorreu fora daquele prazo. Dessa orientação divergiu o acórdão recorrido.

Recurso de revista conhecido e provido.

(Processo n. TST-RR-141.200-63-2009-5-03-0036 — Ac. 1ª Turma)

Vistos, relatados e discutidos estes autos de Recurso de Revista n. TST-RR-141200-63.2009.5.03.0036, em que é recorrente Casa Bahia Comercial Ltda. e recorrido Flávio Casteliani de Almeida.

O Tribunal Regional do Trabalho da 3ª Região, mediante decisão às fls. 374-382, negou provimento ao recurso ordinário interposto pela reclamada e manteve a condenação ao pagamento da multa prevista no art. 477, § 8º, da CLT.

Inconformada, a reclamada interpõe recurso de revista às fls. 385-391, postulando a reforma do julgado, quanto à multa prevista no art. 477, § 8º, da CLT.

Admitido o recurso de revista (fls. 399-400), o reclamante não apresentou as contrarrazões, conforme certidão à fl. 401.

Dispensada a remessa dos autos ao Ministério Público do Trabalho, em face do disposto no art. 83, § 2º, II, do Regimento Interno do Tribunal Superior do Trabalho.

É o relatório.

VOTO

CONHECIMENTO

Satisfeitos os pressupostos genéricos de admissibilidade recursal quanto à regularidade de representação (procuração às fls. 393-395), à tempestividade (fls. 383-385) e preparo (fls. 345-346 e 392), passa-se ao exame dos requisitos específicos de cabimento do recurso de revista.

MULTA DO ART. 477, § 8º, DA CLT. PRAZO. VINCULAÇÃO AO EFETIVO PAGAMENTO. HOMOLOGAÇÃO DA RESCISÃO CONTRATUAL

O Tribunal Regional do Trabalho da 3ª Região, relativamente à multa prevista no § 8º do art. 477 da CLT, negou provimento ao recurso ordinário interposto pela reclamada, adotando a seguinte fundamentação, *verbis*:

MULTA DO ART. 477/CLT

O juízo singular condenou a reclamada ao pagamento da penalidade em epígrafe, por entender que não só o pagamento dos valores rescisórios, mas também a homologação da rescisão, devem ser feitos no prazo a que alude o artigo 477/CLT.

A acionada requer a exclusão da multa, ao argumento de que quitou os haveres rescisórios no prazo legal.

A análise.

A teor do § 4º do art. 477 da CLT, o pagamento a que fizer jus o empregado será efetuado no ato da homologação da rescisão do contrato de trabalho, do que se infere que o prazo de 10 dias após a notificação da demissão, previsto no § 6º do mesmo dispositivo, é comum para os dois atos. Não observado, implica a aplicação da multa do art. 477, § 8º, da CLT.

Demais disso, acarreta prejuízo ao empregado o não recebimento de documentos tais como TRCT, no código 01, que lhe permite o saque imediato dos depósitos fundiários.

O TRCT (fls. 09, 1º, v) não permite extrair a data da homologação da rescisão. Contudo, como admite a própria recorrente, a citada homologação, com o fornecimento das guias CD/SD e TRCT-01, ocorreu após o prazo de 10 dias a partir da dispensa do empregado, devendo, portanto, a demandada, arcar com a penalidade em comento.

Nesse sentido já se pronunciaram tanto o Col. TST, nos termos do acórdão proveniente da d. 6ª T, RR — 1848/2003-011-06-40 — Rel. Min. Maurício Godinho Delgado — DJU 18.04.2008, bem como esta d. Turma Recursal de Juiz de Fora, — acórdãos prolatados nos processos no. 01046-2007-049-03-00-0-RO — Rel. Juiz Convocado Paulo Maurício R. Pires — DJMG 24.06.2008 e 01039-2007-132-03-00-5-RO — Rel. Desembargador Heriberto de Castro — DJMG 29.03.2008.

Nada a prover.

Nas razões do recurso de revista, a reclamada sustenta que o reclamante recebeu seus haveres rescisórios dentro do prazo legal de 10 (dez dias), mediante depósito em conta corrente, como incontroverso nos autos, contudo, apesar de reconhecer que o pagamento foi tempestivo, o Tribunal Regional aplicou a multa prevista no art. 477, § 8º, da CLT em razão do atraso na homologação da rescisão. Alega que, conforme se extrai do citado dispositivo, a multa prevista refere-se ao prazo de 10 (dez) dias para o pagamento das parcelas constantes do instrumento de rescisão ou recibo de quitação, e não a homologação da rescisão. Transcreve arestos para o cotejo de teses.

À análise.

O aresto transcrito à fl. 387, proveniente do Tribunal Regional do Trabalho da 2ª Região, ao espelhar o entendimento de que "A multa prevista no parágrafo 8º do artigo 477 da CLT refere-se a atraso no pagamento das verbas rescisórias e não da assistência na rescisão", apresenta conflito de teses válido.

Logo, CONHEÇO do recurso de revista, por divergência jurisprudencial, na forma prevista no art. 896, "a", da CLT.

MÉRITO

MULTA DO ART. 477, § 8º, DA CLT. PRAZO. VINCULAÇÃO AO EFETIVO PAGAMENTO. HOMOLOGAÇÃO DA RESCISÃO CONTRATUAL

Cinge-se a controvérsia em saber se, no caso da quitação das verbas rescisórias no prazo legal, é devido ou não o pagamento da multa prevista no art. 477, § 8º, da CLT, em virtude do atraso na homologação, pelo Sindicato, do termo de rescisão do contrato de trabalho.

O § 8º do art. 477 da CLT impõe a aplicação de multa ao empregador que não quitar as verbas rescisórias no prazo previsto no § 6º do mesmo dispositivo consolidado. A circunstância motivadora da imposição da penalidade é o pagamento dos haveres trabalhistas a destempo.

Assim, no entendimento deste Relator, não viola a literalidade do art. 477, §§ 6º e 7º, da CLT o acórdão do Tribunal Regional que considera em mora o empregador que não efetuou o acerto rescisório no prazo legal de dez dias, mediante a devida homologação da rescisão, e o condena ao pagamento de multa.

O depósito em conta bancária, ainda que efetuado em prazo inferior ao decêndio, não exonera a empresa do pagamento da multa.

A quitação final dos direitos trabalhistas do empregado, nos prazos legalmente estabelecidos, constitui ato jurídico complexo a exigir homologação da rescisão pela autoridade competente, além do pagamento nessa oportunidade, conforme interpretação sistemática e teleológica dos §§ 1º, 2º e 4º do art. 477 da CLT.

Afora a ausência de previsão legal autorizando o depósito das verbas rescisórias em conta bancária, a falta de homologação da rescisão impossibilita o empregado levantar os depósitos do FGTS e se habilitar ao recebimento do seguro-desemprego.

Todavia, a Subseção I Especializada em Dissídios Individuais desta Corte Superior tem entendido que a legislação tem por escopo garantir o rápido recebimento das verbas rescisórias em proteção ao empregado que teve rescindido seu contrato de trabalho. Uma vez cumprido o prazo estabelecido para o pagamento, não cabe a incidência da multa prevista no § 8º do art. 477 da CLT tão somente em decorrência do atraso na homologação do termo rescisório ou de sua entrega dias após a quitação.

Nesse sentido destacam-se os seguintes julgados da Subseção I Especializada em Dissídios Individuais desta Corte Superior:

"EMBARGOS REGIDOS PELA LEI N. 11.496/2007. MULTA. ARTIGO 477 DA CLT. PAGAMENTO DAS VERBAS RESCISÓRIAS EFETUADO NO PRAZO LEGAL. HOMOLOGAÇÃO TARDIA. Segundo a jurisprudência prevalecente neste Tribunal Superior do Trabalho, ao interpretar o artigo 477 da CLT, o fato gerador da multa prevista no § 8º está vinculado, exclusivamente, ao descumprimento dos prazos estipulados no § 6º do mesmo artigo, e não ao atraso da homologação da rescisão contratual. Assim, tendo havido o pagamento das verbas rescisórias no prazo a que alude o artigo 477, § 6º, da CLT, ficou cumprida a obrigação legal por parte do empregador, sendo indevida a aplicação da multa prevista no § 8º do mesmo preceito, ao fundamento de que a homologação da rescisão contratual pelo sindicato ocorreu fora daquele prazo. Embargos conhecidos e desprovidos." (TST-E-RR-23900-18.2003.5.06.0906, Relator Ministro José Roberto Freire Pimenta, SBDI-1, DEJT 25.05.2012).

"EMBARGOS EM RECURSO DE REVISTA. ACÓRDÃO PUBLICADO NA VIGÊNCIA DA LEI N. 11.496/2007. MULTA DO ARTIGO 477 DA CLT. PAGAMENTO DAS VERBAS RESCISÓRIAS NO PRAZO. HOMOLOGAÇÃO DA RESCISÃO CONTRATUAL. Cinge-se a controvérsia a se saber se a multado artigo 477, § 8º, da CLT é aplicável em caso de atraso na homologação da rescisão contratual ou somente em caso de atraso no pagamento das verbas rescisórias. Apesar de nas 3ª e 6ª Turmas ter expressado entendimento de que a multa do artigo 477 da CLT é aplicável também em caso de tardia assistência sindical à rescisão contratual e não somente em caso de atraso no pagamento das verbas rescisórias, tendo em vista a exegese do § 1º do artigo 477 da CLT e, considerando-se os atos que culminam na aludida multa, que não se esgotam apenas no pagamento de valores (ato complexo), a maioria desta Corte, à qual me curvo, tem entendido que, de acordo com o artigo 477 da CLT, o fato gerador da multa prevista no § 8º está vinculado, tão somente, ao descumprimento dos prazos citados no § 6º do aludido dispositivo, não importando, para tal, o atraso no ato de assistência sindical à rescisão. Precedentes. Recurso de embargos conhecido e não provido." (TST-E-ED-RR-743-04.2010.5.03.0114, Relator Ministro Horácio Raymundo de Senna Pires, SBDI-1, DEJT 18.05.2012).

"EMBARGOS. MULTADO ART. 477, § 8º DA CLT. ATRASO NA HOMOLOGAÇÃO DA RESCISÃO CONTRATUAL. RECURSO DE REVISTA CONHECIDO E PROVIDO. O artigo 477, § 6º, da CLT trata apenas dos prazos para o pagamento das verbas da rescisão do contrato de trabalho. Tem-se que o fato gerador da multa de que trata o § 8º do artigo 477 da CLT é o retardamento na quitação das verbas rescisórias, e não a homologação da rescisão. Se a reclamada, ao efetuar o pagamento da rescisão, observou os prazos previstos na lei, não incide a penalidade prevista no art. 477, § 8º, da CLT. Precedentes da c. SDI. Recursos de embargos conhecidos e desprovidos." (TST-E-RR-210000-86.2009.5.03.0152, Relator Ministro Aloysio Corrêa da Veiga, SBDI-1, DEJT 02.12.2011).

Por disciplina judiciária, com ressalva de meu entendimento pessoal, curvo-me ao entendimento adotado pela SBDI-1 desta Corte Superior, órgão uniformizador da jurisprudência trabalhista.

Diante do exposto, DOU PROVIMENTO ao recurso de revista para, reformando o acórdão recorrido, excluir da condenação o pagamento da multa prevista no art. 477, § 8º, da CLT.

Isto posto,

Acordam os Ministros da Primeira Turma do Tribunal Superior do Trabalho, por unanimidade, conhecer do recurso de revista por divergência jurisprudencial e, no mérito, dar-lhe provimento para, reformando o acórdão recorrido, excluir o pagamento da multa prevista no art. 477, § 8º, da CLT. Inalterado o valor da condenação.

Brasília, 06 de fevereiro de 2013. *Walmir Oliveira da Costa*, relator.

MULTA PREVISTA NO CÓDIGO DE PROCESSO CIVIL (ART. 475-J). INAPLICABILIDADE NO DIREITO PROCESSUAL DO TRABALHO

RECURSO DE REVISTA. MULTA PREVISTA NO ART. 475-J DO CÓDIGO DE PROCESSO CIVIL. INAPLICABILIDADE NO DIREITO PROCESSUAL DO TRABALHO.

Nos termos da jurisprudência dominante desta Corte Superior, não é aplicável ao processo do trabalho a multa prevista no art. 475-J do CPC, que se refere ao cumprimento da sentença civil, haja vista a incompatibilidade com as disposições dos arts. 769 e 889 da CLT. A Corte Regional, ao concluir que a norma inserta no art. 475-J do CPC é aplicável ao Processo do Trabalho, divergiu dessa orientação.

Recurso de revista parcialmente conhecido e provido.

(Processo n. TST-RR-158.400-05-2007-5-03-0020 — Ac. 1ª Turma)

Vistos, relatados e discutidos estes autos de Recurso de Revista n. TST-RR-158400-05.2007.5.03.0020, em que é recorrente Banco de Desenvolvimento de Minas Gerais S.A. — BDMG e são recorridos DESBAN — Fundação BDMG de Seguridade Social e Miguel Geraldo Chalub.

Inconformado com o acórdão regional, o reclamado interpõe recurso de revista, arguindo a nulidade por negativa de prestação jurisdicional, além de se insurgir contra a decisão proferida nos temas relativos à equiparação salarial e à incidência da multa do art. 475-J do CPC.

Recebido o apelo, mediante decisão às fls. 1569-1571, foram apresentadas as contrarrazões ao recurso de revista (fls. 1573-1589).

Dispensada a remessa dos autos ao Ministério Público do Trabalho, em face do disposto no art. 83, § 2º, II, do Regimento Interno do TST.

É o relatório.

VOTO

CONHECIMENTO

O recurso é tempestivo (fls. 1351 e 1445), tem representação processual (fl. 973) e encontra-se regular o preparo (fls. 1159, 1447, 1161). Atendidos os pressupostos extrínsecos de admissibilidade, passa-se ao exame dos intrínsecos do recurso de revista.

ARGUIÇÃO DE NULIDADE POR NEGATIVA DE PRESTAÇÃO JURISDICIONAL

Nas razões do recurso de revista, o reclamado sustenta que, mesmo tendo interposto embargos de declaração, a Corte Regional manteve-se omissa no exame da premissa de que a prova oral produzida demonstrou que a paradigma era também responsável por atividades que jamais foram executadas pelo reclamante, e, assim, não se configurou a necessária identidade de funções. Indica a violação dos arts. 5º, XXXV e LV, 93, IX, da Constituição Federal, 832 da CLT e 458 do CPC, além de indicar arestos para cotejo de teses.

À análise.

De plano, assinale-se que o conhecimento do recurso de revista, em relação à arguição de nulidade por negativa da prestação jurisdicional, restringe-se à observância da Orientação Jurisprudencial n. 115 da SBDI-1 do TST, ou seja, violação dos arts. 832 da CLT, 458 do CPC ou 93, IX, da Carta Magna. Assim, afasta-se a admissão do apelo por ofensa a outras normas e por divergência jurisprudencial.

No julgamento do recurso ordinário interposto pelo primeiro reclamado, a Corte *a quo* negou-lhe provimento, nos seguintes termos:

RECURSO DO PRIMEIRO RECLAMADO

EQUIPARAÇÃO SALARIAL

Pretende o primeiro reclamado a reforma da r. sentença no tocante ao reconhecimento da equiparação salarial e deferimento do pagamento das parcelas daí decorrentes.

Aduz que a equiparação salarial postulada encontra óbice nas disposições contidas no inciso XIII do artigo 37 da CR/88, uma vez que se tratando o BDMG de empresa pública sujeita-se aos princípios constitucionais da impessoalidade, legalidade e moralidade, todos vinculativos dos atos e procedimentos do administrador público, e que a admissão, na esfera pública, do instituto da isonomia nos moldes preconizados pela CLT poderia ocasionar a criação de salários superiores àqueles previstos para os cargos de carreira.

Afirma que ainda que fosse possível a equiparação salarial em face de empresa pública, a prova carreada aos autos não autoriza concluir pela sua existência; que a prova oral revela a existência de maior produtividade e perfeição técnica da paradigma.

Aduz que a prova oral revela que o setor no qual laboravam reclamante e paradigma realizava recuperação de crédito por meio de Acordos, não havendo quaisquer provas de existência de outros meios de cobrança no setor; que as Avaliações de Desempenho, que são realizadas anualmente, revelam a melhor qualificação técnica do paradigma, que fora promovida em algumas ocasiões em que não o fora o reclamante; que não existiu incorreção no enquadramento do autor.

Sem razão.

Em primeiro lugar, há se ressaltar que não se aplica ao presente caso o disposto na OJ 297 da SDI-1 do col. TST, uma vez que a jurisprudência ali assentada diz respeito às contratações celetistas promovidas pela Administração Pública Direta, Autárquica e Fundacional. O primeiro reclamado, contudo, integra Administração Indireta, sujeitando-se ao regime jurídico próprio das empresas privadas, nos termos do artigo 173, parágrafo 1º, II, da CR/88.

Lado outro, restou incontroversa a identidade funcional entre autor a paradigma.

Assim, a controvérsia diz respeito à eficácia do Plano de Cargos e Salários, bem como na distinção de tarefas e produtividade existente entre autor e paradigma.

O Plano de Cargos e Salários colacionado aos autos à f. 276 e seguintes não foi homologado pelo Ministério do Trabalho, não sendo, portanto, válido, a teor do disposto na Súmula n. 06, I, do Col. TST. Ademais disso, as regras neles constantes são genéricas e inespecíficas, não restando claro os critérios exigidos para o enquadramento em determinado cargo a título promocional.

Outrossim, ao contrário do sustentado pelo recorrente, a prova oral revela a produtividade em igual escala de autor e paradigma.

Com efeito, declarou a testemunha Zeni Millard Leite, ouvida a rogo do autor:

"(...) que havia uma divisão de clientes para as pessoas encarregadas na recuperação, de modo que a produtividade era simétrica entre todos; insiste que a produção era a mesma, sendo que a paradigma não tinha maior produtividade em relação aos demais recuperadores (...)" (f.506).

A testemunha Alexandre Armond Carneiro Cortes, ouvida a rogo do reclamado aduziu:

"(...) que a paradigma tinha maior produtividade no que tange às recuperações formalizadas por meio de acordo, mas não sabe dizer com relação às recuperações obtidas por outro modo (...)" (f.507/508).

A assertiva afasta a alegação empresária de que autor e paradigma na realização das atividades de recuperação de crédito, utilizavam-se tão-somente de acordos.

Ao contrário do sustentado, não fora desprezada pelo d. Juízo *a quo* a prova emprestada de f. 509/512. Aliás, com base nesta, entendimento do qual comungo, observou não ter a paradigma indicada nos presentes autos, ouvida como testemunha nos autos do processo n. 01573-2007-114-03-00-0-RO, sabido informar "se a produtividade dos integrantes do departamento de recuperação de crédito é a mesma", informando, contudo, que "todos os integrantes do departamento de recuperação de crédito realizavam o atendimento a clientes da carteira rural" (f. 510).

Assim, correto o reconhecimento da equiparação salarial postulada, tendo em vista, terem restado provados os requisitos do artigo 461 da CLT, pelo que mantenho a sentença que deferiu o pagamento das diferenças daí decorrentes, bem como os reflexos da forma disposta na r. decisão hostilizada.

Desprovejo.

Tendo sido interpostos embargos de declaração, o Colegiado Regional concluiu que, no acórdão embargado, restaram demonstrados os motivos pelos quais foi negado provimento ao recurso ordinário interposto pelo primeiro reclamado.

Constata-se, portanto, do julgamento do recurso ordinário, que o Colegiado de origem emitiu tese no sentido de que, além de restar incontroversa a identidade funcional, a prova oral produzida confirmou a produtividade em igual escala entre autor e paradigma, concluindo que restaram provados os requisitos do art. 461 da CLT.

Evidencia-se, portanto, que a Corte de origem não se furtou de entregar a prestação jurisdicional que lhe cabia, inexistindo nulidade apenas por se tratar de decisão contrária aos interesses da parte. Não se configurou, portanto, a violação dos arts. 93, IX, da Constituição Federal, 458 do CPC e 832 da CLT.

NÃO CONHEÇO do recurso de revista, no tema.

MULTA PREVISTA NO ART. 475-J DO CÓDIGO DE PROCESSO CIVIL. INAPLICABILIDADE NO DIREITO PROCESSUAL DO TRABALHO

A Corte Regional de origem, relativamente à multa do art. 475-J do Código de Processo Civil, negou provimento ao recurso ordinário interposto pelo reclamado, mantendo a sentença em que o Juízo de 1º grau entendeu aplicável ao Processo do Trabalho a norma inserta no art. 475-J do CPC. A decisão foi proferida nos seguintes termos, *verbis*:

APLICAÇÃO DO ARTIGO 475-J DO CPC

O voto deste Relator era assim vazado:

"Irresigna-se o primeiro reclamado contra a decisão de origem, que estabeleceu o prazo de 48 horas após o trânsito em julgado e intimação para pagamento dos valores devidos, sob pena de multa processual de 10% incidente sobre o valor de liquidação.

Com efeito, a multa processual imposta pelo Juízo de 1º grau fundamentou-se no art. 475-J do CPC, introduzido pela Lei 11.232/2005, que modificou o regime de liquidação e da execução de sentença.

Ora, não obstante a modificação no processo civil tenha como objetivo simplificar e acelerar os atos destinados à satisfação do direito reconhecido por sentença, entendo que as inovações não se aplicam integralmente ao processo do trabalho, especialmente a aplicação da multa prevista no art. 475-J do CPC, uma vez que a Consolidação das Leis do Trabalho tem disposição específica sobre os efeitos do descumprimento da ordem de pagamento, qual seja o direito à nomeação de bens (art. 882/CLT) o que não mais subsiste no processo civil.

Ainda, no processo do trabalho os embargos à execução sempre suspendem o cumprimento da sentença, uma vez que aqui não se permite que a execução importe liberação do depósito ou atos de alienação da propriedade antes do julgamento definitivo pelo Juízo do Trabalho (artigos 899, caput e 893, parágrafo 2º/CLT) salvo em relação ao depósito recursal, que pode ser liberado com o trânsito em julgado da decisão recorrida (art. 899, parágrafo 1º, da CLT).

Considerando, portanto, a existência de regras próprias no processo do trabalho para a satisfação das decisões trabalhistas, não se aplica na espécie a multa processual prevista no processo civil.

Por essas razões, era de se prover o apelo neste aspecto para excluir da condenação a multa processual prevista no artigo 475-J do CPC 10% do valor liquidado, em caso de não cumprimento da decisão no prazo de 48 horas.

Não obstante, a d. maioria, acolhendo a tese do Exmo. Desembargador Revisor quanto a aplicabilidade do artigo em comento, entendeu que a execução trabalhista é omissa quanto às multas, sendo plenamente compatível a sua inserção.

Fundamenta-se no argumento de que a oneração do devedor em execução de sentença, oportunamente introduzida pela Lei n. 11.232/05, objetiva evitar arguições inúteis e protelações desnecessárias, garantindo a incidência da norma constitucional estabelecida no art. 5º, LXXVIII que assegura às partes a celeridade da tramitação do processo e a sua razoável duração.

E, por fim, que se o legislador considerou pertinente a cominação de multa aos créditos cíveis, com muito mais razão é de se aplicar aos créditos trabalhistas, de caráter alimentar.

Tal interpretação, no entendimento da Egrégia Turma, se compatibiliza com os termos da Constituição Federal, que determina, no artigo primeiro, como fundamentos da República Federativa do Brasil:

I — a soberania; II — a cidadania; III — *a dignidade da pessoa humana; IV — aos valores sociais do trabalho e da livre iniciativa.*

De fato, o direito constitucional não protege o interesse especulativo do lucro, mas sim a prevalência do bem estar social (CF, art. 5º, inciso XXIII e inciso III do art. 170). O

Estado do Bem Estar Social encontra-se também assegurado consoante o art. 193: "(...) A ordem econômica fundada na valorização do trabalho humano e na livre iniciativa, tem por fim assegurar a todos, existência digna, conforme os ditames da justiça social".

Sendo assim, esta douta Turma, por sua maioria, adota o entendimento de que a multa prevista no art. 475-J aplica-se ao processo do trabalho, resultando no desprovimento do apelo no particular, ressalvado o entendimento deste Relator."

Nas razões do recurso de revista, o reclamado, em síntese, sustenta a inaplicabilidade da multa do art. 475-J do CPC ao Processo do Trabalho. Indica violação dos arts. 5º, LIV, da Constituição Federal, 769, 876, 877, 878, 879, 880, 881, 882, 883, 884, 885, 886, 887, 888, 889, 890, 891, 892, da CLT, 475-J do CPC, e traz arestos para o cotejo de teses.

À análise.

Cinge-se a controvérsia em saber se a multa do art. 475-J do CPC é aplicável do Processo do Trabalho.

De plano, assinale-se que é incabível, na sentença de conhecimento, a condenação ao pagamento da multa prevista no art. 475-J do CPC, uma vez que a inclusão topológica do dispositivo no capítulo relativo ao cumprimento da sentença, como também a explícita referência à figura do devedor, que somente se concretiza quando a sentença transitar em julgado, a partir de quando o título judicial passa a ser certo, líquido e exigível.

De outra parte, a jurisprudência dominante nesta Corte Superior já firmou entendimento acerca da inaplicabilidade do art. 475-J do CPC ao processo do trabalho, à falta dos requisitos de omissão e compatibilidade estabelecidos nos arts. 769 e 889 da CLT.

Isso porque, na fase de execução, pode e deve o juiz do trabalho lançar mão da multa prevista no art. 601 do CPC, como forma de exigir o cumprimento forçado da obrigação constante do título, nas hipóteses previstas nos arts. 599 e 600 do CPC.

Logo, afigura-se desnecessária a estipulação de astreinte na sentença trabalhista de conhecimento com vistas ao cumprimento de obrigação de pagar quantia certa, na medida em que o art. 880 e seguintes da CLT contém regramento específico para o procedimento da execução, não se admitindo, portanto, aplicação supletiva das normas processuais civis que regem as hipóteses de cumprimento da sentença civil.

No mesmo sentido destacam-se os seguintes precedentes da Subseção I Especializada em Dissídios Individuais do TST:

"RECURSO DE EMBARGOS. MULTA DO ART. 475-J DO CPC. INCOMPATIBILIDADE COM O PROCESSO DO TRABALHO. O art. 475-J do CPC determina que o devedor que, no prazo de quinze dias, não tiver efetuado o pagamento da dívida, tenha acrescido multa de 10% sobre o valor da execução e, a requerimento do credor, mandado de penhora e avaliação. A decisão que determina a incidência de multa do art. 475-J do CPC, em processo trabalhista, viola o art. 889 da CLT, na medida em que a aplicação do processo civil, subsidiariamente, apenas é possível quando houver omissão da CLT, seguindo, primeiramente, a linha traçada pela Lei de Execução fiscal, para apenas após fazer incidir o CPC. Ainda assim, deve ser compatível a regra contida no processo civil com a norma trabalhista, nos termos do art. 769 da CLT, o que não ocorre no caso de cominação de multa no prazo de quinze dias, quando o art. 880 da CLT determina a execução em 48 horas, sob pena de penhora, não de multa. Nesse sentido firmou-se a jurisprudência da c. SDI no julgamento dos leading cases E-RR-38300-47.2005.5.01.0052, Relator Ministro Brito Pereira, e E-RR-1568700-64.2006.5.09.0002, Relator Ministro Aloysio Corrêa da Veiga, julgados em 29/06/2010. Embargos conhecidos e desprovidos." (TST-E-ED-ED-RR-33800-16.2006.5.09.0072, Relator Ministro Aloysio Corrêa da Veiga, SBDI-1, DEJT 25.02.2011).

"RECURSO DE EMBARGOS INTERPOSTO NA VIGÊNCIA DA LEI 11.496/2007. MULTADO ART. 475-J DO CPC. INAPLICABILIDADE NO PROCESSO DO TRABALHO. A aplicação subsidiária do Código de Processo Civil ao Direito Processual do Trabalho, de acordo com a doutrina e com a jurisprudência unânimes, exige dois requisitos para permitir a aplicação da norma processual comum ao Processo do Trabalho: a ausência de disposição na CLT e a compatibilidade da norma supletiva com os princípios do Processo do Trabalho. Observa-se que o fato preconizado pelo art. 475-J do CPC possui disciplina própria no âmbito do Processo do Trabalho, pelos artigos 880, 882 e 883 da CLT, que preveem o prazo e a garantia da dívida por depósito ou a penhora de bens quantos bastem ao pagamento da importância da condenação, acrescido das despesas processuais, custas e juros de mora. Embargos conhecidos e providos." (TST-E-RR-64100-83.2008.5.13.0005, Relatora Ministra Maria de Assis Calsing, SBDI-1, DEJT 04.02.2011).

"RECURSO DE EMBARGOS EM RECURSO DE REVISTA. ACÓRDÃO PUBLICADO NA VIGÊNCIA DA LEI N. 11.496/07. MULTADO ARTIGO 475-J DO CPC. APLICAÇÃO SUBSIDIÁRIA À EXECUÇÃO TRABALHISTA. IMPOSSIBILIDADE. A CLT disciplina no Capítulo V (artigos 876 a 892) a forma como será processada a execução de sentença dispondo que o executado, quando condenado ao pagamento em dinheiro, será citado para que o faça em 48 horas ou garanta a execução, sob pena de penhora (artigo 880). O artigo 475-J do CPC, introduzido pela Lei 11.232/2005, dispõe que o devedor condenado ao pagamento de quantia certa ou já fixada em liquidação tem o prazo de quinze dias para cumprir a sentença sob pena de ver acrescidos dez por cento ao montante da condenação a título de multa. Assim, cotejando-se as disposições da CLT e do CPC sobre o pagamento de quantia certa decorrente de título executivo judicial, verifica-se que a CLT traz parâmetros próprios para a execução, especificamente no tocante à forma e ao prazo para cumprimento de sentença condenatória ao pagamento de quantia certa. Não há, portanto, lacuna que justifique a aplicação do direito processual civil neste aspecto. Destaque-se, por fim, que a controvérsia foi pacificada por esta e. Subseção em 29.06.2010, no julgamento do processo n. TST-E-RR-38300-47.2005.5.01.0052, quando se decidiu que a multa prevista no artigo 475-J do CPC é incompatível com o processo trabalhista. Recurso de embargos conhecido e desprovido." (TST-E-RR-66500-95.2008.5.03.0022, Relator Ministro Horácio Raymundo de Senna Pires, SBDI-1, DEJT 08.10.2010).

"ART. 475-J DO CPC. INAPLICABILIDADE AO PROCESSO DO TRABALHO. EXISTÊNCIA DE NORMA PROCESSUAL SOBRE EXECUÇÃO TRABALHISTA. PRAZO REDUZIDO. INCOMPATIBILIDADE DA NORMA DE PROCESSO COMUM COM A DO PROCESSO DO TRABALHO. 1. A regra do art. 475-J do CPC não se ajusta ao processo do trabalho atualmente, visto que a matéria possui disciplina específica na CLT, objeto do seu art. 879, §§ 1º-B e 2º. Assim, a aplicação subsidiária do art. 475-J do CPC contraria os arts. 769 e 889 da CLT, que não autoriza a utilização da regra, desprezando a norma de regência do processo do trabalho. 2. A novidade não encontra abrigo no processo do trabalho, em primeiro lugar, porque neste não há previsão de multa para a hipótese de o executado não pagar a dívida ao receber a conta líquida; em segundo, porque a via estreita do art. 769 da CLT, somente cogita da aplicação supletiva das normas do processo comum, no processo de conhecimento e condicionado a dois fatores (omissão e compatibilidade), e em terceiro lugar, porque para a fase de execução, o art. 889 indica como norma subsidiária, a lei 6.830/1980 que disciplina os executivos fiscais. Fora dessas duas situações estar-se-ia diante de indesejada substituição dos dispositivos da CLT por aqueles do CPC que se pretende adotar. 3. A inobservância das normas inscritas nos arts. 769 e 889 da CLT, com a mera substituição das normas de regência da execução trabalhista por outras de execução no processo comum, enfraquece a autonomia do direito processual do trabalho. Recurso de Embargos de que se conhece e a que se dá provimento." (TST-E-RR-105500-58.2007.5.03.0048, Relator Ministro João Batista Brito Pereira, SBDI-1, DEJT 20.08.2010).

Como se observa da jurisprudência dominante nesta Corte Superior, não é aplicável ao processo do trabalho a multa prevista no art. 475-J do CPC, que se refere ao cumprimento da sentença civil, haja vista a incompatibilidade com as disposições dos arts. 769 e 889 da CLT.

A Corte Regional, ao concluir que o art. 475-J do CPC é aplicável ao processo do trabalho, divergiu dessa orientação, em afronta aos arts. 769 e 889 da CLT.

Logo, CONHEÇO do recurso de revista, por violação dos arts. 769 e 889 da CLT, na forma prevista no art. 896, "c", da CLT.

EQUIPARAÇÃO SALARIAL. REEXAME DE FATOS E PROVAS

No julgamento do recurso ordinário interposto pelo primeiro reclamado, a Corte *a quo* negou-lhe provimento, nos seguintes termos:

RECURSO DO PRIMEIRO RECLAMADO
EQUIPARAÇÃO SALARIAL

Pretende o primeiro reclamado a reforma da r. sentença no tocante ao reconhecimento da equiparação salarial e deferimento do pagamento das parcelas daí decorrentes.

Aduz que a equiparação salarial postulada encontra óbice nas disposições contidas no inciso XIII do artigo 37 da CR/88, uma vez que se tratando o BDMG de empresa pública sujeita-se aos princípios constitucionais da impessoalidade, legalidade e moralidade, todos vinculativos dos atos e procedimentos do administrador público, e que a admissão, na esfera pública, do instituto da isonomia nos moldes preconizados pela CLT poderia ocasionar a criação de salários superiores àqueles previstos para os cargos de carreira.

Afirma que ainda que fosse possível a equiparação salarial em face de empresa pública, a prova carreada aos autos não autoriza concluir pela sua existência; que a prova oral revela a existência de maior produtividade e perfeição técnica da paradigma.

Aduz que a prova oral revela que o setor no qual laboravam reclamante e paradigma realizava recuperação de crédito por meio de Acordos, não havendo quaisquer provas de existência de outros meios de cobrança no setor; que as Avaliações de Desempenho, que são realizadas anualmente, revelam a melhor qualificação técnica do paradigma, que fora promovida em algumas ocasiões em que não o fora o reclamante; que não existiu incorreção no enquadramento do autor.

Sem razão.

Em primeiro lugar, há se ressaltar que não se aplica ao presente caso o disposto na OJ 297 da SDI-1 do col. TST, uma vez que a jurisprudência ali assentada diz respeito às contratações celetistas promovidas pela Administração Pública Direta, Autárquica e Fundacional. O primeiro reclamado, contudo, integra Administração Indireta, sujeitando-se ao regime jurídico próprio das empresas privadas, nos termos do artigo 173, parágrafo 1º, II, da CR/88.

Lado outro, restou incontroversa a identidade funcional entre autor e a paradigma.

Assim, a controvérsia diz respeito à eficácia do Plano de Cargos e Salários, bem como na distinção de tarefas e produtividade existente entre autor e paradigma.

O Plano de Cargos e Salários colacionado aos autos à f. 276 e seguintes não foi homologado pelo Ministério do Trabalho, não sendo, portanto, válido, a teor do disposto na Súmula n. 06, I, do Col. TST. Ademais disso, as regras neles constantes são genéricas e inespecíficas, não restando claro os critérios exigidos para o enquadramento em determinado cargo a título promocional.

Outrossim, ao contrário do sustentado pelo recorrente, a prova oral revela a produtividade em igual escala de autor e paradigma.

Com efeito, declarou a testemunha Zeni Millard Leite, ouvida a rogo do autor:

"(...) que havia uma divisão de clientes para as pessoas encarregadas na recuperação, de modo que a produtividade era simétrica entre todos; insiste que a produção era a mesma, sendo que a paradigma não tinha maior produtividade em relação aos demais recuperadores (...)" (f.506).

A testemunha Alexandre Armond Carneiro Cortes, ouvida a rogo do reclamado aduziu:

"(...) que a paradigma tinha maior produtividade no que tange às recuperações formalizadas por meio de acordo, mas não sabe dizer com relação às recuperações obtidas por outro modo (...)" (f.507/508).

A assertiva afasta a alegação empresária de que autor e paradigma na realização das atividades de recuperação de crédito, utilizavam-se tão-somente de acordos.

Ao contrário do sustentado, não fora desprezada pelo d. Juízo *a quo* a prova emprestada de f. 509/512. Aliás, com base nesta, entendimento do qual comungo, observou não ter a paradigma indicada nos presentes autos, ouvida como testemunha nos autos do processo n. 01573-2007-114-03-00-0-RO, sabido informar "se a produtividade dos integrantes do departamento de recuperação de crédito é a mesma", informando, contudo, que "todos os integrantes do departamento de recuperação de crédito realizavam o atendimento a clientes da carteira rural" (f. 510).

Assim, correto o reconhecimento da equiparação salarial postulada, tendo em vista, terem restado provados os requisitos do artigo 461 da CLT, pelo que mantenho a sentença que deferiu o pagamento das diferenças daí decorrentes, bem como os reflexos da forma disposta na r. decisão hostilizada.

Desprovejo.

Tendo sido interpostos embargos de declaração, o Colegiado Regional entendeu que, no acórdão embargado, já restaram suficientemente demonstrados os motivos pelos quais foi negado provimento ao recurso ordinário interposto pelo primeiro reclamado.

Nas razões do recurso de revista, o reclamado sustenta ser indevida a equiparação salarial, em face de o reclamante e a paradigma terem exercido funções diversas e alcançado produtividade distinta, na medida em que a paradigma desempenhava sua atribuição com perfeição técnica superior. Aduz que, em face da sua condição de empresa pública, seria incabível a concessão de equiparação salarial. Indica a violação dos arts. 461 da CLT, 37, XIII, da Constituição Federal e 884 do Código Civil, além de transcrever arestos para cotejo de teses.

O apelo não alcança conhecimento.

O Tribunal Regional, valorando fatos e provas, concluiu que, além de restar incontroversa a identidade funcional entre autor e paradigma, a prova oral confirmou a produtividade de ambos em igual escala, enfatizando que restaram demonstrados os requisitos do art. 461 da CLT.

Nessa linha de raciocínio, reitere-se que a situação fática descrita no acórdão recorrido desafia o óbice da Súmula n. 126 desta Corte Superior, porquanto a pretensão recursal de afastar a equiparação salarial deferida exige o revolvimento do contexto fático-probatório dos autos, procedimento inadmitido em instância recursal de natureza extraordinária.

No atinente à alegação de que, à luz do art. 37, XIII, da Constituição Federal, seria vedada a equiparação salarial, em face de se tratar de empresa pública, infere-se que tal preceito constitucional veda a vinculação ou equiparação de quaisquer espécies remuneratórias para o efeito de remuneração de pessoal do serviço público.

Esta Corte Superior, consolidando a interpretação em torno dessa norma Constitucional, editou a Orientação Jurisprudencial n. 297 da SBDI-1, com o seguinte teor, *verbis*:

"297. EQUIPARAÇÃO SALARIAL. SERVIDOR PÚBLICO DA ADMINISTRAÇÃO DIRETA, AUTÁRQUICA E FUNDACIONAL. ART. 37, XIII, DA CF/1988 (DJ 11.08.2003)

O art. 37, inciso XIII, da CF/1988, veda a equiparação de qualquer natureza para o efeito de remuneração do pessoal do serviço público, sendo juridicamente impossível a aplicação da norma infraconstitucional prevista no art. 461 da CLT quando se pleiteia equiparação salarial entre servidores públicos, independentemente de terem sido contratados pela CLT."

Com efeito, referido Verbete apenas se aplica em se tratando de contratação de servidor público, ou seja, realizada por ente da Administração Pública Direta, de autarquias e de fundações públicas, mesmo que a contratação tenha sido sob o regime da CLT. Não tem incidência, portanto, em relação à empresa pública e sociedade de economia mista, diante da norma do art. 173, § 1º, II, da Constituição Federal.

Em convergência com o exposto, selecionou-se o seguinte precedente:

"AGRAVO DE INSTRUMENTO. RECURSO DE REVISTA. EQUIPARAÇÃO SALARIAL. EMPREGADO DE EMPRESA PÚBLICA. OJ 297/SBDI-1/TST. INAPLICABILIDADE. Demonstrado no agravo de instrumento que o recurso de revista preenchia os requisitos do art. 896 da CLT, quanto à equiparação salarial, dá-se provimento ao agravo de instrumento, para melhor análise da arguição de contrariedade à OJ 297/SBDI-1/TST suscitada no recurso de revista. Agravo de instrumento provido. RECURSO DE REVISTA. (...) 2. EQUIPARAÇÃO SALARIAL. EMPREGADO DE EMPRESA PÚBLICA. OJ 297/SBDI-1/TST. INAPLICABILIDADE. Não se aplica a previsão do art. 461 da CLT para a Administração Direta, Autárquica e Fundacional, ainda que os empregados tenham sido contratados pela CLT, ante a vedação do art. 37, XIII, da CF de equiparação de qualquer natureza para o efeito de remuneração do pessoal do serviço público (OJ 297/SBDI-1/TST). A restrição da OJ 297/SBDI-1/TST, portanto, não atinge o período em que a SANEAR submetia-se ao regime de direito privado. Recurso de revista conhecido e provido, no aspecto." (RR-123040-20.2002.5.17.0141 Data de Julgamento: 03.08.2011, Relator Ministro: Mauricio Godinho Delgado, 6ª Turma, Data de Publicação: DEJT 12.08.2011).

Logo, ao deferir a equiparação salarial em face da presença dos requisitos do art. 461 da CLT, mesmo sendo o reclamado uma empresa pública, o Tribunal Regional não violou os arts. 461 da CLT, 884 do Código Civil e 37, XIII, da Constituição Federal. De igual modo não se configurou a divergência jurisprudencial necessária, na medida em que a ementa transcrita às fls. 1521-1523, não contempla as premissas fáticas, que foram o óbice apontado pelo Colegiado de origem, o que atrai a incidência das Súmulas ns. 23 e 296, I, do TST.

NÃO CONHEÇO do recurso de revista, no tema.

MÉRITO

MULTA PREVISTA NO ART. 475-J DO CÓDIGO DE PROCESSO CIVIL

Conhecido o recurso de revista por violação dos arts. 769 e 889 da CLT, DOU-LHE PROVIMENTO para, reformando o acórdão regional, excluir o pagamento da multa prevista no art. 475-J do Código de Processo Civil, sem alteração do valor da condenação.

Isto posto,

Acordam os Ministros da Primeira Turma do Tribunal Superior do Trabalho, por unanimidade, conhecer do recurso de revista apenas quanto ao tema "Multa prevista no art. 475-J do Código de Processo Civil", por violação dos arts. 769 e 889 da CLT, e, no mérito, dar-lhe provimento para, reformando o acórdão regional, excluir o pagamento da multa prevista no art. 475-J do CPC, sem alteração do valor da condenação.

Brasília, 20 de novembro de 2012. *Walmir Oliveira da Costa*, relator.

NULIDADE. PRESTAÇÃO JURISDICIONAL. SUCESSÃO TRABALHISTA. RESPONSABILIDADE SUBSIDIÁRIA. COMPENSAÇÃO DE JORNADA DE TRABALHO. ACORDO TÁCITO

RECURSO DE REVISTA. NULIDADE POR NEGATIVA DE PRESTAÇÃO JURISDICIONAL.

A jurisdição foi prestada, no caso, mediante decisão suficientemente fundamentada, não obstante contrária aos interesses da recorrente, tendo o Tribunal a quo, no acórdão proferido, justificado suas razões de decidir, declinando os motivos de convencimento sobre as questões e matérias em debate, estando ilesos os artigos 93, IX, da CF, 832 da CLT e 458 do CPC (OJ n. 115 da SBDI-1/TST).

NULIDADE POR CERCEAMENTO DE DEFESA.

Não se caracteriza o alegado cerceio de defesa e, consequentemente, a afronta ao artigo 5º, LV, da CF/88, pois a questão suscitada não tem a ver com a validade da relação processual, e sim com o próprio mérito da demanda em que se debate a existência de sucessão entre empresas com a responsabilização subsidiária das reclamadas quanto aos direitos trabalhistas do reclamante.

LITISPENDÊNCIA.

O art. 8º, III, da CF e o art. 301, V, e § 1º, do CPC, não foram violados de forma direta e literal, na medida em que esses dispositivos não tratam especificamente da ocorrência de litispendência quando está em discussão a necessidade ou não de apresentação do rol de substituídos na demanda em que se postula o recolhimento de depósitos do FGTS.

ILEGITIMIDADE PASSIVA AD CAUSAM. SUCESSÃO TRABALHISTA. RESPONSABILIDADE SUBSIDIÁRIA.

Não está em causa a pertinência subjetiva da lide (legitimidade de parte passiva), e sim a matéria de mérito relacionada à responsabilidade subsidiária das reclamadas nos termos da Orientação Jurisprudencial n. 225, I, primeira parte, da SBDI-1 desta Corte Superior, constituindo óbice ao recurso de revista o contido no art. 896, § 4º, da CLT, não havendo violação direta e literal de dispositivo de lei federal e da Constituição da República.

COMPENSAÇÃO DE JORNADA. ACORDO TÁCITO.

A decisão recorrida foi proferida em consonância com os termos do item I, da Súmula n. 85/TST, constituindo óbice ao recurso o disposto no art. 896, § 4º, da CLT.

ADICIONAL DE INSALUBRIDADE.

Violação do art. 189 da CLT, não configurada, porquanto a condenação nesse título é resultado do exercício judicial valorativo da prova pericial, concluindo o Tribunal Regional que o reclamante trabalhava, durante toda a jornada, em contato permanente com agentes químicos (óleo e graxa) e agente ruído excessivo, não sendo neutralizada a insalubridade pelos EPI´s fornecidos.

REDUÇÃO DOS HONORÁRIOS PERICIAIS.

O Tribunal Regional considerou que o valor arbitrado para os honorários periciais é condizente com o trabalho realizado pelo perito. Assim, para se adotar entendimento diverso, visando à redução do valor fixado, faz-se necessário o reexame do trabalho pericial, o que é vedado nesta fase recursal, nos termos da Súmula n. 126 do TST.

ATUALIZAÇÃO DOS HONORÁRIOS PERICIAIS.

A atualização monetária do débito judicial relativo a honorários periciais é fixada no art. 1º da Lei n. 6.899/81, nos termos da Orientação Jurisprudencial n. 198 da SBDI-1, desta Corte, dando azo ao cabimento do recurso de revista.

HONORÁRIOS ADVOCATÍCIOS ASSISTENCIAIS.

No acórdão recorrido se registra que o reclamante encontra-se assistido pelo sindicato da categoria profissional e apresentou declaração, na petição inicial, que demonstra situação econômica que não lhe permite demandar sem prejuízo do próprio sustento ou da respectiva família, sendo devidos os honorários assistenciais, nos termos do disposto na Orientação Jurisprudencial n. 304 da SBDI-1 e na Súmula n. 219/TST.

COMPENSAÇÃO.

O Tribunal Regional decidiu que não há compensação, porque nada foi pago sob o mesmo título das parcelas deferidas, o que não atrita com a literalidade do art. 767 da CLT.

Recurso de revista parcialmente conhecido e provido.

(Processo n. TST-RR-622.559-2000-5 — Ac. 5ª Turma)

Vistos, relatados e discutidos estes autos de Recurso de Revista n. TST-RR-622559/2000.5 em que é recorrente Ferrovia Centro-Atlântica S.A. e são recorridos Cléber Batista Pardini e Rede Ferroviária Federal S.A. (Em Liquidação).

O TRT da 3ª Região, mediante o acórdão de fls. 700/720, complementado pelo de fls. 739/744, rejeitando a preliminar de ilegitimidade passiva *ad causam*, no mérito, deu provimento parcial ao recurso ordinário da Ferrovia Centro-Atlântica para excluir da condenação a parcela relativa a reflexos do adicional de horas extras sobre aviso prévio e anuênios, excluir da condenação os adicionais de horas extras relativos aos períodos acobertados pelos acordos coletivos 95/96 e 96/97, e excluir o adicional de periculosidade e seus reflexos, deferindo, em seu lugar, o adicional de insalubridade, em grau máximo, e seus reflexos em férias mais um terço, 13º salário, aviso prévio e FGTS mais 40%, bem como para determinar a incidência da correção monetária após o quinto dia útil do mês subsequente ao trabalhado.

Inconformada, a reclamada Ferrovia Centro-Atlântica S.A. interpôs recurso de revista, às fls. 756/799, arguindo, preliminarmente, ilegitimidade passiva *ad causam*, nulidade do acórdão regional por negativa de prestação jurisdicional, cerceamento de defesa e, no mérito, insurgindo-se quanto à responsabilidade subsidiária decorrente da sucessão trabalhista, adicional de horas extras, adicional de insalubridade, honorários periciais, atualização dos honorários periciais, compensação e honorários advocatícios.

O recurso foi admitido pelo despacho de fls. 810/812, e foram oferecidas contrarrazões às fls. 819/822.

O processo não foi submetido a parecer do Ministério Público do Trabalho, de acordo com o art. 82, II, do Regimento Interno do TST.

É o relatório.

VOTO

CONHECIMENTO

Satisfeitos os pressupostos genéricos de admissibilidade, passa-se ao exame dos específicos de cabimento do recurso de revista.

NULIDADE POR NEGATIVA DE PRESTAÇÃO JURISDICIONAL

O Tribunal Regional, ao julgar os embargos declaratórios, analisou o tema referente à sucessão trabalhista, sob os fundamentos, *verbis*:

"A matéria ressaltada nos presentes embargos já foi objeto de análise no ed 3619/98 (RO 14575/97), opostos pela mesma reclamada, em face do que transcrevo os termos daquele julgamento, eis que adequados à situação destes autos: 'Não descortino, *data venia*, qualquer contradição, omissão ou deficiência de fundamentação no v. pronunciamento regional ora embargado.

É preciso ter em conta que, no âmbito trabalhista, conforme entendimento da eg. Turma (este Relator não integrava o d. Sodalício quando do julgamento do RO, consoante certidão de julgamento de fl. 248), o que realmente importa é a concretização da transferência da atividade econômica de determinada empresa para outra, com o aproveitamento dos mesmos empregados, sendo o arrendamento um das formas jurídicas caracterizadoras da sucessão (ressalvo que, pessoalmente, não comungo quanto a esta última modalidade de sucessão, nos termos da manifestação constante de vários processos anteriormente julgados).

O que se nota é que a embargante pretende, através dos presentes embargos, ingressar em área que transcende a discussão instalada nos autos, passando a fazer considerações sobre a natureza da concessão outorgada, de cunho nitidamente administrativo, e o contrato de arrendamento, indagações que extravasam os limites dos embargos declaratórios, repetida vênia.

(...)

E, sob esse ângulo, já se encontra prequestionada a matéria, ou seja, o julgado regional concluiu que o arrendamento constitui uma das formas de sucessão trabalhista, pouco importando que seja precedido de uma concessão emanada de um decreto federal.

Nessa perspectiva, mesmo não havendo mudança na propriedade da empresa ou alteração de sua estrutura jurídica, caracterizou-se o ato sucessório, tendo o v. acórdão estendido a regra dos artigos 10 e 448 da CLT à situação dos autos, como forma de interpretação ampla aos dispositivos citados, dentro da prerrogativa constitucional que lhe é reservada." (fls. 739-740)

Quanto à responsabilidade subsidiária da Rede Ferroviária Federal, a Corte Regional assim decidiu, *verbis*:

"Foi mantida a condenação apenas subsidiária da Rede Ferroviária Federal S.A, entendendo a Eg. Turma falecer legitimidade à 2ª reclamada para postular a sua condenação solidária (fundamentos de fls. 705)." (fl. 741)

Por fim, no tocante à preliminar de litispendência, deixou consignado, *verbis*:

"A respeito da questão, assim se manifestou o v. acórdão hostilizado: 'Ao contrário do que sustenta a recorrente, é necessária, para configuração dos efeitos da litispendência, a juntada da competente lista de substituídos, em que figure o reclamante como substituído na ação promovida pelo seu Sindicato de classe. No presente caso, as reclamadas não juntaram a mencionada lista, pelo que não restou provada a identidade de partes, requisito indispensável para a caracterização da litispendência." (fl. 741)

A recorrente FCA argui nulidade por negativa de prestação jurisdicional, sob a alegação de que a Corte de origem permaneceu omissa quanto às seguintes questões deduzidas nos embargos de declaração: 1) natureza administrativa do contrato de concessão e interesse público, 2) acepção dos arts. 10 e 448 da CLT, 3) não desaparecimento da RFFSA, 4) responsabilidade da RFFSA, 5) interesse para recorrer quanto à responsabilidade da RFFSA, 6) da solidariedade e 7) litispendência. Aponta violação dos artigos 5º, XXXIV, XXXV e LV, e 93, IX, da CF/88, 794 e 832 da CLT e 458 e 535 e seguintes do CPC, contrariedade às Súmulas n. 184 e n. 297 do TST e Súmulas n. 282 e n. 356 do STF, transcrevendo arestos a cotejo.

Sem razão.

Consoante entendimento firmado nesta Corte Superior, "O conhecimento do recurso de revista ou de embargos, quanto à preliminar de nulidade por negativa de prestação jurisdicional, supõe indicação de violação do art. 832 da CLT, do art. 458 do CPC ou do art. 93, IX, da CF/1988" (Orientação Jurisprudencial n. 115 da SBDI-1).

Desse modo, alusão aos arts. 794 da CLT, 535 do CPC e 5º, XXXIV e XXXV, da Constituição Federal, contrariedade a súmula e divergência jurisprudencial não viabilizam o processamento do recurso de revista, por negativa de prestação jurisdicional.

Quanto à violação dos arts. 93, IX, da Constituição Federal, 832 da CLT e 458 do CPC, ao contrário do que afirma a recorrente, Ferrovia Centro-Atlântica, o acórdão regional contém os fundamentos de fato e de direito pelos quais se reconheceu a sucessão trabalhista, por ter a reclamada FCA assumido a atividade econômica da Rede Ferroviária Federal, mediante contrato de concessão dos serviços públicos de transporte ferroviário, firmando com esta um contrato de arrendamento de bens e sendo compelida a absorver todos os elementos que integravam a atividade empresarial daquela empresa, inclusive seus empregados, assim, assumindo o contrato de trabalho do reclamante, em substituição à antiga empregadora, sem qualquer limitação quanto à responsabilidade trabalhista das duas empresas.

Não se constata, também, omissão no exame dos temas relativos à responsabilidade subsidiária e à litispendência, visto que a Corte Regional, por meio das razões de fls. 700/720 e 739/743, deixou expressamente consignados os motivos pelos quais manteve a responsabilidade subsidiária da RFFSA e afastou a preliminar de litispendência, entendendo que a declaração judicial da existência da sucessão trabalhista encontra fundamento na transferência patrimonial de uma empresa para outra, nos termos dos artigos 10 e 448 da CLT, e que se faz necessária a apresentação do rol de substituídos, mesmo após a promulgação da Carta Maior de 1988.

Verifica-se, portanto, que a jurisdição foi prestada, no caso, mediante decisão suficientemente fundamentada, não obstante contrária aos interesses da recorrente, tendo o Tribunal *a quo*, no acórdão proferido, justificado suas razões de decidir, declinando os motivos de convencimento sobre as questões e matérias em debate, estando ilesos os artigos 93, IX, da CF, 832 da CLT e 458 do CPC (OJ n. 115 da SBDI-1/TST).

Não conheço.

NULIDADE POR CERCEAMENTO DE DEFESA

Insurge-se a recorrente contra a decisão do Tribunal Regional que condenou a RFFSA subsidiariamente ao pagamento dos créditos do autor. Alega que a responsabilidade pelos débitos trabalhistas deve ser exclusiva da Rede Ferroviária Federal ou quando muito deveria ter o Tribunal Regional condenado solidariamente as duas reclamadas. Aponta violação do art. 5º, incisos LV e XXXIV, da CF/88.

Não se caracteriza o alegado cerceio de defesa e, consequentemente, a afronta ao artigo 5º, LV, da CF/88, pois a questão suscitada não tem a ver com a validade da relação processual, e sim com o próprio mérito da demanda em que se debate a existência de sucessão entre empresas com a responsabilização subsidiária das duas reclamadas pelos direitos trabalhistas do reclamante.

O disposto no inciso XXXIV do artigo 5º da Constituição Federal não guarda relação com o alegado cerceio de defesa, uma vez que trata do direito de petição e de obtenção de certidões independentemente do pagamento de taxas.

No tocante à matéria referente à formação de litisconsórcio e denunciação à lide, nos termos dos arts. 46, I, 47 e 70 do CPC, suscitada pela recorrente, não foi objeto de análise no acórdão recorrido, o que atrai, *in casu*, o óbice da Súmula n. 297/TST.

Não conheço.

LITISPENDÊNCIA

O Tribunal Regional afastou a preliminar de litispendência, sob o seguinte fundamento, *verbis*:

"Ao contrário do que sustenta a recorrente, é necessária, para configuração dos efeitos da litispendência, a juntada da competente lista de substituídos, em que figure o reclamante como substituído na ação promovida pelo seu Sindicato de classe. No presente caso, as reclamadas não juntaram a mencionada lista, pelo que não restou provada a identidade de partes, requisito indispensável para a caracterização da litispendência." (fl. 702)

A recorrente sustenta que o Tribunal Regional, ao entender necessária a presença do nome do reclamante em lista de substituídos, violou o artigo 8º, III, da Constituição Federal e o art. 301, V, § 1º, do CPC, bem como divergiu dos arestos colacionados a cotejo.

Não lhe assiste razão.

O art. 8º, III, da CF e o art. 301, V, e § 1º, do CPC, não foram violados de forma direta e literal, na medida em que esses dispositivos não tratam especificamente da ocorrência de litispendência quando está em discussão a necessidade ou não de apresentação do rol de substituídos na demanda em que se postula o recolhimento de depósitos do FGTS.

O art. 8º, III, da CF trata de legitimação do sindicato para atuar no processo como substituto processual, matéria que não está em causa, enquanto que o art. 301, V, e § 1º, do CPC dispõe sobre a configuração de litispendência, sem abordar as situações fáticas em que ela se concretiza no processo.

Nesse passo, não se configura, também, a divergência jurisprudencial suscitada, pois os arestos transcritos não abordam a premissa fática constante do acórdão recorrido, quanto à necessidade da juntada aos autos da relação dos substituídos, o que atrai a incidência da Súmula n. 296/TST, como óbice ao recurso de revista.

Não conheço.

ILEGITIMIDADE PASSIVA *AD CAUSAM* — SUCESSÃO TRABALHISTA — RESPONSABILIDADE SUBSIDIÁRIA

A Corte Regional, rejeitando a preliminar de ilegitimidade passiva *ad causam*, concluiu que as reclamadas Ferrovia Centro-Atlântica e Rede Ferroviária Federal são responsáveis subsidiárias pelas obrigações decorrentes do contrato de trabalho do reclamante, consignando fundamentos de seguinte teor:

"Em que pese o ponto de vista ora exposto, a d. maioria entendeu que é incontroverso nos autos que a 2ª reclamada, Ferrovia Centro Atlântica S.A, por força de participação em processo licitatório, recebeu da União Federal concessão do transporte ferroviário da chamada 'Malha Centro-Leste', explorado pela 1ª reclamada, Rede Ferroviária Federal S.A, com a qual firmou contrato de arrendamento.

Em consequência dessa concessão, a 2ª reclamada, ora recorrente, arrendou os bens da 1ª e absorveu parte de seus empregados, um contingente de 7.900 trabalhadores, sem que houvesse solução de continuidade na atividade desenvolvida pela Rede Ferroviária Federal S.A e na prestação de serviços pelos empregados absorvidos pela Ferrovia Centro Atlântica S.A. Em resumo, ocorreu única e exclusivamente a mudança temporária da titularidade da atividade empresarial, através do contrato de arrendamento.

Verifica-se, pois, a ocorrência de sucessão de empregadores, nos termos dos artigos 10 e 448 da Consolidação das Leis do Trabalho, com a transferência, ainda que temporária, em virtude do Contrato de Arrendamento, de parte da atividade desenvolvida pela 1ª reclamada para a 2ª, passando a nova titular, Ferrovia Centro Atlântica S.A, a assumir total responsabilidade pelos direitos decorrentes dos contratos de trabalho que lhe foram transferidos, ainda que, como no presente caso, tenha sido por pouco tempo, sendo o trabalhador logo dispensado." (fl. 705)

A reclamada Ferrovia Centro-Atlântica alega que não foram preenchidos os requisitos previstos nos artigos 10 e 448, da CLT, para a configuração da sucessão trabalhista, na medida em que não foi retirada da Rede Ferroviária Federal a titularidade do serviço ferroviário, nem o direito de explorá-lo. Ocorre, tão-somente, a concessão onerosa do serviço público de transporte ferroviário de carga, cumulada com contrato de arrendamento entre a FCA e a RFFSA dos bens necessários à execução do serviço.

Aduz que os direitos adquiridos no período antes de absorvido o empregado estão garantidos em lei e devem ser suportados pela RFFSA, pessoa jurídica que mantinha o contrato e que assume essa responsabilidade. Assim, sob argumento de que, se não houve mudança na propriedade ou alteração jurídica da empresa — RFFSA — já que esta como tal continua existindo, não pode a ora recorrente ser condenada com base nos arts. 10 e 448, da CLT pelo simples fato de ser a concessionária de parte do serviço público.

Pretende, por fim, seja determinada a responsabilidade exclusiva da Rede Ferroviária Federal pelos créditos trabalhistas ou, no mínimo, solidária. Aponta violação dos arts. 5º, II, da CF/88, 8º, 10 e 448, da CLT, 1º, 14, 23 e 29, VI, da Lei n. 8.987/95, 55, XI, da Lei n. 8.666/93, 12, I, e 20 da Lei n. 8.031/90, com as alterações introduzidas pela MP n. 1349/96, 29 e parágrafo único da Lei n. 9.074 e transcreve arestos ao confronto de teses.

O recurso não alcança conhecimento.

Como visto, o Tribunal Regional declarou que o contrato de concessão do transporte ferroviário de carga firmado entre a RFFSA e a Ferrovia Centro-Atlântica caracteriza hipótese de sucessão trabalhista, nos moldes dos artigos 10 e 448, da CLT, uma vez que o reclamante trabalhava para a Rede Ferroviária quando foi celebrado o contrato de arrendamento, passando ele a prestar serviços para a Ferrovia Centro-Atlântica, sem interrupção de seu contrato de trabalho.

Nesse passo, forçoso concluir que não está em causa a pertinência subjetiva da lide (legitimidade de parte passiva), e sim a matéria de mérito relacionada à responsabilidade subsidiária das reclamadas estabelecida no contrato de concessão de serviço público de transporte ferroviário de carga acumulado com contrato de arrendamento, conforme se consigna no acórdão recorrido.

Diante do exposto, fica afastada a violação dos artigos 1º, 14, 23 e 29, VI, da Lei n. 8.987/95, 55, XI, da Lei n. 8.666/93, 12, I, e 20 da Lei n. 8.031/90, 29, parágrafo único, da Lei n. 9.074/95, visto que tais dispositivos nem sequer guardam pertinência com a matéria ora em discussão (sucessão de empresas e responsabilidade pelos créditos trabalhistas).

Não se configura, também, afronta ao artigo 8º da CLT; ao contrário, dá-se ao dispositivo efetivo cumprimento.

Quanto ao reconhecimento da sucessão, no presente caso, tem-se que a decisão recorrida foi proferida em sintonia com o contido na Orientação Jurisprudencial n. 225, item I, primeira parte, da SBDI-1 desta Corte, *verbis*:

"CONTRATO DE CONCESSÃO DE SERVIÇO PÚBLICO. RESPONSABILIDADE TRABALHISTA. (nova redação, DJ 20.04.05)

Celebrado contrato de concessão de serviço público em que uma empresa (primeira concessionária) outorga a outra (segunda concessionária), no todo ou em parte, mediante arrendamento, ou qualquer outra forma contratual, a título transitório, bens de sua propriedade:

I — em caso de rescisão do contrato de trabalho após a entrada em vigor da concessão, a segunda concessionária, na condição de sucessora, responde pelos direitos decorrentes do contrato de trabalho, sem prejuízo da responsabilidade subsidiária da primeira concessionária pelos débitos trabalhistas contraídos até a concessão;

II — no tocante ao contrato de trabalho extinto antes da vigência da concessão, a responsabilidade pelos direitos dos trabalhadores será exclusivamente da antecessora."

Nesse diapasão, conclui-se que o princípio constitucional da legalidade (art. 5º, inciso II, CF/88) restou devidamente observado, visto que a decisão recorrida, que rejeitou a arguição de ilegitimidade passiva e manteve a responsabilidade subsidiária das reclamadas pelos créditos reconhecidos ao reclamante, encontra-se respaldada em lei, artigos 10 e 448, da CLT, que garantem o reconhecimento da sucessão trabalhista, a fim de se prevenirem possíveis prejuízos para os empregados, decorrentes da alteração na propriedade da empresa.

No tocante à divergência jurisprudencial, em razão da incidência do art. 896, § 4º, da CLT e da Súmula n. 333 desta

Corte, ficam superados os arestos colacionados, mesmo porque não abordam as premissas fáticas do acórdão recorrido (Súmula n. 296/TST).

Do exposto, não conheço do recurso de revista.

COMPENSAÇÃO DE JORNADA — ACORDO TÁCITO

No acórdão recorrido ficou consignado, no tocante à compensação de jornada e às horas extras, que:

"Não há que se falar, aqui, em acordo tácito. O simples fato do reclamante não ter se manifestado contra a compensação irregular, no curso do contrato do trabalho, o mesmo ocorrendo com o seu Sindicato representativo, não denota sua concordância." (fl. 706)

A reclamada, ora recorrente, alega que a compensação da jornada foi fato durante toda a relação havida entre as partes, a qual o reclamante cumpriu durante anos a fio e contra ela nunca se manifestou contrário, o que caracteriza sua anuência tácita.

Nesse passo, sustenta que, havendo acordo tácito quanto ao regime de compensação, o Tribunal Regional violou o art. 442 da CLT, bem como divergiu dos arestos trazidos a cotejo.

Sem razão.

Conforme se verifica, a decisão recorrida foi proferida em consonância com os termos do item I, da Súmula n. 85/TST, *verbis*:

"I. A compensação de jornada de trabalho deve ser ajustada por acordo individual escrito, acordo coletivo ou convenção coletiva."

Ilesos, portanto, os dispositivos de lei federal e da CF apontados como violados, bem com os arestos transcritos estão superados pela iterativa, notória e atual jurisprudência desta Corte Superior, conforme o art. 896, § 4º, da CLT e Súmula n. 333/TST.

Quanto aos reflexos dos adicionais de horas extras nos RSR's, o recurso encontra-se em objeto, dado que o Tribunal *a quo* deu provimento ao recurso para excluir tal parcela da condenação, o mesmo ocorrendo com os adicionais de horas extras nos períodos cobertos pelos acordos coletivos 95/96 e 96/97 (fl. 720).

Não conheço.

ADICIONAL DE INSALUBRIDADE

O Tribunal Regional, nesse tema, deixou consignado *verbis*:

"Adicional de insalubridade

(...)

Analisados os termos do v. acórdão embargado depreende-se que ocorreu, realmente, omissão neste aspecto. Entendeu a d. maioria ser devido o adicional de insalubridade, e não de periculosidade, sem esclarecer, porém, as questões abordadas pela 2ª reclamada, em sua peça recursal.

Passo, pois, a sanar as omissões efetivamente constatadas, para esclarecer que, segundo o laudo pericial de fls. 516/549, o reclamante, como artífice de manutenção mecânica, não desempenhava várias atividades, mas apenas serviços de solda na estrutura das locomotivas, como prévia limpeza das canalizações instaladas junto aos tanques de combustíveis.

Não há que se falar, ainda, em quantificação do tempo de exposição ao agente nocivo. Conforme esclareceu o i. *expert*, o reclamante trabalhava, durante toda a sua jornada de trabalho, exposto aos agentes químicos óleo e graxa e ao agente nocivo ruído, restando caracterizado o contato permanente." (fl. 78 do AIRR)

A recorrente alega que o Tribunal Regional proferiu decisão que violou o art. 189 da CLT, porque somente é cabível o pagamento do adicional de insalubridade, em grau máximo, quando ocorre a manipulação de óleo mineral, entendendo-se esta como o fabrico da referida substância e não o simples contato, como na hipótese. Colaciona arestos para confronto de teses.

Sem razão.

Diante do quadro fático delineado no acórdão recorrido, não se configura a violação do art. 189 da CLT, porquanto a condenação nesse título é resultado do exercício judicial valorativo da prova pericial, concluindo o Tribunal Regional que o reclamante trabalhava, durante toda a jornada, em contato permanente com agentes químicos (óleo e graxa) e agente ruído excessivo, não sendo neutralizada a insalubridade pelos EPI's fornecidos.

O primeiro aresto de fls. 794/795 não contém a fonte oficial de publicação ou o repositório autorizado de jurisprudência em que foi publicado, em desacordo com o previsto na Súmula n. 337/TST. Já o paradigma de fl. 795, além de apresentar o mesmo erro formal, é oriundo do TRT da 3ª Região, prolator do acórdão recorrido (art. 896, "a", da CLT).

Não conheço.

REDUÇÃO DOS HONORÁRIOS PERICIAIS

O Tribunal Regional manteve o valor arbitrado para os honorários periciais (R$ 1.000,00), porque condizente com a extensão do trabalho realizado, com o grau de dificuldade da lide e com os gastos efetuados pelo perito (fl. 711).

A recorrente sustenta que o valor dos honorários periciais não condiz com a simplicidade do trabalho realizado pelo perito. Colaciona arestos ao confronto de teses.

Inviável o recurso.

O Tribunal Regional considerou que o valor arbitrado para os honorários periciais é condizente com o trabalho realizado pelo perito. Assim, para se adotar entendimento diverso, com vistas à redução do valor fixado, necessário seria o reexame do trabalho pericial, o que é vedado nesta fase recursal, nos termos da Súmula n. 126 do TST.

Nesse contexto, não se configura divergência jurisprudencial válida, nos termos da Súmula n. 296 do TST, na medida em que a matéria foi analisada e decidida segundo a especificidade do caso concreto, o que torna inespecíficos os arestos transcritos a cotejo.

Não conheço do recurso de revista.

ATUALIZAÇÃO DOS HONORÁRIOS PERICIAIS

O Tribunal Regional manteve o entendimento de que, em se tratando de perícia realizada em processo trabalhista, é correta a aplicação dos mesmos índices de atualização monetária aplicáveis aos débitos trabalhistas em geral.

No recurso de revista, a recorrente sustenta que o critério de atualização dos honorários periciais adotado no acórdão recorrido viola o art. 1º da Lei n. 6.899/81, o qual prevê o critério próprio para atualização monetária dos honorários periciais. Aponta violação do art. 5º, II, CF/88 e colaciona arestos ao confronto jurisprudencial.

Os arestos colacionados à fl. 797 autorizam o conhecimento do recurso de revista, na medida em que consagram tese oposta ao entendimento adotado na decisão recorrida, no sentido de que os honorários periciais sujeitam-se ao índice de correção monetária previsto na Lei n. 6.899/81.

Conheço do recurso, no particular, por divergência jurisprudencial.

HONORÁRIOS ADVOCATÍCIOS ASSISTENCIAIS

O Tribunal Regional manteve a condenação da reclamada ao pagamento de honorários advocatícios assistenciais, sob o fundamento de que foram satisfeitos os requisitos legais para a concessão da Justiça Gratuita, em face da assistência sindical e a declaração de miserabilidade jurídica apresentada pelo reclamante na inicial (fl. 712).

A reclamada sustenta não ser possível a condenação ao pagamento de honorários de assistência judiciária porque a declaração de pobreza apresentada pelo reclamante não atendeu aos pressupostos dos arts. 4º da Lei n. 1.060/50 e 14 da Lei n. 5.584/70. Colaciona arestos para confronto jurisprudencial.

Sem razão.

Conforme ficou consignado no acórdão proferido pelo Tribunal Regional, restaram preenchidos os dois pressupostos necessários para o cabimento dos honorários advocatícios na Justiça do Trabalho, nos termos da Súmula n. 219, I, e da Orientação Jurisprudencial n. 304 deste Tribunal Superior, quais sejam: a assistência pelo sindicato de classe e a declaração de pobreza pelo empregado ou seu advogado, na petição inicial, assim redigidas, respectivamente:

"SÚMULA N. 219. HONORÁRIOS ADVOCATÍCIOS. HIPÓTESE DE CABIMENTO. (incorporada a Orientação Jurisprudencial n. 27 da SDI-II, Res. 137/05 — DJ 22.08.05)

I — Na Justiça do Trabalho, a condenação ao pagamento de honorários advocatícios, nunca superiores a 15% (quinze por cento), não decorre pura e simplesmente da sucumbência, devendo a parte estar assistida por sindicato da categoria profissional e comprovar a percepção de salário inferior ao dobro do salário-mínimo ou encontrar-se em situação econômica que não lhe permita demandar sem prejuízo do próprio sustento ou da respectiva família. (ex-Súmula n. 219 — Res. 14/1985, DJ 19.09.1985)

II — É incabível a condenação ao pagamento de honorários advocatícios em ação rescisória no processo trabalhista, salvo se preenchidos os requisitos da Lei n. 5.584/70. (ex-OJ n. 27 — inserida em 20.09.00).

OJ N. 304 — HONORÁRIOS ADVOCATÍCIOS. ASSISTÊNCIA JUDICIÁRIA. DECLARAÇÃO DE POBREZA. COMPROVAÇÃO. DJ 11.08.03.

Atendidos os requisitos da Lei n. 5.584/70 (art. 14, § 2º), para a concessão da assistência judiciária, basta a simples afirmação do declarante ou de seu advogado, na petição inicial, para se considerar configurada a sua situação econômica (art. 4º, § 1º, da Lei n. 7.510/86, que deu nova redação à Lei n. 1.060/50)."

Nesse contexto, ao contrário do que sustenta a recorrente, o Tribunal Regional, no que tange aos honorários advocatícios assistenciais, proferiu decisão que não atrita com o disposto nos artigos 4º da Lei n. 1.060/50 e 14 da Lei n. 5.584/70, mas os prestigia.

Por fim, os arestos trazidos à colação não servem ao fim colimado, na forma do disposto no artigo 896, § 4º, da Consolidação das Leis do Trabalho, porquanto já superados pela jurisprudência atual desta Corte Superior. Incidência da Súmula n. 333 do TST.

Não conheço.

COMPENSAÇÃO

Quanto ao tema da compensação, o Tribunal Regional consignou o seguinte entendimento, *verbis*:

"Conforme bem observou o d. Colegiado 'a quo', não há que se falar em compensação, porque nada foi pago sob o mesmo título das parcelas deferidas. Com efeito, nada foi pago a título de adicional de insalubridade e reflexos, e as horas extras pagas nos recibos salariais se referem àquelas excedentes à 44ª semanal, que não foram objeto da condenação." (fl. 712)

A recorrente afirma que, ao indeferir a compensação de parcelas pagas, porventura pagas sobre o mesmo título, o Tribunal Regional violou o art. 767 da CLT. Colaciona arestos para confronto de teses.

Sem razão.

O Tribunal Regional decidiu que não há que se falar em compensação, porque nada foi pago sob o mesmo título das parcelas deferidas, o que não atrita com a literalidade do art. 767 da CLT.

Os julgados colacionados às fls. 797/798 são inservíveis a cotejo, nos termos da Súmula n. 296 do TST, porquanto versam sobre compensação de valores na fase de execução e a compensação do montante rescisório como forma de evitar o enriquecimento sem causa do reclamante, temas não abordados na decisão recorrida.

Não conheço.

MÉRITO

ATUALIZAÇÃO DOS HONORÁRIOS PERICIAIS

Prospera o pleito da recorrente.

A forma de atualização dos honorários periciais já é matéria pacificada nesta Corte, nos termos do entendimento consubstanciado na Orientação Jurisprudencial n. 198 da SBDI-1, *verbis*:

"HONORÁRIOS PERICIAIS. ATUALIZAÇÃO MONETÁRIA. Inserida em 08.11.00 Diferentemente da correção aplicada aos débitos trabalhistas, que têm caráter alimentar, a atualização monetária dos honorários periciais é fixada pelo art. 1º da Lei n. 6.899/81, aplicável a débitos resultantes de decisões judiciais. (Orientação Jurisprudencial n. 198 da SBDI-1/TST)"

Assim, o provimento do recurso é medida que se impõe, a fim de adaptar a decisão recorrida à jurisprudência iterativa, notória e atual do TST, no sentido de que a atualização monetária do débito relativo a honorários periciais é fixada de acordo com a previsão contida no art. 1º da Lei n. 6.899/81, nos termos da Orientação Jurisprudencial n. 198 da SBDI-1 desta Corte.

Diante do exposto, dou provimento ao recurso para determinar que a atualização monetária dos honorários periciais seja calculada de acordo com a previsão contida no art. 1º da Lei n. 6.899/81.

Isto posto,

Acordam os Ministros da Quinta Turma do Tribunal Superior do Trabalho, por unanimidade, conhecer do recurso de revista apenas quanto ao tema "atualização monetária dos honorários periciais", por divergência jurisprudencial e, no mérito, dar-lhe provimento, para determinar que a atualização monetária dos honorários periciais seja calculada de acordo com a previsão contida no art. 1º da Lei n. 6.899/81.

Brasília, 22 de novembro de 2006. *Walmir Oliveira da Costa*, relator.

PRESCRIÇÃO. AUSÊNCIA DE PREQUESTIONAMENTO. ACUMULAÇÃO DE CARGO PÚBLICO. IMPOSSIBILIDADE

RECURSO DE REVISTA. PRESCRIÇÃO. AUSÊNCIA DE PREQUESTIONAMENTO.

O Tribunal "a quo" não examinou a questão referente à prescrição, tampouco foram opostos embargos de declaração instando o pronunciamento. Dessarte, a matéria carece de imprescindível prequestionamento, a teor da Súmula n. 297, I, do TST.

ACUMULAÇÃO TRIPLA DE CARGOS PÚBLICOS. IMPOSSIBILIDADE. ART. 37, XVI, DA CONSTITUIÇÃO FEDERAL.

Na hipótese vertente, restou incontroverso que o Reclamante exerce três cargos públicos, quais sejam, dois de médico e um de professor. Verifica-se, assim, a ocorrência de cumulação tripla de cargos que, indubitavelmente, fere a disposição inserta no inciso XVI do art. 37 da Constituição Federal, vedada a invocação de direito adquirido, conforme precedentes do STF e STJ.

Recurso de revista parcialmente conhecido e provido.

(Processo n. TST-RR-749.243-2001-7 — Ac. 1ª Turma)

Vistos, relatados e discutidos estes autos de Recurso de Revista n. TST-RR-749.243/2001.7, em que é recorrente União (extinto Inamps) e recorrido Omar da Rosa Santos.

O Tribunal Regional do Trabalho da 1ª Região, por intermédio do acórdão às fls. 152-162, negou provimento ao recurso ordinário interposto pela Reclamada, bem como ao recurso *ex officio*, mantendo a sentença que deferiu a reintegração do Reclamante, ao argumento de que a cumulação de cargos, ainda que inconstitucional, agregou-se ao patrimônio jurídico do Empregado.

Inconformada, a União interpõe recurso de revista (fls. 167-171), o qual foi inadmitido mediante a decisão à fl. 177, tendo seu processamento garantido, em face do provimento do agravo de instrumento, conforme certidão à fl. 260.

Contrarrazões às fls. 264-268.

O Ministério Público do Trabalho, mediante o parecer às fls. 274-276, opinou pelo provimento do apelo.

É o relatório.

VOTO

CONHECIMENTO

Satisfeitos os pressupostos genéricos de admissibilidade do recurso de revista quanto à regularidade de representação (Orientação Jurisprudencial n. 52 da SBDI-1 do TST) e tempestividade (fls. 166-167), e restando desnecessário o preparo (arts. 790-A da CLT e 1º, IV, do Decreto-Lei n. 779/1969), passa-se ao exame dos requisitos específicos do recurso.

PRESCRIÇÃO

O Tribunal Regional do Trabalho da 1ª Região, por intermédio do acórdão às fls. 152-162, negou provimento ao recurso ordinário interposto pela Reclamada, bem como ao recurso *ex officio*, mantendo a sentença que deferiu a reintegração do Reclamante, ao argumento de que a cumulação de cargos, ainda que inconstitucional, agregou-se ao patrimônio jurídico do Empregado.

No recurso de revista, a União aduz que a Corte de origem, ao não reconhecer a prescrição da pretensão, teria violado o art. 7º, XXIX, da Constituição da República. Alega que o término do contrato de trabalho se deu em abril de 1990 e a ação somente teria sido ajuizada em maio de 1992, quando expirado o prazo previsto na Carta Magna. Transcreve aresto para o cotejo de teses.

Sem razão.

O Tribunal *a quo* não examinou a questão referente à prescrição, tampouco foram opostos embargos de declaração instando o pronunciamento. Dessarte, a matéria carece de imprescindível prequestionamento, a teor da Súmula n. 297, I, do TST.

NÃO CONHEÇO.

ACUMULAÇÃO TRIPLA DE CARGOS PÚBLICOS. IMPOSSIBILIDADE

Estes os fundamentos expendidos pelo Tribunal Regional às fls. 152-162, *in verbis*.

"Inocorreu a alegada ofensa à Carta Magna, pois o que a r. sentença salvaguardou foi o direito adquirido do ora recorrido.

Em assim sendo, nenhum reparo merece a r. sentença a quo, como entendeu a D. Procuradoria, devendo ser a mesma prestigiada pelo que adoto-a, como razões de decidir, pedindo vênia para transcrevê-la, in verbis:

'(...)

Em resumo, consiste o problema em saber se o autor foi coagido a pedir exoneração de um dos cargos que supostamente acumulava indevidamente no antigo INAMPS e se os atos praticados por este podem ser considerados exercício normal de um direito.

(...)

Entretanto, há um fator que precisa ser considerado: o artigo 100 do Código Civil, que diz 'Não se considera coação ameaça do exercício normal de um direito (omissis)'...

Aí está o problema: as ameaças, embora veladas, da Comissão de Inquérito (ou investigação), seriam o exercício normal de um direito? Não há como responder a esta pergunta sem analisar-se o problema da acumulação de cargos, especialmente no caso do reclamante, que já os acumulava desde 1966, ou seja, por 24 anos.

Como já dito acima, a análise fria da lei não ajuda o autor.

Com efeito, a Constituição de 46 (que regia a situação de fato e de direito à época), dizia em seu artigo 185:

'É vedada a acumulação de quaisquer cargos, exceto a prevista no art. 96, n. I, e a de dois cargos de magistério ou de um destes com outro técnico ou científico, contanto que haja correlação de matérias e compatibilidade de horário'.

O artigo 96, I, não falava da possibilidade de acumulação de três cargos.

A interpretação de que a Escola de Medicina e Cirurgia, posteriormente integrada à Uni-Rio, Fundação Pública, não faz parte da Administração Pública para efeitos de acumulação é casuística, pois sua natureza jurídica sempre foi a de Direito Público.

Verifica-se assim que o autor acumulou cargos, indevidamente à época, desde sua admissão na escola de Medicina e Cirurgia.

A solução do caso, porém não segue por este caminho.

A Constituição de 1867 regulou a matéria no artigo 97, que vedava a acumulação, excetuando as seguintes hipóteses:

— a de juiz com um cargo de professor;

— a de dois cargos de professor;

— a de um cargo de professor com outro técnico ou científico;

— a de dois cargos privativos de médico.

Previu-se ainda que mesmo assim a acumulação só seria permitida se houvesse correlação de matérias e compatibilidade de horários, estendendo a proibição a cargos, funções ou empregos em autarquias, empresas públicas e sociedades de economia mista.

A Emenda Constitucional de 1969 só modificou o número do artigo que passou a ser 99, mantendo, na íntegra, o texto anterior quanto a esta matéria.

Observe-se que os textos deixaram 'de fora' o caso das Fundações. Beste sentido poder-se-ia argumentar, desta vez, sem casuísmo, como fez o autor em sua bem lançada petição inicial, que o reclamante adquiriu direito (aplicação imediata da norma mais benéfica), com a Constituição de 67, de acumular o terceiro cargo (professor na Escola de Medicina e Cirurgia) por ser fundação e este direito foi subjetivado, só podendo ser atingido por texto constitucional expresso em sentido contrário. Bastante jurídica a tese.

(...)

Mas a solução do caso, ainda aqui, não segue por este caminho, como se verá mais adiante.

Houve alterações legislativas, chegando a jurisprudência e doutrina a permitir a acumulação, como salientado na inicial, até que a Constituição de 1988 regulou a matéria no artigo 37, XVI, já reproduzida na contestação inclusive com os decretos regulamentadores da matéria. Deixa-se de transcrever para que esta sentença não fique maior do que se deseja (como já ocorre), pois se torna enfadonha e desestimula a leitura.

Em resumo esta é a evolução histórica da legislação constitucional sobre o tema.

Deste modo, conclui-se que há razões para rejeitar-se o pedido, em interpretação literal da Lei Maior, por considerar-se a ameaça perpetrada como exercício normal de um direito, assim como há razões para acolher-se o pedido, em interpretação doutrinária e sistemática.

Uma interpretação histórica irá revelar que o motivo que levou o Legislador, desde 46 a proibir a acumulação de cargos públicos, foi a ideia de democratizar o acesso de pessoas aos cargos da Administração Pública, evitando-se que poucos se beneficiassem da estabilidade funcional e financeira que os mesmos proporcionam (ou proporcionavam).

É justa. É louvável. Deve ser cumprido.

Qualquer caso de acumulação deve ser visto a partir destes princípios. Entretanto os princípios devem, assim como as leis, ser interpretados a partir dos fatos que lhe serviram de suporte, sem esquecer o caso concreto que se aprecia.

Desta forma eis a solução que entende este colegiado deve ser dada ao caso.

Um dos princípios mais notáveis que rege o Direito é o da CONVALIDAÇÃO, vale dizer, dar jurisdicidade a fatos considerados até então contrários ao Direito.

(...)

Mesmo que ilegal está ela convalidada. Lembrando-se que aqui não se está falando de convalidação no sentido administrativo estrito, que se refere a convalidação pela própria administração pública. Neste caso não se convalida ato considerado ilegal.

(...)

Poderíamos ainda trazer à lembrança que a prescrição administrativa se dá, no máximo com cinco anos, após as quais se extingue a pretensão administrativa (Hely Lopes Meirelles) ou em 20 anos (igual ao Direito Civil) como argumenta Celso Antônio Bandeira de Mello (*in*, Direito Administrativo, Maria Sylvia Zanella Di Pietro, Atlas, 3ª edição, pág. 426).

Se o Direito convalida o homicídio, o roubo, as lesões administrativas, com o passar do tempo não há como não considerar a convalidação da acumulação do autor, sob pena de grave injustiça, mormente se for considerado que o interesse público assim está determinando.

(...)

O autor é médico competente, organizador da nefrologia do Hospital do Andaraí e do Hospital Uni-Rio, acumulou experiência como médico e professor durante 24 anos, sem qualquer impugnação por parte da Administração, para ser tratado como alguém que fosse apadrinhado político (o que existe e muito) e tivesse entrado "pela janela" aos serviços públicos. Nada disso. Fez concurso público para todos os cargos; possui perfeita compatibilidade de horários e de matéria, não pode ser substituído por qualquer novo médico, até porque com os salários que se pagam aos médicos, na Administração Pública, hoje em dia, não se irá conseguir ninguém quanto mais de gabarito e competência.

Todos os dias se lê nos jornais a enorme quantidade de exonerações de médico face aos baixos salários e a falta de condições de trabalho. Como retirar alguém que tem a coragem de ficar? Que ainda judicialmente por isso? É injustiça demais para ser agasalhada pelo Judiciário, mesmo que aparentemente esteja violando a lei.

Aparentemente, pois como já visto, o Direito tem suas soluções para este caso.

Não se trata de dizer que é permitida a acumulação de cargos. Não, não é. Neste caso dos autos, trazido ao Judiciário, neste caso sim. A situação peculiar permite.

Por esta linha de raciocínio, mais se poderia dizer entretanto, acredita-se ser suficiente para demonstrar porque a solução do caso deve favorecer ao autor e indiretamente favorecer até a própria Administração Pública, a partir da manutenção do mesmo nos cargos que exerce.

Considera-se assim que a coação não foi o exercício normal de um direito (não neste caso), sendo portanto anulável.

(...)

Assim acolhe-se parcialmente o pedido de nulidade da demissão para considerar-se anulada a exoneração.

Defere-se parcialmente a reintegração para deferir a volta ao serviço com os salários a partir de então, na classe referências pedidas.

Defere-se o pedido de incorporação dos benefícios inerentes ao cargo desde maio de 90 até a volta ao serviço.

Pelo exposto, *nego provimento* ao recurso voluntário da Ré e à remessa necessária, para manter a r. sentença *a quo*." (Grifei)

No recurso de revista, a Reclamada alega que a determinação de reintegração do Reclamante afrontaria a proibição constitucional de acúmulo de cargos públicos. Aduz que o Poder Judiciário pode, somente, estabelecer o pagamento de verbas que estiverem previstas em lei, sob pena de usurpação de competência, pois caberia ao Poder Executivo dispor sobre vencimentos e salários dos servidores públicos. Indica violação dos arts. 2º e 37, XVI e XVII, da Constituição da República.

Com razão.

A vedação à acumulação de cargos públicos constitui tradição no ordenamento jurídico brasileiro e remota aos tempos da Monarquia, como se depreende da leitura do Decreto de 18 de junho de 1822, *verbis*:

"Não tendo sido bastantes as repetidas determinações ordenadas pelos Senhores Reis destes Reinos na Carta Régia de 6 de maio de 1623, no Alvará de 8 de janeiro de 1627, no Decreto de 28 de julho de 1668 e mais Ordens Régias concordantes com eles, pelos quais se proíbe que seja reunido em uma só pessoa mais de um ofício ou emprego e vença mais de um ordenado; resultando do contrário manifesto dano e prejuízo à Administração Pública e às partes interessadas, por não poder de modo ordinário um tal empregado público ou funcionário cumprir as funções e as incumbências de que é duplicadamente encarregado, muito principalmente sendo incompatíveis esses ofícios e empregos; e acontecendo, ao mesmo tempo, que alguns desses empregados e ofícios recebem ordenados por aqueles mesmos que não exercitam, ou por serem incompatíveis ou por concorrer o seu expediente nas mesmas horas, em que se acham ocupados em outras repartições." (*in*: PONTES DE MIRANDA, Francisco Cavalcanti, *Comentários à Constituição de 1967*, t. III, 2ª ed., São Paulo: Revistas dos Tribunais, 1970, p. 484-485).

Tal proibição, como visto acima, revela a preocupação do legislador em romper com a antiga concepção de que aos agentes do Estado era permitido favorecer os integrantes de um pequeno grupo, brindando-os com diversas funções públicas, ferindo os princípios da impessoalidade e da moralidade que devem orientar a Administração Pública.

Esse entendimento, inclusive, se faz solidamente presente na Constituição de 1988, que preceitua, *in litteris*:

"Art. 37. A administração pública direta e indireta de qualquer dos Poderes da União, dos Estados, do Distrito Federal e dos Municípios obedecerá aos princípios de legalidade, impessoalidade, moralidade, publicidade e eficiência e, também, ao seguinte:

(...)

XVI — é vedada a acumulação remunerada de cargos públicos, exceto, quando houver compatibilidade de horários, observado em qualquer caso o disposto no inciso XI:

a) a de dois cargos de professor; (Incluída pela Emenda Constitucional n. 19, de 1998);

b) a de um cargo de professor com outro técnico ou científico;

c) a de dois cargos ou empregos privativos de profissionais de saúde, com profissões regulamentadas;

XVII — a proibição de acumular estende-se a empregos e funções e abrange autarquias, fundações, empresas públicas, sociedades de economia mista, suas subsidiárias, e sociedades controladas, direta ou indiretamente, pelo poder público."

Na hipótese vertente, restou incontroverso que o Reclamante exercia três cargos públicos, quais sejam dois de médico e um de professor. Verifica-se, assim, a ocorrência de acumulação tripla de cargos, que, indubitavelmente, fere a disposição inserta no inciso XVI do art. 37 da Constituição Federal.

Ademais, diversamente do asseverado pelo Tribunal Regional, não há falar em direito adquirido. A investidura em cargo público constitui ato administrativo e, por isso, pode ser anulada a qualquer tempo pela Administração Pública quando constatar a ocorrência de vício que o torna ilegal, pois dele não surge direito, a teor das Súmulas ns. 346 e 473 do Supremo Tribunal Federal e do que dispõe o art. 17, *caput*, do ADCT/88.

Ressalte-se, ainda, que, em consonância com o entendimento aqui esposado, o Supremo Tribunal Federal e o Superior Tribunal de Justiça, assim já se pronunciaram:

"CONSTITUCIONAL. ADMINISTRATIVO. SERVIDOR PÚBLICO. PROFESSOR. TRIPLA ACUMULAÇÃO DE CARGOS. INVIABILIDADE. TRANSCURSO DE GRANDE PERÍODO DE TEMPO. IRRELEVÂNCIA. DIREITO ADQUIRIDO. INEXISTÊNCIA. 1. Esta Corte já afirmou ser inviável a tripla acumulação de cargos públicos. Precedentes: RE 141.376 e AI 419.426-AgR. 2. Sob a égide da Constituição anterior, o Plenário desta Corte, ao julgar o RE 101.126, assentou que "as fundações instituídas pelo Poder Público, que assumem a gestão de serviço estatal e se submetem a regime administrativo previsto, nos Estados-membros, por leis estaduais são fundações de direito público, e, portanto, pessoas jurídicas de direito público". Por isso, aplica-se a elas a proibição de acumulação indevida de cargos. 3. Esta Corte rejeita a chamada "teoria do fato consumado". Precedente: RE 120.893-AgR 4. Incidência da primeira parte da Súmula STF n. 473: "a administração pode anular seus próprios atos, quando eivados de vícios que os tornam ilegais, porque deles não se originam direitos". 5. O direito adquirido e o decurso de longo tempo não podem ser opostos quanto se tratar de manifesta contrariedade à Constituição. 6. Recurso extraordinário conhecido e provido." (STF, RE 381204/RS, Rel. Min. Ellen Gracie, DJ de 11.11.2005)

"ADMINISTRATIVO. CUMULAÇÃO DE TRÊS CARGOS DE MÉDICO. SITUAÇÃO CONSOLIDADA NA VIGÊNCIA DA CARTA DE 1969. DIREITO ADQUIRIDO. INEXISTÊNCIA. 1 — Doutrina e jurisprudência são assentes no sentido de que, contra o Poder Constituinte Originário não se pode opor a alegação de direito adquirido, daí porque, ainda que tenha a situação da recorrente se consolidado na vigência da ordem constitucional anterior, a cumulação de três cargos remunerados de médico, na Administração Pública é írrita, a teor do que dispõe o art. 37, incisos XVI e XVII, da CF/88. Precedentes do STF e desta Corte. 2 — Recurso ordinário improvido." (STJ, RMS 9555/CE, Rel. Min. Fernando Gonçalves, DJ de 13.08.2001)

"CONSTITUCIONAL — ADMINISTRATIVO — RECURSO EM MANDADO DE SEGURANÇA — ACUMULAÇÃO DE CARGOS — MÉDICA — AUSÊNCIA DE DIREITO ADQUIRIDO. 1 — A teor do art. 37, XVI da CF, é vedada a acumulação remunerada de cargos públicos, exceto as espécies elencadas no referido artigo, inadmitindo-se, todavia, qualquer hipótese de tríplice acumulação. 2 — Inexistência de direito adquirido, por violação de texto e autolimitação expressa da Constituição Federal. 3 — Recurso que se nega provimento." (STJ, RMS 9971/CE, Rel. Min. Jorge Scartezzini, DJ de 14.02.2000)

Pelo exposto, CONHEÇO do recurso de revista por violação ao art. 37, XVI, da Constituição da República.

MÉRITO

ACUMULAÇÃO TRIPLA DE CARGOS PÚBLICOS. IMPOSSIBILIDADE

Conhecido o recurso de revista por violação do art. 37, XVI, da Constituição da República, DOU-LHE PROVIMENTO para, reformando o acórdão recorrido, julgar improcedentes os pedidos formulados na petição inicial.

Isto posto,

Acordam os Ministros da Primeira Turma do Tribunal Superior do Trabalho, por unanimidade, conhecer do recurso de revista, apenas quanto à acumulação de cargos públicos, por violação do art. 37, XVI, da Constituição da República, e, no mérito, dar-lhe provimento para, reformando o acórdão recorrido, julgar improcedentes os pedidos formulados na petição inicial, com inversão do ônus da sucumbência.

Brasília, 04 de junho de 2008. *Walmir Oliveira da Costa*, relator.

PRESCRIÇÃO. INTERRUPÇÃO

RECURSO DE REVISTA. PROCEDIMENTO SUMARÍSSIMO. PRESCRIÇÃO. INTERRUPÇÃO. AJUIZAMENTO DE AÇÃO ANTERIOR. REINÍCIO DA CONTAGEM DO BIÊNIO E DO QUINQUÊNIO PRESCRICIONAL.

A jurisprudência iterativa, notória e atual desta Corte Superior orienta-se no sentido de que a Súmula n. 268 não faz nenhuma distinção entre a prescrição bienal e a quinquenal. A ação trabalhista proposta anteriormente, com idênticos pedidos, interrompe a prescrição e marca o início da contagem do quinquênio prescricional a ser observado na renovação da demanda. Ou seja, reinicia-se o cômputo do prazo prescricional, na forma dos arts. 219, I, do CPC e 202, parágrafo único, do Código Civil de 2002. Dessa orientação divergiu o acórdão recorrido.

Recurso de revista conhecido e provido.

(Processo n. TST-RR-170.800-75-2007-5-15-0001 — Ac. 1ª Turma)

Vistos, relatados e discutidos estes autos de Recurso de Revista n. TST-RR-170800-75.2007.5.15.0001, em que é recorrente Adriana Rocha de Souza e recorrida Mappin Lojas de Departamentos S.A.

O TRT da 15ª Região, em causa submetida ao procedimento sumaríssimo, negou provimento ao recurso ordinário interposto pela reclamante, mantendo a sentença que extinguira o processo, com resolução de mérito, por força da prescrição quinquenal, não albergada pela Súmula n. 268 do TST.

Dessa decisão a reclamante interpõe recurso de revista, às fls. 98-104, no qual aponta o conflito com a Súmula n. 268 do TST.

Decisão de admissibilidade do recurso às fls. 106-107, sem apresentação de contrarrazões (Certidão à fl. 108).

Desnecessária a remessa dos autos ao Ministério Público do Trabalho, na forma regimental.

É o relatório.

VOTO

CONHECIMENTO

Presentes os pressupostos extrínsecos de admissibilidade, analiso os específicos de cabimento do recurso de revista.

PRESCRIÇÃO. INTERRUPÇÃO. AJUIZAMENTO DE AÇÃO ANTERIOR. REINÍCIO DA CONTAGEM DO BIÊNIO E DO QUINQUÊNIO PRESCRICIONAL

O TRT da 15ª Região, em causa submetida ao procedimento sumaríssimo, negou provimento ao recurso ordinário interposto pela reclamante, mantendo a sentença que extinguira o processo, com resolução de mérito, por força da prescrição quinquenal, entendendo que a "dicção da Súmula n. 268 do C. TST é dirigida ao direito de ação", de modo que "a interrupção do biênio para propositura de nova ação não atinge o quinquênio prescricional assestado contra o direito material de pleitear verbas inadimplidas durante o contrato de trabalho. Assim, ajuizada a ação em 21.02.2006, estão cobertos pela prescrição eventuais direitos anteriores a 21.02.2001, valendo dizer que, resolvido o liame empregatício em 29.07.1999 com a decretação da falência da Reclamada, todas as postulações devem ser extintas com resolução do mérito, nos termos do art. 269, inciso IV, do CPC" (fl. 94).

Nas razões do recurso de revista, o reclamante alega que o julgamento foi contrário à Súmula n. 268 do TST, uma vez que não se pode considerar a prescrição quinquenal aventada, devendo ser provido o recurso e devolvida a matéria para prolação de nova decisão, com apreciação do mérito. Transcreve arestos para cotejo.

À análise.

Diante da restrição imposta no art. 896, § 6º, da CLT, tratando-se de recurso de revista em demanda submetida ao procedimento sumaríssimo, não tem cabimento a indicação de divergência jurisprudencial.

Todavia, o recurso é viável em face do conflito interpretativo relacionado à diretriz da Súmula n. 268 desta Corte, que tem a seguinte redação:

"PRESCRIÇÃO. INTERRUPÇÃO. AÇÃO TRABALHISTA ARQUIVADA (nova redação) — Res. 121/2003, DJ 19, 20 e 21.11.2003

A ação trabalhista, ainda que arquivada, interrompe a prescrição somente em relação aos pedidos idênticos."

No caso concreto, não resta dúvida quanto à repetição de reclamatória anteriormente arquivada, contendo pedidos idênticos, nos termos da Súmula n. 268, cuja interpretação que lhe emprestou a Corte de origem dissente do entendimento deste Tribunal Superior acerca do tema.

Com efeito, a jurisprudência iterativa, notória e atual desta Corte Superior orienta-se no sentido de que a Súmula n. 268 não faz nenhuma distinção entre a prescrição bienal e a quinquenal. A ação trabalhista proposta anteriormente, com idênticos pedidos, interrompe a prescrição e marca o início da contagem do quinquênio prescricional a ser observado na renovação da demanda. Ou seja, reinicia-se o cômputo do prazo prescricional, na forma dos arts. 219, I, do CPC e 202, parágrafo único, do Código Civil de 2002.

De modo que o ajuizamento da reclamação trabalhista interrompe a contagem do prazo prescricional no tocante aos pedidos nela formulados, tanto em relação à prescrição total quanto à parcial, sob pena de tornar-se írrita a regra que determina a interrupção do prazo prescricional decorrente do ajuizamento da ação anterior, ferindo a lógica jurídica.

Robustecem tais fundamentos os julgados transcritos a seguir:

"PRESCRIÇÃO QUINQUENAL. INTERRUPÇÃO DO PRAZO PRESCRICIONAL PELO AJUIZAMENTO DE DEMANDAS ANTERIORES COM IDÊNTICO PEDIDO. 1. A demanda trabalhista, ainda que arquivada, interrompe a prescrição (Súmula n. 268 desta Corte superior). 2. O ajuizamento de reclamação trabalhista interrompe a contagem do prazo prescricional no tocante aos pedidos nela formulados, tanto em relação à prescrição total quanto à parcial. Tal regra também se aplica, por óbvio, à reclamação ajuizada sucessivamente a outra extinta, desde que idênticos os pedidos formulados em ambas as ações. 3. Afigura-se incompatível com a lógica jurídica admitir a interrupção da contagem do lapso prescricional apenas em relação à prescrição nuclear e, simultaneamente, o seu prosseguimento quanto à prescrição parcial. Tal situação renderia ensejo ao paradoxo de admitir que o empregado, mesmo tendo deduzido sua pretensão no prazo prescricional (considerando a interrupção ocasionada pela ação anterior), vê-la totalmente fulminada pela ocorrência da prescrição parcial. 4. Recurso de embargos conhecido e não provido." (E-RR-642.748-46.2000.5.09.5555 — Relator Ministro Lelio Bentes Corrêa — DEJT — 26.02.2010).

Precedentes: EEDRR 1202600-56.2002.5.02.0902 — Min. João Batista Brito Pereira DEJT 23.04.2010 — Decisão unânime ERR 91774/2003-900-01-00.0 — Min. João Batista Brito Pereira DEJT 17.04.2009 — Decisão unânime ERR 625457/2000 — Min. Vantuil Abdala DEJT 29.10.2009 — Decisão unânime EEDRR 1257/2001-663-09-00.0 — Min. Maria de Assis Calsing DEJT 27.03.2009 — Decisão unânime EEDRR 348/2005-012-03-00.3 — Min. Maria de Assis Calsing DJ 27.06.2008 — Decisão unânime ERR 497368/1998 — Min. Lelio Bentes Corrêa DJ 14.12.2007 — Decisão unânime ERR 1505/2000-055-01-00.2 — Min. Maria Cristina Irigoyen Peduzzi DJ 26.10.2006 — Decisão unânime ERR 587914/1999 — Min. Maria Cristina Irigoyen Peduzzi DJ 27.10.2006 — Decisão unânime ERR 4713/2000-016-09-00.7 — Min. Carlos Alberto Reis de Paula DJ 11.11.2005 — Decisão por maioria RR 222/2005-036-02-00.4, 1ªT — Min. Vieira de Mello Filho DEJT 17.10.2008 — Decisão unânime RR 93316/2003-900-02-00.0, 1ªT — Min. João Oreste Dalazen DJ 17.03.2006 — Decisão unânime RR 289/2001-043-15-85.5, 2ªT — Min. Renato de Lacerda Paiva DEJT 20.02.2009 — Decisão unânime RR 3185/2000-019-09-00.8, 6ªT — Min. Aloysio Corrêa da Veiga DEJT 13.02.2009 — Decisão unânime RR 95863/2003-900-04-00.0, 7ªT — Min. Guilherme Augusto Caputo Bastos DEJT 09.10.2009 — Decisão unânime.

Dessa orientação dissentiu o acórdão recorrido, o que autoriza o conhecimento e provimento do recurso de revista, uma vez já pacificada a jurisprudência acerca do tema.

Do exposto, CONHEÇO do recurso de revista por conflito com o teor da Súmula n. 268 do TST.

MÉRITO

PRESCRIÇÃO. INTERRUPÇÃO. AJUIZAMENTO DE AÇÃO ANTERIOR. REINÍCIO DA CONTAGEM DO BIÊNIO E DO QUINQUÊNIO PRESCRICIONAL

No mérito, conhecido o recurso de revista por conflito com o teor da Súmula n. 268 do TST, DOU-LHE PROVIMENTO para, reformando o acórdão recorrido, afastar a prescrição quinquenal, determinando o retorno dos autos à Vara do Trabalho de origem a fim de que julgue o mérito, como entender de direito. Invertido o ônus da sucumbência.

Isto posto,

Acordam os Ministros da Primeira Turma do Tribunal Superior do Trabalho, por unanimidade, conhecer do recurso de revista, por conflito com o teor da Súmula n. 268 do TST, e, no mérito, dar-lhe provimento para, reformando o acórdão recorrido, afastar a prescrição quinquenal, determinando o retorno dos autos à Vara do Trabalho de origem a fim de que julgue o mérito, como entender de direito. Invertido o ônus da sucumbência.

Brasília, 08 de setembro de 2010. *Walmir Oliveira da Costa*, relator.

RESPONSABILIDADE SUBSIDIÁRIA. ADMINISTRAÇÃO PÚBLICA

RECURSO DE REVISTA. CONTRATO DE PRESTAÇÃO DE SERVIÇOS. RESPONSABILIDADE SUBSIDIÁRIA DA ADMINISTRAÇÃO PÚBLICA NÃO CARACTERIZADA. CONSTITUCIONALIDADE DO ART. 71, § 1º, DA LEI N. 8.666/93. ADC N. 16-DF.

Não caracterizada a conduta culposa do tomador dos serviços no cumprimento das obrigações da Lei n. 8.666/93, tampouco sendo possível se invocar a responsabilidade objetiva da Administração Pública, haja vista a decisão proferida pelo STF na ADC n. 16-DF, que declarou a constitucionalidade do art. 71, § 1º, da Lei n. 8.666/93, não subsiste a condenação da Petróleo Brasileiro S.A. — Petrobras como responsável subsidiário. Nos termos do item V da Súmula n. 331 desta Corte Superior, na redação aprovada pela Res. n. 174/2011, a aludida responsabilidade não decorre de mero inadimplemento das obrigações trabalhistas assumidas pela empresa regularmente contratada. Dessa jurisprudência uniforme dissentiu o acórdão do Tribunal Regional de origem.

Recurso de revista conhecido e provido.

(Processo n. TST-RR-119.300-03-2006-5-21-0012 — Ac. 1ª Turma)

Vistos, relatados e discutidos estes autos de Recurso de Revista n. TST-RR-119300-03.2006.5.21.0012, em que é recorrente Petróleo Brasileiro S.A. — Petrobras e são recorridos Hamilton de Araújo Lima e Skanska Brasil Ltda.

O Tribunal Regional negou provimento ao recurso ordinário interposto pela reclamada.

A Petrobras interpõe recurso de revista, na forma do art. 896, "a" e "c", da CLT.

Recebido o recurso, mediante decisão às fls. 774-776, não foram apresentadas as contrarrazões ao recurso de revista (certidão à fl. 780).

Dispensada a remessa dos autos ao Ministério Público do Trabalho, em face do disposto no art. 83, § 2º, do Regimento Interno do TST.

É o relatório.

VOTO

CONHECIMENTO

Satisfeitos os pressupostos de admissibilidade pertinentes à tempestividade (acórdão publicado em 27.06.2008 e recurso protocolizado em 07.07.2008), à representação processual (fls. 766-768). Atendidos os requisitos extrínsecos de admissibilidade, passa-se ao exame dos pressupostos intrínsecos do recurso de revista.

CONTRATO DE PRESTAÇÃO DE SERVIÇOS. RESPONSABILIDADE SUBSIDIÁRIA DA ADMINISTRAÇÃO PÚBLICA. CONSTITUCIONALIDADE DO ART. 71, § 1º, DA LEI N. 8.666/93. ADC N. 16-DF

O Tribunal Regional negou provimento ao recurso ordinário interposto pela Petrobras adotando, quanto ao tema, os seguintes fundamentos, *verbis*:

"Do mérito Recurso da Petrobras

Da responsabilidade subsidiária. Contrato por obra certa descaracterizado. Incidência da Súmula 331, IV do c TST

Nas razões de recurso, a litisconsorte alinha diversos argumentos, desde a legitimidade do processo licitatório para a contratação da reclamada principal até a suposta violação de dispositivos de leis federais pela decisão recorrida, buscando fundamentar a sua ilegitimidade passiva e a inexistência de responsabilidade subsidiária, alegando, em suma, ter contratado obra de engenharia, não se tratando de terceirização de serviços, incidindo na espécie o disposto na Orientação Jurisprudencial n. 191 do TST

Pormenorizamos a análise das questões postas, iniciando com a tese da ilegitimidade passiva, para, de pronto, rejeitá-la

A jurisprudência laboral brasileira está sedimentada no entendimento de que a legitimidade, no processo trabalhista, decorre da simples indicação da parte a formar um dos polos da relação processual, ou seja, *in status assertiones*, remetendo-se ao mérito da lide a resolução do litígio, sobre a procedência ou não dos pedidos relacionados ao apontado contrato trabalhista ou decorrentes da relação de trabalho

Logo, descabe a pretensão da recorrente em se ver excluída da relação processual, posto que foi chamada à lide para responder de forma indireta, caso saia vencedora a pretensão da parte reclamante

Superado este aspecto, deve-se salientar que é pacífica a jurisprudência no sentido de que inexiste responsabilidade subsidiária no típico contrato de empreitada — excetuando-se a subempreitada do art 455 da CLT — através do qual a empresa contrata a execução de obra certa, enquadrando-se na hipótese de dono da obra, nos termos da refenda OJ n º 191 da SBDI-1 do TST Este era o entendimento que mantinha esta Relatora em relação ao invocado contrato de obra certa entre a Petrobras e a Engequip.

Todavia, evoluindo em direção à posição majoritária deste Tribunal, no caso especifico, passa-se à observação de que os elementos dos autos desautorizam as assertivas da litisconsorte, pois esta não se desincumbiu do ônus probatório que lhe cabia, notadamente quanto aos termos do contrato firmado com a reclamada principal, de cópia juntada às fls. 220/238, cujo objeto descrito na cláusula primeira inclui prestação de serviços de 'construção e montagem de instalações industriais de produção de petróleo e gás natural, inclusive redes de dutos, sistemas de recuperação secundária e outras instalações no âmbito da Gerência de Operação da Produção de Canto do Amaro (OP-CAM)', descaracterizando, assim, a contratação na modalidade de obra certa, sequer definida pela recorrente.

Para os fins da OJ n º 191 da SBDI-1 do colendo TST, a obra deve ser certa quanto ao seu objeto, não podendo este se multifacetar em inúmeras atividades, sob pena de sugerir a desfiguração do seu objeto, especialmente no que diz respeito às prestações de serviços que dele decorrem O caso em comento registra a existência de anexos ao contrato, conforme sua cláusula 21a, em que se dispõe sobre inúmeras funções, o que legitima a tese de desvirtuamento do objeto contratual, a afastar a incidência da mencionada orientação jurisprudencial.

Um outro elemento desponta em desfavor da recorrente Cabia-lhe comprovar os termos inicial e final da obra tida como certa, ainda que por aproximação, para que se pudesse enquadrar a presente hipótese àquela prevista na OJ n º 191 da SDI-1 do colendo TST Bem verdade que o refendo contrato prevê o prazo conclusivo de 1095 dias, todavia tal cláusula se revestiu de natureza programática, pois condicionou a contagem do dito prazo "à data do início dos serviços estabelecida na primeira Autorização de Serviços — AS" Não cuidou a recorrente de juntar tal comprovante, com vistas a que se pudesse aferir o fiel cumprimento da cláusula de obra certa.

Portanto, afastada a hipótese de dono da obra, configura-se a situação de terceirização de mão de obra, pois devidamente comprovada a prestação de serviços pelo recorrido no âmbito de trabalho da recorrente, ao contrario do que alega, respondendo esta de forma subsidiária, pelos débitos trabalhistas porventura não adimplidos pela reclamada principal.

Com vistas a exaurir a análise dos argumentos recursais, rechaçam-se as alegações de violação de leis federais — artigos 265 do Código Civil e 71 da Lei n. 8 666/93 Sedimentado neste Tribunal o entendimento de que a responsabilização do tomador dos serviços pelos débitos trabalhistas não satisfeitos pela empresa prestadora de serviços aos seus empregados não configura afronta a qualquer preceito legal, pois a construção jurisprudencial da Súmula 331 tem referência jurídica exatamente na invocada Lei das Licitações Públicas, assim como na exegese ao comando legal disciplinador da responsabilidade contratual, em impositiva conformidade com os preceitos constitucionais da dignidade da pessoa humana e dos valores sociais do trabalho e da livre iniciativa (artigo I, III e IV, CF/88), além de direitos outros que visem à melhoria das condições sociais dos trabalhadores (artigo 7º, *caput*, CF/88).

Assim sendo, a responsabilidade atribuída por força do que dispõe a Súmula n. 331, IV, do TST, que impõe ao tomador do serviço a responsabilidade subsidiária quanto aos encargos trabalhistas inadimplidos pelo empregador, foi adequadamente aplicada na decisão de primeiro grau, desmerecendo qualquer censura.

Mantém-se a sentença no particular.

A recorrente sustenta, em suma, que o art. 71, § 1º, da Lei n. 8.666/93, afasta a responsabilidade do Poder Público pelas obrigações trabalhistas das pessoas jurídicas que lhe prestam serviços. Aponta violação dos arts. 5º, II, 37, § 6º, 173, § 1º, II e III, da Constituição Federal, 927 do Código Civil, 455 da CLT, contrariedade à Súmula n. 331, IV, do TST, bem assim transcreve arestos ao cotejo de teses.

O recurso alcança conhecimento.

Da leitura dos fundamentos do acórdão do Tribunal Regional, não há como se aferir que a ora recorrente, na condição de tomadora dos serviços, adotou conduta culposa na contratação e fiscalização das obrigações previstas na Lei n. 8.666/93, conforme a orientação atual da Súmula n. 331, V, desta Corte Superior, que dispõe, *verbis*:

'CONTRATO DE PRESTAÇÃO DE SERVIÇOS. LEGALIDADE (nova redação do item IV e inseridos os itens V e VI à redação) — Res. 174/2011, DEJT divulgado em 27, 30 e 31.05.2011

(...)

V — Os entes integrantes da Administração Pública direta e indireta respondem subsidiariamente, nas mesmas condições do item IV, caso evidenciada a sua conduta culposa no cumprimento das obrigações da Lei n. 8.666, de 21.06.1993, especialmente na fiscalização do cumprimento das obrigações contratuais e legais da prestadora de serviço como empregadora. A aludida responsabilidade não decorre de mero inadimplemento das obrigações trabalhistas assumidas pela empresa regularmente contratada'."

Logo, não caracterizada a conduta culposa do tomador dos serviços no cumprimento das obrigações da Lei n. 8.666/93, nem sendo possível invocar-se a responsabilidade objetiva da Administração Pública, haja vista a decisão proferida pelo STF na ADC n. 16-DF, declarando a constitucionalidade do art. 71, § 1º, da Lei n. 8.666/93, não pode subsistir a condenação da Petrobras como subsidiariamente responsável pelas obrigações trabalhistas da empresa prestadora dos serviços.

Nesse sentido, dentre outras, a decisão proferida pelo Min. DIAS TOFFOLI na Recl 11822/RJ (DJ 09.08.2011), *verbis*:

"O Plenário desta Corte, em 24.11.2010, no julgamento da ADC n. 16/DF, Relator o Ministro Cezar Peluso, declarou a constitucionalidade do § 1º do artigo 71 da Lei n. 8.666/93, tendo observado que *eventual responsabilização do poder público no pagamento de encargos trabalhistas não decorre de responsabilidade objetiva; antes, deve vir fundamentada no descumprimento de obrigações decorrentes do contrato pela administração pública, devidamente comprovada no caso concreto.*"

O caráter vinculativo da decisão proferida pelo STF na ADC n. 16/DF (CF, art. 102, I, "a", e § 2º), obrigou o Tribunal Superior do Trabalho a revisar o conteúdo da Súmula n. 331, IV, na qual se fundou o acórdão recorrido.

Assim, nos termos do item V da Súmula n. 331 desta Corte Superior, com a redação aprovada pela Res. n. 174/2011, a aludida responsabilidade não decorre de mero inadimplemento das obrigações trabalhistas assumidas pela empresa regularmente contratada.

Dessa orientação dissentiu o Tribunal Regional no acórdão recorrido, acabando por violar o art. 71, § 1º, da Lei n. 8.666/93, razão pela qual CONHEÇO do recurso de revista, pela hipótese da alínea *c* do art. 896 da CLT.

MÉRITO

CONTRATO DE PRESTAÇÃO DE SERVIÇOS. RESPONSABILIDADE SUBSIDIÁRIA DA ADMINISTRAÇÃO PÚBLICA. CONSTITUCIONALIDADE DO ART. 71, § 1º, DA LEI N. 8.666/93. ADC N. 16-DF

No mérito, tendo sido conhecido o recurso de revista por violação do art. 71, § 1º, da Lei n. 8.666/93, DOU-LHE PROVIMENTO para, reformando o acórdão do Tribunal Regional, absolver a Petrobras da condenação como responsável subsidiário. Prejudicado o exame dos temas recursais remanescentes.

Isto posto,

Acordam os Ministros da Primeira Turma do Tribunal Superior do Trabalho, por unanimidade, conhecer do agravo de instrumento e, no mérito, dar-lhe provimento para determinar o julgamento do recurso de revista. Acordam, ainda, por unanimidade, julgando o recurso de revista, na forma do art. 897, § 7º, da CLT, dele conhecer quanto ao tema afeto à responsabilidade subsidiária do ente público, por violação do art. 71, § 1º, da Lei n. 8.666/93, e, no mérito, dar-lhe provimento para, reformando o acórdão regional, absolver a Petróleo Brasileiro S.A. — Petrobras da condenação como responsável subsidiário. Prejudicado o exame dos temas recursais remanescentes.

Brasília, 27 de fevereiro de 2013. *Walmir Oliveira da Costa*, relator.

TERCEIRIZAÇÃO ILÍCITA. CONTRATAÇÃO DE ASSOCIADOS DE COOPERATIVA

RECURSO DE REVISTA. BANCO DO BRASIL. CONTRATAÇÃO DE ASSOCIADOS DE COOPERATIVA. TERCEIRIZAÇÃO ILÍCITA. AUTO DE INFRAÇÃO LAVRADO PELA FISCALIZAÇÃO DO TRABALHO.

Nos termos dos arts. 626 e 628 da Consolidação das Leis do Trabalho, incumbe ao auditor fiscal do trabalho a fiscalização do fiel cumprimento das normas de proteção ao trabalho. A conclusão pela existência de violação de preceito de lei deve corresponder, sob pena de responsabilidade administrativa, a lavratura de auto de infração. No caso em apreciação, a fiscalização do trabalho autuou o Banco do Brasil, ante a irregularidade da contratação de associados de cooperativa (telefonistas e recepcionistas) para prestação de serviços em instituição financeira, porquanto a situação era típica de relação empregatícia. Refere, ainda, o acórdão recorrido, à existência de acordo judicial entre o Banco do Brasil e o Ministério Público do Trabalho, com eficácia em todo o território nacional, no qual a instituição bancária se absteve de contratar trabalhadores por meio de cooperativas de mão de obra. Nesse contexto, não obstante a contratação irregular de trabalhador, mediante empresa interposta, não gerar vínculo de emprego com os órgãos da Administração Pública (Súmula n. 331, II, do TST e art. 37, II, da CF), apresenta-se regular a atuação da fiscalização do trabalho, porque pacífica a jurisprudência deste Tribunal acerca da ilicitude da contratação de trabalhadores associados de cooperativa. Precedentes.

Recurso de revista conhecido e provido.

(Processo n. TST-RR-48.740-49-2006-5-03-0008 — Ac. 1ª Turma)

Vistos, relatados e discutidos estes autos de Recurso de Revista n. TST-RR-48740-49.2006.5.03.0008 (convertido de Agravo de Instrumento de mesmo número), em que é recorrente União (PGFN) e recorrido Banco do Brasil S.A.

A Vice-Presidência do Tribunal Regional do Trabalho da 3ª Região, mediante decisão às fls. 295-303, denegou seguimento ao recurso de revista interposto pela União, com fundamento nas Súmulas ns. 23, 126 e 221, II, do TST.

Inconformada, a União interpõe o presente agravo de instrumento, conforme minuta às fls. 03-13, sustentando a viabilidade de admissão do recurso denegado.

Foi apresentada a contraminuta ao agravo de instrumento às fls. 311-321 e as contrarrazões ao recurso de revista às fls. 323-343.

O Ministério Público do Trabalho, em parecer às fls. 349-355, opinou pelo provimento do agravo de instrumento.

É o relatório.

VOTO

AGRAVO DE INSTRUMENTO

CONHECIMENTO

Satisfeitos os pressupostos legais de admissibilidade recursal pertinentes à tempestividade (fls. 03 e 306), à representação processual e, encontrando-se devidamente instruído, com o traslado das peças essenciais previstas no art. 897, § 5º, I e II, da CLT e no item III da Instrução Normativa n. 16 do TST, CONHEÇO do agravo de instrumento.

MÉRITO

A Vice — Presidência do Tribunal Regional do Trabalho da 3ª Região negou seguimento ao recurso de revista interposto pela União, adotando a seguinte fundamentação, *verbis*:

"MULTA ADMINISTRATIVA. EXECUÇÃO FISCAL

Alegação(ões):

— violação do(s) art(s). 5º, inciso II, 21, inciso XXIV, 22, inciso I e 37, *caput* da CF;

— violação do(s) art(s). 9º, 41, 626 e 628, da CLT;

— divergência jurisprudencial — f. 1523/1524.

Consta do v. Acórdão:

"(...) é verdadeiramente absurdo o auto de infração lavrado contra o recorrente pelas várias razões que passo a elencar (...).

Logo, se infração houve a ponto de configurar uma terceirização ilícita por interpostas cooperativas de trabalho — e nem isto é certo, pois, como já dito, é impossível analisar a presença dos elementos caracterizadores da relação de emprego indistintamente para 50 trabalhadores, telefonistas e recepcionistas, tarefas ao que tudo indica plenamente 'terceirizáveis' no âmbito de uma instituição financeira — esta representaria uma violação a dispositivo constitucional, qual seja, o artigo 37, II, da Constituição da República, para o que o fiscal do trabalho não detém competência funcional. No mínimo incorreta a capitulação da conduta, o que já implica na nulidade do Auto de Infração erroneamente tipificado.

Tem-se assim uma bizarra situação criada pela fiscalização do Ministério do Trabalho, ao pretender impor ao Banco do Brasil, integrante da administração indireta federal, registrar aqueles trabalhadores como se fossem seus, o que lhe impõe violar a obrigação constitucional de realizar concurso público.

Por todas estas razões dou provimento ao recurso para declarar nulo o Auto de Infração n. 007229127, bem como a multa que com base nele se impôs ao recorrente." (fls. 1503/1508).

A pretensão da parte recorrente, assim como exposta, importaria, necessariamente, no reexame de fatos e provas, o que encontra óbice na Súmula 126/TST, razão pela qual ficam afastadas as violações apontadas.

Demais, o entendimento adotado pela d. Turma traduz interpretação razoável dos dispositivos legais pertinentes, nos termos da Súmula n. 221, item II, do TST, o que inviabiliza o seguimento do apelo.

Inespecífico o aresto válido colacionado às fls. 1522/1523, que não aborda todas as particularidades salientadas na decisão recorrida, notadamente no que tange à ausência de fundamento do auto de infração e à impossibilidade de formação de vínculo empregatício com o recorrido, sociedade de economia mista (Súmula 23/TST).

CONCLUSÃO

DENEGO seguimento ao recurso de revista."

Nas razões do agravo de instrumento, a União insiste no cabimento da revista, visando à restauração do auto de infração lavrado por fiscal do trabalho, com o consequente arbitramento de multa, diante da constatação da prestação de serviços, mediante intermediação de mão de obra por cooperativa, em atividade-fim da empresa tomadora dos serviços, sem que houvesse o respectivo registro dos empregados. Aponta violação aos arts. 41 e 628 da CLT, e 37, II, da Constituição Federal.

Considerando a jurisprudência iterativa, notória e atual desta Corte Superior firmada no sentido de que é ilícita a contratação de trabalhadores (no montante de 50, entre telefonistas e recepcionistas), por meio de cooperativas de mão de obra, em fraude à legislação trabalhista, entendo ser prudente mandar processar o recurso de revista, de modo a prevenir violação dos arts. 37 da CF, 9º, 626 e 638, todos da CLT.

Do exposto, configurada a hipótese prevista na alínea "c" do art. 896 da CLT, dou provimento ao agravo de instrumento para determinar o julgamento do recurso de revista, observado o procedimento estabelecido na Resolução Administrativa n. 928/2003 deste Tribunal Superior.

RECURSO DE REVISTA

CONHECIMENTO

Presentes os pressupostos extrínsecos de admissibilidade, analiso os específicos de cabimento do recurso de revista.

BANCO DO BRASIL. CONTRATAÇÃO DE ASSOCIADOS DE COOPERATIVA. TERCEIRIZAÇÃO ILÍCITA. AUTO DE INFRAÇÃO LAVRADO PELA FISCALIZAÇÃO DO TRABALHO

O TRT da 3ª Região deu provimento ao recurso ordinário interposto pelo Banco do Brasil S/A para declarar nulo o auto de infração, bem como a multa imposta, invertendo o ônus da sucumbência quanto aos honorários de advogado. Eis os fundamentos do acórdão regional, sintetizados na ementa, *verbis*:

"MULTA POR INFRAÇÃO A DISPOSITIVO DA CONSOLIDAÇÃO DAS LEIS DO TRABALHO — TIPIFICAÇÃO INCORRETA DA CONDUTA — ANULAÇÃO DO AUTO DE INFRAÇÃO — À Administração Pública impõe-se coibir os abusos, a fraude aos direitos trabalhistas e sociais, mas para tanto, mesmo no cumprimento da relevante missão de resguardar a dignidade do trabalho humano, ela não pode jamais utilizar seu poder de polícia à margem do princípio da legalidade. Se a fiscalização do Ministério do Trabalho entende ilícita a terceirização perpetrada por órgão da administração pública indireta que se obriga à realização de concurso público para admissão de servidores/empregados, inocorreu a infração ao artigo 41 da CLT, eis que violado o artigo 37, II, da Constituição da República, infração para a qual os fiscais do trabalho não detêm competência funcional."

A Corte de origem refere-se à existência de acordo judicial entre o Banco do Brasil e o Ministério Público do Trabalho, em que a instituição bancária concordou em se abster de contratar trabalhadores por meio de cooperativa de mão de obra, *verbis*:

"A situação de trabalho dos supostos empregados foi descrita pormenorizadamente pelo fiscal às fls. 28/31, sendo o auto de infração declarado "procedente" pela chefe da seção de multas e recursos do MTe (fl. 40).

Em 23 de junho de 2004 o Ministério Público do Trabalho e o Banco do Brasil firmaram Termo de Conciliação Judicial pelo qual, em sua cláusula primeira, o recorrente abster-se-ia "de contratar trabalhadores por meio de cooperativas de mão de obra, para a prestação de serviços ligados às suas atividades-meio, quando o labor, por sua própria natureza, demandar execução em estado de subordinação, constituindo elemento essencial ao desenvolvimento e à prestação dos serviços terceirizados dentre eles' serviços de limpeza; conservação; segurança, vigilância e de portaria; recepção, copeiragem; reprografia; telefonia; manutenção de prédios e de instalações, secretariado e secretariado executivo; auxiliar de escritório, auxiliar administrativo, *office boy* (contínuo), de digitação, assessoria de imprensa e de relações públicas; motorista, no caso de os veículos serem fornecidos pelo próprio órgão licitante; ascensorista". A cláusula sexta previu expressamente: 'os termos da presente avença gerarão seus efeitos jurídicos a partir da data de sua homologação judicial, e terão eficácia em todo o território nacional. Parágrafo único — em razão do efeito *erga omnes* da presente conciliação judicial, o autor expedirá ofício-circular a todas as Procuradorias-Regionais noticiando os seus termos, especialmente àquelas que tenham ajuizado ações com idêntico objeto'.

O acordo foi homologado pelo MM. Juiz da 6ª Vara do Trabalho de Brasília às fls. 80/83, em 04.08.04.

A despeito da indicação constante da cláusula sexta que impunha ao Ministério Público do Trabalho noticiar o referendo acordo a todas as Procuradorias Regionais, o Ministério Público do Trabalho da 3ª Região não desistiu da Ação Civil Pública que ajuizara perante a 23ª Vara do Trabalho da Capital em 16.02.04. No entanto, em grau de recurso esta Egrégia Turma, seguindo voto do eminente Desembargador Ricardo Antônio Mohallem, à época Revisor e Relator do acórdão, acolheu a preliminar de coisa julgada e extinguiu o feito, sem resolução de mérito, quanto aos pedidos que envolviam a contratação de cooperativas, e no mérito, julgou improcedente o pedido relativo a contratação de estagiários (fls. 54/71), em 17.12.05. A decisão encontra-se pendente de Agravo de Instrumento."

Nas razões da revista, a União sustenta, em suma, que o fiscal do trabalho, em atuação no Banco do Brasil, constatou a terceirização ilícita de mão de obra cooperada, ante a existência de relação de emprego, sendo lavrado o auto de infração, como instrumento a impedir a burla à legislação do trabalho. Assim, o Judiciário somente pode invalidar o auto de infração se for ilegal ou ilegítimo, o que não é o caso dos autos. Aponta violação aos arts. 5º, II, 21, XXIV, 22, I, 3 7, caput, da CF, 9º, 41, 626 e 628, todos da CLT. Colaciona aresto a cotejo.

O recurso alcança conhecimento.

A 6ª Turma do TRT da 3ª Região reputou "plenamente terceirizáveis no âmbito de uma instituição financeira" (fl. 265, PDF) os 50 trabalhadores associados de cooperativas para a prestação de serviços como telefonista e recepcionista no Banco do Brasil, e, por isso, declarou nulo o auto de infração lavrado pela fiscalização do trabalho, sem embargo do acordo judicial em que o Banco do Brasil comprometera-se em não mais contratar trabalhadores por meio de cooperativas de mão de obra.

A decisão recorrida merece reforma, por violar a lei federal, não havendo necessidade de reexame de fatos e provas, porque caracteristicamente de direito a operação jurídica de qualificação dos fatos revelados no acórdão recorrido.

Nos termos dos arts. 626 e 628, da Consolidação das Leis do Trabalho, incumbe ao auditor fiscal do trabalho a fiscalização do fiel cumprimento das normas de proteção ao trabalho. A conclusão pela existência de violação de preceito de lei deve corresponder, sob pena de responsabilidade administrativa, a lavratura de auto de infração.

No caso em apreciação, a fiscalização do trabalho autuou o Banco do Brasil, ante a irregularidade da contratação de associados de cooperativa (telefonistas e recepcionistas) para prestação de serviços em instituição financeira, porquanto a situação era típica da relação empregatícia.

Consta, ainda, do acórdão recorrido, a existência de acordo judicial entre o Banco do Brasil e o Ministério Público do Trabalho, com eficácia em todo o território nacional, em que a instituição bancária se absteve de contratar trabalhadores por meio de cooperativas de mão de obra.

Nesse contexto, não obstante a contratação irregular de trabalhador, mediante empresa interposta, não gerar vínculo de emprego com os órgãos da Administração Pública (Súmula n. 331, II, do TST e art. 37, II, da CF), apresenta-se regular a atuação da fiscalização do trabalho, porque pacífica a jurisprudência deste Tribunal acerca da ilicitude da contratação de trabalhadores associados de cooperativa.

Nesse sentido os precedentes transcritos a seguir:

"RECURSO DE EMBARGOS REGIDO PELA LEI 11.496/2007. AÇÃO ANULATÓRIA. AUTO DE INFRA-

ÇÃO LAVRADO POR AUDITOR FISCAL, COM MENÇÃO À EXISTÊNCIA DE TERCEIRIZAÇÃO ILÍCITA. CONTRARIEDADE À SÚMULA 126 DO TST E DIVERGÊNCIA JURISPRUDENCIAL NÃO CARACTERIZADAS. De acordo com a nova redação conferida ao art. 894 da CLT pela Lei 11.496/2007, esta Subseção I Especializada em Dissídios Individuais passou a ter como função precípua a uniformização da jurisprudência trabalhista, admitindo-se o recurso de embargos apenas por conflito pretoriano. Desse modo, em embargos tornou-se inviável o exame do acerto da Turma na apreciação dos pressupostos intrínsecos de admissibilidade do recurso de revista, sob pena de se reconhecer violação de lei (no caso, o art. 896 da CLT), hipótese não mais prevista na nova redação do art. 894 da CLT. Por essa razão, a indicação de contrariedade a súmula de natureza processual (Súmula 126 do TST) não viabiliza, em regra, o recurso de embargos. De outra parte, inviável o reconhecimento de dissenso jurisprudencial apto à admissão do apelo. Afinal, os paradigmas apresentados para confronto não explicitam os dois fundamentos utilizados pela Turma para o deslinde da controvérsia, quais sejam: 1) atribuição do auditor fiscal que expediu o auto de infração calcada no art. 626 da CLT e 2) utilização da Súmula 331 do TST, não como conteúdo do ato administrativo, mas, sim, como motivação. Os modelos, na verdade, tratam de hipóteses nas quais aplicado o óbice da Súmula 126 do TST ao provimento de recursos de agravo de instrumento. Destinam-se, pois, exclusivamente a impugnar o conhecimento do recurso de revista, circunstância que, além do óbice da Súmula 296, I, do TST, igualmente não se coaduna com o escopo dos embargos regidos pela Lei 11.496/2007. Recurso de embargos não conhecido." Processo: E-ED-RR — 180900-50.2007.5.12.0041, Data de Julgamento: 01.03.2012, Relator Ministro: Augusto César Leite de Carvalho, Subseção I Especializada em Dissídios Individuais, Data de Publicação: DEJT 09.03.2012.

"RECURSO DE EMBARGOS EM RECURSO DE REVISTA. ACÓRDÃO EMBARGADO PUBLICADO SOB A ÉGIDE DA LEI N. 11.496/2007. MINISTÉRIO PÚBLICO DO TRABALHO. AÇÃO CIVIL PÚBLICA. LEGITIMIDADE ATIVA AD CAUSAM. DEFESA DE DIREITOS INDIVIDUAIS. PRETENSÃO DE CARÁTER HOMOGÊNEO. FRAUDE EM INTERMEDIAÇÃO DE MÃO DE OBRA. PRESTAÇÃO DE SERVIÇOS NA CONDIÇÃO DE COOPERADOS. RECONHECIMENTO DE VÍNCULO EMPREGATÍCIO COM O TOMADOR DOS SERVIÇOS. O Ministério Público do Trabalho ostenta legitimidade ativa ad causam para postular em juízo o reconhecimento do vínculo empregatício de trabalhadores contratados na condição de cooperados, ante a origem comum das pretensões individuais deduzidas, decorrência lógica da própria causa de pedir remota constitutiva dos direitos postulados na exordial — fraude na contratação, a afetar, igualmente, todos os interessados — e indutora da sua homogeneidade. A circunstância de serem experimentados de maneira singularizada pelos respectivos titulares, podendo variar no tocante à sua dimensão quantitativa, longe de descaracterizá-los, é o próprio traço distintivo dos direitos e interesses individuais homogêneos em face de outras categorias jurídicas de direitos subjetivos sujeitos à tutela coletiva, como os direitos difusos e direitos coletivos *stricto sensu*. Precedentes desta SDI-I. Recurso de embargos conhecido e provido." Processo: E-ED-RR — 795997-30.2001.5.07.0024, Data de Julgamento: 15.12.2011, Relatora Ministra: Rosa Maria Weber, Subseção I Especializada em Dissídios Individuais, Data de Publicação: DEJT 13.04.2012.

"RECURSO DE EMBARGOS INTERPOSTO NA VIGÊNCIA DA LEI N. 11.496/2007. VÍNCULO DE EMPREGO. COOPERATIVA. FRAUDENA CONTRATAÇÃO. RESPONSABILIDADE SUBSIDIÁRIA DO ENTE PÚBLICO. INAPLICABILIDADE DA SÚMULA N. 363 DO TRIBUNAL SUPERIOR DO TRABALHO. Havendo fraude no contrato de trabalho celebrado entre a Reclamante e a Cooperativa e dada a impossibilidade de reconhecimento do vínculo de emprego diretamente com o Município, em face da ausência de prévio concurso público, o vínculo empregatício foi reconhecido com a primeira Reclamada, cabendo ao ente público apenas responder pelos haveres trabalhistas de forma subsidiária. Diante de tal enquadramento jurídico, corretamente mantido na decisão recorrida, não tem aplicação a diretriz consagrada na Súmula n. 363 deste Tribunal Superior. Incólume referido verbete jurisprudencial. Embargos não conhecidos." Processo: E-RR — 1136100-49.2007.5.11.0007, Data de Julgamento: 02.12.2010, Relatora Ministra: Maria de Assis Calsing, Subseção I Especializada em Dissídios Individuais, Data de Publicação: DEJT 10.12.2010.

Logo, forçoso reconhecer que o acórdão recorrido, ao dissentir da jurisprudência pacífica deste Tribunal Superior acerca da ilicitude da terceirização de mão de obra pela utilização de cooperados, só contribui para desvirtuar a natureza e a finalidade das sociedades cooperativas, além de fomentar a precarização das relações de trabalho. Configura, ainda, forma indireta de contratar empregados por Banco estatal, sem aprovação em concurso público, em afronta aos princípios da legalidade administrativa e da moralidade pública.

Com apoio em tais fundamentos, CONHEÇO do recurso de revista por violação dos arts. 37, *caput*, da Constituição Federal, 9º, 626 e 628, da Consolidação das Leis do Trabalho.

MÉRITO

No mérito, conhecido o recurso de revista por violação dos arts. 37, *caput*, da Constituição Federal, 9º, 626 e 628, da Consolidação das Leis do Trabalho, DOU-LHE PROVIMENTO para, reformando o acórdão recorrido, restabelecer a sentença que julgou improcedentes os pedidos formulados na ação anulatória, restabelecendo a integridade do auto de infração. Invertidos os ônus da sucumbência, inclusive honorários de advogado.

Isto posto,

Acordam os Ministros da Primeira Turma do Tribunal Superior do Trabalho, por unanimidade, conhecer do agravo de instrumento; no mérito, por maioria, dar-lhe provimento para determinar o julgamento do recurso de revista, vencido o Exmo. Ministro Vieira de Mello Filho, que lhe negava provimento. Acordam, ainda, por unanimidade, conhecer do recurso de revista por violação dos arts. 37, *caput*, da Constituição Federal, 9º, 626 e 628, da Consolidação das Leis do Trabalho, e, no mérito, dar-lhe provimento para, reformando o acórdão recorrido, restabelecer a sentença que julgou improcedentes os pedidos formulados na ação anulatória, restabelecendo a integridade do auto de infração. Invertidos os ônus da sucumbência, inclusive honorários de advogado.

Brasília, 12 de dezembro de 2012. *Walmir Oliveira da Costa*, relator.